数字经济专业系列教材

新媒体电商运营与监管

曾庆丰　主　编

电子工业出版社
Publishing House of Electronics Industry
北京·BEIJING

内 容 简 介

新媒体电商核心特征在于运用数字化技术和互联网平台进行信息的传播与扩散，通过融合社交互动、内容创作和个性化推荐等多重元素，重塑消费者购物体验的一种新电商生态。全书共分为基础知识篇、运营模式篇、运营技术篇、运营监管篇。其中，基础知识篇包括数字化时代、电子商务与新媒体电商两章；运营模式篇包括内容电商、社交电商、直播电商、短视频电商四章；运营技术篇包括用户画像技术、个性化推荐技术、搜索引擎优化技术、用户行为分析技术四章；运营监管篇包括新媒体电商中的信息安全、数字平台的监管与治理两章。这四个篇章较为全面地阐述了新媒体电商运营与监管的相关知识内容。

本书可作为高等院校数字经济、信息管理、工商管理类专业高年级本科生和硕士研究生教材，也可供企业中从事新媒体电商运营工作的读者参考使用。

未经许可，不得以任何方式复制或抄袭本书之部分或全部内容。
版权所有，侵权必究。

图书在版编目（CIP）数据

新媒体电商运营与监管 / 曾庆丰主编. -- 北京：电子工业出版社, 2025. 7. --（数字经济专业系列教材）. -- ISBN 978-7-121-50554-6

Ⅰ．F713.365.1

中国国家版本馆 CIP 数据核字第 2025UN0977 号

责任编辑：张梦菲
印　　刷：大厂回族自治县聚鑫印刷有限责任公司
装　　订：大厂回族自治县聚鑫印刷有限责任公司
出版发行：电子工业出版社
　　　　　北京市海淀区万寿路 173 信箱　　邮编：100036
开　　本：787×1 092　1/16　印张：20.75　字数：463.4 千字
版　　次：2025 年 7 月第 1 版
印　　次：2025 年 7 月第 1 次印刷
定　　价：68.00 元

凡所购买电子工业出版社图书有缺损问题，请向购买书店调换。若书店售缺，请与本社发行部联系，联系及邮购电话：(010) 88254888，88258888。
质量投诉请发邮件至 zlts@phei.com.cn，盗版侵权举报请发邮件至 dbqq@phei.com.cn。
本书咨询联系方式：(010) 88254855 或 xuxz@phei.com.cn。

数字经济专业系列教材专家委员会

（按姓氏笔画排名）

刘兰娟　安筱鹏　肖升生　汪寿阳　赵　琳
洪永淼　袁　媛　高红冰　蒋昌俊

前　言

随着互联网、大数据、云计算、人工智能等新一代信息技术与各行各业的深度融合，各类数字平台不断涌现并快速崛起，人类社会进入了"万物互联、智慧赋能"的全新数字经济发展阶段。在数字技术的推动下，平台化商业模式创新成为企业竞争的新高地，尤其是在新媒体电商领域，不断创新的社交媒体平台（如微博、微信、抖音、B 站、小红书等数字平台）不仅为用户提供了丰富的互动空间，还通过各种平台功能与电商进行了紧密的结合，形成了各种新媒体电商模式。与传统电商模式相比，新媒体电商模式通过融合在线直播、短视频传播、社交互动、内容创作和个性化推荐等多重元素，重塑了消费者的购物体验，并且有效地突破了传统电商的单一销售方式。它不仅依赖大数据分析和精准营销，还强调用户参与、情感共鸣和社交传播，形成了一种全新的电商生态。毫无疑问，新媒体电商已经成为数字经济时代新的商业发展模式，理解新媒体电商的运营规律，以及新媒体电商发展面临的机遇与挑战是现代企业需要学习和掌握的关键知识，同时是经管类学生需要深入学习与理解的重要基础专业内容。

本书是针对企业在新媒体电商运营中所需的核心理论与方法等相关知识而编写的。编者从 2015 年开始每学年在上海财经大学开设"电子商务研究专题"专业硕士研究生课程，在教学过程中参阅了不少新媒体电商相关资料，同时编者积极参与新媒体电商运营实践，在教学与实践中积累了一定的理论与实战经验。在此基础上，根据高年级本科及专业硕士研究生教学需求，编者围绕理论与实践相结合的思路，精心设计了本书的内容体系。

本书分为基础知识篇、运营模式篇、运营技术篇和运营监管篇四大部分，共 12 章，框架体系清晰、完整。在内容安排上，基础知识篇主要介绍了数字化时代的发展脉络、企业数字化转型、人类经济形态的演进、数字技术与商业模式的关系，以及电子商务与新媒体电商基础知识，这部分内容可以让我们更好地理解企业所处的数字化时代商业环境特征，以及电子商务与新媒体电商的关系。运营模式篇介绍了 4 种主要的新媒体电商模式，包括内容电商、社交电商、直播电商、短视频电商等模式，探讨了这些商业模式的特征及运营策略，包括一些典型案例分析。运营技术篇介绍了新媒体电商在运营过程中可能用到的一些主流运营技术，包括用户画像技术、个性化推荐技术、搜索引擎优化技术、用户行为分析技术等，深入探讨了这些运营技术的原理与方法，以及在新媒体电商运营中的应用与实施策略。运营监管篇介绍了新媒体电商在运营过程中面临的信息安全相关问题，以及数字平台面临的监管与治理挑战。这4篇内容较为系统地构建了新媒体电商运营的相关知识体系。同时，本书对新媒体电商运营相关理论、方法与案例内容进行了融合尝试，希望能够增强本书的可读性和实用性。

作为一门发展中的新兴学科，新媒体电商运营本身还处于快速发展和探索的过程中，要编写好一本新媒体电商方面的教材确实不是一件容易的事情。好在我们有一个认真专业的团队，大家共同努力，终于完成了本书的编写工作。在此，感谢参与编写本书的多位经编者指导的上海财经大学毕业的博士及在校硕士、博士生们，他们是张岚岚、郭倩、张玉、林迪佳、蒋睿、许兴鹏、王希雅、仪晓阳、姚小芳、沈怡佳、林立、尹恒、夏杨阳、曾维琴等，他们参与了本书的研讨、资料的收集与编写等相关工作，在此向写作团队致以深深的谢意。由于编写时间有限，加之新媒体电商是一个不断在快速更新发展的新领域，本书难免有不当之处，真诚欢迎各位专家和广大读者提出批评与建议，以便我们对本书进行进一步修订与完善。

曾庆丰

2025年1月

目　　录

基础知识篇

第1章　数字化时代 ·· 2
　　开篇案例 ·· 2
　　1.1　数字化时代的到来 ·· 3
　　　　1.1.1　数字化的内涵 ·· 3
　　　　1.1.2　数字化时代的演进 ·· 4
　　　　1.1.3　数字化时代的特征 ·· 7
　　1.2　企业数字化转型 ·· 9
　　　　1.2.1　企业数字化转型的内涵 ······································ 9
　　　　1.2.2　企业数字化转型的特征 ······································ 11
　　　　1.2.3　企业数字化转型的过程 ······································ 13
　　1.3　从工业经济到数字经济 ·· 15
　　　　1.3.1　人类经济形态的演进 ·· 15
　　　　1.3.2　数字经济的特征 ·· 16
　　1.4　数字技术驱动商业模式创新 ·· 18
　　　　1.4.1　数字技术的特征及数字技术对商业的影响 ······················ 18
　　　　1.4.2　数字技术与商业模式创新 ···································· 20
　　本章小结 ·· 23
　　思考题 ·· 23
　　本章案例分析 ·· 23

第2章　电子商务与新媒体电商 ·· 26
　　开篇案例 ·· 26
　　2.1　电子商务概述 ·· 27
　　　　2.1.1　电子商务的定义与特征 ······································ 27
　　　　2.1.2　电子商务和传统商务的区别 ·································· 29
　　　　2.1.3　电子商务对社会产生的影响 ·································· 30
　　2.2　电子商务发展及基础理论 ·· 34

- 2.2.1 电子商务发展历程 ... 34
- 2.2.2 电子商务发展的基础理论 ... 36
- 2.3 新媒体电商的应运而生 ... 38
  - 2.3.1 新媒体电商的概念 ... 38
  - 2.3.2 新媒体电商与传统电商的区别 ... 39
  - 2.3.3 新媒体电商的特点 ... 41
- 2.4 新媒体电商模式与发展 ... 42
  - 2.4.1 新媒体电商模式 ... 42
  - 2.4.2 新媒体电商发展 ... 44
- 本章小结 ... 48
- 思考题 ... 48
- 本章案例分析 ... 48

运营模式篇

第3章 内容电商 ... 52
- 开篇案例 ... 52
- 3.1 内容电商概述 ... 53
  - 3.1.1 内容电商的产生背景 ... 53
  - 3.1.2 内容电商的概念 ... 54
  - 3.1.3 内容电商的特征 ... 56
- 3.2 内容电商模式分析 ... 57
  - 3.2.1 内容电商与其他电商的比较 ... 58
  - 3.2.2 基于电商平台的内容电商 ... 60
  - 3.2.3 基于 UGC 的内容电商 ... 62
  - 3.2.4 基于 PGC 的内容电商 ... 64
- 3.3 内容电商运营策略 ... 66
  - 3.3.1 内容电商的选品策略 ... 66
  - 3.3.2 内容电商的内容策划 ... 69
  - 3.3.3 内容电商的内容创作与传播 ... 73
  - 3.3.4 内容电商的销售转化 ... 76
  - 3.3.5 内容电商的销售承接平台 ... 79
- 3.4 内容电商运营中的问题与挑战 ... 81
- 本章小结 ... 83
- 思考题 ... 83
- 本章案例分析 ... 84

目录

第 4 章 社交电商 ········ 86
开篇案例 ········ 86
4.1 社交电商概述 ········ 87
4.1.1 社交电商概念 ········ 87
4.1.2 社交电商的特点 ········ 90
4.1.3 社交电商的发展历程 ········ 91
4.2 社交电商模式分析 ········ 94
4.2.1 社交内容电商 ········ 94
4.2.2 社交零售电商 ········ 95
4.2.3 社交分享电商 ········ 99
4.3 社交电商运营策略 ········ 100
4.3.1 社交分享与推荐 ········ 100
4.3.2 社区互动和用户参与 ········ 101
4.3.3 个性化推荐和定制化服务 ········ 103
4.3.4 直播销售和互动营销 ········ 105
4.4 社交电商运营中的问题与挑战 ········ 107
本章小结 ········ 109
思考题 ········ 109
本章案例分析 ········ 110

第 5 章 直播电商 ········ 113
开篇案例 ········ 113
5.1 直播电商概述 ········ 114
5.1.1 直播的概念 ········ 114
5.1.2 直播电商的内涵与定义 ········ 115
5.1.3 直播电商的发展历程 ········ 116
5.1.4 直播电商的核心要素 ········ 119
5.2 直播电商模式与产业链 ········ 120
5.2.1 直播电商模式 ········ 120
5.2.2 直播电商产业链 ········ 121
5.3 直播电商运营策略 ········ 123
5.3.1 平台选择 ········ 123
5.3.2 主播打造 ········ 125
5.3.3 商品规划 ········ 127
5.3.4 引流策略 ········ 130

　　　　5.3.5　营销策略 ·· 133
　5.4　直播电商运营中的问题与挑战 ·· 135
　　　　5.4.1　直播电商的发展现状 ·· 136
　　　　5.4.2　直播电商的发展趋势 ·· 137
　　　　5.4.3　直播电商运营中的问题 ·· 138
　本章小结 ·· 139
　思考题 ·· 140
　本章案例分析 ·· 140

第6章　短视频电商 ·· 143
　开篇案例 ·· 143
　6.1　短视频电商概述 ·· 144
　　　　6.1.1　短视频电商内涵 ·· 144
　　　　6.1.2　短视频电商的核心价值 ·· 145
　　　　6.1.3　短视频电商的发展历程 ·· 145
　6.2　短视频电商模式 ·· 146
　　　　6.2.1　商业模式的内涵 ·· 146
　　　　6.2.2　短视频平台商业模式 ·· 147
　　　　6.2.3　短视频平台运营的商业逻辑 ·· 149
　6.3　短视频电商运营策略 ·· 150
　　　　6.3.1　短视频平台定位 ·· 150
　　　　6.3.2　短视频电商内容运营 ·· 151
　　　　6.3.3　短视频电商用户运营 ·· 154
　　　　6.3.4　短视频电商运营工具 ·· 158
　6.4　短视频电商运营中的问题与挑战 ·· 159
　　　　6.4.1　短视频质量问题 ·· 159
　　　　6.4.2　店铺选品问题 ·· 160
　　　　6.4.3　数据优化决策问题 ·· 160
　本章小结 ·· 161
　思考题 ·· 162
　本章案例分析 ·· 162

运营技术篇

第7章　用户画像技术 ·· 166
　开篇案例 ·· 166
　7.1　用户画像概述 ·· 167

7.1.1 用户画像的定义 167
  7.1.2 用户画像的发展史 167
  7.1.3 用户画像系统设计 168
  7.1.4 用户画像构建流程 170
 7.2 用户画像关键技术 171
  7.2.1 用户数据预处理 171
  7.2.2 数据挖掘类标签构建 174
  7.2.3 用户画像与隐私保护 179
 7.3 用户画像技术在新媒体电商中的应用 179
  7.3.1 精准营销用户画像 179
  7.3.2 电商支付用户画像 182
 本章小结 184
 思考题 185
 本章案例分析 185

第8章 个性化推荐技术 187
 开篇案例 187
 8.1 推荐系统概述 188
  8.1.1 推荐系统的概念与发展 188
  8.1.2 推荐系统的链路 189
  8.1.3 个性化推荐系统研究现状 190
 8.2 个性化推荐在新媒体电商中的应用 191
  8.2.1 传统电商的个性化推荐 191
  8.2.2 短视频电商的个性化推荐 193
  8.2.3 基于UGC社区的个性化推荐 195
  8.2.4 金融电商的个性化推荐 197
 8.3 推荐系统关键技术 198
  8.3.1 特征工程 198
  8.3.2 特征提取 199
  8.3.3 特征处理 200
  8.3.4 召回 202
  8.3.5 排序 204
  8.3.6 模型评估 210
 8.4 电商场景下推荐算法在金融科技中的应用 211
  8.4.1 数据介绍与数据预处理 211

　　　　8.4.2　数据分析　212
　　　　8.4.3　实验结果　214
　本章小结　216
　思考题　216
　本章案例分析　216

第 9 章　搜索引擎优化技术　219

　开篇案例　219
　9.1　搜索引擎优化概述　220
　　　9.1.1　搜索引擎的工作原理　220
　　　9.1.2　搜索引擎优化的概念　221
　　　9.1.3　企业为什么要做搜索引擎优化　224
　9.2　搜索引擎应用的特点和优势　225
　　　9.2.1　搜索引擎营销受众广泛　225
　　　9.2.2　用户主动搜索　226
　　　9.2.3　定位精准　227
　　　9.2.4　操作简单方便　227
　9.3　搜索引擎优化技术的关键要点和实施策略　227
　　　9.3.1　搜索引擎优化技术的关键要点　227
　　　9.3.2　搜索引擎优化技术的实施策略　231
　9.4　搜索引擎优化技术在新媒体电商中的应用　233
　　　9.4.1　新媒体电商搜索引擎优化技术分析　233
　　　9.4.2　新媒体电商搜索引擎优化技术应用　235
　本章小结　238
　思考题　238
　本章案例分析　238

第 10 章　用户行为分析技术　240

　开篇案例　240
　10.1　用户行为数据概述　241
　　　10.1.1　用户行为数据的概念与元素　241
　　　10.1.2　用户行为数据分析的价值和难点　243
　　　10.1.3　用户行为数据的隐私与权限　246
　10.2　用户行为数据分析方法　248
　　　10.2.1　结构化数据分析　248
　　　10.2.2　非结构化数据分析　251

- 10.3 用户行为分析技术的应用 ··· 253
  - 10.3.1 A/B 测试 ··· 253
  - 10.3.2 精细化运营 ··· 254
  - 10.3.3 新媒体电商数据分析的主要目标 ··· 254
  - 10.3.4 新媒体电商数据分析的主要手段 ··· 256
- 10.4 新媒体电商中的用户行为分析 ··· 257
  - 10.4.1 用户行为分析环境 ··· 257
  - 10.4.2 新媒体电商中用户行为分析的挑战 ··· 259
  - 10.4.3 新媒体电商中用户行为的特点 ··· 260
- 本章小结 ··· 261
- 思考题 ··· 262
- 本章案例分析 ··· 262

运营监管篇

第 11 章 新媒体电商中的信息安全 ··· 266
- 开篇案例 ··· 266
- 11.1 数字时代的信息安全 ··· 267
  - 11.1.1 信息安全的定义 ··· 268
  - 11.1.2 新媒体电商中的信息安全隐患 ··· 270
  - 11.1.3 信息安全防范 ··· 274
- 11.2 数字平台与个人隐私 ··· 276
  - 11.2.1 个人隐私面临的挑战 ··· 276
  - 11.2.2 大数据与个人隐私 ··· 277
  - 11.2.3 个人隐私保护机制 ··· 278
- 11.3 新媒体电商中的信息安全监管 ··· 281
  - 11.3.1 信息安全保护 ··· 281
  - 11.3.2 信息安全监管模式 ··· 281
  - 11.3.3 信息安全监管法规 ··· 283
- 本章小结 ··· 285
- 思考题 ··· 285
- 本章案例分析 ··· 286

第 12 章 数字平台的监管与治理 ··· 289
- 开篇案例 ··· 289
- 12.1 新媒体电商与数字平台 ··· 291
  - 12.1.1 数字平台的概念 ··· 292

- 12.1.2 数字平台的发展脉络 ... 293
- 12.1.3 数字平台的属性 ... 295
- 12.1.4 数字平台的身份特征 ... 297
- 12.2 平台治理 ... 298
  - 12.2.1 平台治理的概念 ... 299
  - 12.2.2 平台治理的典型问题 ... 300
  - 12.2.3 平台治理的当前问题 ... 304
- 12.3 平台监管与治理的措施 ... 307
  - 12.3.1 各国政府的平台监管与治理 ... 307
  - 12.3.2 数字守门人制度 ... 310
  - 12.3.3 协同共治 ... 311
- 本章小结 ... 312
- 思考题 ... 312
- 本章案例分析 ... 312

参考文献 ... 315

基础知识篇

第1章

数字化时代

本章学习目标：
- 了解数字化的内涵与数字化时代的特征；
- 了解企业数字化转型的内涵与过程；
- 理解农业经济、工业经济与数字经济不同经济形态的关系及特征；
- 理解数字技术如何驱动商业模式创新。

开篇案例

孩子王"新零售"的基础：数字化战略

孩子王儿童用品股份有限公司（以下简称"孩子王"）创立于2009年，总部位于江苏南京。孩子王是一家以数据驱动、基于用户关系经营的创新型亲子家庭服务商。自创立以来，孩子王凭借"生而不同"的企业基因和"以用户为中心"的理念指引，敏锐捕捉消费者的需求变化和行业趋势变革，首创大店模式、"商品+服务+社交"的运营模式和育儿顾问式服务模式，并快速跑通"全渠道、全域、全场景"的数字化运营模式，将竞争维度拉升至消费场景和服务体系的高度。孩子王意识到，在数字化时代，数据已成为重要的生产资料，所以企业必须利用新兴的互联网技术和数字化手段来发挥企业数据的价值，优化企业的服务，提升企业的效率，驱动新零售战略的前行。孩子王从2013年开始进行信息化改造，组建信息技术（Information Technology，IT）团队，自主研发IT架构；从2014年开始构建App、小程序、社群、直播等形式多样的购物渠道，逐步向数据驱动型全渠道服务商转型。企业的全面数字化为孩子王新零售的实施提供了基础，孩子王将整个运营环节中所有可数字化的资源都整合到数字化系统中，包括商品、用户、订单、库存、支付、积分、促销等资源。目前，孩子王集线上、线下两个服务平台，连锁门店、电子商务、社群分享三大销售渠道于一体，已在21个省累计超200座城市开设近1200家大型数字化直营门店。进入智能时代，云计算、大数据、人工智能（Artificial Intelligence，AI）等技术在推动企业数字化转型方面起到重要作用，线上线下数字化集成不仅提升了企业的运营效率，也使顾客获得了传统零售所没有的全方位、全天候、无缝化的新零售体验。

资料来源：本书编辑整理。

1.1 数字化时代的到来

1.1.1 数字化的内涵

随着互联网、大数据、云计算、区块链、AI 等新一代信息技术的快速发展，各行各业利用数字技术创造了越来越多的价值，推动了人类社会的数字化变革。数字化发展给经济和社会带来了方方面面的影响，孕育出一种新的经济形态——数字经济，数字化成为数字经济的核心驱动力。

数字化是信息技术发展的高级阶段，是在信息化高速发展的基础上诞生和发展的。数字化的概念分为狭义和广义两种。狭义的数字化主要是利用数字技术，对具体的业务、场景进行数字化改造，更注重数字技术本身对业务的降本增效作用；广义的数字化则是利用数字技术，对企业、政府等各类组织的业务模式、运营方式进行系统化、整体性的变革，更注重数字技术对组织的整个体系的赋能和重塑。

综合来说，数字化是指将信息、数据和流程通过数字技术进行转化、存储、处理和应用的过程，它并不仅限于技术工具的使用，而是涵盖了技术、流程和理念的全面变革，经历了数据化、互联化和智能化 3 个主要阶段。

1. 数据化

数据化是指将现实世界中的事物、现象和过程转化为数字化信息的过程，使其可以被存储、传输和处理。数据化是数字化的基础和起点，通过对事物的数字化描述，为后续互联化和智能化奠定数据基础。数据化的主要实现方式包括信息采集、数据编码、数据存储等。例如，在工业生产中通过传感器监测设备的运行状态就是一种数据采集行为。数据化通过提高信息的可用性、实时性，打破了传统模拟信息的局限性，通过对海量数据的存储和分类，为后续决策提供支持。

2. 互联化

互联化是指通过网络技术（如物联网、互联网和移动网络）将人、设备、系统和数据连接起来，实现信息的共享和协作。互联化是数字化的延伸和深化，使数字化成果得以扩展和优化。互联化主要是通过物联网、网络平台和实时通信来实现的。互联化将独立的数据、设备和系统连接起来，实现全局优化和协作，增强了各系统之间的协同能力，同时通过连接，打破"信息孤岛"，提升资源的利用效率，促进了资源共享。

3. 智能化

智能化是指在数据化的基础上，通过 AI、机器学习（Machine Learning，ML）等技术，使系统具备自动学习、优化和决策的能力，从而实现高效、精准和自主的工作方式。智能化的实现方式主要有数据分析与挖掘、AI 驱动、自动化系统等。例如，在智能化工厂中，通过 AI 算法优化生产线的排程，将智能算法嵌入自动化流程，实现机器对复杂任务的自主完成。智能化的应用使企业能够开展新业务模式。例如，企业能够利用个性化推荐系统来提升用户体验。通过智能化系统代替人工操作，可以显著提高工作效率，同时通过机器学习对复杂的数据进行精准分析，减少了人为误差。

数据化、互联化和智能化是数字化发展的 3 个关键阶段。数据化解决的是信息数字化的基础问题；互联化将人、设备、系统和数据连接起来，实现信息的共享和协作；智能化使数据更有价值，推动了自动化与决策优化。三者共同构成了数字化社会的重要支柱，引领着企业和社会向高效、互联和智能的未来迈进。

1.1.2　数字化时代的演进

在明确了数字化的概念及其核心内涵后，我们可以进一步理解数字化发展是一个动态演进的过程，伴随着技术革新与社会需求的不断变化，从早期的数据处理到如今的大数据与 AI，每一阶段的技术进步都推动了数字化发展的深化与扩展。

图 1-1 显示了数字化时代的主要演进阶段，这些阶段不仅体现了计算机技术的发展脉络，还反映了其在企业管理、社会生活等方面的广泛应用。

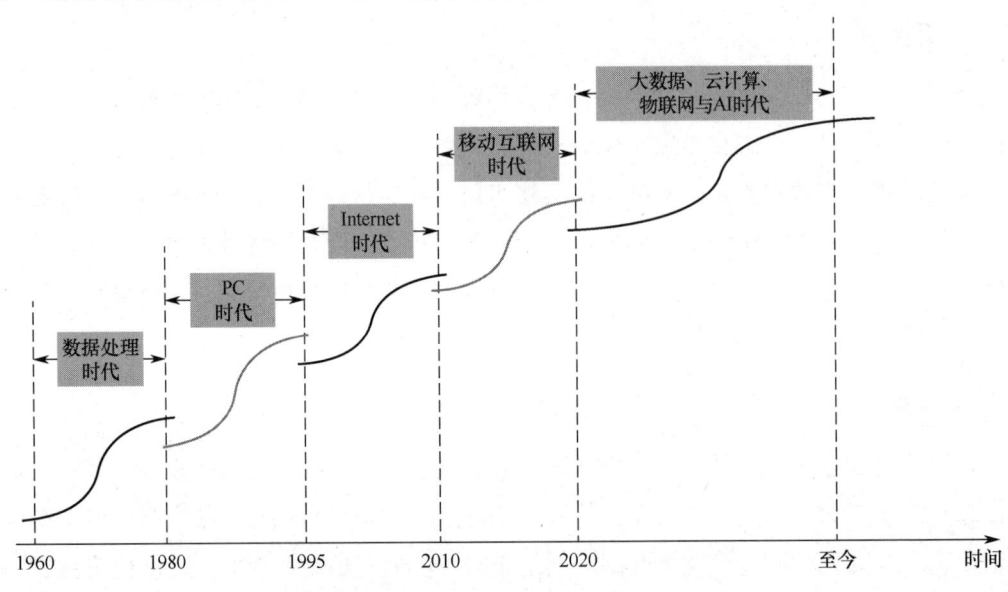

图 1-1　数字化时代的主要演进阶段

数字化的发展历程可以划分为几个重要的时代，从早期的数据处理到如今的大数据、AI 等技术的普及，每个阶段都代表数字化技术的飞跃，并对社会发展产生了深远的影响。

1. 数据处理时代（1960—1980 年）

数字化的起点可以追溯到 20 世纪 60 年代至 80 年代的数据处理时代。这一时期的计算机以大型机为主，其硬件体积庞大，运行依赖专门的机房和复杂的操作系统，通常仅在大型机构使用，计算能力和存储容量有限，主要以批量处理结构化数据为核心；软件层面，大型机的操作系统和应用程序均是定制化开发的，适配特定的需求，编程语言如 COBOL 和 FORTRAN 等在这一阶段被广泛使用。由于技术成本高，计算机在这一时期尚未进入大众生活，应用范围受到较大限制。此外，数据主要通过打孔卡片或磁带输入，处理效率虽有明显提升，但仍需大量人工参与，自动化水平较低。

在这一时期，计算机主要应用于政府、科研机构和大型企业的数据管理和数据计算。例如，美国政府利用计算机进行人口普查，实现了人口数据的高效收集和处理；银行则借助大型机开展账户管理和资金清算业务，显著提高了金融交易的准确性和效率；军事领域也开始使用计算机进行弹道轨迹计算和作战模拟分析。这些应用场景虽然局限于特定领域，却为计算机在提高工作效率和优化流程方面的潜力提供了清晰的示范。

计算机的应用推动了企业和机构内部的管理自动化，尽管应用范围有限，但也建立起了数字化技术的初步框架，通过这一时期的技术探索，数字化逐渐从概念走向实践，为未来更广泛的数字化应用奠定了基础。

2. PC 时代（1980—1995 年）

20 世纪 80 年代起，数字化进入了个人计算机（Personal Computer，PC）时代，计算机技术从大型机逐步向 PC 转移。与数据处理时代相比，PC 时代的计算机技术有了显著进步。计算机硬件从大型机逐步缩小为 PC，体积减小，成本下降，性能却显著提升，使计算机不再是政府和大型企业的专属设备。IBM 公司推出的首款 PC 标志着 PC 时代的开始，为 Microsoft 公司的 Windows 操作系统和 Office 套件建立了一个广泛的软硬件生态。计算机技术的特点从集中化转向了分布式，单机计算成为主流，用户可以通过键盘和鼠标与计算机直接交互，操作体验显著提升。同时，PC 的存储能力增强，外接设备（如打印机和软盘驱动器等）使数据的存储和分享变得更加便利。

计算机技术的进步直接推动了计算机应用范围的扩大，办公自动化（Office Automation，OA）成为 PC 时代的核心应用之一。以文字处理软件和电子表格软件为代表的软件大幅提高了企业的工作效率，尤其是在文档编写、数据分析、财务核算等方面。例如，Microsoft 公司推出的 Excel 软件让财务报表的生成和分析变得快捷、准确；Word 软件取代了传统的手工打字工具，提升了文件处理的质量和效率。此外，教育领域也开始引入 PC，学生可以通过计算机学习编程和其他基础技能；家庭用户则开始使用 PC 进行简单的游戏娱乐或家庭理财。

从此，计算机技术开始走向社会大众。PC 的普及让更多人有机会接触数字化工具，激发了普通用户对计算机技术的兴趣，并对未来的互联网和移动计算的发展奠定了用户基础和技术基础。通过 PC 时代的推进，数字化技术不再局限于特定领域，而是开始进入更广泛的社会生活。

3．Internet 时代（1995—2010 年）

从 1995 年开始，随着互联网的兴起，数字化进入了 Internet 时代，互联网技术的普及成为这一阶段的核心标志。计算机技术的特点从单机运算转向网络化，PC 通过互联网实现互联互通，信息的存储和分享不再局限于物理介质，而是通过数字网络完成。万维网（World Wide Web，WWW）的出现进一步降低了用户获取信息的门槛，超文本链接技术的发明让信息呈现更加直观、易用。网络协议如 TCP/IP 的标准化使全球范围内的计算机能够实现无障碍通信，而电子邮件等服务则开启了即时通信的新时代。

技术的网络化带来了数字化应用的爆发式增长，最典型的例子就是电子商务的兴起。亚马逊和 eBay 等电商平台在这一时期成立，为全球用户提供了便捷的在线购物服务。此外，互联网还催生了搜索引擎、在线新闻门户和即时通信工具，这些应用彻底改变了信息传播和获取的方式。例如，谷歌搜索帮助人们在海量信息中快速找到所需内容，而雅虎等门户网站则汇集了新闻、电子邮件、社交等多种服务。互联网技术在企业中的应用也极为广泛，企业开始搭建全球化供应链管理系统，通过网络与合作伙伴实现实时协作。

这一时期的数字化以全球范围的信息共享和资源整合为重要特征。通过互联网，世界进入了"地球村"模式，数字化的触角从个人和企业延伸至社会的每个角落。这一阶段的数字化打破了地理和时间的限制，使全球信息共享成为可能，为信息社会的发展奠定了基础。

4．移动互联网时代（2010—2020 年）

2010 年以后，智能手机的普及和 4G 网络的发展将数字化推向了移动互联网时代。与 PC 时代和 Internet 时代相比，移动互联网技术的核心特点是"随时随地"的便捷性。智能设备成为人们接入互联网的主要工具，同时以 4G 网络为代表的高速无线通信技术为大规模数据传输提供了支持。移动应用程序（App）的发展使人们可以通过手机实现多种功能，如通信、购物、导航等。云计算和大数据技术在这一阶段逐步成熟，推动了移动设备的智能化。

这一阶段的应用场景以移动支付、社交媒体和共享经济为代表。支付宝和微信支付彻底改变了人们的支付习惯，从线下到线上再到扫码支付，人们的消费方式变得更加高效和便捷。社交媒体如微信、微博等成为人们交流的主要平台，用户不仅是信息的接收者，还是信息的创造者和传播者。共享经济在这一阶段迅速兴起，如共享单车、网约车等服务通过移动互联网实现了资源的高效匹配，提高了社会资源的利用率。

移动互联网时代的重要意义在于技术的全面普及和应用的深入渗透。数字化技术不再局限于工具属性，而是逐步成为人们日常生活的一部分，从根本上改变了社会的运行方式。通过这一阶段的技术发展，数字化进一步推动了社会的智能化，为下一步向"万物互联"时代发展奠定了基础。

第1章 数字化时代

5. 大数据、云计算、物联网与 AI 时代（2020 年至今）

2020 年之后，数字化进入了一个更加深刻的阶段，以大数据、云计算、物联网和 AI 为代表的新技术成为数字化的核心驱动力。这一阶段的计算机技术以"智能化"和"互联化"为基础，具备更强的智能性、更广泛的连接性和更高效的数据处理能力。

大数据技术的特点在于能够从海量数据中提取有价值的信息，解决了传统技术面对数据规模快速增长时的处理瓶颈。云计算通过虚拟化技术实现弹性资源分配机制，使计算能力和存储资源可以根据需求动态调整，大大降低了企业和个人使用高性能计算资源的成本。物联网则将物理设备通过传感器和网络连接起来，实现设备之间的实时通信和数据共享，而 AI 技术则依托大数据和云计算，通过深度学习等算法赋予系统自主学习和决策的能力。这一时期的技术呈现高度融合的特点，协同推动了数字化的进一步深化。

大数据、云计算、物联网、AI 等技术的结合直接推动了应用场景的爆炸式扩展。从产业角度看，工业 4.0 是这一阶段的重要标志之一，通过物联网传感器和数据分析技术实现智能制造工厂。物流领域应用 AI 优化供应链管理，通过预测算法提高物流效率。例如，亚马逊利用 AI 技术实现了无人仓储和配送。医疗行业也因 AI 应用实现了突破，AI 算法在疾病预测、药物研发和精准医疗方面表现出巨大的潜力。例如，IBM 的 Watson 系统可以帮助医生制定治疗方案。在社会生活领域，智慧城市已成为现实，通过物联网设备收集城市运行数据，通过 AI 分析实现交通优化、能源管理和安全保障。自动驾驶技术也开始从实验阶段走向实际应用，例如，特斯拉公司通过实时数据和 AI 算法优化驾驶体验。

大数据、云计算、物联网与 AI 全面推动了技术与各行各业的深度融合，进入了"万物互联、智慧赋能"的全新阶段。这一时期的数字化不仅提高了生产效率，还显著改善了人们的生活质量，同时推动了经济结构的优化和社会治理的变革，实现了从"工具化"到"智能化"的飞跃，推动社会全面走向智能化。

纵观数字化的发展历程，每个时代的技术进步都伴随着社会效率的提高和生活方式的改变。从数据处理时代到 PC 时代，再到 Internet 时代、移动互联网时代，以及当前的大数据、云计算、物联网与 AI 时代（以智能化为特征的数字化时代），数字技术的不断革新推动了社会的深刻变革。每个时代的技术特性和应用场景不仅记录了数字化的演进，也为未来技术的发展奠定了基础，为人类社会创造了无限可能。

1.1.3 数字化时代的特征

数字化时代标志着信息技术与社会经济各领域的深度融合。在信息系统领域，早期的标准化工作高度依赖人工审查和主观经验，因此尽可能将人为判断转变为客观检查一直是信息系统领域标准化工作数字化的主要研究方向。随着 AI、大数据等技术的发展，信息系统实现了从单一工具到综合协作平台的跃迁，为"万物互联"和数字化社会的发展奠定了技术基础。在这一时代背景下，数字化表现出以下4个主要特征。

1. 数字技术的不断创新

数字技术的持续创新由技术进步、市场需求和政策支持等多重因素共同推动。首先，计算机科学、通信技术和 AI 领域的快速发展推动了技术的突破。例如，深度学习算法的创新大幅提升了计算机视觉和自然语言处理的能力，而 5G 通信技术的普及则显著提高了数据传输效率。其次，数字技术展现出显著的融合性特征，能够结合物联网、大数据和区块链等技术，在不同领域催生跨界创新。例如，物联网将传统制造业与信息技术深度结合，使工业互联网迅速发展，不仅提高了生产效率，还优化了供应链管理。此外，消费者对智能化、个性化服务的需求增加，也促使企业加速创新。例如，智能家居产品如亚马逊的 Alexa 与中国的小米智能家居生态，通过集成多项数字技术，打造了智能化的家庭体验。同时，政府对技术创新的鼓励政策，如中国的产业新基建战略和欧美的技术研发补贴，为数字技术的发展提供了充足支持，形成了产学研合作的良性循环。

2. 新产品、新服务、新模式不断涌现

数字化时代的技术创新为新产品、新服务和新商业模式的涌现提供了强大支持。例如，AI 技术的成熟推动了无人驾驶汽车的开发，特斯拉 FSD（全自动驾驶系统）和百度 Apollo 平台成为该领域的代表性案例；而大数据技术的应用则催生了精准医疗服务，帮助医生通过数据分析优化诊疗方案。与此同时，跨界融合也为新模式的形成提供了契机。例如，共享经济的兴起将闲置资源与用户需求有效地匹配，Uber 和滴滴出行等平台就是成功的典范。此外，平台经济的发展进一步降低了创业门槛，许多小微企业依托数字平台实现了商业价值的快速提升。例如，淘宝和亚马逊为全球中小企业提供了线上销售渠道，显著扩展了传统商业的边界。同时，政府政策的支持也为这些创新提供了稳定环境，如中国推出的支持电子商务发展的税收优惠政策及欧美地区对初创企业的融资支持。

3. 各行各业企业数字化转型不断加速

市场竞争的加剧、消费者需求的变化及数据要素日益重要共同推动了企业进行数字化转型。企业为了保持竞争力，必须寻求新的增长点和效率提升途径，而数字化转型成为其应对市场挑战、实现可持续发展的关键手段。同时，随着消费者更加倾向于使用数字化产品和服务，追求便捷、高效和个性化的消费体验，这也促使企业为了满足消费者需求而进行数字化转型。例如，零售行业的龙头企业通过建立线上、线下一体化平台，优化了用户体验并提高了运营效率。国内的苏宁易购和京东及国外的沃尔玛都通过引入 AI 和大数据技术，实现了智能化库存管理和用户画像分析。此外，自从数据成为重要的生产要素后，企业也越来越注重数据的收集和分析，通过建立完善的数据治理体系和数据分析平台，实时掌握业务运营情况，发现潜在的问题和机会，基于数据的决策也更加科学、准确。例如，

在制造业领域，海尔通过工业互联网平台 COSMOPlat 推动了大规模定制化生产，显著提高了生产效率和客户满意度。金融方面，工商银行和花旗银行通过建设数据治理体系和智能决策平台实现了风险控制和精准营销的突破。许多企业引入了数字化管理系统，如 SAP 和钉钉等，以提高决策的科学性和业务流程的运转效率。

4．数字化平台企业发展迅猛

数字平台的快速崛起得益于新一代信息技术的广泛应用。互联网、大数据、AI 等新一代信息技术的快速发展为数字平台企业的崛起提供了坚实的技术基础，这些技术使得数字平台企业能够优化用户体验、提高服务效率，从而吸引更多用户。随着消费者更加倾向于使用便捷、高效、个性化的数字产品和服务，数字平台企业也不断拓展业务范围，提供更多元化的产品和服务以满足用户的多样化需求。例如，国内的平台型企业如抖音和小红书，通过内容算法推荐和社区运营，极大地提高了用户黏性；国际上，Facebook 通过整合社交、广告和电商功能，打造了全球性的数字生态。同时，数字平台企业还利用自身的规模效应和网络效应，在物流、教育、医疗等领域持续拓展业务范围。例如，菜鸟网络和京东物流通过数字化技术重构传统物流模式，提高了供应链的整体效率。此外，政府对数字经济的支持和鼓励政策也为数字平台企业的发展提供了良好的外部环境，如税收优惠、资金扶持、知识产权保护等政策都有助于激发企业的创新活力。

1.2 企业数字化转型

1.2.1 企业数字化转型的内涵

数字技术的蓬勃发展催生出诸多机会窗口，由数字技术驱动的企业数字化转型可以促进产业结构的优化和创新能力的增强，因此为了适应时代发展，数字化转型已经成为企业发展的重要目标。2022 年，IBM 发布的《IBM 转型指数：云现状》报告显示，77％的受访企业表示正在通过组织变革实现数字化转型。国家也为企业数字化转型提供了强力支持，国务院在 2024 年发布的《制造业数字化转型行动方案》中明确表示，要深入推进产业数字化转型，深化制造业智改数转网联，大力推进重点领域数字化转型，营造数字化转型生态。

诚然，我国数字化产业发展前景明朗，但企业向数字化转型的进程并非一帆风顺，据埃森哲发布的《2024 中国企业数字化转型指数》显示，中国企业在数字化转型方面仍有 62.6％的企业处于早期阶段，数字化转型指数只有 46 分。数字化转型之路曲折也非中国特例，如有学者指出，全球企业的数字化转型实践都亟需具备现实洞察力和战略导向的系统性理论框架来指导。

数字化转型的难点主要在于其将在一定程度上颠覆传统商业模式、组织环境和业务流程，对企业已经习得的、稳定的商业战略造成冲击，并影响企业的协同创新和治理机制。

数字化转型在本质上是企业通过采用新一代信息技术对其战略、业务模式、组织结构和文化4个维度进行全面的优化和再造，以适应数字经济环境下的变化和挑战。

1. 战略优化与再造

企业可以利用大数据技术深入分析市场趋势、消费者行为、竞争对手动态等，为制定更加精准、高效的战略规划提供数据支持；云计算平台可以帮助企业实现资源的弹性扩展，降低IT成本，提高运营效率；AI则可以用于预测市场走向，辅助决策制定，提高战略的前瞻性和灵活性。

企业为实现数字化转型应建立完善的数据分析体系，培养数据驱动的战略思维；积极开发云服务，构建灵活、可扩展的IT基础设施；探索AI技术在战略规划中的应用，提高决策智能化水平。

2. 业务模式创新

新一代信息技术为企业提供了全新的业务模式创新机会。例如，通过大数据分析，企业可以更精准地定位目标客户，实现个性化营销和服务；云计算使远程协作、按需服务成为可能，催生了众多新型业务模式；AI则可以在产品设计、生产制造、供应链管理等环节实现智能化升级，提高业务效率和业务质量。

企业为实现数字化转型，应鼓励跨部门、跨领域的创新合作，打破传统业务的边界；积极探索基于新一代信息技术的新型业务模式，如订阅经济、共享经济等；持续关注技术发展趋势，及时调整和优化业务模式。

3. 组织结构变革

随着新一代信息技术的应用，企业的组织结构也需要相应变革。云计算促进了分布式办公和团队协作，要求企业具备更加扁平化、灵活化的组织结构；AI和自动化技术的引入，则可能导致部分岗位的消失或转型，要求企业重新设计组织架构和人才配置。

企业为实现数字化转型应积极推动组织架构向更加扁平化、网络化方向发展，提高决策效率和响应速度；加强跨部门、跨团队的沟通与协作，形成合力；关注员工的技能培训和职业发展规划，帮助员工适应新技术带来的变革。

4. 文化重塑与传承

企业文化是企业长期积累和努力的结果，对于企业的稳定和发展具有重要意义。新一代信息技术的应用可能会给企业文化带来冲击和变革。例如，云计算和远程办公可能会影响员工的归属感和团队凝聚力；AI和自动化可能会引发员工对工作价值和意义的重新思考。因此，企业需要在保持核心价值观不变的基础上，积极吸纳新技术带来的积极文化元素。

企业为实现数字化转型应加强企业文化的建设和管理，确保新技术应用与企业价值观相契合；倡导开放、包容、创新的文化氛围，鼓励员工尝试新技术、新方法；关注员工的心理健康和职业发展需求，营造积极向上的工作氛围。

综上所述，企业数字化转型是一个系统性工程，涉及战略、业务模式、组织结构、文化等多个方面。企业需要根据自身实际情况制定合适的转型战略，持续投入资源，不断迭代优化，才能在激烈的市场竞争中顺应时代发展要求。

1.2.2　企业数字化转型的特征

通过对技术、组织结构和管理模式的全面革新，数字化转型不仅优化了企业的资源配置和运营效率，还带来了商业模式和价值创造方式的深度变革。企业数字化转型主要包括以下几个特征。

1．技术驱动

技术驱动这一特征源于以云计算、大数据、AI和物联网等新兴数字技术的广泛应用。企业通过这些技术实现对数据的全面采集、分析和应用，以数据为核心形成新的生产力。例如，大数据技术的应用使企业能够通过分析消费者的行为数据实现精准营销；云计算则通过分布式存储和计算降低了企业在IT基础设施上的投入成本，提高了系统的灵活性和可扩展性。AI则通过深度学习技术赋予机器以自主决策能力，在客服、物流、研发等领域发挥重要作用。技术驱动意味着企业在数字化转型中需要持续关注技术发展趋势，提高技术驱动能力以应对市场的快速变化。

2．以客户为中心

在传统模式中，企业更多关注产品的生产和销售，而在数字化转型中，企业逐步转向以客户需求为核心，通过技术手段洞察和满足客户的个性化需求。例如，利用数据分析技术，企业可以精确描绘客户画像，根据用户的历史行为预测其未来需求，从而为用户提供更具针对性的产品和服务。以亚马逊为例，其推荐算法根据用户的浏览和购买记录进行个性化商品推荐，大幅提升了客户体验和购买转化率。以客户为中心的特征表明，数字化转型的核心目标之一是通过提升客户体验创造更大的商业价值。

3．组织变革

组织变革包括组织架构、管理模式和业务流程的全面调整，以适应数字化环境的需求。传统的层级式管理模式由于信息流动缓慢而显得低效，而数字化转型推动了扁平化管理模式的普及，使得企业能够更快响应市场变化。例如，许多互联网企业采取敏捷开发模式，将跨职能团队聚集在一起协作完成项目，以提高研发效率。与此同时，数字化转型还催生了诸如首席数据官（Chief Data Officer，CDO）这样的新兴岗位，专门负责企业数据资产的管理。组织变革的特征表明，数字化转型不仅是技术的更新，更是企业整体运作方式的创新。

4. 生态化

在数字经济时代，单一企业的竞争力已不足以应对复杂多变的市场环境，取而代之的是企业间协同发展的生态体系。数字化转型推动企业通过数字技术与供应链上下游、合作伙伴及客户建立紧密的联系，形成开放的生态系统。例如，阿里巴巴不仅是一家电商企业，更是一个涵盖物流、支付、营销、金融等多个领域的数字化生态系统，通过数据共享和平台化运作提高了整个生态链的效率。生态化的特征显示，数字化转型不只是企业内部的转变，更是行业协同与跨界融合的重要体现。

5. 成本与效率优化

通过数字技术的深度应用，企业能够显著降低运营成本并提高运营效率。例如，利用物联网设备对生产线进行智能化改造，企业可以实时监控设备运行状态并预测故障，从而减少停机时间，降低维护成本。另外，自动化技术的广泛应用也显著提高了生产效率。例如，在金融和制造业领域，企业基于机器人流程自动化（Robotic Process Automation，RPA）技术能够高效完成重复性强的任务，减少人力资源投入。这一特征表明，数字化转型的直接价值在于提高企业的核心竞争力，使其能够在激烈的市场竞争中立于不败之地。

6. 持续性和动态性

数字化转型不是一次性任务，而是一个不断迭代优化的过程。随着技术的不断发展和市场环境的持续变化，企业需要保持对数字化发展趋势的敏感性，不断调整转型策略。例如，最早实施电子商务的零售企业可能需要进一步探索智能零售和全渠道战略，以应对消费者需求的变化。持续性和动态性的特征表明，数字化转型是一场没有终点的旅程，企业需要在不断试错和调整中找到最佳路径。

7. 商业模式创新

传统企业主要依赖以产品销售或服务收费为核心的盈利模式，而数字化转型推动了基于数据的新型商业模式的形成。例如，数据服务和平台经济成为许多企业新的增长点。滴滴和 Airbnb 等平台型企业通过连接供需双方，以数据为驱动提供服务，颠覆了传统行业的格局。这一商业模式的创新不仅为企业带来新的盈利来源，也为行业和社会创造了全新的价值。

综上所述，企业数字化转型的特征涵盖技术驱动、以客户为中心、组织变革、生态化、成本与效率优化、持续性和动态性及商业模式创新等多个方面。企业数字化转型不仅仅是企业内部的技术和管理优化，更是企业价值创造方式的重塑，对企业的长期发展和社会经济的整体进步具有深远的影响。理解企业数字化转型的特征对于企业制定数字化转型策略、把握数字化发展机遇具有重要意义。

1.2.3 企业数字化转型的过程

企业数字化转型是一个复杂且动态的过程，其核心是通过战略、业务、组织和技术的全面协同，实现企业适应数字化时代的深度变革。

1. 战略转型

战略转型是企业数字化转型的起点，它决定了企业数字化转型的方向和目标。在数字化背景下，传统以产品为导向的战略思维逐渐被以客户为中心的价值导向所取代。企业需要重新审视其核心竞争力，将数字技术融入战略层面，并通过数字技术赋能企业发展为企业自身创造新的增长点。这一过程的关键在于转变企业的战略定位和思维方式。企业需要从单纯追求市场份额，转向构建以数据驱动为核心的竞争优势。例如，许多零售企业通过大数据分析客户行为，以实现精准营销和个性化推荐，进而提升客户体验和提高客户忠诚度。战略转型还包括企业选择正确的技术路线和生态伙伴，积极布局行业生态系统，确保企业在数字化浪潮中占据有利位置。

此外，战略转型的成功还依赖企业高层的支持和参与。研究表明，数字化转型的成败在很大程度上取决于企业领导者对数字化发展趋势的理解及对资源的重新配置。例如，GE公司在进行数字化战略转型时，明确提出了"工业互联网"的战略愿景，并将公司资源向数字技术研发和数据服务转移，从而在制造业中占据了数字化的制高点。

2. 业务转型

业务转型是数字化转型的核心环节，其目的是通过技术手段优化业务流程、提高运营效率，并创造全新的商业模式。在这一过程中，企业需要将数字技术融入产品设计、生产制造、销售渠道等各环节，以实现业务流程的自动化和智能化。

业务转型的重点是重构业务流程。企业需要通过数据分析、AI和自动化技术，打破部门之间的信息孤岛，形成端到端的高效业务流程。例如，在物流行业中，京东通过自动化仓储和智能物流系统实现了全供应链的透明化和效率的提升。此外，业务转型还要求企业结合技术创新，推出新型的数字化产品和服务，以满足客户日益增长的需求。例如，传统家电企业海尔通过物联网技术，将传统家电升级为"智能家电"，实现了产品从单一功能到全方位服务的跃迁。

此外，业务转型还包括商业模式的创新。数字技术的广泛应用使平台经济和共享经济的兴起成为可能。例如，阿里巴巴通过搭建电商平台，将传统的线下零售模式转变为线上与线下融合的数字化零售生态。类似地，Airbnb通过共享经济模式，将传统酒店业带入了一个以数字平台为核心的全新时代。

3. 组织转型

企业的数字化转型不仅仅是技术和业务的变革，还涉及组织架构和文化的深度调整。

数字化的本质是以数据为驱动，而实现这一目标需要企业内部组织结构的扁平化和敏捷化，以使企业适应快速变化的市场环境和技术需求。

首先，组织架构需要更加灵活。传统层级化的组织形式往往容易导致信息传递不畅、决策效率低下，而数字化转型要求企业构建扁平化、协同化的组织架构，以提高决策效率和创新能力。例如，许多互联网企业通过组建跨职能团队，将技术、市场、运营等部门的资源整合，形成快速响应市场需求的能力。

其次，企业文化的转型是数字化过程中不可忽视的一环。数字化转型要求企业培养基于数据驱动的决策文化和创新文化，这需要打破传统的部门壁垒，鼓励员工进行跨部门合作。同时，企业需要重视员工的数字技能培训，以帮助他们适应新的技术和工作方式。例如，微软公司在其转型过程中提出了"成长型思维"文化，鼓励员工主动拥抱变化并通过学习新技能推动组织变革。

4．技术转型

技术转型是数字化转型的技术支撑，也是数字化转型整个过程的核心推动力。通过引入和应用大数据、云计算、AI、物联网等前沿技术，企业可以提高信息化水平，为战略、业务和组织的转型提供有力的保障。

首先，企业需要构建坚实的技术基础设施。传统的信息技术系统往往难以支持大规模的数据分析和实时计算，而云计算的兴起为企业提供了高效、灵活的计算能力。例如，许多企业通过部署混合云架构既保证了核心数据的安全性，又实现了海量数据的快速处理。此外，企业还需要充分利用物联网技术，将生产设备、物流设施和销售终端互联起来，形成完整的"端到端"数字化生态。

其次，技术转型还要求企业具备强大的数据能力。数据的收集、存储、分析和应用是技术转型的核心任务，而 AI 技术的应用则使得企业能够从数据中挖掘出更高的价值。例如，金融行业中的智能投资顾问服务通过分析用户的风险偏好和财务状况，为其提供个性化的投资建议，大幅提升了用户体验和服务效率。

最后，企业在技术转型过程中还需要重视技术创新和技术合作。通过与技术领先的公司、科研机构和行业联盟合作，企业可以弥补自身的技术短板，加速转型步伐。例如，宝马公司与百度公司合作，在无人驾驶领域实现了技术突破，从而成功在数字化汽车市场占据一席之地。

企业数字化转型是一个涵盖战略、业务、组织和技术的全面变革过程。这 4 个方面相辅相成，共同构成了企业数字化转型的完整图景。战略转型为企业指明方向，业务转型为企业优化运营效率并创新商业模式，组织转型提升了企业内部的协作效率和适应能力，而技术转型则为企业所有变革提供了基础支撑。通过数字化转型，企业不仅能够提高竞争力，还能够适应快速变化的市场环境，实现长期可持续发展。

1.3 从工业经济到数字经济

人类经济形态历经了多个阶段的演变,从传统的农业经济到工业经济的崛起,再到数字经济的兴起。通过对这3种经济形态的对比分析,本节揭示了技术进步和生产要素变化对经济结构的影响。特别是数字经济,它以数据为核心资源,依托信息技术革命,推动了生产效率的提升和经济结构的优化。本节还将探讨数字经济的特征,为读者理解当前数字经济发展的新趋势提供了参考。

1.3.1 人类经济形态的演进

人类社会主要经历了3种经济形态,分别是农业经济、工业经济和数字经济。农业经济是农产品的生产、交换、分配、消费等方面的经济关系和经济活动。农业经济以农业为主导,第一产业占主要地位。例如,中国古代的农业社会就是一个典型的农业经济形态,农民通过耕种土地来获取粮食和其他农产品。工业经济是工业产品的生产、交换、分配、消费等方面的经济关系和经济活动。工业经济以制造业为主导,第二产业占主要地位。福特公司是工业经济的典型代表,通过流水线生产方式,极大地提高了汽车的生产效率,降低了成本,使汽车成为大众消费品。与农耕时代的农业经济及工业时代的工业经济有所不同,数字经济是以数据资源作为关键生产要素、以现代信息网络作为重要载体、以信息通信技术的有效使用作为效率提升和经济结构优化的重要推动力的一系列经济活动。数字经济以服务业为主导,第三产业占主要地位,同时第一、二产业实现数字化转型。阿里巴巴集团是数字经济的典型代表,通过电商平台、云计算和大数据技术推动了电子商务和数字服务的发展。

农业经济、工业经济、数字经济是不同历史时期的经济形态,它们在多个维度上存在差异,如表1-1所示。

表1-1 农业经济、工业经济、数字经济对比

特征	农业经济	工业经济	数字经济
劳动力特征	以体力劳动为主,对技能要求较低	需要一定的技术工人和工程师,开始出现分工细化	以知识密集型工作为主,重视创新能力,对教育水平和技术能力有较高要求
资源利用	物质资源(主要是土地等自然资源)	物质和能量资源(特别是资本和动力资源)	物质、能量、信息和数据资源(数据资源已上升到重要的战略资源的高度)
生产方式	手工劳动和简单工具	采用机械化、自动化生产方式	以数字技术为核心,采用智能化、网络化生产方式
生产力特质	分散化个体	集中规模化	分布式多元协同
关键技术	耕种技术等	蒸汽机技术、内燃机技术、电气技术等	大数据、云计算、AI、区块链、移动互联网等技术
环境影响	环境污染相对较小,但存在土地退化等问题	环境污染、资源消耗严重	环境污染相对较小,但数据中心等设施能耗高

从表 1-1 中可以看出，农业经济、工业经济和数字经济在劳动力特征、资源利用、生产方式、生产力特质、关键技术及环境影响等多个方面存在差异。

在劳动力特征方面，农业经济以体力劳动为主，对技能要求较低；工业经济需要一定的技术工人和工程师，开始出现分工细化；数字经济则以知识密集型工作为主，重视创新能力，对教育水平和技术能力有较高要求，反映出劳动力从体力劳动向脑力劳动的转变，以及对高技能人才的需求增加。

在资源利用方面，农业经济主要依赖土地等自然资源；工业经济主要依赖物质和能量资源，特别是资本和动力资源；数字经济则依赖物质、能量、信息和数据资源，其中数据资源上升到重要的战略资源的高度，反映了资源利用从依赖自然资源向依赖信息资源的转变。

在生产方式方面，农业经济以手工劳动和简单工具为主；工业经济采用机械化、自动化生产方式；数字经济则以数字技术为核心，采用智能化、网络化生产方式，体现了生产方式从手工劳动向自动化、智能化的转变。

在生产力特质方面，农业经济以分散化个体为主；工业经济以集中规模化为主；数字经济则以分布式多元协同为主，反映了生产力从分散化向集中化、再向分布式多元协同的转变。

在关键技术方面，农业经济依赖耕种技术等；工业经济依赖蒸汽机技术、内燃机技术、电气技术等；数字经济则依赖大数据、云计算、AI、区块链、移动互联网等技术，反映了关键技术从传统技术向现代信息技术的转变。

在环境影响方面，农业经济环境污染相对较小，但存在土地退化等问题；工业经济环境污染、资源消耗严重；数字经济环境污染相对较小，但数据中心等设施能耗高，反映了环境影响从土地退化向资源消耗严重、再向能耗高的转变。

1.3.2 数字经济的特征

数字经济的特征主要体现在以下几方面。

1. 颠覆性创新不断涌现

科技创新是经济发展的根本推动力，当前，新一轮科技革命和产业变革正在全球范围兴起，包括移动互联网、云计算、大数据、物联网、AI、区块链等在内的数字技术，无疑是新一代科技革命和产业变革的核心驱动技术。在数字经济领域，颠覆性创新不断涌现，且技术、商业模式的发展方向难以预测，具有相同或相似技术背景的企业在新技术领域并不具备明显优势，甚至由于战略刚性对新的技术变革反应迟钝。例如，大多数人曾认为，电商市场已经形成阿里巴巴与京东双头垄断的市场格局，但没有料到拼多多另辟蹊径迅速发展壮大；微信的市场地位也曾貌似牢不可破，是用户停留时间最长的 App，但字节跳动以今日头条和抖音两款产品抢走了微信的大量流量。此外，即使一些看起来市场地位牢不可破的行业龙头也由于颠覆性创新的出现而受到较大挑战。例如，近年来中国移动的短信发送量严重萎缩，不是源自其他运营商的竞争，而是由于微信成为更为便捷的日常沟通方式，取代了短信的功能；康师傅方便面销量的减少，也不是因为其竞争对手占据了更多的市场，而是蓬勃发展的外卖行业能够方便、快捷地满足人们的用餐需求。

2. 平台经济与超速成长

在数字经济条件下，平台经济成为不同于传统产业的新型生产组织形态。平台是一种典型的双边市场，一边连接用户，另一边连接为用户提供商品或服务的供应商，并成为二者的信息媒介和交易空间。典型的平台如网购领域的天猫、京东及社交领域的微信。平台企业通过高效运转的平台实现供需双方的对接，其本身并不拥有在平台上所交易的商品或服务。正如 Goodwin 形象的总结："Uber，世界上最大的出租车公司，却不拥有自己的汽车；Facebook，世界上最流行的媒体所有者，却不创造内容；阿里巴巴，最有价值的零售商，却没有自己的存货；Airbnb，世界最大的住所提供商，却没有自己的不动产。"平台企业可以利用外部的个人或企业作为其产品或服务的供应商，只要一根网线相连，分布在世界各地的个人或企业都可以成为一个平台的供应商。平台打破了企业自身资源、能力对企业成长的束缚，平台企业的成长速度要比传统企业快得多，从而数字经济的增长速度要比传统产业快得多。在 2007 年第四季度的世界 10 家市值较大的公司中，只有微软一家是平台企业，到 2017 年第四季度则有苹果、Alphabet（谷歌的母公司）、微软、亚马逊、Facebook、腾讯、阿里巴巴等 7 家公司是平台企业。

3. 网络效应与"赢家通吃"

网络效应是数字产业的典型特征，简单地说，就是大网络比小网络更具吸引力。网络效应有 3 种类型，分别是直接网络效应、间接网络效应和跨边网络效应。直接网络效应是指用户增加直接提高其他用户效用的现象。同类用户需求之间的互补关系是直接网络效应存在的原因。间接网络效应是指用户增加刺激了互补品的生产，导致互补品的种类增加、性能提高或者价格下降，从而使其他用户受益的现象。跨边网络效应是指在一个双边市场结构的平台上，一边用户数量的增加提高另一边用户效用的现象。网络效应的存在意味着当企业在具有网络效应的市场中竞争时，如果一家企业的产品或服务能够更快地获得足够数量的用户或供应商，那么正反馈机制就会发生作用：更多的用户或供应商使该平台的价值更大，从而进一步吸引更多的用户或供应商入驻该平台。反之，如果该企业不能够获得足够数量的用户或供应商，那么负反馈机制就会发生作用，导致企业在竞争中落败。就数字经济产业而言，由于网络效应的存在，往往是最早引发正反馈机制的平台成为最终胜利者，并且将会赢得大多数市场份额，即呈现所谓的"赢家通吃"特征。

4. "蒲公英效应"与生态竞争

"蒲公英效应"最初由美国硅谷的一个创业家提出，用来形容种子投资和创业公司即使失败也不会就此消失，其中的人才会像蒲公英的种子一样，随风飘荡，最终落在合适的土壤再次生根发芽。这个概念强调了一个动作或投资可以引发多重结果，体现了其在变化中的适应性和再生能力。例如，仙童半导体公司（Fairchild Semiconductor）是硅谷的传奇，自 1957 年成立以来，其前员工和创始人孕育了一个庞大的企业家族，直接催生了 92 家公司，间接影响了 2000 多家企业。史蒂夫·乔布斯将仙童半导体公司比作蒲公英，其创业精神的种子孕育了电动汽车后起之秀特斯拉、火箭发射的颠覆者 SpaceX 等创新企业。同样，中国也出现了数字经济公司扎堆聚集的现象，这些公司许多与早期的互联网公司或目前的互联网巨头有着千丝万缕的联系，正如蒲公英一样，把数字经济发展的种子撒播下去，并萌发出一片绿色的田园。这种"蒲公英效应"不仅仅展示了单个企业的成功，更体现了包括整个产业链上下游企业和配套企业、基础设施在内的整个产业生态的竞争。数字经济领军企业为了更好地发展现有业务或更好地支撑生态企业的发展，应具有采用新技术的内在动力。例如，亚马逊、阿里巴巴将它们冗余的计算、存储能力外销，带动了云计算产业的发展；AI 成为大型互联网公司必不可少的基础技术。

1.4 数字技术驱动商业模式创新

本节详细阐述了数字技术如何驱动商业模式创新。本节首先分析了数字技术的主要特征，包括梅特卡夫效应、双边市场效应、规模经济效应和协同效应，这些特征反映了数字技术在网络价值、用户互动和资源配置等方面的独特影响；接着，本节探讨了数字技术对商业模式创新的具体影响，包括成本降低与效率提升、增强客户体验、产品与服务个性化、共享经济模式、与用户价值共创、平台化商业模式创新等方面，展示了数字技术如何通过优化生产流程、增强客户体验、推动个性化服务和促进共享经济模式的发展，推动企业商业模式的创新。

1.4.1 数字技术的特征及数字技术对商业的影响

数字技术对社会经济和人们的生活产生了巨大的冲击，这种冲击力来自数字产业中网络特有的梅特卡夫效应，数字技术将梅特卡夫效应从物理空间带入更大的虚拟空间。梅特卡夫效应取决于用户之间的互动方式及互动的活跃程度。当用户仅做跨类型的互动时，如电商平台上的消费者仅与厂家而不与其他消费者打交道时，梅特卡夫效应退化为相对较弱的双边市场效应。如果用户互动受到进一步限制，数字技术和传统的技术一样，只具有规模经济效应和协同效应。

1. 梅特卡夫效应

梅特卡夫效应是一个关于网络价值和网络技术发展的效应，由乔治·吉尔德于1993年提出，但以计算机网络先驱、3Com公司的创始人罗伯特·梅特卡夫的姓氏命名，以表彰他在以太网方面的贡献。梅特卡夫效应描述了信息技术时代网络规模与网络价值之间的关系，含义是网络的价值与网络节点数的平方成正比，即网络的价值随着网络节点数的增加而增加，并且增加的速度更快。在这一规律作用下，在网络产业中，随着需求的增加，物品不仅不会越来越稀缺，反而会越来越丰富，需求可以创造更多的需求。例如，新浪在2011—2015赛季，以每年600万元人民币的价格购买了中国足球协会超级联赛（简称"中超联赛"）的视频版权，并于2015年开始运营篮球黄金联赛。根据2017赛季的不完全统计，篮球黄金联赛全年微博话题量接近10亿，视频播放量5亿，超过1000万人在新浪网和微博上观看比赛，参与讨论、点赞、转发。举办和播放热门的体育赛事，促进用户互动。虽然用户没有为内容和网上交流付费，但是他们的积极参与使新浪可以触达更多的人，在新浪上投放的广告能被更多的人看到，新浪就可以向厂商收取更高的广告费。

2. 双边市场效应

梅特卡夫效应产生于节点间活跃的互动，但对于某一类网络，互动仅发生在不同类别的用户之间。例如，在淘宝和天猫平台上，互动和交易仅在供应商与消费者之间进行。这类互联网平台的价值源于供应方与需求方的相互吸引和相互促进，即双边市场效应。双边平台指平台存在需要彼此交互的两个不同用户组，且两个用户组间存在间接的正外部性。价格水平是根据交互情况向市场两边收取价格的总和，价格结构是价格水平在市场两边消费者之间的分解或分配，总福利是指两个用户组和平台福利的总和。如果总福利随价格水平而不是价格结构变化，即总福利对总价格在两边的重新分配不敏感，则平台是单边的；如果总福利随价格水平和价格结构变化，则平台是双边的。不同用户组的限定意味着同类用户之间没有互动，双边市场效应因此弱于梅特卡夫效应。像Uber等出租车服务平台具有很强的双边市场效应，消费者的打车需求越多，司机的预期收入越高，就会有更多的司机加入Uber网约车的行列。另外，司机和车辆的增多，消费者打车就越方便，并且随着供给的增加，打车价格会越来越低，从而会吸引更多的消费者。

3. 规模经济效应和协同效应

商业中的规模经济效应取决于成本结构，企业的总成本由固定成本和可变成本组成。固定成本是不随产量变化的成本，例如厂房、设备、办公楼、电脑信息系统等方面的成本。可变成本则与产量直接相关，例如原材料成本、能源成本和人工费用等。规模经济效益来自分摊到每单位产品上的固定成本的下降，固定成本占总成本的比例越高，单位成本随产量下降的幅度越大，即边际成本递减。互联网公司的产出销售量在很大程度上取决于网上的客户数量，且网上新增加一个客户的成本不仅是递减的，而且实际上很可能接近于零，边际成本递减意味着边际收益递增。

与规模效应类似但又不尽相同的是协同效应。两者的区别在于，前者与单一产品的数量相关，而后者取决于品种的丰富程度。互联网的虚拟空间几乎是无限的，前所未有地放大了协同效应。例如，淘宝一个平台上就有1000万家商店。又如，苹果公司的协同效应体现在数以百万计的App上。新增一个App，如爱奇艺，并不消耗苹果公司的任何资源，但却给苹果公司带来新的收入，即爱奇艺支付的平台使用费。商家之间的协同也不可忽视。例如，客户在京东某商家购买了手电，可能会顺便在另一商家再下单订购两节电池。商品种类越齐全，客户购买的便利性体验越好，电商的收入也就越高。

1.4.2 数字技术与商业模式创新

商业模式是指在互联网环境下，通过构建社群平台实现供需双方的连接，利用隔离机制维护组织稳定并获取连接红利，同时促使消费者参与生产与价值创造，从而实现厂商与消费者之间的深度互动、共创价值和共享价值的模式。商业模式创新是指企业通过对价值创造、传递和获取的整体流程进行根本性变革，涵盖产品、服务、运营环节及客户细分、价值主张、渠道、关系、收入、资源、业务、合作和成本结构等诸多要素的重新设计与优化。数字技术对商业模式创新的驱动主要体现在价值创造、价值传递和价值实现这三大过程之中。

1. 成本降低与效率提升

数字技术为企业带来全新的商业模式。首先，通过优化生产流程、提高设备利用率和精确控制生产过程，数字技术显著提高了企业的生产效率。智能化的生产管理系统能够实时监控生产状态，快速响应市场变化，确保生产的高效运行。其次，企业通过应用智能设备和系统，能够精确掌握生产现场的数据，优化物料管理，减少浪费，从而降低成本。此外，自动化和智能化减少了人工干预，不仅降低了劳动力成本，还减少了人为错误，进一步提高了整体经济效益。在此基础上，通过智能网络，企业能够跨越地域和行业的界限，实现资源的优化配置和高效协作。最后，新型服务模式如智能销售预测的出现，为企业增加了新的收入来源，并增强了企业与客户的互动性和黏性。这样的发展不仅推动了企业的商业模式创新，也为企业持续发展提供了强大动力。例如，阿里巴巴的"智能仓库"项目通过使用自动化技术，实现了商品的快速拣选、打包和发货，提高了物流效率，大幅降低了人工错误率。此外，阿里巴巴还利用人工智能算法进行销售预测，根据消费者的购物习惯和偏好提前备货，从而提高了销售额和客户满意度。

2. 增强客户体验

数字技术通过增强客户体验来驱动企业商业模式创新，主要体现在以下两方面：第一，渠道融合与多场景互动。数字技术推动了线上与线下渠道的深度融合，实现了跨渠道、跨场景的消费者互动体验。企业通过整合线上平台和实体店铺，构建了全方位、无缝衔接的购物环境。例如，阿里巴巴的"新零售"战略通过智能门店技术，实现了线上购物与线下体验的融合。消费者可以在店内通过移动设备浏览商品信息，享受虚拟试衣间等服务，同时，线上的购物数据也能为线下店铺的库存管理和营销活动提供支持。这种渠道融合策略有效地提升了消费者的购物体验，增强了品牌的市场竞争力。第二，实时反馈与快速响应。在数字化的商业环境中，企业能够利用即时通信、社交媒体等工具，实时收集客户反馈，并迅速做出响应。这种高度的互动性和响应能力，有助于企业及时调整经营策略，优化产品和服务。例如，IBM 的 Watson 客户服务系统通过自然语言处理和情感分析技术，能够理解客户的咨询和投诉，并及时提供解决方案。这种智能化的客户服务不仅大幅缩短了企业的响应时间，还提高了企业解决客户问题的准确率，从而显著提升了客户满意度和企业的服务效率。

3．产品与服务个性化

企业商业模式创新也体现在数字技术推动个性化产品和服务的兴起，主要包括以下 3 点。

第一，客户需求的精准识别。数字技术通过大数据分析帮助企业深入理解客户需求，实现精准的市场定位。例如，美团利用用户的历史订单数据、搜索偏好和地理位置信息，为用户推荐附近的餐厅，提高了用户的点餐满意度和平台的订单量，也增强了平台的用户黏性。

第二，长尾效应的实现。长尾效应认为，个性化的小众需求集合起来也能构成一个庞大的市场机会。企业通过数字技术能够针对这些小众需求进行产品开发和市场营销，从而实现长尾效应。例如，在线音乐平台 Spotify 利用其算法推荐系统，能够将用户基数中的长尾部分转化为实际的市场机会，即使是边缘化或小众艺术家的作品也能找到其特定的听众群体。

第三，服务体验的持续优化。企业通过数字技术可以构建更加完善的服务体系，进而为用户提供更加贴心的售后服务。例如，海尔集团通过其 U+智慧生活平台，实现了对家电产品的远程监控和故障诊断。当系统检测到设备可能发生故障时，系统会自动通知用户并安排维修服务，极大地提高了售后服务的效率和质量。

4．共享经济模式

在数字技术飞速发展的背景下，共享经济模式已成为企业商业模式创新的重要方向。滴滴出行作为我国共享经济领域的先行者、我国目前规模较大的共享经济独角兽企业，成功把握了"互联网+"时代的机遇，在技术形态和产业模式创新方面取得了显著成就。滴滴出行的成功主要体现在以下几个方面。

第一，平台化资源整合与 O2O（Online To Offline，线上到线下）商业模式。滴滴出行通过建立互联网平台，实现了传统出租车行业车辆信息与乘客需求的精准匹配，大大提高了出行效率。滴滴出行目前采用 O2O 商业模式，通过手机 App 直接连接乘客与司机，为乘客提供便捷的一站式服务，充分展现了数字技术在商业模式创新方面的巨大潜力。

第二，多元化服务。滴滴出行针对不同用户群体的需求，提供了包括滴滴快车、滴滴顺风车、滴滴代驾等多元化服务，满足了市场多层次、个性化的出行需求。

第三，技术创新。滴滴出行在服务过程中广泛应用了移动支付、定位技术、大数据分析等高新技术，极大地提升了用户体验和服务效率。

第四，市场拓展与国际化。滴滴出行在国内市场占据领先地位的同时，积极拓展国际市场，其服务已覆盖巴西、墨西哥、澳大利亚、日本等多个国家，展现了共享经济模式在全球范围内的强大竞争力。

5. 与用户价值共创

在数字化浪潮的推动下，企业与用户共同创造价值已成为商业模式创新的重要趋势，主要原因包括以下几点。

第一，提高用户参与度和品牌忠诚度。在数字技术背景下，企业通过开放平台和工具，让用户参与到产品或服务的创新过程中，这不仅能够更好地满足用户需求，还能增强用户对品牌的认同感。例如，小米公司通过"小米社区"让用户参与到手机系统的开发和优化中，用户的反馈和创意被采纳并体现在产品更新中，这种参与感使许多用户成为了小米产品的忠实"粉丝"，进而推动了小米产品的持续热销。

第二，优化用户服务。滴滴出行通过精细化的运营管理，不断提升用户体验和服务质量。例如，通过对用户反馈和出行数据的分析，滴滴出行能够及时调整服务策略，改善司机的服务质量，减少乘客的等待时间，并提供更加准确的预估到达时间。

第三，构建用户社区，促进价值共创。企业通过建立用户社区，不仅能够收集用户反馈，还能激发用户的创造力，共同创造新的产品或服务。例如，知乎平台鼓励用户提问和回答，形成了一个知识共享的社区。用户在社区中的互动不仅丰富了平台内容，还为其他用户提供了宝贵的信息和见解，实现了用户与平台之间的价值共创。

6. 平台化商业模式创新

在数字技术的推动下，平台化商业模式创新成为企业竞争的新高地，尤其是在新媒体电子商务（简称"电商"）领域。新媒体电商在平台化商业模式创新方面的表现如下。

第一，社交媒体电商的崛起。社交媒体平台（如微信、微博、抖音等）不仅为用户提供了互动的空间，还通过建立小程序、商城等功能实现了社交与电商的紧密结合。例如，小红书作为一个生活方式分享平台，可以使用户在分享生活点滴的同时也能直接购买小红书推荐的商品。

第二，直播电商的流行。直播电商利用直播技术让卖家与买家实时互动，如向买家展示商品、解答买家的疑问等，从而提高转化率。淘宝直播、京东直播等平台的兴起为商家提供了新的销售渠道，也为消费者带来更好的购物体验。

第三，社区团购模式。社区内的团长通过社区团购将邻居们的需求集中起来，以集体采购的形式获得更优惠的价格。

第四，跨界合作与IP联营。新媒体电商企业通过与其他行业或知名IP的合作推出联名商品或活动，吸引特定"粉丝"群体，实现品牌和销售的双重提升。例如，电商平台与电影、动漫、游戏等产业跨界合作，推出限量版商品，可以激发消费者的购买欲望。数字技术驱动下的新媒体电商正在重塑传统零售业的格局。

本章小结

随着互联网、大数据、云计算、区块链、AI等新一代信息技术的快速发展，人类社会进入了一种新的经济形态——数字经济，数字化成为数字经济的核心驱动力。数字化是信息技术发展的高级阶段，是在信息化高速发展的基础上诞生和发展的。数字化经历了数据化、互联化和智能化3个主要阶段。数字化时代标志着信息技术与社会经济各领域的深度融合，为了适应时代发展，数字化转型已经成为企业发展的重要目标。企业数字化转型是一个复杂且动态的过程，其核心是通过战略、业务、组织和技术的全面协同，实现企业适应数字化时代的深度变革。数字技术的主要特征包括梅特卡夫效应、双边市场效应、规模经济效应和协同效应，这些技术特征驱动着商业模式创新，在成本降低与效率提升、增强客户体验、产品与服务个性化、共享经济模式、用户价值共创、平台运营模式等方面推动企业商业模式的创新和企业数字化转型。

思考题

1. 请阐述数字化的内涵与数字化时代的特征。
2. 请阐述企业数字化转型的过程。
3. 请从农业经济、工业经济、数字经济3种经济形态的角度分析技术进步和生产要素变化对经济结构的影响。
4. 解释直接网络效应、间接网络效应和跨边网络效应的概念。
5. 梅特卡夫效应和双边市场效应的区别是什么？
6. 举例说明数字技术如何实现商业模式创新。

本章案例分析

中联重科：传统制造业的数字化转型

中联重科股份有限公司（简称"中联重科"）创立于1992年，总部位于湖南长沙，主要从事工程机械、农业机械等高新技术装备及新型建筑材料的研发制造，主导产品涵盖18大类别、105个产品系列、636个型谱，是业内首家A+H股上市公司。数字化转型是中联重科提升产品价值和服务水平的重要手段。中联重科提出了产品全生命周期的数字化理念，将人工智能、大数据、工业互联网、物联网等技术与机械制造主业深度融合，构建"三端融合"智链体系，加快从传统制造向智能制造转型升级。

（一）智慧营销服务，做活前端

中联重科搭建集营销管理系统（MMS）、客户关系管理系统（CRM）、信用销售业务管理系统（CSS）于一体的智慧营销平台，提升营销服务水平，创新客户服务模式，增强客户黏性，做活营销服务前端。

中联重科微信服务号具有微官网、微信会员、粉丝活动、配件商城、咨询、报修等在线服务功能，通过其可及时了解客户需求，为客户提供"零距离"个性化解决方案和优质服务，提升客户满意度；线下定期举办产品展示会、技术交流会、操作技术演示会以及"3·17嗨购节""9·28嗨购节""客户日""硬核机械AIGC共创大赛"等体验营销活动，拓展客户与产品直接接触场景，增强客户黏性。同时，应用人工智能、大数据分析技术，对市场趋势、客户需求、竞品等信息数据进行深度挖掘分析，精准定位目标客户，为其制定个性化销售策略，推荐合适产品和服务方案；搭建具有精准派工、过程监控、离线数据查询、服务质量反馈等功能的智慧售后服务平台，将数十万台已售出的产品与公司服务调度中心及售后服务团队无缝连接，为客户提供"7×24小时"全时空、全地域、全方位智能化售后服务。

（二）智能制造，做强中端

中联重科通过构建连接研发、生产、供应链管理三大系统的智能制造管理平台，加快推进智能园区、智能工厂、智能产线建设，提升"关键零部件+农业机械+工程机械"产品智能化生产水平，做强智能制造中端。

中联重科基于产品全生命周期管理系统（PLM），建立企业云智库平台，汇聚世界各地2700多名工程师共同参与产品研发，大幅提升产品研发效率。从2020年开始，中联重科实施"产品4.0"工程，以"产品4.0"研发创新模式为核心，构建新一代数字化研发平台，基于全三维数字化样机建模，以BOM（物料清单）和三维模型两条主线贯穿研发部门数字化设计、仿真、分析、试验各环节，实现一体化协同研发设计，并通过与工业互联网技术融合，形成数物互联、虚实结合、数据驱动的数字化研发能力和研发项目管控能力，产品研发周期缩短25%，工艺设计效率提升50%以上。

中联重科自主开发智能制造生产管理系统（MOM），贯通生产制造全业务流程，精细化管控"人机料法环测"生产全要素，实现生产制造全过程数字化、智能化控制，并通过智能园区、智能工厂、智能产线建设，大幅提升生产效率，实现智能制造和生产价值链升级。

（三）数智化运营管理，做实后端

为了与智慧营销和智能制造相适应，加快推进公司整体数智化转型，中联重科将集成办公系统（OA）、财务SAP ECC6.0系统、信用风险管理系统（CRMS）、全面预算管理系统（EPM）、人力资源管理系统（HRM）等内部管理信息系统贯通融合，搭建数智化综合运营管理平台（SOP），做实运营管理后端。

中联重科基于集成办公系统搭建数字办公一体化服务平台，实现费控、考勤、绩效考核、资产管理等诸多后台管理业务信息数据互联互通共享，公司管理层及相关部门负责人可通过该平台监测各类管理事务办理的实时状态，员工可随时登录平台提交工作任务完成情况，了解与自身相关的事项办理进度，真正实现一站式数字化办公管理。

资料来源：郭雅丽、罗利，《中联重科：三端融合打造智链》，企业管理杂志，2024年8月。

第 2 章

电子商务与新媒体电商

本章学习目标：
- 了解电子商务的基本特征与发展脉络；
- 理解电子商务发展的驱动力；
- 了解新媒体电商与传统电商的差异；
- 了解新媒体电商模式与发展趋势。

开篇案例

更注重用户体验：电子商务从传统电商向新电商升级

2023 年 9 月，第三届中国新电商大会"新电商直播节"日前在吉林长春启动，围绕多个主题活动展开，包括吉林老字号网络嘉年华、新电商直播节暨中秋助农直播等，通过"小屏幕"打开"大市场"，将吉林优质产品推送到全国。新电商正在拓宽农村营销渠道，让农产品既"种得好"也"卖得火"。不少电商平台主动到农产品源头建基地、定合约，通过产地直采等模式，借助数字化运营管理模式赋能农产品产业链。江苏徐州华岳网络科技有限公司董事长说："三年前我就为家乡农产品开展公益助农直播，网友的消费热情很高。如今，越来越多的品牌感知到直播的魅力，我开始帮助特色农产品实现品牌化、产业化，带动农民创业增收。"

专家认为，直播等技术的发展、消费者需求和行为模式的变化，推动电子商务行业从传统电商向新电商升级，催生出直播电商、二手电商、社交电商、兴趣电商、信任电商等新模式，新商家以用户为中心，同时满足消费、低价、售后、社交、娱乐等需求，带来舒心体验。中国互联网络信息中心发布的第 52 次《中国互联网络发展状况统计报告》显示，截至 2023 年 6 月，中国网络购物用户规模达 8.84 亿人，较 2022 年 12 月增长 3880 万人，占网民整体的 82%。作为数字经济的重要业态，网络消费在助力消费增长中持续发挥积极作用，电子商务正成为新商业文明的引擎。

资料来源：李雪钦，《更注重用户体验：电子商务从传统电商向新电商升级》，人民日报海外版，2023 年 9 月 25 日。

2.1 电子商务概述

2.1.1 电子商务的定义与特征

随着互联网的诞生与发展，人类社会进入到了电子商务（Electronic Commerce，EC）时代。电子商务的迅猛发展使企业生存与发展的环境发生了根本性变化，如顾客需求瞬息万变，技术创新不断加速，产品生命周期不断缩短，市场竞争日趋激烈，全球一体化加剧等。企业面对着一个完全与以往不同的商业世界。另外，电子商务也深刻地改变着人们的生活方式与工作方式，电子商务带来的跨越时空的方便、互动和乐趣使其成为时代发展的趋势。

电子商务是信息化技术与商务活动相结合的产物。全面、深刻地理解电子商务的概念，有助于我们更好地利用电子商务来进行创新活动；通过电子商务与传统商务的对比分析，我们可以更深入地研究电子商务对人类社会可能产生的影响。

自从电子商务的概念提出以来，许多研究从各个角度对电子商务进行了定义，并且所用的英文词汇也有所不同，如 e-Commerce 和 e-Business 等。下面是一些具有代表性的电子商务参与者、积极倡导者和规则制定者对电子商务的定义。通过对这些定义的总结，我们可以更加全面、深刻地认识电子商务。

全球信息基础设施委员会（GIIC）对电子商务的定义如下：电子商务是运用电子通信作为手段的经济活动，通过这种方式，人们可以对带有经济价值的产品和服务进行宣传、购买和结算。这种交易方式不受地理位置、资金多少或零售渠道的所有权影响，公有和私有企业、公司、政府组织、各种社会团体、一般公民、企业家都能自由地参加广泛的经济活动，包括农业、林业、渔业、工业、私营和政府的服务业。电子商务能使产品在世界范围内交易，并向消费者提供多种多样的选择。

联合国国际贸易法委员会对电子商务的定义如下：电子商务是指在 Internet 上进行的商务活动，它是纸上信息交流和储存方式的一种替换形式。其主要功能包括网上的广告、订货、付款、客户服务和货物递交等销售、售前和售后服务，以及市场调查分析、财务核算及生产安排等多项利用 Internet 开发的商业活动。电子商务的一个重要技术特征是利用 Web 进行技术传输和商业信息处理。

经济合作与发展组织对电子商务的定义如下：电子商务是指发生在开放网络上的包含企业之间（Business To Business，B2B）、企业和消费者之间（Business To Consumer，B2C）的商业交易，它包括 3 个部分：企业内部网、企业外部网、Internet。

联合国欧洲经济委员会对电子商务的定义如下：电子商务是各参与方之间以电子方式而不是以物理交换或直接物理接触方式完成任何形式的业务交易。这里的电子方式包括电子数据交换（Electronic Data Interchange，EDI）、电子支付手段、电子订货系统、电子邮件、传真、网络、电子公告系统、条码、图像处理、智能卡等。

美国政府《全球电子商务纲要》对电子商务的定义如下：电子商务是通过 Internet 进行的各项商务活动，包括广告、交易、支付、服务等活动，全球电子商务将涉及世界各国。

IBM 公司对电子商务的定义如下：电子商务即 e-Business，它包括 3 个部分，即企业内部网、企业外部网、Internet。它强调把买卖双方、厂商和协作伙伴通过企业内部网、企业外部网和 Internet 连接起来。要实现电子商务，关键要解决 3C 问题：Content（信息管理）、Collaboration（合作）、Commerce（商务交易）。

著名电子商务学者 Ravi Kalakota 将电子商务定义为企业的业务流程、应用系统和组织结构的复杂融合，从而形成高效的企业经营模式。美国著名学者 Peter Weill 对电子商务更广泛的理解是，电子商务是指企业基于开放式网络（主要指 Internet）执行业务流程，从而用信息取代原来手工的业务处理。

上述的各种定义均从不同的角度阐述了业界对电子商务的理解，涵盖了电子商务的本质。从字面上来看，"电子商务"一词由"电子"和"商务"两个词组成。"电子"是一种技术，是一种手段，而"商务"才是最核心的目的，一切的手段都是为了达成目的而产生的。商务是指商业上的事务，这里的商业是指以买卖方式进行商品流通的经济活动。因此，从"电子商务"这个词本身来说，其含义是指商务过程的电子化。事实上，电子商务的萌芽伴随着电话、传真的出现；20 世纪 60 年代，伴随着电子计算机的出现及电子计算机在商业中的成功应用，电子商务又有了进一步的发展；随着信息技术的快速发展，特别是互联网的出现及网络技术的迅猛发展，电子商务终于完成了从量变到质变的飞跃，迎来了一个全新的时代，它正在给整个社会带来一场全面而深刻的变革。各组织机构、学者对电子商务的定义虽然都从不同的侧面反映了电子商务的本质，但在企业业务和信息技术的涵盖面和侧重点上还是有所不同的。

由于在不同的场合中对电子商务的定义有不同的理解，我们需要对电子商务的定义和内涵进行详细的界定。

一部分人认为电子商务就是建设网站。其实电子商务给企业带来的影响远远不止是建设网站这么简单，网站只是一个最为简单的形式，电子商务给企业带来很多，如管理思想的变革、组织形式的更新、先进技术的创新、企业业务流程的重组、企业间合作方式的改变、营销手段的更新等，这些都不是一个网站所能概括的。

还有人认为企业做电子商务就是开一间网上商店。实际上，网上商店只是目前所知的众多电子商务商业模式的一种，电子商务还有其他众多的商业模式。如果把电子商务应用到各个行业中，那么电子商务的商业模式则更多，如网络拍卖、网上学校、网络医院、在线彩票、网上招聘、网络广告、网上售票、网上旅游、网上房地产、网络调查、网上证券、网上银行、网络贷款、网上保险、个人理财、网上游戏、网上电影、在线音乐、在线杂志、电子图书、网上邮政、IP 电话等。

在了解了目前人们对电子商务理解的误区之后，我们通过大量的国内外文献综述，纵观以上对电子商务的各种定义，基本上可以把电子商务的定义分为两大类：狭义的电子商务和广义的电子商务。

狭义的电子商务（e-Commerce）：利用电子手段、信息技术来进行贸易（或称交易）的买卖活动，即网上商品交易活动。这种理解是在电子商务发展的早期阶段形成的，那时互联网刚刚开始流行，在互联网上出现了许多新的业务形式，人们都在探索在互联网上从事网上贸易的可能性。因此，在这个阶段，对于电子商务的技术实现方面的讨论占有相当大的比例。

广义的电子商务（e-Business）：随着互联网应用的不断深入和对电子商务的不断探索，人们逐渐认识到电子商务不再只是技术层面的问题，电子商务应该更加关注企业，关注管理，关注互联网给各行业、各企业所带来的深远影响，因而出现了现在的广义的电子商务（e-Business），其比较典型的定义是，基于互联网并采用相关信息技术进行的商务活动，这些商务活动包括实物产品和信息产品的交易、客户的服务、企业间的协作等。这种定义是比较广泛的，包括了 B2B、B2C、C2C 交互处理模式。这种理解涉及信息技术在企业中所有可能的应用。本书对电子商务的理解是基于广义的电子商务。狭义的电子商务与广义的电子商务的关系如图 2-1 所示。

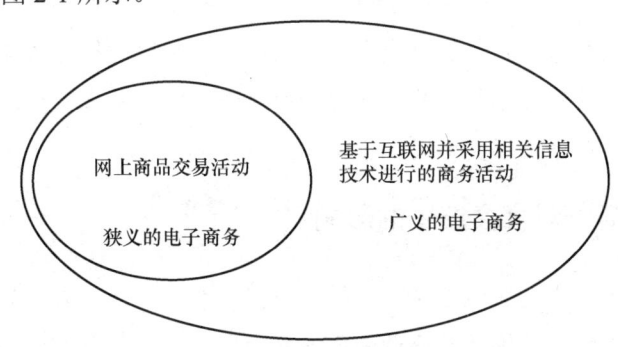

图 2-1　狭义的电子商务与广义的电子商务的关系

2.1.2　电子商务和传统商务的区别

20 世纪 90 年代以来，随着互联网及各项相关技术的日趋成熟，电子商务在社会经济领域得到了广泛的应用。电子商务推动了商业、贸易、营销、金融、广告、运输、教育等社会经济领域的创新，并因此形成了一个又一个新产业，给世界各国企业带来许多新的商机。电子商务已经开始改变了人们的消费习惯、消费思维和消费行为，反过来又促进了电子商务的快速发展。传统商务和电子商务的区别如表 2-1 所示。

表 2-1 可以反映出电子商务与传统商务的不同之处。首先，电子商务可以 24 小时面向全球的目标客户群体；而传统商务模式会大大受到时间和空间的限制。相应的，电子商务商品的广告宣传、公关活动、优惠促销、咨询洽谈、网上订购、货款支付及意见咨询等活

动均在网上进行。

表 2-1　传统商务与电子商务的区别

项　目	传　统　商　务	电　子　商　务
交易对象	部分地区	世界各地
交易时间	在规定的营业时间内	一周 7 天×24 小时
营销推动	销售商单方努力	交易双方一对一沟通，是双向的
顾客购物方便度	受限于时间、地点及店主态度	按自己的方式，无拘无束地购物
顾客需求把握	商家需很长时间掌握顾客需求	能快速捕捉顾客需求并及时应对
销售地点	需要销售空间（店铺、货架和仓库）	虚拟空间（提供商品列表和图片）
销售方式	通过各种关系买卖，方式多样	完全自由购买
流通渠道	流通环节复杂，流通成本高	简化了流通环节，降低了流通成本

其次，与传统商务相比，通过电子商务获取的信息多、快、好，这是电子信息化的基本优点。电子商务实现了实物商品、物资的优化配送，提高了运输效率，甚至可实现电子送货，免去商品的包装环节，简化商品的运输环节。电子商务使电子货币的使用成为必要，与金融电子化相互促进，从而减少现金的生产、存储、流通和管理。

最后，与传统商务相比，基于电子商务的网上购物是虚拟购物。在电子商务的交易过程中，传统意义上的商城、货物、现金及销售人员等均是以虚拟方式体现的。这就要求电子商务活动中必须包含商品信息、货款结算和商品送达 3 个基本系统。最终，与传统商务一样，商品要实实在在地被送到顾客的手中。

2.1.3　电子商务对社会产生的影响

电子商务对社会产生的影响是全方位的，不仅影响着经济、人们的思维方式，还深深地影响着人们的工作和生活方式及企业的方方面面。

1. 电子商务对经济的影响

电子商务是互联网技术发展日益成熟的直接结果，是网络技术发展的新方向。它不仅改变了企业本身的生产、经营和管理方式，而且给传统的贸易方式带来了巨大的冲击。电子商务最明显的标志便是增加了贸易机会、降低了贸易成本、提高了贸易效益。它大大地改变了商务模式，带动了经济结构的变革，对现代经济活动产生了巨大的影响。

（1）电子商务改变了商务活动的方式。传统上的推销员满天飞和采购员遍地跑及说破了嘴、跑断了腿的现象不复存在了，消费者在商场中筋疲力尽地寻找自己所需要的商品的现象也不会有了。现在，消费者只要轻轻单击鼠标就可以在网上浏览和购买各类商品，而且还能得到在线服务，实现非接触式购物。

（2）电子商务改变了人们的消费方式。网上购物的最大特征是消费者的自主性，购物主动权掌握在消费者的手中；消费者在网上购物时还能以一种轻松自由的自我服务的方式来完成交易。

（3）电子商务改变了企业的生产方式。电子商务直接促成了直接经济的产生，取消了许多中间环节，一切变得更加直接，大大缩短了生产厂家与消费者之间供应链的距离。它改变了传统市场结构，使敏捷生产得以实现。在信息经济中，零库存成为现实。中小企业都可进入这个开放的大市场，在互联网上，大家的机会是均等的，任何一家小公司都可能获得与类似 IBM 这种大公司一样的机会与地位。这种方式的变化，降低了市场进入的壁垒。

（4）电子商务给传统行业带来一场革命。电子商务是一种崭新的贸易形式，通过人机协同方式，极大地提高了商务活动的效率，减少了不必要的中间环节，使"零库存"成为可能。传统制造业从大批量生产模式进入小批量、多品种的时代，"无店铺"和"网上营销"的新模式为传统企业的重新崛起提供了全新的工具。

（5）电子商务带来一个全新的电子金融业态。由于在线电子支付是电子商务的关键环节，也是电子商务得以顺利发展的基础条件，随着电子商务在电子交易流程优化、交易安全保障等关键环节取得突破，网上银行、银行卡支付网络、银行电子支付系统以及电子支票、电子现金等服务，将传统的金融业带入一个全新的领域。

（6）电子商务转变了政府的行为。政府承担着大量社会、经济、文化方面的管理和服务职能，尤其作为"看得见的手"，在调节市场经济运行、防止市场失控方面起着很大的作用。电子政务的出现，将使政府的角色重新进行定位。

2．电子商务对人们思维方式的影响

电子商务是商务领域的一场信息革命，它对人们的思维方式产生根本性的影响。新的思维方式体现在以下几个方面。

（1）时空观念的转换。电子商务打破了时间的间断性与地域界限，一切交易活动均以虚拟方式呈现。

（2）低成本扩张的可能性。这种电子交易模式大幅降低了交易成本，提升了交易效率。

（3）营销观念的变革。商务活动必须重视快速响应、良好信用及周到服务。

（4）学习的重要性。不断地学习是工作得以顺利开展和个人生存的必要条件。

3．电子商务对人们工作和生活方式的影响

电子商务不仅影响我们的经济、企业管理模式，同时也在深刻改变着我们的生活、工作、学习以及娱乐方式。主要体现在以下几个方面：

（1）在信息传播方面，无论是信息传播者还是信息受众，网上信息的传播都是最佳的选择。这也是电子商务受青睐的原因之一。网上信息传播的优势使网络广告也越来越受广告主青睐。

（2）在生活方式方面，电子商务的发展使人们的生活方式也发生了改变。现在只要轻点击鼠标，人们就可以在网上商场购买物品，在网上聚会、购物、看电影、玩游戏、看书、收藏、讨论。当然，也出现了新的问题，如网上垃圾信息污染、家庭隐私泄露问题、网络安全问题等。

（3）在办公方式方面，借助电脑与网络在家办公已成为现实，人们不再局限于办公室。这种办公方式既节约了时间和费用，也减轻了交通负担，在家里办公已成为一些企业的时尚。

（4）在消费方式方面，消费者无须将时间耗费在选购和排队等待上，在家里就可以借助互联网完成整个购物过程。网上购物、咨询、电子支付、送货上门等整个过程都可以通过鼠标点击来完成，消费者能够以十分轻松的心情在网上尽情购物。

（5）在教育方式方面，交互式的网络多媒体技术给人们的教育带来极大便利，远程的数字化课堂解决了很多人的教育问题。讲课、布置作业、作业讲评，所有环节都在网络上进行。网络大学作为远程教育的一种形式，打破了时间和空间的限制，为越来越多的人所接受。

4．电子商务对企业组织管理的影响

电子商务的迅猛发展给商业领域和人们的生活带来深刻变革，同时对企业的经营环境和经营手段产生了极大的影响。这促使企业在组织管理和生产经营方面，必须做出相应的战略和策略调整，以契合电子商务时代的要求。

电子商务对企业组织管理的影响主要包括以下几个方面。

（1）企业组织信息传递的方式，由过去单向的"一对多式"转变为双向的"多对多式"。在网络化的企业组织结构中，信息无须经过中间环节就能实现各方的直接沟通，使工作效率得到了大幅提升。

（2）电子商务打破了传统职能部门依赖分工与协作完成整个工作任务的模式，形成了并行工程的理念。改变了过去只有市场部和销售部才可以与客户打交道的局面，在电子商务的构架下，其他职能部门也可以通过商务网络与客户频繁互动。原有各工作单元之间的界限被打破，重新组合成了一个直接为客户服务的工作组。这个工作组直接与市场接轨，以市场的最终效果来衡量生产流程的组织状况及各组织单元间协作的好坏。

（3）企业的经营活动突破了时间和空间的限制，虚拟企业——一种新型的企业组织形式诞生了。它打破了企业之间、产业之间、地域之间的所有界限，将现有资源组合成为一种超越时空、利用电子手段传输信息的经营实体。虚拟企业既可以是企业内部几个要素的组合，也可以是不同企业之间的要素组合。其管理模式由原来的相互控制转变为相互支持，由监视变为激励，由命令转为指导。

5．电子商务对企业生产经营的影响

国内越来越多的企业已经深刻认识到，在计算机、通信、网络等信息产业快速发展的今天，实现电子商务是企业能够在日益激烈的全球化市场竞争中得以生存与发展的必然选

择。这是因为电子商务不仅对于传统企业的管理，如计划、组织和控制等产生了影响，还对于企业的研究开发、采购、生产、加工、制造、存储、销售以及客户服务也产生了重大的影响。主要包括以下几个方面。

（1）电子商务对企业采购的影响。目前，国内多数传统企业仍主要依靠订货会、供需见面会等方式采购原材料，这需要花费大量的人、财、物力。而电子商务恰好可以弥补这一短板，成为降低企业采购成本支出的一种有效途径。随着电子商务的发展，企业之间的竞争不再取决于企业所实际拥有的资源数量，而是取决于企业可调配运用的资源多少。所以，企业必须利用外部资源，尤其要发挥好网络优势，通过互联网使自己与合作伙伴、供应商互通互联，做到信息资源实时共享，最大程度地提高运作效率，降低采购成本。

（2）电子商务对企业生产加工的影响。电子商务对企业的生产运作模式、生产周期、库存等方面都会带来巨大的影响。

首先，传统经营模式是采用大批量、规格化、流程固定的流水线生产方式，产品多为全程生产，外协加工工序较少。基于电子商务的生产方式是顾客需求拉动型。

其次，电子商务缩短了生产与研发的周期。在互联网平台上，消费者可以以互动的方式进行订购，并协助企业设计解决方案，让企业更好地理解消费者需求，使产品几乎能以零开发周期进入市场。

最后，电子商务有助于企业减少库存，提高库存管理水平。产品生产周期越长，企业越需要大量的库存来应对交货延迟、失误等情况，对市场需求变化的反应也越迟缓。库存越多，运转费用就越高，效益就越低。大量库存使货物所在仓库租金成本上升，也使企业对库存的管理与维护费用显著增加。但在电子商务环境下，企业可通过互联网直接对接供应商，减少中间商"加价"、直接让利于消费者；同时，随着专业化程度越来越高，企业间的合作不断加强，更多先进生产方式（如 MRPII 制造资源计划、ERP 企业资源计划、JIT 适时管理等）的应用，为企业实现精确生产，"零库存"奠定了基础。

6．电子商务对企业销售的影响

电子商务对企业的销售活动也产生了很大的影响，主要包括：

（1）电子商务可以降低企业的交易成本。电子商务模式构建的是全球营销网络，打造的是无中介的销售渠道。它借助互联网开展广告宣传及市场调研，改变了市场准入规则及品牌定位方式。企业可以利用互联网资源，建立个性化的电子商务网站，在网上进行企业形象宣传及展示产品，树立良好企业形象，扩大企业影响力，并开展促销活动，从而大大地降低企业的促销成本。与传统营销方式相比，网络营销的费用大幅降低。

（2）电子商务打破了时间和空间的限制。传统企业由于受到地域的限制，所以面对的市场范围是有限的。而电子商务则使企业通过互联网直接面对全球市场，在网上展开营销活动；同时互联网提供的是每周 7 天、每天 24 小时不间断的销售服务，交易时间的延长给传统企业创造了更多商机。

（3）电子商务实现产品全方位展示，使顾客根据需求理性购买。企业通过网络全方位展示商品功能、内部结构、质量、性能、价格及付款条件等信息，帮助消费者完全了解商品及服务，然后根据自身需求理性购买。而传统的销售虽然能展示实物商品，但商家必须有相应的基础设施如仓库、展厅、店铺等来支撑，从而增加了企业的销售成本。此外，消费者也需要耗费大量的时间和精力。

2.2　电子商务发展及基础理论

2.2.1　电子商务发展历程

电子商务的发展是一个从起步到逐渐成熟的过程，经历了多个重要的阶段。尤其是中国电子商务，从无到有、由小变大，对经济社会发展起到了重要推动作用。总体而言，电子商务的发展历程大致可以划分为以下四个关键时期。

1. 电子商务起源（20 世纪 60 年代至 20 世纪 90 年代末）

电子商务的起源可以回溯到 20 世纪 60 年代，当时开发出的电子数据交换（EDI）系统，让企业能够使用电子化的方式交换发票、采购订单等文件，取代了传统的纸质作业模式。EDI 通过简化商业通信流程和减少运营开支，为后续的在线交易奠定了基础。到了 70 年代和 80 年代，电子资金转账（EFT）系统的引入，进一步推动了电子商务的发展。EFT 实现企业和银行之间安全高效的资金转移，为电子商务中至关重要的自动化支付流程铺平了道路。

20 世纪 90 年代随着互联网的出现，电子商务进入了一个全新阶段。亚马逊、eBay 等在线市场的先驱者应运而生，它们为消费者提供了前所未有的全球产品选择，拉开了电子商务作为主流零售渠道的序幕。

1997 年，中国化工信息网正式在互联网上开展商务服务，这被视作我国电子商务的正式起点。1998 年 4 月 7 日，中国电子商务第一单交易产生，交易的主角分别是北京海星凯卓计算机公司和陕西华星进出口公司。它们利用在国际互联网上运行的中国商品交易中心电子商务系统进行了首单电子交易，交易额达 166 万元。一周后，满载康柏电脑的货柜车从西安运抵北京，标志着这笔交易圆满完成。这笔交易开启了中国电子商务发展的大门。三个月后的 1998 年 7 月，中国商品在线交易市场正式宣告成立。同年 10 月，国家经贸委与信息产业部联合宣布启动以电子贸易为核心的"金贸工程"。1998 年，北京、上海等城市启动电子商务试点工程，开展网上购物与交易。1999 年 9 月，阿里巴巴创立。之后，电子商务网站如雨后春笋般涌现出来，初步形成了一个新兴的服务行业，网上购物进入实际应用阶段。

2. 互联网电子商务阶段（20世纪初至2010年）

2003年至2006年被认为是电子商务的高速发展阶段。阿里巴巴、当当、卓越、慧聪、全球采购、淘宝等企业成为互联网领域里的焦点。这些在网络环境中诞生并成长的企业，在短短的数年间便强势崛起，迅速占领市场份额。在这一时期，不仅仅是互联网企业，许多传统企业也开始涌入电子商务领域，使得电子商务世界变得异彩纷呈。这些企业通过建立自己的在线商城或者加入已有的电商平台，拓展了销售渠道。例如，苏宁从传统电器零售企业转型为互联网的零售企业。

C2C（消费者对消费者）模式和B2C（企业对消费者）模式也在该时期得到了充分的发展。淘宝网作为C2C平台的典型代表，为个人卖家和小微商家提供在线交易市场。它允许个人用户开设店铺销售商品给其他消费者。用户可以在淘宝上找到几乎所有类型的商品，无论是大品牌还是小作坊的产品。而京东作为B2C平台，直接从品牌厂商或正规渠道采购商品，并以合理的价格出售给消费者，凭借自营商品的品质保障以及高效的物流配送服务成为B2C领域的佼佼者。

此外，这一阶段搜索引擎和在线支付技术也取得显著进步，为电子商务的发展提供了更多的支撑。消费者可以通过搜索引擎快速找到所需商品，而在线支付技术的发展则使支付过程更加便捷和安全。

3. 移动电子商务阶段（2010年至2020年）

2010年，中国移动互联网市场规模达到202.5亿元，同比增长31.1%，这一年标志着移动电商的起步。智能手机的普及和移动互联网的发展为移动电商的崛起奠定了基础。2014年，阿里巴巴推出了"双十一"购物节，移动端交易额占比超过50%，这标志着电商巨头开始重视移动端市场，并将其作为重要的销售渠道。2015年，京东大力发展移动端业务，并推出"618"购物节。同年，拼多多成立，采用社交电商模式迅速崛起。该模式的兴起为移动电商带来了新的增长点。2016年，微信小程序上线，为移动电商提供了更多的应用场景和流量入口。2017年，短视频平台抖音和快手开始涉足电商领域，通过直播带货等方式吸引了大量用户。2019年，社交电商平台小红书完成了D轮融资，估值超过30亿美元。

对移动电商而言，个性化服务的引入使其显著区别于传统互联网电商。电子商务平台借助数据分析和机器学习技术，根据用户的个人行为和偏好提供定制化的推荐、定向促销和个性化内容展示。这种个性化策略不仅提升了用户的购物体验，还有效提高了购买转化率。

4. 新媒体电商阶段（2020年至今）

新媒体电商，是指利用新媒体平台进行商品销售的一种新型电商模式，包括社交媒体、短视频、直播等新兴媒体形式。以其独特的互动性和实时性，为消费者提供了更为个性化和便捷的购物体验。

直播电商，是指通过直播平台进行商品展示和销售的模式，它具有互动性强、专业性高和成交率较高的特点。2016年被视为是直播元年，国内涌现出了300多家网络直播平台，淘宝、京东等电商平台纷纷推出直播功能，开启直播导购模式。2020年，受疫情影响，电商直播凭借线上平台优势持续发展，成为企业寻求销量增长的新渠道。最新数据显示，截至2024年12月，我国网络直播用户规模达到8.33亿人，占网民总数的75.2%，2024年直播电商交易规模更是达到5.5万亿元。

社交电商，是一种利用社交媒体或社交网络平台的模式，让用户参与产品销售、信息分享与在线购物。社交电商大致起源于2010年，随着微博的兴起，品牌和KOL（Key Opinion Leader，关键意见领袖）开始利用社交平台积累影响力和粉丝群体，尝试商业变现。2015年被视为社交电商的崛起之年，云集（原名云集微店）等平台型社交电商崭露头角，采用三级分销模式迅速拓展业务。2016年，国家多部委支持社交电商发展和鼓励健康规范的微商，传统企业开始大规模涉足。2018年，拼多多在纳斯达克上市，刷新了中国互联网企业最快上市纪录，社交电商步入电子商务主战场。2023年，中国社交电商市场规模已经达3.42万亿，行业蓬勃稳步发展。

短视频电商，是指通过短视频平台进行商品展示和销售的商业模式。它利用短视频的视觉冲击力和传播速度，将商品信息传递给消费者，从而实现销售转化。这种模式不仅提升了用户的购物体验，还凭借趣味性和新鲜感激发了消费者的购买欲望。消费者在观看短视频时，可以通过视频中的链接直接跳转到商品购买页面完成下单。这种方式使购物过程更加便捷和高效，同时为电商平台带来新的用户流量和变现途径。数据显示，截至2024年12月，中国短视频用户规模达10.50亿人。而在2024年，抖音电商平台上有超过1000万创作者通过直播、短视频、橱窗、图文等形式带货获得收入，其中超过9万中小商家靠着自家直播间实现百万销售额。短视频广告营销和直播电商规模均获得显著增长。

2.2.2　电子商务发展的基础理论

电子商务作为一种新兴商务方式，发展迅猛，对人类社会经济的发展产生了巨大的影响。那么电子商务为什么会发展如此之快呢？故而，我们需要对电子商务发展的内在驱动因素以及在企业应用的发展阶段做更深入的理论分析与探索。

电子商务与互联网技术是密切相关的，互联网自身特征的分析是认识电子商务发展的非常重要的一个方面。另一方面，电子商务发展的相关分析理论主要有交易费用理论、劳动分工理论、网络外部效应理论等。

1. 互联网特性分析

互联网自身特性极大地驱动着电子商务的快速发展。2001年，美国IBM公司咨询部分析总结出了互联网的五大特质形成的五种力量在驱动电子商务的发展，使企业的生存环境发生巨变，它们是：

连通性（Connectivity）：互联网开放与全球化的本质，创造了一个全球共享的市场。急剧增长的互联网应用使企业内部各项活动之间，以及企业与外部环境之间能够无限丰富与创新它们的连通方式。

可用性（Availability）：以互联网为核心的信息通信技术（ICT）可以支撑企业实现一天24小时不间断运营。

互动性（Interactivity）：互联网实时在线的特性，可以助力企业不断创新传统价值链中的运营模式，并构建新的客户关系管理体系。互动性使得企业内部以及与外部合作伙伴建立新的协同机制成为可能。

信息元素（Information Elements）：在企业提供的产品与服务中，信息元素密度是企业在市场中是否拥有竞争力的关键所在。

注意力效用（Attention Utilization）：企业能否充分运用信息技术，有效地与顾客进行互动，并吸引其注意力，会极大地影响企业的发展。

他们认为，正是互联网的这五大特性，促使企业积极推动电子商务应用，成为驱动电子商务发展的关键内在因素。同时，电子商务应用帮助企业提升了效率与效益，使企业更加适应外部商业环境的变化，最终让企业能够持续快速地发展。

2. 电子商务的理论分析

电子商务为何能够得到快速应用与发展？最主要原因当然是电子商务能够极大提高企业的运营效率，促进整个社会经济的发展。我们可以从经济学中的交易费用理论、劳动分工理论和网络外部性理论来进行分析与解释。

交易费用理论是现代产权理论大厦的基础。1937年，著名经济学家罗纳德·科斯（Ronald H.Coase）在《企业的性质》一文中首次提出交易费用理论。该理论认为，企业和市场是两种可以相互替代的资源配置机制。由于存在有限理性、机会主义、不确定性与小数目条件，使市场交易费用高昂。为节约交易费用，企业作为代替市场的新型交易形式应运而生。交易费用决定了企业的存在，企业采取不同的组织方式，最终也是为了节约交易费用。

在传统经济中，垂直一体化的企业在多个业务领域的经营成本均低于市场交易成本，所以企业会将这些领域都纳入经营范围之内。电子商务技术的应用可以减少信息不对称。通过互联网，企业只需花费较低的成本便能够获得更多的供应商信息，同时利用网络的交互能力，更加有效地监控交易合同的执行状况，降低企业寻找互补资源的障碍。同样，电子商务的开展也会使市场交易成本明显降低，整个经济发展效率因此大大提高。所以，能够极大降低企业在市场商务活动中的交易费用，是驱动电子商务迅猛发展的重要因素之一。

劳动分工理论阐述了经济的繁荣与增长起源于劳动分工与协作的原理。电子商务的发展能够降低市场交易成本，促使企业业务更加集中和专业化，进而细化分工、提高生产效率，促进经济发展。因此，电子商务的应用能够更加完善社会劳动分工网络，这也是电子商务快速发展的重要因素之一。

网络外部性理论是指连接到一个网络的价值，取决于已经连接到该网络的其他人的数量。通俗地说，就是每个用户从使用某个产品中得到的效用与用户的总数量有关。用户人数越多，每个用户得到的效用就越高，网络中每个人的价值与网络中其他人的数量成正比。互联网的网络外部性是一个积极的外部性，联网的用户越多，用户之间发生交易行为的可能性越大，电子商务也就发展得越快。

上面三个方面理论解释了驱动电子商务的迅猛发展的内在动力，让我们能够更深刻地理解电子商务的本质。

2.3 新媒体电商的应运而生

2.3.1 新媒体电商的概念

新媒体作为一种新兴的传播形态，其核心特征在于运用数字化技术和互联网平台进行信息的传播与扩散。相较于传统媒体，新媒体展现出六个显著特征：一是传播介质从物理媒介转变为基于互联网的数字媒介；二是信息传播的主体从单一的权威机构扩展至包括个体在内的多元参与者；三是新媒体不仅限于文字，还包括图片、音频和视频等多种形式，这种多媒体特性使信息的表达更加丰富和直观；四是新媒体的一个重要组成部分是社交网络，如微信、抖音、微博等，它们允许用户建立社交联系、分享信息，甚至参与到全球性的对话中；五是新媒体平台不仅提供了内容分享的场所，也催生了一种新的经济模式，即平台经济，它依赖用户生成内容与网络效应；六是新媒体时代产生了海量的数据，通过算法对这些数据进行分析，可以更好地理解用户行为，实现个性化推荐和精准营销。

随着新媒体平台的迅速发展与广泛普及，公众对信息的创造、获取、浏览与传播等方面的习惯也随之改变。内容与算法的深度融合，推动信息传递从被动搜索向个性化精准推荐转变。同时，新媒体平台的互动性和实时性，为用户提供更加个性化的便捷体验。因此，传统电商与新媒体密切融合成为必然趋势。目前主流新媒体与电商融合平台的平均月活跃人数如图2-2所示。

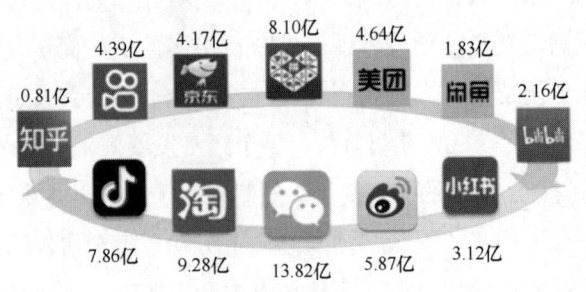

图2-2 主流新媒体与电商融合平台的平均月活跃人数

当新媒体融合了顾客购物行为分析与广告发布功能，并进一步整合物流配送及支付系统时，向电商平台的转型变得迅速且自然。这种转型主要体现在两个方面：一方面，越来越多的新媒体平台开始集成电商功能；另一方面，商家开始重视新媒体的开发与应用，利用其独特优势为电子商务活动提供支持。随着这种趋势的发展，互联网企业纷纷构建起新媒体矩阵，推动电子商务行业快速增长。电子商务与新媒体之间的界限愈发模糊，二者之间建立起了一座桥梁，形成了一个完整的价值链体系。

由此，我们对新媒体电商提出定义：通过图片、短视频、直播、微信、微博、社群等新媒体方式，构建起"数字营销+在线售卖"集一体的电商模式。由此可见，新媒体电商主要包括两个环节：一是营销环节，旨在唤起消费者的购买意愿；二是售卖环节，实现商品和服务的变现。

2.3.2 新媒体电商与传统电商的区别

通过新媒体构建营销模式，新媒体电商与传统电商有以下不同（如表 2-2 所示）。

表 2-2 新媒体电商与传统电商的比较

项　　目	新媒体电商	传 统 电 商
用户互动性	互动性高，通过直播、评论、点赞等形式与用户实时互动	互动性相对较低，主要通过商品评价、问答等方式进行
内容营销	重视内容营销，通过故事化、情感化的内容吸引用户，提高用户黏性	内容营销相对单一，主要通过商品详情页和广告进行推广
个性化推荐	利用大数据和算法进行个性化推荐，提高用户购买转化率	虽然也提供个性化推荐，但通常不如新媒体电商精准
购物体验	提供更加沉浸和互动的购物体验，如直播带货、AR 试穿等	购物体验相对静态，主要通过图片和文字描述商品信息
交易模式	更加灵活，如社交电商中的拼团、秒杀等	交易模式相对固定，以直接购买为主

通过上面的对比可以反映出新媒体电商与传统电商的不同之处，具体有以下几个方面。

1．新媒体电商拥有更高的用户互动性

新媒体电商平台通常具备直播功能，主播可以在直播过程中实时回答观众的问题，展示产品，并及时响应观众的反馈。这种双向沟通模式增强了用户的参与感与购买意愿。新媒体电商通过点赞功能，允许用户对喜欢的内容或产品表示支持与认可。这种直观的反馈机制不仅提升了用户的参与度，也为内容创作者提供了及时的正面反馈。

此外，新媒体电商用户可以将直播或商品信息分享到自己的社交网络，吸引更多的观众参与进来，扩大了电商的影响力和覆盖范围。新媒体电商平台会根据用户的行为和偏好进行智能推荐，提供个性化的内容和服务，这种个性化的互动方式提高了用户体验和满意度。

2. 新媒体电商重视内容营销

新媒体电商重视内容营销，特别是通过故事化和情感化的内容来吸引用户。新媒体电商通过叙述故事来传递品牌价值、理念或产品独特性。与传统直接推销相比，故事化营销更侧重于激发消费者的情感共鸣，引导他们通过故事情节的感染力来对品牌产生认同和兴趣。新媒体电商不只是简单介绍产品功能，还会通过视频展现产品的研发背景、生产过程，甚至产品设计师的创作初衷，让消费者更深入地理解产品的独特性。

新媒体电商通过真实用户的故事，展示产品如何改变了他们的生活，从而让潜在消费者从更具人情味的角度感受到产品的价值。新媒体电商通过故事化视频帮助品牌与消费者建立起深层次的情感联系。当品牌成功地通过故事传递了某种情感时，消费者不再仅仅将其视为一个卖商品的品牌，而是将其看作一种生活方式的象征。

3. 新媒体电商充分利用个性化推荐系统

新媒体电商平台通过收集用户的历史行为数据，如浏览历史、购买记录、搜索关键词等，构建用户-物品矩阵。这些数据帮助平台了解用户的兴趣和偏好，为个性化推荐奠定基础。通过计算用户-物品矩阵中的相似度，例如运用欧氏距离、余弦相似度等方法，平台能够找到与目标用户相似的其他用户，进而推荐这些用户喜欢的物品。

新媒体电商利用深度学习技术处理大规模、高维度的用户行为数据和物品特征数据，自动学习用户和物品的隐式特征，从而提升推荐系统的准确性和效率。深度学习模型如卷积神经网络（Convolutional Neural Networks，CNN）在推荐系统中用于提取特征并进行预测。这种方法侧重于分析商品的特征，根据用户过去的行为和偏好，推荐内容相似的商品，结合协同过滤和基于内容的推荐，以及可能的其他方法相结合，以提高推荐的准确性和覆盖率。

4. 新媒体电商打造沉浸式购物体验

新媒体电商鼓励消费者之间的交流与分享，通过社交电商、用户评价、社区论坛等形式，构建了一个开放的、充满活力的购物社区。消费者可以在购物过程中与其他消费者互动，分享心得，这不仅丰富了购物体验，也为品牌提供了宝贵的口碑传播途径。

新媒体电商中AR（Augmented Reality，增强现实）技术的应用，使消费者可以在虚拟环境中试穿试用产品，带来更加沉浸式的购物体验。例如，用户可以在家中通过手机屏幕看到自己穿着品牌服装的效果，就如同亲身置身于真实的试衣间。这种技术不仅突破了传统购物空间的限制，还节约了时间，打造了高效的购物体验。

一些电商平台通过3D技术为用户打造多种购物场景，如秋日小森林、房间内的化妆台等，用户可以在这些场景中与商品互动，查看产品的购物卡片。3D产品展示：在3D购物空间内，商品以3D建模的形式360°转动，用户可以通过拖动、放大和缩小的方式查看商品材质细节等，这种展示方式提升了用户的互动性和沉浸感。

5．新媒体电商构造更灵活交易模式

新媒体电商通过拼团模式聚集消费者，以团购的形式购买商品，从而获得更低的团购价格。这种模式不仅增强了消费者购买的积极性，还通过社交网络的传播效应迅速积累大量精准客户。在拼团模式下，消费者可以与亲朋好友一起参与，以更低的价格购买优质商品，这种基于社交的购物方式提高了购物的趣味性和互动性。

新媒体电商平台会定期举办秒杀活动，通过设置有限的库存和超低的价格，吸引消费者在短时间内完成购买，这种方式能够刺激消费者的购买欲望，提高商品的成交速度。秒杀活动突出时间的紧迫性，通常会设置多个场次，通过倒计时的方式增加用户的紧迫感，促使其快速下单。

新媒体电商注重社交属性，将社交互动、用户生成内容（User-Generated Content，UGC）等方式融入消费者的购买过程。这种模式基于人与人之间的互动、分享、传播来影响消费者的态度和决策，使消费行为社交化，推动"消费"从单一场景升级到"消费+社交"多场景融合。

2.3.3　新媒体电商的特点

新媒体电商在互联网技术和社交媒体快速发展的背景下，展现出独特的特点，这些特点不仅推动了电商行业的变革，还构建起全新的消费与营销模式。新媒体电商的核心特点主要包括以下几个方面。

1．互动性和社交性

新媒体电商最显著的特点之一是其高度的互动性和社交性。与传统电商主要依赖单向商品展示不同，新媒体电商借助社交平台实现了消费者与商家、品牌之间的多维互动。直播电商是互动性的典型代表，尤其是在抖音、淘宝直播等平台上，商家和消费者通过直播形式进行实时沟通。消费者在观看产品演示的同时，可向主播提问或参与互动，这种实时交流极大提升了用户的参与感和购买欲望。

2．内容驱动和情感共鸣

新媒体电商通过内容创作吸引消费者，内容营销成为其重要组成部分。与传统电商平台以价格、产品为核心的营销方式不同，内容电商更注重与消费者建立情感上的联系。通过短视频、社交媒体帖子以及用户生成内容（UGC），品牌不仅在推销产品，更在讲述品牌故事，塑造品牌形象。小红书堪称内容驱动电商的典型代表。用户在平台上分享个人的购物体验、产品评测及生活方式，这些内容不仅展示了产品的实用性，还激发了其他用户的情感共鸣。很多消费者因浏览他人的购物心得而产生购买欲望。小红书的社区效应与内容创作，激发了用户对品牌的认同感和忠诚度，最终促成了购买行为。

3. 数据驱动和智能化运营

新媒体电商的另一个特点是数据驱动。平台通过分析用户的行为数据、购物习惯、浏览记录等信息，实现精准营销和智能化运营。通过构建用户画像，电商平台能够更精准地预测消费者的需求，进而提供个性化的购物体验。京东的智能推荐系统便是基于大数据技术的典型应用。平台通过分析消费者的购买历史、浏览记录等数据，为每个用户推荐可能感兴趣的商品，以此提高用户的购买转化率。同时，京东还借助智能仓储和物流系统，优化商品配送效率，提高消费者的购物体验。

4. 精准营销

新媒体电商运用大数据分析技术和个性化推荐系统，能够根据用户的兴趣、历史行为及社交关系，精准地推送产品或服务。这种精准营销让消费者能够接触到真正感兴趣的商品，从而提高转化率，减少了不必要的营销干扰。抖音和淘宝的推荐算法是精准营销的典型应用。当用户在平台上浏览某一类产品或观看相关内容时，平台会根据其兴趣和行为推送类似的商品或广告。例如，当用户在抖音观看与美妆相关的短视频时，平台会推荐相关的美妆产品广告或商家，确保推送内容与用户兴趣高度契合，从而提高了广告的点击率和购买转化率。

5. 裂变式传播

新媒体电商还注重用户的参与和传播效应。通过社交分享、邀请好友、拼团购买等方式，商家和平台利用用户社交网络进行病毒式营销，形成裂变式传播。这种基于社交关系扩展的传播模式，能使品牌信息快速覆盖更广泛的受众群体。拼多多就是裂变式营销的成功范例。拼多多通过拼团购物模式，让用户邀请朋友、家人一同购买，以获取更低的价格。这种社交互动不仅提高了购买频率，还使拼多多通过用户的社交圈层，迅速扩大了市场影响力。拼团模式充分利用了社交关系的传播力，使拼多多在短时间内迅速积累了大量用户。

总体而言，新媒体电商通过社交互动、内容创作、精准营销和数据驱动等特点，改变了传统电商的营销模式，推动了电商行业的创新和发展。未来，随着技术的持续进步和消费者需求的不断变化，新媒体电商将在更广阔的领域发挥巨大潜力。

2.4 新媒体电商模式与发展

2.4.1 新媒体电商模式

随着互联网技术的飞速发展，尤其是社交媒体和移动端的普及，传统电商模式经历了深刻变革，迎来了以"新媒体"为核心的新商业模式。新媒体电商模式融合社交互动、内容创作和个性化推荐等多重元素，重塑了消费者的购物体验，有效突破了传统电商单一的销售方式。它不仅依靠大数据分析和精准营销，还着重强调用户参与、情感共鸣和社交传播，形成了一种全新的电商生态。

直播电商无疑是新媒体电商中的重要代表。通过直播平台（如抖音、淘宝直播等）品牌方和商家能够通过主播的实时展示与互动，将产品的特点和使用场景直观地呈现给消费者。在此过程中，消费者不仅可以看到产品的实际效果，还能与主播互动，获取更多的购买建议和体验反馈。直播电商的成功，不仅在于它能实时解决消费者的疑虑，更在于通过情感化的直播形式拉近了商家与消费者之间的距离。据报道，2024年直播电商销售额已经超过4万亿，直播电商占电商整体比重已接近三分之一。从过去的图文展示转变为实时视频互动，直播电商推动了传统电商的"单向销售"向"多维互动"转变，这种即时反馈和引导消费的方式，成为了电商行业的一种新常态。

社交电商则是另一种通过社交平台进行产品推广和销售的电商模式。这种模式通过用户社交圈的分享与互动，形成了以口碑传播为核心的销售模式。社交电商不仅依赖用户之间的推荐，还通过裂变式营销策略实现了快速增长。例如，拼多多通过社交拼团的方式，将消费者的社交网络作为推广载体，大大降低了商品的购买门槛。用户通过与好友拼团购买商品，不仅能获得价格优惠，还能享受到社交互动的乐趣。社交电商模式将"分享"和"推荐"作为营销手段，让消费者在不知不觉中成为品牌传播的参与者，从而实现了品牌的快速传播和用户的深度参与。

与传统电商注重商品展示和价格竞争不同，内容电商则强调通过创作与消费者需求相关的内容来吸引用户并实现转化。如小红书、抖音等平台，借助用户生成内容（UGC）和平台方发布的品牌内容，通过分享产品体验和购物心得，营造出强大的社区效应。品牌不仅通过内容的传播提升了知名度，还能够通过有价值的内容与消费者建立深层次联系。例如，小红书凭借用户分享的产品使用心得、试用报告等内容，不仅吸引了大量潜在消费者，还塑造了独特的品牌形象。在内容电商模式下，消费者不仅是在购买商品，更是在参与品牌故事的构建，内容的生产和消费成为了整个电商生态的一部分。

新媒体电商的成功离不开大数据技术和人工智能的支撑，特别是用户画像、个性化推荐和行为分析等技术，帮助平台对消费者进行精准定位和个性化服务。通过这些技术手段，平台能够实时了解消费者的偏好、购物行为和社交网络，从而提供量身定制的产品推荐。例如，抖音和淘宝通过个性化推荐算法，将消费者感兴趣的商品精准推送到他们的首页，极大提高了购买转化率。同时，这些平台通过行为分析技术，实时优化产品展示和广告投放策略，确保每一个广告和推荐内容都能够最大限度地吸引潜在买家。这种精确的市场定位，使新媒体电商能够在激烈的市场竞争中脱颖而出。

新媒体电商模式，凭借其强大的互动性、社交性和个性化服务，已成为电商行业的主流发展趋势。从直播电商到社交电商,再到内容电商,平台通过创新的营销手段和技术应用,不仅提升了用户体验,也推动了电商模式的不断演化。尽管如此,随着技术的进步和市场的逐步成熟,新媒体电商也面临着信息安全、隐私保护等挑战。未来,新媒体电商将在合规与创新的平衡中不断前行,推动电商行业走向更加智能化、个性化的未来。

2.4.2 新媒体电商发展

新媒体电商作为电子商务发展的新阶段,凭借其创新的商业模式、深度融合的内容创作与技术驱动,正在重新定义消费者与企业之间的互动方式。从传统的单一购物场景到如今的直播带货、短视频营销等多元化形态,新媒体电商的崛起不仅改变了人们的消费方式,更推动了整个经济生态的数字化转型。然而,在其快速发展的背后,新媒体电商也面临着诸多挑战,如平台间的利益冲突、内容创作的版权争议,以及数据隐私和消费者权益保护等问题。深入探讨这些问题和未来发展趋势,不仅有助于行业的健康发展,也为监管政策的制定提供重要参考。

1. 新媒体电商发展中存在的问题

新媒体电商平台凭借其强大的开放性吸引了大量商家与用户。其本质依旧是一种双边或多边市场,通过连接消费者、商家和内容创作者实现交易与互动。然而,这种开放性也带来管理上的挑战:一方面,平台间的高度竞争导致商家和创作者通常同时参与多个平台(如抖音、快手和淘宝直播),这使平台间的数据和资源共享变得困难。商家品牌在多个平台上的营销数据难以整合,这不仅增加了商家的运营成本,也使平台生态之间的协同效应大大削弱。另一方面,开放性还引发了劣质内容泛滥的问题。为了吸引流量,不少商家和创作者选择制作吸睛却低质量的内容,这种内容虽然在短期内可能提升观看量,但会破坏平台的用户体验和声誉。

此外,新媒体电商平台的网络效应也进一步加剧了生态的复杂性。由于直接网络效应(即用户数量增加使平台本身更有价值)的存在,新用户倾向于涌向流量最大的平台,这可能导致中小型平台因资源分配不均而面临淘汰危机。而间接网络效应(如更多商家入驻带来更多消费者)则让平台过度依赖头部商家和明星主播。这种不平衡的生态会使中小型商家和普通创作者的竞争环境更加恶劣。新媒体电商的核心竞争力在于内容创作,而内容的规模经济效应使优质内容成为平台争夺用户的关键资源。爆款短视频或直播间可以在极短时间内吸引百万级用户,极大降低用户获取成本。然而,这种模式也导致内容创作者与平台之间的版权纠纷频发。平台通常强调内容的开放性,鼓励用户生成内容(UGC),但这可能导致原创内容的权属界定模糊。在短视频平台发展早期,未经授权使用第三方音乐素材遭到版权方起诉的情况屡见不鲜。类似问题在新媒体电商中也较为常见,商家为推销产品使用未经授权的视频、图片或音乐时,很可能造成侵权。此外,平台在内容审核上投入不足,使低质量、侵权内容泛滥。尽管部分平台已引入人工智能进行版权识别,但现有技术仍难以覆盖所有场景,尤其是在直播等实时内容中,侵权行为往往更难监控。

新媒体电商的间接网络效应驱动了流量和交易量的迅速增长,但也引发了虚假宣传问题。许多商家和主播为了追求短期利益,不惜夸大产品功效甚至虚构信息。这种现象一方面损害了消费者的信任,另一方面也暴露出平台在监管机制上的漏洞。由于爆款产品能够迅速带来海量销售额,商家和主播倾向于采取"低价促销+夸大宣传"的策略。这种行为短期内能提升平台的流量和收入,却削弱了长期的品牌信任和用户忠诚度。此外,由于新媒体电商的开放性,消费者维权难度也显著增加。许多交易是在直播间或短视频平台完成的,但问题产品的售后责任主体往往难以明确。平台、主播和商家之间的责任划分不清晰,导致消费者投诉无门。

数据的开放性是新媒体电商吸引商家和消费者的重要特点,但这也导致了隐私保护和数据安全问题频发。随着新媒体电商对大数据技术的依赖加深,平台通过收集、分析用户数据实现精准推荐,带来网络效应的正面反馈。然而,这种模式也带来隐私泄露的风险。平台可能未经用户同意收集个人信息。此外,平台数据安全事件的频发也暴露了其技术能力的局限性。一些平台为追求快速增长而忽视了基础设施的安全建设,导致用户数据被非法交易。对于消费者而言,这种隐私泄露不仅威胁个人信息安全,还可能引发更多社会问题,如电信诈骗等。值得注意的是,数据隐私问题还引发了平台与商家之间的矛盾。由于新媒体电商平台通常掌握交易数据,商家在用户行为分析上过度依赖平台。这种数据不对等的现象不仅降低了商家的运营独立性,还使其面临更高的竞争压力。

2. 新媒体电商发展面临的挑战

新媒体电商的迅速崛起和多元化发展让行业面临严重的监管空白。尽管政府和监管机构已经开始关注到新媒体电商带来的社会和经济影响,但现有的法规体系仍难以有效应对这一新兴行业的复杂性。平台算法在不同目标之间的倾向性,即平台如何通过算法优化用户体验、提升交易额和增强平台吸引力,正成为监管的难点。平台算法通常会根据用户的浏览记录、购买行为和兴趣偏好推送个性化内容,其目的是最大化平台的利润。然而,平台的这一倾向性往往与公平竞争和社会安全产生冲突。平台的推荐算法可能会偏向推广已经有一定知名度的商家或内容创作者,这种"推荐偏好"使小型商家和新兴创作者难以获得公平曝光机会,进一步加剧了市场的不平等竞争。更严重的是,平台在追求利润最大化的同时,可能忽视了社会安全方面的考量。由于监管政策滞后,许多不规范的运营行为在短期内得以存在,严重影响了行业的健康发展。因此,尽快建立和完善行业规范,以及加强对平台算法的监督和审查,已成为亟待解决的问题。

消费者信任问题是新媒体电商面临的另一大挑战。随着直播带货和短视频电商的兴起,商家与消费者之间的互动方式发生了根本性的变化。平台的算法虽然能根据用户兴趣推送相关内容，但这种个性化推荐往往引导消费者做出不完全理性的购买决策，最终导致消费者信任的下降。平台为了提高留存率和活跃度，算法的推荐机制会通过推送更多与用户偏好相关的商品、信息或广告，过度占用用户的时间和注意力。这种做法虽然能在短期内提高平台的流量和交易额，但长期来看，消费者往往会因为被过度推销商品而产生疲劳感，甚至对平台的推荐内容产生怀疑。此外，平台的透明度和公正性也是信任危机的重要根源。由于大多数新媒体电商平台在产品推介时未提供充分的质量保障和可靠的用户评价体系，消费者很难判断哪些商品真正符合其需求。这种信息不对称不仅降低了用户对平台的信任度，也使消费者在购物时面临极大的不确定性。长此以往，消费者对平台的信任危机只会加剧，最终影响平台的长期发展。

  新媒体电商中，平台对内容创作者的依赖度极高。平台依赖内容创作者生成有吸引力的内容来吸引用户，进而促使消费者产生购买行为。然而，平台和内容创作者之间的关系复杂且具有一定的不对等性。内容创作者往往面临着平台对流量分配的不公平现象。平台的算法通常会优先推荐头部创作者的内容，导致中小型创作者很难获得同等的曝光机会。这样一来，平台不仅对创作者的内容产生了倾向性，还在无形中加剧了内容创作者之间的竞争，使不同规模的创作者在平台上获得的机会和权益不平等。此外，内容创作者的责任与权益也未得到充分保障。尽管很多平台依赖内容创作者推动营销和销售增长，但创作者往往缺乏与平台进行有效沟通的渠道。更严重的是，在平台上发生版权纠纷时，创作者往往处于不利地位，无法有效保护自己的创作成果。尽管一些平台逐步加强了版权保护措施，但目前仍然缺乏一套完善的机制来保障创作者的权益，导致创作者面临较大风险。

  随着新媒体电商市场的不断扩张，竞争变得愈发激烈。平台为了争夺流量，采取了大量的促销手段，并且通过算法对用户进行精准推送。然而，这种天然垄断的情况，往往使大型平台在流量获取上占据绝对优势，导致市场上的中小平台难以与之抗衡。平台为了巩固自身地位，采取了大规模的资本投入与技术创新，这使平台之间的竞争更加依赖资本的力量，而非创新和优质内容的质量。这种趋势使一些中小型商家和平台处于劣势地位。即使小型商家在算法和平台推荐机制上进行了优化，依然很难突破平台的流量壁垒，往往不得不依赖巨头平台提供的流量入口，造成市场上"大平台独大"的局面。此外，随着平台逐渐趋向饱和，新的竞争者和创作者很难突破现有平台的垄断地位。这导致整个市场的创新能力和活力受到压制，行业的长远发展可能会被这种内在的竞争壁垒所束缚。

3. 新媒体电商的发展趋势

  随着技术的不断进步和消费者需求的变化，新媒体电商正在经历快速的变革，并朝着更加个性化、智能化的方向发展。以下是几个显著的发展趋势，既反映了技术进步的驱动，也体现了市场竞争与监管环境的变化。

新媒体电商的一个关键发展趋势是技术驱动的创新。随着人工智能（AI）、大数据和 5G 技术的快速发展，新媒体电商的运营方式和用户体验正在从根本上发生变化。平台可以通过 AI 技术进行精准的用户画像分析，从而更好地了解消费者需求，为其提供个性化的推荐和广告。这种技术不仅提升了用户的购物体验，还极大地提高了商家的转化率和利润。此外，5G 技术的普及将带来更快速的数据传输和更稳定的网络连接，使直播电商、短视频电商等形式更加流畅，进一步提升消费者的互动体验。特别是在直播带货中，主播可以与观众实时互动，利用 AI 智能推荐系统为观众提供个性化的商品推荐，从而大幅提升直播转化率。这一趋势预示着，新媒体电商将越来越依赖智能化的运营模式，这不仅提高了平台效率，还加强了商家与消费者之间的联系，使整个市场更加高效且精准。

随着社交电商的兴起，越来越多的商家开始通过社交平台与消费者建立长期的、稳定的联系。这一趋势的核心是"私域流量"，即通过社交平台和社群与消费者建立直接联系，从而规避了传统平台对商家的流量收费。在这一模式下，商家通过微信、QQ、微信群、粉丝社群等渠道，将流量直接引入到私域，提升用户黏性和复购率。社交电商和私域流量不仅改变了商家与消费者之间的互动方式，还促使电商平台更加注重与消费者的长期关系建立。这一模式可以有效降低营销成本，并提高客户的终身价值。未来，随着消费者对个性化和定制化需求的不断增长，社交电商将继续扩展，并成为新媒体电商的重要组成部分。社交电商的核心竞争力不再是单纯的流量获取，而是如何通过数据分析和社群运营，与消费者之间建立长期关系和互动。

随着用户数据在新媒体电商中的广泛应用，消费者的隐私保护和数据安全问题逐渐成为公众关注的焦点。平台通过大数据和人工智能技术分析用户行为，提供个性化推荐服务，但同时也面临着数据泄露、信息滥用等风险。消费者对自己数据的使用方式和安全性越来越关注，尤其是在个人隐私保护方面。为此，未来新媒体电商将更加注重隐私保护和信息安全。平台可能会引入更严格的数据保护政策，并遵循国际通行的隐私法规，如欧盟的《通用数据保护条例》。此外，平台也将更加重视透明度，向用户清晰说明其数据收集和使用的目的，以增加消费者的信任度。随着数据保护政策的不断完善，消费者的隐私安全将得到更好的保障，平台也能通过合规运营提升自己的品牌形象和市场竞争力。

新媒体电商在快速发展的过程中，呈现出技术驱动创新、直播电商规范化、社交电商兴起、跨境电商扩展等多种发展趋势。这些趋势不仅推动了市场扩张，还改变了消费者与商家之间的互动模式。然而，这些变革也带来平台竞争、消费者信任、隐私保护等一系列挑战，迫切需要监管机构和平台共同努力，制定合理的法律和行业规范，以保障市场的公平性与消费者权益。

未来，新媒体电商将更加依赖智能化运营和社交化互动，这要求平台在提升创新的同时，更加注重透明度和合规性。平台算法的公平性、数据安全的保障以及市场竞争的规范化，将成为行业健康发展的关键。只有在技术创新与监管合力的基础上，新媒体电商才能实现可持续发展，推动电商生态的繁荣与稳定。

本章小结

电子商务是人类商业文明的新引擎。电子商务可分为狭义的电子商务（e-Commerce）和广义的电子商务（e-Business）。电子商务的应用与发展对人类社会各个方面都有着重要的影响。本章对电子商务的发展进行了理论分析：一方面从互联网自身特性出发，分析其五大特征如何推动企业积极应用电子商务；另一方面，从经济学的交易费用理论、劳动分工理论和网络外部性理论阐述了驱动电子商务发展的内在因素，使我们能够更加深入地理解电子商务的本质。然后本章介绍了新媒体电商的产生背景，并从多个维度分析了新媒体电商与传统电商的区别、新媒体电商的主要运营模式、新媒体电商发展中面临的问题与未来发展趋势等内容。通过这些内容的学习，有助于我们更好地理解如何利用现代电子商务来进行创新活动。

思考题

1. 电子商务对我们的社会发展有哪些方面的影响？
2. 互联网的五大特性是什么？它们对企业的经营有什么影响？
3. 请你从理论上分析驱动电子商务快速发展的原因是什么？
4. 新媒体电商与传统电商有哪些区别？
5. 新媒体电商的主要运营模式有哪些？
6. 新媒体电商发展面临的挑战与机遇有哪些？

本章案例分析

抖音：从内容平台跃升为电商巨头

在数字经济快速发展的今天，电商已成为提高企业竞争力的关键所在。而在这一电商战场上，抖音电商的崛起无疑是一个引人注目的市场现象。作为热门的短视频平台，抖音不仅成功吸引了亿万用户的关注，也在电商领域实现了飞速的发展。这自然让人不禁思考：抖音电商是如何从一个纯内容平台快速转型为电商行业的巨头？在这篇文章中，我们将深入剖析抖音电商的发展历程、当前的运营策略，以及它所面临的挑战与机遇。

一、抖音电商崛起背后的市场动力

近年来,全球电商行业经历了翻天覆地的变化,中国更是成为了全球电商的发展重心。根据中国互联网信息中心的数据,中国的网民规模已达 10.67 亿,网络购物用户达到 8.45 亿,线上购物习惯已经深入人心。而在这样的市场背景下,如何实现流量的有效变现已经成为各大互联网公司的当务之急。

在这场流量争夺战中,抖音凭借其强大的用户黏性和内容生态,迅速瞄准了电商这一巨大的市场。抖音作为字节跳动旗下的一款短视频应用,自 2016 年推出以来便迅速走红,成为年轻用户日常生活中不可或缺的一部分。据统计,抖音的日活跃用户已突破 6 亿,而用户在平台上日均使用时长超过 70 分钟。这些数据无疑为抖音电商的发展打下了坚实的基础。

二、抖音电商的发展历程:从导流到闭环

导流电商的初探(2020 年之前):在正式开启电商业务之前,抖音的电商布局实际上是通过导流模式实现的。用户在 App 上观看视频后,通过链接引导至其他电商平台完成购买,抖音仅仅作为流量的入口。然而,这种模式的不足之处在于无法保证用户购买行为的转化,易受外部平台的影响。

孕育闭环电商(2020 年):2020 年,抖音电商实现了重要的战略转型,正式开始布局闭环电商。疫情期间,直播带货迅速崛起,抖音抓住这一机会,推出了众多直播活动。借助知名 KOL(关键意见领袖),打响了抖音电商的第一枪。同时,字节跳动成立了电商一级部门,专注抖音电商业务的发展,从而实现了流量的自我转化。

电商生态的逐步完善(2021 年至今):从 2021 年开始,抖音电商先后召开了多届电商生态大会,首次提出"兴趣电商"概念,开始全面布局电商生态。此时,抖音不再局限于导流,而是逐步形成了自己的电商链条,包括商品的发布、交易、履约等环节,都在抖音内部完成。通过不断完善平台基础设施和用户体验,抖音电商 GMV(成交总额)持续增长,成为电商市场中的重要力量。

三、抖音电商的现状与战略:突破重重挑战

抖音电商的成功并非一帆风顺,而是在激烈的市场竞争中不断突破。以下是抖音电商当前的核心策略:

(1)全域趣味电商:抖音通过内容和电商的深度结合,倡导"全域兴趣电商"模式,让用户在探索内容的同时,方便找到感兴趣的商品。这种模式不仅依赖直播带货,还包括短视频、搜索引擎、商城等多渠道协同,极大地方便了用户购物。

(2)强化商业化策略:通过数据积累,抖音能够清晰地识别用户兴趣与需求,进行精准营销。这种"需求—匹配—供给"的策略,让抖音在用户转化上具备了更高的成功率。

(3)商家扶持政策:对于入驻的商家,抖音积极推出各种扶持政策,助力中小企业的发展。例如,实施 0 元入驻计划,优化入驻门槛,同时设立商品免佣等政策,极大调动了市场活力。

（4）双流量场的建设：抖音目前已成功建设了内容场与货架场双流量场。在这个双重流量策略的推动下，抖音将实现内容创作者与商品推广的无缝对接，提高用户的购物体验。

四、面临的挑战及未来展望

尽管抖音电商已经取得了一定的成绩，但在激烈的行业竞争和不断变化的市场环境中，仍需审慎应对以下挑战：

（1）市场饱和与竞争加剧。随着各大平台纷纷入局电商市场，竞争愈发激烈，抖音电商需时刻保持创新，才能在竞争中立于不败之地。

（2）用户转化的难题。如何有效地将关注抖音内容的用户转化为电商买家，是抖音必须面对的一大挑战。抖音需在提升用户体验和购物便捷性上持续发力。

（3）品牌信任度建立。在电商环境中，消费者对品牌的信任感至关重要。抖音需通过严格的商家审核机制与优质的客户服务，来提升消费者对平台的信任度。

总体来看，抖音电商自成立以来，凭借其强大的用户基础与灵活的商业模式，快速崛起并在市场上占据一席之地。面对外部环境的压力与自身发展的潜力，抖音电商依然具有广阔的发展空间。未来，随着技术的进步和市场的演变，抖音电商有望持续引领电商行业的发展潮流，创造更多的商业奇迹。在这条充满挑战与机遇的电商之路上，抖音电商的每一步都值得我们的关注与期待。如何从内容平台成功转型为电商巨头，抖音的每一个策略与实践都在为行业提供着深刻的启示。

资料来源：本书编辑整理。

运营模式篇

第 3 章

内容电商

本章学习目标：
- 了解内容电商的产生背景、概念及特征；
- 理解内容电商的主要运作模式；
- 理解内容电商的运营策略；
- 了解内容电商的问题与挑战。

开篇案例

淘宝的转型生存之道：从传统到内容的突破

创立于 2003 年的淘宝已发展 21 年有余，其前十年以传统电商模式为主。商家通过购买竞价排名、广告位等方式获得流量，注重商品卖点、质量与促销活动，以提升消费者在店铺购买特定商品的可能性。

随着抖音、小红书等社交媒体平台的兴起与流行，淘宝也开始构建自己的内容消费生态系统。2013 年淘宝推出了"微淘"，一种商家社交媒体营销新模式：当商家开通微淘账号后，可通过撰写文字与张贴图片来推广商品；消费者则可以通过该功能浏览关注商家的种草内容，从而发现想购买的商品，以更真实的内容来辅助购买决策；微淘还可以向消费者展示帖子的点赞、评论、种草、加购等信息，帮助消费者评估商品价值。

此外，淘宝还设有"发现"板块，以达人发布视频内容为主，成为淘宝内容导购生态的重要部分。淘宝达人主要通过个人真实推荐，以"文字+视频+商品链接"的形式，生产垂直领域的内容，向消费者安利各类好物。他们通过与消费者建立情感或价值共鸣，形成信任连接，从而以种草内容影响消费者的购买决策。"发现"板块对于消费者来说是优质消费内容的聚集地，可通过浏览视频发现想购买的商品，根据达人的真实分享内容丰富自己的购物体验。

从最初的网页版到移动端，再到如今的内容社区化，淘宝始终在顺应时代发展风向与消费者信息获取习惯的变化。低价营销已很难再为传统电商带来新的红利，"内容+电商"的新业态已然到来，并以蓬勃之势迅猛发展着。

资料来源：本书编辑整理。

3.1 内容电商概述

3.1.1 内容电商的产生背景

内容电商是电商顺应互联网潮流的形态转变，是在传统电商增长放缓、内容平台去中心化发展及消费者购买决策模式转变的共同作用下，"内容+电商"的商业模式应运而生。下面将详细介绍内容电商产生的三大背景，以助于更好地认识内容电商并有效地把握其发展趋势。

1. 传统电商交易模式增长放缓

当传统电商的发展进入平缓期，各平台间的流量竞争愈演愈烈，平台获取新用户的成本逐日升高。2018至2022年，淘宝的获客成本从133元飙升至1302元，同时，仍有升高趋势。同时，平台中商家趋于饱和，花重金获取流量也成为关乎商家存亡的重要问题。其次，流量模式裹挟下的传统电商平台同质化严重，各电商平台为了争夺市场份额往往会进行价格战，降低产品价格来吸引消费者。长期的价格战会压缩商家的利润空间，从而导致商家用于研发、创新和产品改进的资金投入减少；部分商家为了维持低价格策略而不断压缩成本，不得不牺牲产品质量、服务体验以及研发支出，导致整个平台的创新能力下降，最终影响平台的长期竞争力。

此外，传统电商互动性较弱，用户与商家主要互动渠道就是客服，互动形式仅停留在文字沟通层面。同时，客服质量参差不齐，导致用户购物和售后体验无法得到充分保障。传统电商平台使用偏好算法向用户推荐商品，同质化商品导致用户在购物时易形成"信息茧房"，加上平台信息不对称性，消费者无法充分获得可用信息。商品比较成本的增加引发用户的选择困难，购物体验不佳，平台的用户忠诚度由此逐渐下降。而内容电商通过商品与内容结合，利用情感与价值共鸣构建商家与用户间的信任连接，弥补了传统电商的短板。

2. 内容平台去中心化发展

随着传媒、通信技术的迅猛发展，内容可以被数字化加工并分发至任何渠道。作为内容生产、消费和生产力工具，移动互联网和智能手机高速普及，从供给和需求两侧释放了内容需求。内容需求的激增推动互联网流量从"中心化"逐步走向"去中心化"，媒介技术的发展降低了平台的行业准入门槛，数以千计的内容平台应运而生，为创业提供了肥沃的土地，任何人和企业都可以近乎零成本、低限制地发布内容。创作者通过文字、视频、图片等形式打破中心化的流量垄断机会，自媒体内容的兴起不仅打破了信息壁垒，也改变了用户的互联网参与模式。

内容平台去中心化发展为电商发展提供了土壤。内容平台为创业者提供多元变现路径,除提供创作稿费或激励金外,"内容+商品推广"也是其中重要模式之一,主要包含商家变现与用户变现两种。商家变现指创作者与商家达成协议,为商品撰写特定的内容向用户端推广,即向用户输出精品内容包装特定需求广告,以此收取商家广告费;用户变现指创作者通过扩大粉丝数量,将产品或服务卖给粉丝。平台自由的创业环境、丰富的浏览体验、创作者优质的内容产出、用户高强度的使用黏性,为电商在内容平台上的发展提供了良性发展环境,推动电商业务在各大内容平台蓬勃生长。

3. 消费者购买决策转变

随着互联网的发展,消费者面对的信息量大大增加,他们需要花费更多的时间和精力来筛选和过滤信息。"不知道买什么合适"成为普遍存在且被广泛认同的消费决策痛点。电商平台中商品供给远超于消费者需求,传统货架式陈列方式已难以满足消费者购物体验。过多同质化商品会增加消费者的比较分析成本。信息茧房式的商品陈列模式会加剧消费者审美疲劳,消费者不再希望做"选择题"。"判断题"成为被海量信息裹挟下的消费者最轻松的购物方式。

自 2017 年起,购物已不再是用户互联网生活的核心需求。用户已跨越生存需求消费阶段,进入情感消费阶段。大量娱乐化、知识化内容平台逐步占据用户互联网生活高地,电商最大的竞争对手不再是同行,而是与电商争夺用户网络使用时长的内容平台。用户分配给电商平台的浏览时间减少,比较、选择商品的购买决策时间也随之被压缩。内容电商的出现帮助用户节省商品挑选与决策的时间成本,消费者仅根据内容判断是否需要该商品,繁杂的"选择题"从此转变为高效的"判断题"。

3.1.2 内容电商的概念

如今,流量裹挟下的传统电商模式因其陈旧的营销方式,已无法给用户带来新鲜的消费体验。消费者对线上购物的需求,不仅追求商品的物美价廉,更追求购物时的情感消费与体验感知。在海量多元的网络信息环境中,用户逐渐形成关注优质内容的习惯,例如抖音、快手、微博等平台利用算法向用户推荐热点信息、个人偏好视频或博文,使用户逐渐养成根据自己喜好分布信息浏览时长的习惯。这种信息浏览习惯使消费者的购物行为发生改变,消费者开始更加关注令其感兴趣的商品介绍内容,从大量介绍中筛选喜欢的内容并关注,也愿意根据这些内容提供者的建议进行消费。下面将从三个方面介绍内容电商的概念与定义,以理解其本质含义。

1. 国内外文献的定义

在学界,关于"内容电商"(Content E-commerce)一词并未有明确且统一的定义,但"内容营销"(Content Marketing)相关研究已发展良久。在有关内容电商的研究中,大多涉及内容营销的概念,可见内容电商与内容营销息息相关,二者间的概念与含义相互交叉,有学者将内容营销视为内容电商的实现手段,也有学者认为内容电商是内容营销在线上 B2C 领域的延伸。

关于内容营销的概念,"内容营销之父"乔·普利兹(Joe Pulizzi)认为:"内容营销是聚焦于创造和传播有价值的、相关且连续的内容,从而吸引并留住定义清晰的受众,最终能够实现盈利的一种策略性营销手段。"英特尔前全球营销战略总裁帕姆·狄勒(Pam Didner)认为:"内容营销就是创建相关的、有价值的且具有吸引力的内容,并将其分享给目标受众,以吸引新顾客或促进现有顾客再次购买的过程。"国内有学者结合数字媒体特点,将内容营销定义为通过微信、微博、论坛等不同的媒介平台,以最贴近消费者的形式与创意,传递企业的品牌理念以及企业想让目标消费者知道的信息。还有学者结合新媒体时代信息载体的多样性提出,内容营销是"通过特定载体,传播与载体定位相符合的内容,以文化传播和沟通交流为主,对消费者具有一定价值,以此提高企业知名度并强化品牌认知的一种营销方式"。

关于内容电商,有学者认为这是内容营销的线上形式,网络达人通过短视频、图文形式的"种草"是一种潜移默化的内容营销;商家直播推荐,更是一种直接促进信任关系转化的营销方法。还有学者认为"内容电商指的是在电子商务活动中,通过优质的内容来推荐符合不同人群需求的产品和服务,以吸引核心目标人群的一种商业活动,本质上是一种内容营销"。此外,内容电商还被定义为通过文章、短视频和直播等形式,依托内容创作者的信任度、特定领域的专业度以及商品的创意表达能力,进行商品的线上推广和销售的一种模式。

2. 第三方机构的定义

麦肯锡提出,全渠道运营能力、精细化的流量管理及用户内容营销能力,是零售企业实现流量价值最大化的必备能力。线上零售业依赖"流量红利"的时代已经过去,之前"补贴换增长"的模式难以为继。消费者购买习惯逐步改变,包括尝试新的内容型电商 App、社交型电商等购物渠道。产出有吸引力的内容至关重要,零售商的内容制作和运营能力价值凸显,"好"的内容能自动触发社交传播,也更易于一线店员及导购进行分发。加强内容营销,实现社群运营是商家建立用户社区、培育"铁粉"并形成流量闭环的有效路径。平台内商家及达人"内容种草"的盛行,也进一步推动了消费者享受优质生活质量意识的提升与消费欲望的集中释放。

德勤将"内容+消费+升级"定义为是基于内容消费者对身份、价值观乃至情感共鸣需求的升级。其本质是用户基于特定身份感产生的精神需求的升级。用户对内容的需求,从"有什么看什么",逐渐升级为基于自身身份,能体现价值观,承载生活习惯并实现情感联结的内容。此外,关于内容营销,德勤还指出媒体内容是数字经济时代广泛应用的信息传播媒介,在数字经济快速发展的现在,企业可借助社交媒体、短视频等营销渠道,通过创新、热点及促销类营销内容，快速向用户和消费者传递产品、品牌及企业理念等关键信息。

3. 内容电商定义

内容电商发展于传统平台电商，其线上 B2C 的交易模式并未改变。传统电商向内容电商转型的本质，实则是"电商+内容营销"的模式的突破。可见，电商中的内容营销不是指某一场具体的营销活动，而是以传统电商平台作为传播媒介，利用有价值的优质内容满足消费者对多种信息的需求，创造与消费者接触的机会，是一种新的销售传播形态。其目的是让消费者对内容本身产生兴趣，本质上是创造交流机会，让顾客积极参与互动与传播，从而达成销售产品的目的。内容电商的核心不是依托单次营销活动向消费者推销产品或服务，而是通过持续的内容输出来构建品牌。因此，根据学界与商界现有关于内容营销与内容电商的概念，结合交易平台模式，本书给出内容电商的定义如下：

内容电商是指在交易平台中，商家通过自身或达人生成优质内容来引导用户消费，通过内容营销与用户形成社会与情感联结，通过持续的内容输出来构建品牌的模式。具体而言，内容电商是以消费者为中心，以触发情感共鸣与价值认同的内容为原动力，通过不断优化内容创作、内容传播与营销机制，实现内容和商品的同步流通与转化，从而提升变现效率的新型电商模式。

3.1.3 内容电商的特征

内容电商提供有吸引力的内容，激发用户的兴趣和购买欲望，同时将内容与商品有机结合，实现用户转化和购买行为。由此可见，"内容+电商"的商业模式具有以下特征。

1. 内容浏览增强购物体验

平台商家会投入资源创作高质量的内容，包括文章、视频、图片、音频等形式。这些内容不仅是产品的陈述或简单的介绍，而是通过生动的故事情节、精美的视觉呈现和引人入胜的声音效果，将产品与用户的生活场景巧妙地结合起来。在这些内容中，产品成为故事的一部分，通过虚实的融合让用户更加直观地感受产品的功能、优势以及使用方式。此外，电商平台还会利用 UGC（用户生成内容），例如用户分享的使用心得、体验分享等，进一步丰富平台的内容生态，增强用户对产品的信任感和购物体验，进而提升购买欲望。

2. 内容传递建立情感联结

内容电商以消费者为中心替代以企业为中心的视角，深刻洞察消费者的心理，通过持续的内容沟通实现情感共鸣，建立与消费者的情感联结。内容电商是对人心的服务，其服务不仅便捷，更包含情感。内容电商运营者与用户之间不再是单纯的交易关系，而是情感关系。内容电商让互联网回归到人际关系的本质属性，这给传统电商行业提供了一种新的思路和视野。

3. 社交互动增强社区意识

用户可在电商平台的内容社区进行评论、点赞、分享，甚至直接与其他用户或商家进行交流互动，从而提升用户黏性。这种社交互动不仅仅是简单的评论和点赞，更多的是构建起了一个用户与用户间、用户与卖家间密切联结的社交生态。通过内容推荐与个性化推送，不仅让用户感受到自己在平台上的参与感和价值感，也增强了用户对平台的归属感和忠诚度。同时，卖家也能够直接参与到这种互动中，及时回复用户的评论和问题，提供更加个性化的服务和产品推荐，进一步拉近了用户与卖家之间的距离，提升了用户对产品的信任度和购买意愿。

4. 内容推荐细分用户群体

内容电商平台会运用推荐算法向用户推送个性化的内容，提升用户体验和购买转化率。通过深度学习和数据挖掘技术，分析出用户的兴趣偏好、行为习惯以及购买意向，精准地预测用户的需求，为用户提供真正符合其需求的内容和产品推荐。个性化推荐还可以通过分析用户的社交关系和行为模式，向用户推送更具有社交属性的内容和产品。例如，根据用户所关注的博主或朋友的互动行为，向其推荐相关的产品或内容，提升用户的参与感和社交黏性，进而提高用户对平台的活跃度和忠诚度。

5. 直播销售强化内容变现

直播活动也是内容电商一种重要的销售形式。通过直播，卖家可以实时展示产品的外观、功能特点，甚至进行现场演示和使用示范，使用户能够更直观地感受到产品的真实效果，增强购买欲望。同时，直播平台的实时互动功能也让用户可以与主播进行即时沟通、提问，解决疑惑并获取更多信息，提升了用户的参与感和互动体验。

3.2 内容电商模式分析

与传统电商相比，内容电商有着不同的运作逻辑，主要体现为由运营货品转变为运营内容，通过打造优质内容，不断吸引更多的消费群体，使他们成为内容的忠实粉丝或拥护者、支持者，从而将内容吸引力转化为商品或服务的购买行为，具体的运营逻辑路线图如图 3-1 所示。

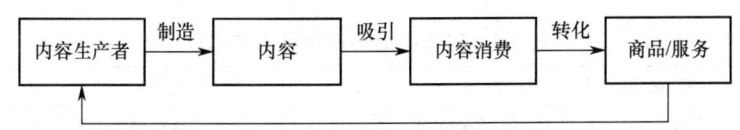

内容生产者 —制造→ 内容 —吸引→ 内容消费 —转化→ 商品/服务

图 3-1　内容电商运营逻辑路线图

根据生产的主体不同，内容分为用户生成内容（User-Generated Content，UGC）、商家生成内容（Professionally-Generated Content，PGC）。UGC 指的是由任意用户生成网络内容并进行分享，内容多元化且形式各异，但容易出现内容质量良莠不齐的状况；PGC 则主要是用户在一定专业领域生产的优质内容，内容偏专业化，与 UGC 相比更优质且利于传播。由于 UGC 和 PGC 具有较强的互动性，更适用于如视频、照片、知识分享网络、社区论坛、微博等各种社交媒体网络。高质量的内容很容易形成粉丝经济，因此，当前内容电商开始由最初的以用户需求为主的软文写作等 UGC 时代，逐渐过渡到专业、稀缺的 PGC 时代。

随着社交平台与传统电商平台的发展，"内容+电商"的模式大致划分为两种类型：一方面，可将"内容+电商"的模式视为电商的内容营销化，这促使传统电商（如淘宝和京东）利用 UGC 和 PGC 在电商平台构建品牌社区，不断通过内容生态的营造来开展电商运作；另一方面，可将"内容+电商"的模式视为内容社交的电商化，让社交媒体中的 UGC 和 PGC 内容生产者通过内容与用户发生联结，进而开展电商运营，实现内容的产品变现。因此，"电商内容化"与"内容电商化"两个驱动力已经形成两大类型的内容电商模式，它们分别是基于电商平台的内容电商、基于社交媒体平台的内容电商。

3.2.1 内容电商与其他电商的比较

1. 内容电商与流量电商

流量电商通常指传统的交易型电商，即以淘宝、天猫、京东、苏宁易购、一号店、唯品会等为代表，以商品运营为核心，以仓储物流配送为基础的电商模式。内容电商与流量电商的不同主要体现在流量来源、消费场景、消费心理、运营重点等方面。

在流量来源方面，内容电商的流量来源主要是能够与用户进行情感联结的优质内容，而流量电商则主要靠价格不菲的广告带来流量；在消费场景方面，内容电商的消费者主要是在阅读、观看或者互动的内容消费过程中产生的购买行为；而流量电商则是消费者在货架中挑选自己有购买意向的商品；在消费心理方面，内容电商的消费者处于单独评估、被动接收和找亮点的心理状态，而流量电商的消费者则是在众多同类产品中的联合评估、主动搜索和挑剔筛选的心理状态，显然内容电商的转化效果会更好；另外，两种电商模式的运营重点也不同，内容电商侧重运营用户，根据用户选择商品，而流量电商则更加注重商品本身的卖点、包装和促销。二者的比较如表 3-1 所示。

表 3-1 内容电商与流量电商的比较

电商模式	流量来源	消费场景	消费心理	运营重点
内容电商	优质内容引流	阅读或观看过程	单独评估、被动接收和找亮点等心理	经营用户
流量电商	广告投放引流	购物平台选择商品	联合评估、主动搜索和挑剔筛选等心理	运营商品

2. 内容电商与社群电商

社群是一群有相互关联的人形成的网络，其中人与人产生互动关系，通常形成深入的情感联结。社群电商则是指利用社群进行产品传播和交易，以达到商业变现。在社群电商里，社群具有关系属性，用于流量沉淀；商业具有交易属性，实现流量价值。社群内的内容分享是连接个体与个体之间的催化剂，产品是社群得以长久存在的运营动力。优质社群通过服务把具有相同价值观的人聚合起来，使其乐意为大家认同的好产品消费。

首先，内容电商与社群电商的运营逻辑不同，内容电商强调的是通过做强做好内容，能够形成"关注—引导—成交—再关注"的商业闭环，而社群电商需先做强社群才能考虑做电商。其次，在内容规划方面，内容电商越来越以销售转化为重点，而社群电商则会兼顾知识性和传播性。再次，在用户间关系方面，内容电商主要强调内容创作者与用户的情感联结，而社群电商则重视社群内成员之间的交互。最后，在运营模式方面，内容电商以线上为主，而社群电商往往需要兼顾线上与线下，注重二者结合。二者的比较如表3-2所示。

表 3-2 内容电商与社群电商的比较

电商模式	运营逻辑	内容规划	用户间关系	运营重点
内容电商	关注、引导、成交、再关注	内容以销售转化为重点	重视与追随者的情感联结	线上为主
社群电商	先做社群，再做电商	内容兼顾知识性和传播性	重视社群内成员互动	线上+线下

3. 内容电商与网红电商

"网红"电商即前端通过"网红"吸引流量，后端对接供应链的电商模式。"网红"带来流量，解决电商流量的成本问题，供应链解决"网红"商品交付能力弱的问题。因为"网红"电商主要为直播或者内容分享模式，其本质也是靠内容变现，可视为内容电商的一种特殊模式。但"网红"电商又有其自身的特点，因此本书仍然将内容电商与"网红"电商进行对比。

在运营主体上，因为内容电商的范围更大，其运营主体一般是内容电商运营者，包括个人内容创业者、专业内容创造机构、内容平台或者传统电商运营商等，而"网红"电商的运营主体通常限定在"网红"及其幕后团队。在内容形式上，内容电商的内容形式不限，涵盖图文、音频、视频及直播等，而"网红"电商当前比较流行的形式则是直播，甚至有人将"网红"电商直接等同于直播电商。在信息流动方式上，内容电商强调的是内容提供者与用户的一对多、用户与用户的多对多流动，而"网红"电商因为以直播为主，则是一种主播与用户的一对多信息流动方式。在对从业者要求上，内容电商多是具备一定水准的内容创作者，初级从业者创作的内容达到可阅读的要求即可，但"网红"电商对主要从业者"网红"的要求则比较高，至少要求具备个人魅力、时尚或专业，还要具备影响力和导演力等。二者的比较如表3-3所示。

表 3-3　内容电商与网红电商的比较

电商模式	运营主体	内容形式	信息流动方式	对从业者要求
内容电商	内容电商运营者	图文、视频及直播	一对多、多对多	内容创作达到可阅读的基本要求
网红电商	网红及幕后团队	直播为主	一对多为主	个人影响力、专业能力、口才等

3.2.2　基于电商平台的内容电商

传统电商（如淘宝、京东、唯品会、聚美优品等）虽然有优质的电商供应链及丰富的产品类型，但在互联网流量红利趋尽的背景下，仍然需要依靠内容抢占用户时间与注意力，吸引用户"逛"电商平台。基于电商平台的内容电商模式是指传统电商平台主动进行内容化战略调整后，在新的内容电商平台开展电商业务的模式。本节将以淘宝为例来解析基于电商平台的内容电商运作模式。

案例分析

随着内容平台的去中心化发展与消费者消费决策的转变，淘宝在 2013 年开启了内容电商化发展进程。不论是为了帮助一些有特色的商家降低流量成本，还是为了与微信、今日头条及各种各样的直播平台抢夺用户的时间，淘宝必须做出改变，因此进行新的定位——找到"发现趣味"，并把淘宝真正打造成一个"消磨时光"的场景。在实现这一目的手段中，内容无疑是最有用的一种方法，所以淘宝向内容电商平台转变有其战略合理性。

淘宝的内容布局主要有五大板块，即"发现""首页模块化内容""微淘""消息"和"我的"。近年来，淘宝已完成从以货品为中心向以人为中心的运营模式转变。近两年里，淘宝大力扶持特色商家和内容达人（如图 3-2 所示）。通过这两类群体，实现内容化战略。整个消费群体对"个性"及"设计"产品的需求量暴涨，同质化的产品已经很难吸引消费者的兴趣。在这样的背景下，淘宝平台必须扶持特色商家；同时为了让消费者停留并"逛"电商平台，提供优质商品鉴赏、体验、经验分享的内容达人是必不可少的。

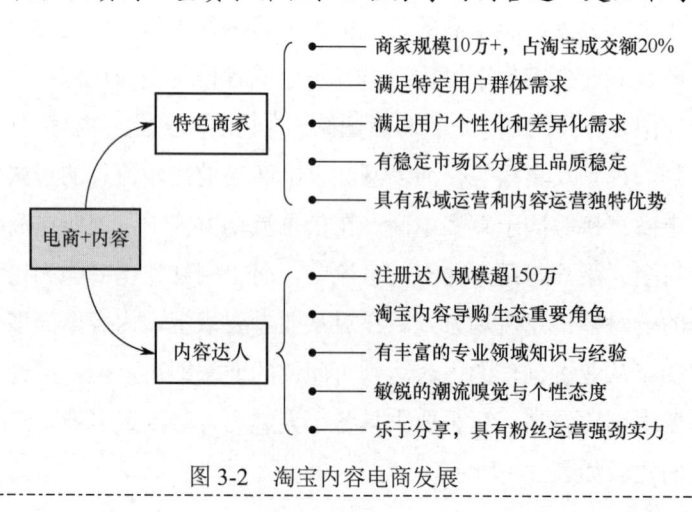

电商+内容
- 特色商家
  - 商家规模10万+，占淘宝成交额20%
  - 满足特定用户群体需求
  - 满足用户个性化和差异化需求
  - 有稳定市场区分度且品质稳定
  - 具有私域运营和内容运营独特优势
- 内容达人
  - 注册达人规模超150万
  - 淘宝内容导购生态重要角色
  - 有丰富的专业领域知识与经验
  - 敏锐的潮流嗅觉与个性态度
  - 乐于分享，具有粉丝运营强劲实力

图 3-2　淘宝内容电商发展

1. 运营模式解析

基于电商平台的内容电商模式，其运行基础还是电商平台，只是将原来的传统电商平台逐步转变成内容电商平台。这种内容电商的运作模式有以下三个要点。

1）运作思路的转变

过去的电商是"物以类聚"，内容电商强调的是"人以群分"。"物以类聚"很好理解，京东网页上商品的设计都是以品类为主，3C、母婴、家具等传统商业里怎么做品类，京东上就怎样做品类呈现，而"人以群分"则发生了很大的变化，过去以商品为出发点做电商，现在的诉求点是人的需求，以人为核心，通过人格化认同和信任促成商品销售。电商平台已经在改变，电商运营者和依托于电商平台的内容创作者必须转变思维，尽快调整运作策略。

2）平台内容化策略

电商平台内容化最显著的特征就是商品的分类不单是通过商品品类分，而是以一个主题式来分类。例如，淘宝和京东均采用模块化专题将图文推荐和商品相结合。京东每个模块的内容分类展现得非常明确细致，让消费者直观地看出这个大专题里有哪些小专题，小专题具体指哪方面。此外，针对消费内容创作者，淘宝推出了"发现"；针对精品商品和品质生活，推出了"有好货"；针对购物场景的指南，推出了"必买清单"；针对女性消费者，推出了"爱逛街"，并结合当下最火热的直播，手机淘宝首页已经上线了视频直播的功能。对于垂直电商平台，它们本身凝聚的人气有限，还可以开拓站外内容资源，打造与电商平台相适应的内容体系。例如，聚美优品除了在平台开通直播和"仙女说"板块以外，还积极利用外部资源生产时尚娱乐内容，构建内容生态体系。

3）内容生产鼓励政策

内容电商涉及内容生产和消费的主体，包括内容生产者、平台、内容消费者。聚美优品的用户可以利用"仙女说"来分享购物体验，淘宝和京东则邀请自媒体达人创作较为专业的内容，在内容中穿插商品推荐及购买链接。相比于单纯地展示商品信息，图文等多方式的推荐能降低消费者的抵触情绪，更易被消费者接受。除自媒体之外，平台方都鼓励商家和消费者参与到内容生产中，丰富内容维度，这也是保证优质内容供应能够持续运转的重要一环。例如，淘宝的"微淘"和京东的"觅 Me"，卖方多以直播、短视频或动态图文的方式宣传商品和品牌，此外还通过参与问答和交流的方式生产内容。

2. 运营模式特点总结

如何把握内容和电商之间的功能平衡，以及更有效地实现转化目标，是核心挑战。这种模式的主要特点有以下三个。

1）平台优化内容生态体系建设

传统电商平台的管理者基于将电商平台内容化战略的考虑，必须致力于打造内容生态体系。例如,淘宝充分发挥阿里生态资源优势,搭建内容生态体系,从机制上激励特色商家和内容创作者。淘宝推出自建的淘宝头条、有好货、爱逛街、必买清单等,专注于商品推荐分享的 UGC 和 PGC 内容外,自 2013 年就开始逐步布局微博、优酷、土豆、影视公司等第三方内容平台,紧密打造从内容生产到内容传播、内容消费的生态体系。这让内容电商平台的发展显著提升。

2)内容创作者要将内容与商品高度融合

电商内容化,就是以内容连接用户的情感,让用户"移情"于消费,从而实现内容变现。在生产内容时,避免直接生硬地植入各种营销广告,让消费者反感,而应该选择巧妙自然的方式,将内容与商品高度融合;还要注重讲品牌故事,潜移默化地引导粉丝对品牌形成正面积极的印象,并赢得认同。内容创作的理想状态就是让消费者意识到内容可能有偏差或者知道是营销套路,还是会出于对内容创作者的偏爱而心甘情愿地为内容买单。

3)商家要兼顾商品和内容运营

在基于电商平台的内容电商模式下,平台上存在大量用心经营优质商品的商家。但在内容电商环境下,商品的属性正在发生变化,用户消费的不只是商品本身的价值,还包含商品传递出来的情感、态度和知识等内容价值,用户消费的是"商品+内容"。在内容电商这种模式下,物以类聚、人以群分,"人"和"内容"成为连接用户与商品的中间层,商家或其内容合作者通过生产有态度、有温度、有专业性的内容来引导购物决策。

3.2.3 基于 UGC 的内容电商

基于 UGC 的内容电商,是指内容平台通过各种分成或者激励政策吸引内容创作者加入并积极进行内容原创,使用户在阅读内容的过程中实现内容变现。在这种内容电商模式下,内容平台本身不生产内容,其负责主导内容的聚合、分发、变现及利益分成机制设计,内容生产者往往依附于平台,负责生产各种图文、视频或者直播等内容。

案例分析

今日头条所建立的内容生态目前已经初具规模。绝大部分资讯来源于在今日头条上注册的头条号内容创作者。截至2024年年底,今日头条的资讯内容创作者数量超过160万,其中优质垂类创作者超 10 万。在这种模式下,今日头条不仅发挥了聚合类新闻平台的基本优势,更积极鼓励原创内容、发展 UGC 模式,让用户来寻找用户,让用户的原创内容吸引同一兴趣领域的其他用户。丰富优质的内容才能提升用户的活跃度和黏性。

今日头条的微头条已经实现了社交功能,斗鱼直播平台用户目前只能关注他人,尚未开放互加好友功能,但多年来不断有消息透露其会增加社交功能了。

1. 运作模式分析

1）UGC 平台的内容生产

UGC 平台是自身不生产内容的内容平台，它让用户在平台中生产内容。例如，今日头条推出开放的内容生产与分发平台——头条号，鼓励用户自主生产内容。斗鱼直播平台也鼓励个人在平台上进行直播内容生产。

2）UGC 平台的内容变现

一方面，UGC 平台通过将优质内容和与之相贴合或者符合用户需求的广告精准匹配给用户，从而通过各类广告实现内容变现。另一方面，它还积极探索直接商品销售的变现模式，通常有两种模式：一是与电商平台合作，进行电商导购的内容变现，如今日头条的今日特卖频道；二是自营电商，即利用平台强大的流量和用户黏性，自主招商，严格选品，组建自己的供应链系统开展电商业务。

2. 运营模式特点总结

1）搭建智能信息分发平台

搭建智能信息分发平台是用户的价值需求。在信息繁杂的大背景下，用户希望有价值的信息可以直接呈现。同时在快节奏的现代社会，碎片化的阅读习惯需要智能信息平台来根据场景实现个性化推荐。精准传播时代需要打造智能信息分发平台。在信息过载时代，精准传播应运而生。精准传播是以用户需求为中心，基于互联网和大数据为用户提供满足个性化需求的定制化信息。而智能信息分发平台为信息的精准传播提供可能，平台采用机器算法推荐代替传统人工推荐方式，通过点对点传播，以机器为主导实现去中心化、平民化传播，实现信息和用户需求的智能化匹配。

2）建立内容生态提升内容质量

源源不断的优质内容供应是 UGC 内容电商赖以生存的基础，构建内容生态成为有效的解决方案。所谓生态是指事物良性可持续发展的一种状态，而内容生态是指内容生产平台在运营过程中形成的生态化发展格局。对于 UGC 平台而言，内容生态的主体有多个，分别是内容的生产者、内容消费者、内容平台及品牌商。只有内容主体之间相互和谐发展，才能构建良性内容生态。

3）打造移动社交功能

在新媒体时代，信息是否被分享是衡量信息价值的标准之一。分享就意味着信息触达的范围能够成倍地增长，同时分享精神也是互联网时代的核心体现。打造移动社交 UGC 平台既可以向用户传播优质内容，又可以为用户创造二次传播的社交场域。用户在浏览各种内容的同时，也可以即时将信息分享到自己的朋友圈；既可以进行个人形象塑造，又可以以观点交友、以内容论道。

在打造 UGC 平台的移动社交功能时，建议不要局限于自身平台。首先，与当下流行的社交账号打通。在登录环节,允许用户使用微博、微信等第三方社交平台账号快捷登录;在浏览内容时,允许用户进行评论、转发、分享到社交平台,以增强信息传播的速度,扩大信息的覆盖面。其次,将社交平台的好友关系迁移到平台内。当用户使用第三方社交平台登录后,系统后台自动抓取用户已有的好友通讯录,对同时使用新闻App的好友优先推荐关注。同时,系统也会向用户优先推荐好友关注的内容以及朋友圈中热议的内容,更快地吸引用户的兴趣。最后,在其平台上开设用户主页以及用户自我形象管理空间,鼓励用户在空间内保持活跃度,同时邀请"大咖"、明星在新闻平台提升用户的活跃度与黏性。用户之间可以彼此添加关注,并在新闻平台建立好友关系,同时在自己的空间内可以转发内容、发表观点。

3.2.4　基于 PGC 的内容电商

UGC 和 PGC 的根本区别在于创作者是否具备专业的学识、资质,以及在内容领域是否具有一定的知识背景和工作资历。但在实际的内容创作中,二者并没有明显的界限。有些时候,PGC 是 UGC 中的一部分,只是这部分内容相当精彩和稀缺。本书认为,基于 PGC 的内容电商是指通过提供更高质量、具有品牌调性且人格化的内容,与消费者建立情感联结,构建以用户运营为中心的内容电商模式。

案例分析

罗辑思维的内容产品从早期的网络知识脱口秀视频节目、订阅号到后期孵化出的"得到"App,前期依靠罗振宇的个人品牌积攒的大量粉丝,成为"得到"初期的主要流量来源;其变现方式也从早期的会员增值服务、实物电商,发展到知识服务电商。

罗辑思维在做好内容的基础上,更注重全方位地去为品牌塑造丰满的、吸引人的性格与内涵。例如,通过内容筛选展现出品牌的特定内涵——即产品的"魅力人格",倡导独立理性的思考,旨在打造一个凝聚着爱智求真、积极上进、自由阳光且人格健全的年轻人的互联网知识型社群。可以说,罗辑思维表面是传播知识和观点,其本质却是在传播价值观,因为只有价值观层面的认同,才能形成强大的人格魅力和影响力。如玩车教授,正如其名,对车是抱着娱乐、好玩、有趣的心态来做专业的内容,用户会觉得玩车教授既专业又有趣。

罗辑思维运作固然依赖着强烈的媒体属性,但从整体到细节的操作,如包括提供免费的内容、筛选核心用户群体、以核心用户群体的势能推动产品更新迭代,进而一步步完善产品,则更多地体现出了互联网产品的特征。

1. 运作模式分析

1）内容创作有"魅力人格"

在自媒体时代，随着内容渠道的垄断性被打破，用户可以接触到的内容总量急剧膨胀，内容变得不再稀缺——尽管质量良莠不齐，但无论是优质内容还是劣质内容，其可选范围都非常广泛。由于用户的层次、偏好等涵盖的范围很广，所以内容的质量并不是吸引用户的唯一因素。真正吸引用户的是符合其层次与偏好、能够激发共鸣并引发认同感的内容，这类内容才是具有稀缺性的，即内容的"魅力人格"。由此，在形式上具有强烈个人色彩的自媒体，十分适合成为承载"魅力人格"的载体。

2）将"受众"视作"用户"

新媒体环境下，将内容受众定义为"用户"，通过丰富的互动来增强用户的参与感，激发用户展现出多元化的性格与能力，从而全面了解真实的用户。美国学者丹·吉尔莫认为，人们从此前的"受众"变为当下的"参众"，其核心的区别就在于"我"的参与。而对于自媒体来说，作为"参众"的用户相较于面目模糊的"受众"，能够提供更丰富的有效信息。

3）将"做媒体"转变为"做产品"

商业发展的历史规律告诉我们，在某一产品稀缺、市场上产品供不应求时，消费者没有选择的余地；当这种产品得到一定的发展，供给能够满足需求时，人们可以根据质量、价格、渠道、知名度等因素的综合考量来选择；当这种产品由于技术、渠道等原因可以大量生产、市场竞争激烈时，人们在选择商品时会更多地考虑对产品本身及品牌内涵的偏好，以及推广方式的偏好。互联网的发展使垄断传播的时代一去不复返，可获取的信息总量呈几何倍数增长，同时，获取信息的途径也越来越多。随着信息的获取越来越便捷，人们对内容产品的选择受用户体验的影响也就越来越深。

2. 运营特点总结

1）以专业的态度生产内容

基于 PGC 的内容电商模式，其核心在于不断生产有人格、有态度的内容，而且这些内容有别于 UGC 平台中大众化的、质量不高的内容。这需要一整套完整的、专业的内容生产团队和选题创作机制。例如，罗辑思维以提供"有种、有趣、有料"的内容为口号，选题广泛、思路开阔，节目常常以故事、观点或者现象为引子，旁征博引地对历史事件、社会现象及行业问题进行独到的剖析和评价。

2）直接与用户进行情感联结

内容电商的核心竞争力与价值在于"人"——一个被万千粉丝喜欢、信任、依赖的"人"。环顾当今做得风生水起、热火朝天的内容电商，除了知名媒体人以及创业后成为名人的媒体人外，还有来自各个领域的自媒体品牌，如育儿百科畅销书作家、儿科医生崔某创办了专业育儿类 App，母婴"网红"何某创办了母婴达人分享社区型电商平台，女性励志畅销书作家王某创办了女性社群电商，这些都是因为与用户建立了直接的情感联结而成功。

3）搭建灵活多变的组织模式

正因为基于 PGC 的内容电商商业模式灵活多变，相应地，其组织模式也需要具备灵活性。在互联网时代，大组织必将走向消亡，取而代之的是个体崛起、草根成长。因此，罗辑思维也将自身定位为一个小而美的组织。这种组织不是一个自上而下控制化的组织，而是自由人的自由联合。团队里没有绝对的上下级之分，完全采用项目组方式，发挥集体智慧，每个人都可能是某个项目的领导。这种基于兴趣爱好的作坊式的工作方式完全尊重并发挥出了人的价值。

3.3　内容电商运营策略

3.3.1　内容电商的选品策略

内容电商注重与用户的情感联结，如何做到情感联结呢？这需要有态度、有价值观、有情感导向的内容，使读者对产品背后的品牌、故事、人物产生共鸣，这样才能建立连接。所以，不认同内容创作者价值主张的用户会被自然过滤掉，留下来的用户大多是认同这种价值主张的。用户的这种情感属性，要求内容电商的选品必须与用户的特性相匹配。例如，罗辑思维"有种、有趣、有料"的知识内容定位，决定了其用户往往是一群爱学习、想读书的群体，所以罗辑思维理所当然会选择图书作为核心产品。

此外，内容电商的核心是构建沉浸式、冲动式、隔离式且便于单独评估的消费场景，在这种场景下引导消费者进行消费。场景不同，导致内容电商和传统电商在消费者决策模式上完全不同。在消费升级的大趋势下，越来越多的用户喜欢且习惯于在决定买一件东西之前，不是去比较哪家卖得最便宜，而是去看自己信任的"人"有什么好的推荐。消费者决策模式的变化，要求商品选择策略也应跟着调整。如不必过度追求产品的性价比，而应更加专注产品的新奇特质，或者强调产品有独特优势，产品的内容性较强等。这充分说明，内容电商需依据消费者决策模式的变化进行专业选品。

1. 选品途径

不管是哪种内容电商模式，都需要进行产品选择，但产品选择的渠道可能不同。基于电商平台的内容电商运营者直接从电商平台上选品。基于 UGC 和 PGC 的内容电商运营者均可以依托电商平台或者自建店铺来作为商品的渠道来源；但基于 PGC 的内容电商运营者选品的渠道更加灵活，因为其能够直接触达的用户规模一般比较大，所以多采用自建商品供应渠道，且因其影响力足够大，甚至能够自主设计品牌产品。总体来说，内容电商的选品方式主要有以下三种。

1）选择电商平台中的商品

以标准化程度为依据，商品可被划分为标品和非标品。标品有统一的衡量标准，产品特性和服务形式相对标准化的消费品类。非标品是标品的反义词，指没有统一衡量标准、产品特性和服务形式相对个性化的消费品类，如手工皮包、自家陈酿等。电商平台中的产品以标品居多，在货源选择中要关注以下几个因素，如图3-3所示。

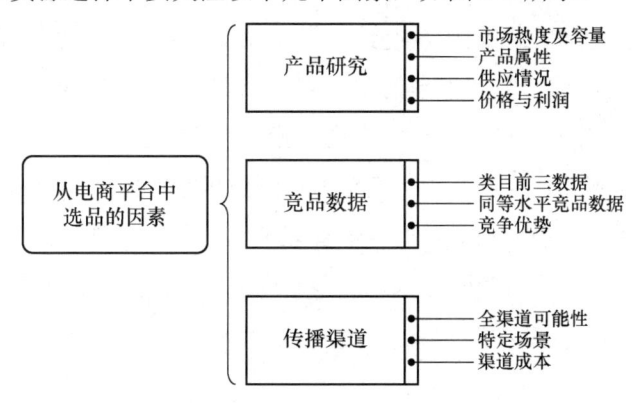

图 3-3 电商平台中的商品选择

① 产品研究

分析产品自身属性，如日常消费品、"发烧友"产品、非理性消费品、新奇特产品等，判断是否符合用户刚需，满足用户何种需求；了解产品在市场上的历史热度、预估当前市场容量；考察产品自身供应情况能否满足营销所带来的需求；在价格利润方面，需估算扣除预计可能产生的成本费用；评估产品的设计包装、易用性，并进行产品质量风险评估等。

② 竞品数据

通过阿里指数、百度指数、热销榜等第三方工具查看产品类目的营销数据和热度；分析市场竞争状况，查询该类目下该产品前三甲及同等水平的产品数据，即产品销量、图片、详情、评价等情况，判断产品是否能做出销量；还可长期监测并查询同类产品或同质化产品的营销周期、价格、质量等维度，进行评估对比，判断能否构建优势。

③ 传播渠道

研究产品能否在全渠道或者用户所在的特定场景中直接触达用户，规避无法触达用户的禁区或场景。预估如果要打造这款货品，需要通过哪些渠道，每种渠道的成本如何，以及每种渠道的转化率、效率和性价比等。

2）选择供应商提供的商品

内容电商运营者的用户规模达到一定程度后，往往会逐渐摆脱平台的束缚，在商业模式上也会更加灵活，这时往往愿意尝试自建电商平台，直接接洽供应商选择产品。例如，"虎扑识货"会搭建专门的体育用品平台开展电商业务，"一条"会自建一条生活馆，选择专门针对追求高品质生活的中产阶级的设计师产品供应商。

像"虎扑识货"和"一条"这样拥有电商运营团队的可以这样操作，但大部分擅长内容创作的创业者却未必熟悉电商运营，学习诸如电商平台搭建、产品供应链建设的成本太高，这种情况下可以选择与专门针对内容创业者的商品供应商平台合作。

3）自主设计和生产的品牌产品

当受众群体达到一定量级、用户规模足够大时，内容电商运营者也可以考虑自主设计和生产品牌产品。

某品牌创始人从创立品牌之初，便致力于帮助大家用发现问题、解决问题的逻辑去思考，积极管理自己，输出品牌倡导的价值观。拥有一定用户基础后，该品牌上线了女子健身产品线，出售卫衣、短裤等相关服饰。推出这个产品线最深层次的原因还是价值观驱使——因为价值观的稳定性，粉丝们努力做到做事始终如一，无论是在工作还是生活中都保持自律，知道自己所向何处。而身体管理是他们自律范围内非常基础的一项，理论上身体是最容易管理的，不过是吃什么，吃多吃少的问题，难道控制不了吗？该品牌希望从这里入手，让人们践行自律。

2. 选品技巧

除了需要了解选品途径，每一个内容电商运营者选品的方式、方法可能有所不同，其选品的技巧也有差异，但有些技巧是内容电商选品相通的，常见的选品技巧有以下几个。

1）选择满足受众心智暗门的产品

内容电商运营者可以通过研究用户心智（如图3-4所示），增强用户黏性。例如，蜗牛家的粉丝中绝大部分是"90后"，在经过与粉丝的交流和互动后，蜗牛家发现自己的粉丝好奇心特别强烈，喜欢创意和个性化的产品。于是蜗牛家在选品时向创意和各类特色主题产品倾斜，更精准地触达他们的需求点，以此提升内容电商运营效率，不仅提高了销售转化率，还增强了用户黏性。这就是选择满足受众心智暗门的产品后的效果。

图3-4 用户心智

2）选择与内容调性相匹配的产品

关于调性，音乐词典里的解释是："对不同的调从心理角度所赋予的不同特性，如大调的明朗、小调的柔和。"内容的调性是指内容各呈现要素所体现出来的感知形象。内容调性融入了情感化因素，有调性的内容能让用户对内容本身产生归属感，也会进一步对内容提供者产生归属感。

识别调性是一个偏感性的工作，往往需要一点直觉，但调性也是可以通过数据分析洞察的。也就是说，通过受众行为特征的数据分析，能更准确地了解目标用户，并推出与其调性相匹配的产品。例如，利用大数据进行相关性分析，可将用户、客户和产品进行有机串联，对用户的产品偏好、客户的关系偏好进行个性化定位，这样有利于选出用户驱动型的产品，提供客户导向性的服务。用数据挖掘和洞察用户及客户对待产品的态度，准确发现并解读其新需求和行为特征，是内容电商选品的技术趋势。

3）选择"三高一低"的产品

传统电商选品也有"三高一低"的说法，即选择的商品最好具备高客单价、高毛利率、高复购率和低更新率，这类商品便于传统电商实现销售利益最大化。

在内容电商模式下，客单价往往由受众的消费能力决定，并不一定是越高越好。例如，某网红做内容电商选品时客单价就不能太高，因为其粉丝大部分都是草根族，消费能力有限。内容电商的用户黏性本身就比较强，选品不必过分考虑高复购率。另外，在传统电商中，更新较快的产品（如时尚女装等）较难经营，但在内容电商环境下反而更易操作——因为更新快，所以内容性会更强。内容电商选品的新"三高一低"分别是高毛利率、高相关性、高内容性和低曝光度，如图3-5所示。

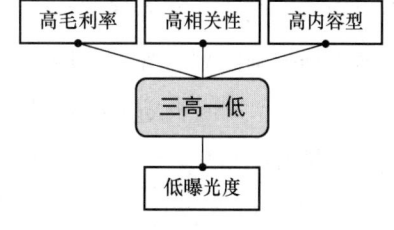

图3-5 内容电商选品的新"三高一低"

3.3.2 内容电商的内容策划

随着时代的发展，各种商品琳琅满目、层出不穷。如今，消费者不愿意将时间花在砍价和寻求优惠上，而更愿意以兴趣为依托，追求定制化及多样性。此时，内容消费成为一种趋势，消费者不再一味地追逐低价商品，而是更多地追求商品的独特性、稀缺性和个性化，内容电商已登上历史舞台。内容电商是以内容作为产品的卖点，其本质是用内容来包装产品，用故事和情怀赋予产品生命力，将产品场景化，激发消费者兴趣，引发消费者情感共鸣，刺激消费者的购买欲望。在内容电商领域下，内容是核心；在内容构建中，策划尤为重要。

1. 内容策划流程

内容策划的流程主要包括内容规划、内容制作、内容IP化等。

1）内容规划

优质内容才是内容电商时代最为稀缺的资源。内容电商的内容规划包括内容定位、用户群体、内容投放、内容运营和数据统计。

①内容定位

定位是内容规划中最重要也是最基础的一步。只有定位清晰的内容，才能吸引精准用户，利于后期的推广和宣传。没有明确定位的内容，势必在信息洪流中被替代。内容定位就是让用户知道你是谁，明白你在做什么。很多刚入门的内容电商创作者为了追逐流量一味地迎合平台规则，丢失了内容定位——今天娱乐类内容阅读量大，他们便选择写娱乐八卦；明天情感类内容火爆，他们便追逐情感热文，这绝非优秀创作者应有的作风。

②用户群体

用户群体是指根据年龄段、性别，以及长期的兴趣爱好、购物偏好等划分的具有明显特征的群体。例如，在阿里创作平台，创作者完成内容后需要选择目标群体，如"气质名媛"对应的用户群体为"喜欢大气高端设计风格的女性，对中意的品牌有一定辨识度，购买力偏高，喜欢国外设计及国内外品牌，对事物有一定审美和品位"。

③内容投放

内容投放主要包括投放时间、频率及渠道。投放时间对内容规划至关重要，创作者应对全年的时间进行统筹规划，一些重要的时间节点及节日（如"618""双11"、春节等）创作者需提前策划内容，根据用户群体风格产出满足需求的内容。例如，创作者"家居精算师"在春节期间策划了过年习俗相关内容，并结合内容调性插入"鞭炮串挂件"等商品，取得了良好的效果。

④内容运营

内容电商包括用户运营、内容运营、产品运营三大部分。用户运营即拉新与促活。创作者通过加大品牌曝光度吸引更多新用户，通过积极与粉丝互动、回复留言、提供更多价值增强粉丝黏性。用户运营是提高复购率的重要保证，也是提升个人品牌的有效武器。产品运营即选择满足用户需求的产品，确保品质并满足供应。经纬创投合伙人曾说："内容型社交产品在商业化的路径上，切记不要伤到用户；推进商业化应该是对用户体验的增值行为，而不是要榨干用户的价值。"产品运营若做不好极易伤害用户，难以实现持续化运营。除了用户运营和产品运营外，本节重点讲述内容运营——这也是内容策划时必不可少的环节。

内容运营需要创作者进行用户及市场调查，不断产出满足用户需求的内容。同时，内容运营需要创作者生产差异化、垂直化的内容。所谓差异化，即让用户快速记住的标签，这样才利于从众多内容中脱颖而出。没有差异化的内容缺乏竞争力，难以在用户脑海中形成长久记忆，不利于内容电商的传播扩散。要做到内容差异化，创作者需要有自己的风格、个性及观点，从而在大量内容中凸显出来。例如，一些知名自媒体人的内容都具备自己独特的风格，从而利于品牌建立及扩散。创作者要想让内容具有差异性，需要提前进行市场调研，对同领域头部账号进行细致的研究，分析同类内容的切入点及表达方式，同时请教专业人士，结合自身优势找出不同于他人的内容创作之路。

⑤数据统计

内容规划的最后一步是数据统计，创作者需要对每次发布数据进行统计与汇总，从而不断积累经验，提升内容电商的运营效率。很多创作者在内容电商运营中先进行小范围效果测试，如果效果理想，再加大广告宣传力度。创作者可以在阿里妈妈后台查看某次内容电商的推广效果。

数据统计包括阅读数、评论数、付款笔数、收益、支付转化率等指标。当然，如果将内容投放至某些微信大号进行广告宣传，还需考虑投入产出比。例如，内容足够优质时，你投入某微信公众号进行广告宣传，如果投入1元广告费，通过数据统计发现可以赚回5元，此时就可以继续加大在与用户群体相符的其他微信公众号上的宣传投入，确保内容电商的最大转化效果。

2）内容制作

内容电商需要建立三个资料库以提升运营效率。这三个库分别是标题库、素材库和产品库。在内容制作阶段，创作者需要建立标题库和素材库。

（1）标题库。建立标题库的最好方式是频繁研读爆款文章的标题，总结命名套路。前期以积累模仿为主，后期有针对性地进行创作。在不同的平台上运营内容电商时，创作者应对该平台爆款标题进行整理、分类与总结，因为不同的平台具有一定的差异性，标题命名规则略有不同。创作者也可以利用内容服务平台快速对爆款文章的标题进行收集整理，如"新榜"平台。

创作者还可以将自己在平台上产出的爆款文章标题进行收集整理，毕竟亲自验证成功的标题才是真正的源素材，更利于经验的积累。例如，在今日头条平台上设有"爆文"选项卡。

创作者需要对标题进行反复迭代和复盘，最终将试验成功的标题纳入"标题库"。建议创作者最好将标题库存储在云端（如印象笔记或有道云笔记中），便于随时查询和提取。

（2）素材库。创作者进行内容产出时，最好避免使用相同的图片，否则会影响推荐效果及阅读体验，因此增加图片素材的收集是有效的解决方式。例如，本书的作者作为职场领域的达人，平时注重收集和整理职场类图片，目前已积累超过500张。对于图片的使用，创作者需警惕版权纠纷。当然，部分平台提供了免费正版图库（如百度百家号、今日头条等），创作者可以放心使用其正版图库。

除了图库外，创作者还需要收集和整理内容库。内容库包括内容电商领域的优秀文章、文章排版案例、商品推荐语及引导下单话术等。在内容库中，创作者也可以收集同类头部账号卖得比较好的产品，查看其产品推荐方式和文案表述，便于推荐相似产品时提升电商转化效果。

3）内容IP三部曲

IP，简单来说就是指能持续产生优质内容的品牌。无论是内容本身还是创作者，都有可能成为IP，而一旦成为IP，其商业价值潜力巨大。例如，《盗墓笔记》起初只是一部网络小说，随着小说的火爆延伸出电影、游戏等产品，成为一个超级IP；罗振宇凭借持续输出优质内容，也逐渐成为个人IP。所以，无论是内容还是创作者，都有机会成为IP，构建新的商业模式。最好的内容形态是自主成为IP，当然，这需要走很长的路。内容IP化需要经历三个步骤，分别是主动贴合超级 IP、与知名 IP 合作、自主孵化 IP。

（1）主动贴合超级 IP。创作者开始生产内容，个人或内容 IP 尚未建立时，可以采取"抱大腿"法则主动贴合超级 IP，从而使内容获得极大的曝光。在淘宝系平台，时装搭配类内容电商经常用到"某明星同款"等字眼，其实这也属于主动贴合超级 IP；在科技类内容中经常会出现"马某""马某某"等表述，这也是为了提高内容曝光量而采取的主动贴合超级 IP 的方法。例如，淘宝头条上有篇文章，题目是"2017 NBA 全明星赛战靴大盘点"，内容主动贴合 NBA 比赛，分析比赛结果及球星战靴的性能，在文章中推荐与全明星赛同款球鞋，从而达到很好的效果。

（2）与知名 IP 合作。当内容或产品具有一定的口碑和影响力时，创作者可以跟知名 IP 合作，以加大品牌宣传力度，同时增强内容电商转化率。例如，惠氏启赋在儿童节前期为其奶粉做宣传和营销，它根据其超高端的品牌定位，选择了育儿理念与品牌契合的知名 IP 吴某合作。这次活动在美拍和淘宝上同步直播。该明星 IP 在直播互动中分享了自己的育儿观念及奶粉选择标准，并以亲身经历讲述了使用此奶粉的感受，提升了内容说服力。此次直播不同于以往的传统广告，消费者不再是被动接受信息，而是积极参与互动。

（3）自主孵化 IP。《如何打造超级 IP》一书中提到："打造 IP 需要具备三个关键点：①抓住时机，打造爆款产品；②多平台占位，快速积累粉丝；③系列化产出。"2016 年，某美食内容创作者以"古法风格"发布原创美食视频，迅速走红，被誉为"2017 美食网红第一人"。她通过视频传递对生活的感悟和对自然的热爱，这种真诚的表达让观众更容易与她产生共鸣。她在中外多个社交媒体平台打造个人 IP，在商业上也取得了巨大成功。

2．内容形式

创作者在进行内容策划时，内容形式也非常关键，这会决定电商转化的效果。在内容电商中，其内容形式要做到轻量化和场景化。

1）内容形式轻量化

内容电商关键的数据指标是产品销量。如果内容形式太过陈旧、复杂，无法激起用户的阅读欲望，转化效果自然不会好。因此，在内容电商中，内容形式要尽量轻量化。轻量化并不是指内容文字的多少，而是指它的形式最好符合当前用户的阅读习惯，容易触达用户终端。常见的轻量化内容形式有 H5、微信小程序、短视频和问答等。

2）内容形式场景化

场景化可以提高用户的代入感，让用户在一个故事、一个情景中产生共鸣，增强用户的情感联结，使产品的转化效率更高。李开复在"2016 年移动电商未来之路"的沙龙中曾分享说："App 也好，自媒体也好，怎么样能够构造场景，从消费者的观点出发，能根据消费者当下的场景需求提供非常有意义的产品或者服务，或者是对消费者做一个非常好的洞察,然后做细分,这样才能够将电商的运营从流量运营转变成人群运营,从经验运营到数据化运营和决策。"

构建内容场景化时,创作者可以从三个方面进行考虑:场景规划、与用户工作生活相关联、多样化设计。

3.3.3 内容电商的内容创作与传播

1. 标签识别

创作者策划完成后,需要对内容进行创作与传播,否则即使策划得再完美,也无法达到预期的销售目标。杰克·特劳特在《定位》中指出,竞争的终极战场不在产品,也不在服务,而是在潜在用户的心智中。创作者要让产品在用户心智中占据一定的位置,才容易引发消费者购买。自带标签的产品更有利于在用户心智中形成特征识别,从而有利于口碑扩散和品牌营销。

1)产品标签

产品具备独特的标签,利于品牌传播及口碑扩散。例如,在竞争激烈的饮料市场,加多宝凭借独特的标签优势脱颖而出。不同于传统的可口可乐、康师傅等饮料品牌,加多宝生产功能性饮料,它依据传统配方,采用上等本草材料配制,内含甘草、仙草、金银花等具有预防上火功效的草本植物,让凉茶这一功能性饮料迅速抢占用户心智。创作者在选择产品时,如果能选择具有明确标签的产品,或凸显产品独特的标签优势,转化效果会更好。

2)用户标签

用户也有标签,每个年龄层的用户需求不同,掌握用户的标签属性,才能满足其价值需求,引导用户传播分享,增加优质内容的曝光。内容电商的传播原理与上述原理类似。创作者要想让内容更好地扩散,首先需要找准用户标签,明确这篇内容是写给谁看的、传达给用户怎样的价值、调动用户怎样的情感。移动互联网时代,用户的个性化需求更多,对产品的选择也呈现多样化趋势,而找到用户的标签并持续输出符合其价值观和情感诉求的内容,可以消除用户顾虑,使内容更好地传播与转化。

3)场景标签

场景化标签可以通过使用场景向用户全方位展示,不单局限于某个产品,还可以给用户提供切身体验的感受,提升用户的购买欲望,增强内容电商的转化效果。如时尚搭配达人通过内容推荐帽子时,不单单推荐单个产品,而是结合衣服、裤子构建完整的应用场景,从而提升场景化识别度,增强整套产品的转化效果。场景化更能突出个性化设计,满足不同用户的需求。场景搭配所见即所买,让用户看到不同产品的搭配场景,更能激发用户多元化的购买欲望。

4）关键词标签

创作者进行内容创作时要进行关键词设置，这样可以提高自然搜索曝光的概率，从而提升内容曝光量与传播量。关键词设置应该遵循三个原则：符合用户搜索习惯、搜索量大、与产品高度相关。

2．内容传播内核

内容要想快速传播，在创作过程中需要具备故事、情绪、关联和价值四大要素。

1）故事

人的大脑更容易记住故事，而非产品性能参数，而且故事更利于口碑传播，提升产品曝光度。故事对于内容的传播起关键作用，创作者在内容创作时要善于用故事来包装内容，从而加速内容的传播与曝光。

2）情绪

人都具有情绪，内容最有效的传播方式是情绪驱动。一篇内容最好有三个情绪点，激发用户愤怒、伤感、孤独、高兴、幽默等情绪，这样的内容更利于传播。创作者在内容电商创作中也可以采用上述方法，在内容中激发用户情绪，更利于内容的广泛传播。

3）关联

关联意味着将产品与用户生活中常见的高频事件关联起来，这样用户在这些场景中便容易联想到产品，利于产品的快速传播。例如，脑白金便是利用广告词"今年过节不收礼，收礼只收脑白金"成为家喻户晓的送礼品牌。以上这些都利用了关联原则，提高内容与产品的曝光率。创作者也可以将其用在内容传播上，提高内容的阅读量，增加电商转化率。

4）价值

马斯洛需求理论指出，人类的需求像阶梯一样从低到高按层次分为五种，自我实现是人类最高层次的需求，而帮助别人正是满足这个需求的极佳途径。当创作者创作出有价值的内容时，用户便会为了帮助他人获得信息而自动转发，这既满足了内容传播的需求，又得到了帮助他人的幸福感。因此，创作者在创作内容时，要努力为用户提供价值，这才是成为内容传播的原动力。

移动互联网高速发展，人与人之间见面的机会越来越少，亲朋好友的沟通越来越多地依赖手机。为了帮助别人，朋友间往往通过转发分享某些实用、有价值的信息，而这便提高了内容传播的效率。例如，当你生病感冒时，朋友可能马上分享一篇治疗感冒的文章给你；当别人向你请教阅读书单时，你也会转发一篇经典推荐好书的文章给他。总之，分享有价值的内容成为帮助他人的方式，而这便加速了内容的传播。

3. 内容传播的五项措施

内容创作过程中，除了要考虑传播四要素之外，五项具体措施也能加速内容传播。这五项具体措施分别是用户视角、真实、成本、比较、热点话题。

1）用户视角

如今信息爆炸时代，内容供应呈几何指数增长，而用户的阅读需求变化不大，导致内容严重过剩，"酒香也怕巷子深"。创作者应该以用户视角进行内容输出，这样才能激发用户兴趣，让用户主动将内容分享出去。研究证明，70%的消费者的购买行为是通过朋友推荐和社交媒体看到朋友分享而产生的，可见，让用户主动分享对内容电商来说至关重要。以用户视角来创作，可以从两方面入手——与用户相关、培养优质粉丝。

2）真实

创作者要想让内容得到广泛的传播，需要向用户传达最真实的体验。知名广告人奥格威曾说："在为客户服务前，先用用他的产品。"奥格威日常生活所用的产品均来自客户，这样他才能把最真实的体验表达出来，从而将广告写得更真实。创作者也应按此原则制作内容和推荐产品，如此才能将内容写得更真实，为用户提供更具价值的产品，增加用户口碑。

3）成本

所谓成本，即创作者投入的时间及金钱成本等。在微信公众号，很多创作者选择将优质内容投放至粉丝多的微信大号上进行推广，从而获得更大的曝光与转化，这种方法可以快速提高内容的曝光率，但创作者需要注意投入产出比。

4）比较

人天生具有比较心理，小时候，隔壁家的小孩是每个人的比较对象，成为父母督促努力进步的标杆。同样，内容创作者也要突出产品的对比效果，从而刺激人们的内在情绪，以利于广泛传播。

5）热点话题

每个热点话题，无论是热点事件还是热点人物，都可能催生爆款文章。如果创作者的产品不容易传播，不如将其与热点话题结合起来，便可达到快速传播的效果，大幅提升产品销售量。例如，某时尚搭配店推出羽绒服时，便跟当前火爆的《演员的诞生》中的某演员相关联。创作者将产品与热点人物结合在一起，大大提升了传播效果。

4. 内容分发机制

很多创作者辛苦创作出的优质内容，却被淹没在互联网汪洋里，得不到传播。其实，这不仅与传播方式有关，还与内容分发机制紧密相连。例如，一篇阅读量很高的微信公众号文章，在今日头条上的阅读量未必高，根源在于二者的分发机制差异巨大。总体来说，内容在新媒体写作平台上主要有两种分发机制，一种是以社交分发为主，另一种是以算法分发为主。创作者只有深刻理解分发机制的不同，才能创作出阅读量高的内容，进而提升内容电商的转化效果。

1）以社交分发为主

以社交分发为主的平台主要是新浪微博和微信公众号，如新浪微博通过互粉的关系，将内容一拨拨扩散出去；微信公众号通过粉丝和朋友圈，将内容多圈层传播。在以社交分发为主的平台上，优质粉丝异常重要，他们决定了内容的原始引爆点。粉丝越多，黏性越大，在社交平台分发的内容传播量越大。

内容创作者在以社交分发为主的平台上，需要特别关注标题、关键意见领袖和积累核心粉丝这三点。

2）以算法分发为主

有一类平台，它们不依赖粉丝或社交，而是以算法为主进行内容分发，如今日头条、淘宝头条、大鱼号、企鹅号、百家号等平台。以算法分发为主的平台，分发的核心是文章标签、账户标签及用户标签。文章标签就是创作者的文章归属于哪个领域，是机器智能判定的结果；账户标签即创作者的账号归属于哪个领域，是机器根据创作者以往的内容进行分析和判定的；用户标签即用户喜欢看哪种类型的文章，是机器根据大数据及用户阅读行为而评判的。

3.3.4 内容电商的销售转化

内容电商的出现，为许多企业带来新的发展机遇。前面讲述了内容电商是以消费者为中心，以触发情感共鸣的内容作为原动力。通过优化内容创作、内容传播和销售转化机制来实现内容和商品同步流通与转化，从而提高营销效率的一种新型电商模式。那么，转化机制设计的原则有哪些？如何设定系统完整的转化机制呢？

1. 转化机制设计原则

机制原指有机体的构造、功能及其相互关系，在社会学中可以表述为"在正视事物各个部分存在的前提下，协调各个部分之间的关系以更好地发挥作用的具体运行方式"。内容电商的销售转化机制是指通过审视内容生产、用户运营和产品供应等各个环节的存在现状，协调它们之间的关系，以更好地实现产品的销售转化。

内容电商通过优质内容切入，能够降低渠道成本，更好地挖掘用户需求，与用户之间建立信任，并能增加用户黏性，最终实现销售转化。在设定内容电商的销售转化机制时应该遵循如图 3-6 所示的三条原则。

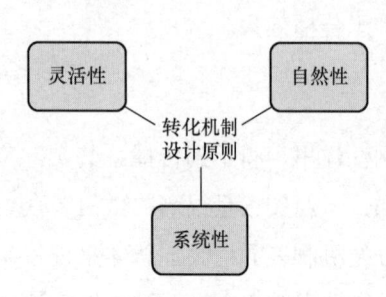

图 3-6　内容电商的销售转化原则

1）自然性

在内容电商场景下，当用户看到某个拥有百万粉丝的微信公众号推送的一篇文章，其中有推荐的空气净化器产品购买信息时。用户只会关注产品所提供的功能以及自己是否需要这款空气净化器。此时用户在意的是产品本身的品质，使用体验以及价格能不能接受。一种可能的结果是，用户看到的空气净化器实际上比普通的空气净化器要贵很多，但是由于缺乏对比，用户最后依旧会购买。

内容电商只是为用户提供当前需要选择的产品和自己所处现状的不同，重点阐述当用户拥有了此款产品之后的生活会有什么不同，让用户感觉自己购买之后生活质量会有较大的提升；对于交易型电商而言，用户会更加注重理性对比，如产品的价格、功能、性价比、销售量、好评率等多方面的因素。对比两种不同场景下的购物体验，显然内容电商的效果更好。如用户在网上看到许多小视频或微信公众号里的文章，往往会自然地呈现商家想要销售的产品。

2）系统性

内容电商依靠传递内容完成商品和服务的提供，并促成销售转化，其背后需要系统性的转化机制设计。首先要将生产和传播的内容分层，即有些内容负责引流，有些内容负责用户留存，有些内容则负责变现；其次是要进行全网多渠道覆盖用户场景，创造连接，完成与用户之间的直接交流，提升购物体验。

内容电商转化机制是系统性的，不同的内容、渠道、交互方式，每一步负责什么，都有明确的目标和分工。其转化机制的设计遵循了系统性原则，要求对内容的生产进行分层，对传播渠道进行分类。

3）灵活性

创作高质量的内容是为了让用户长期跟随，在内容中穿插或者植入商品信息，或者直接将商品内容化，目的是实现转化。许多内容电商经营者单纯地在文章的末尾展示购买信息，这种转化点设计太过单一。实际上，当用户在阅读文章、观看视频或直播的时候会有一些情绪变化点，如果内容生产者能够把握住这个点，在内容的周围设置购买入口，将能更好地实现销售转化。例如，将文字或图片设置成超链接或二维码，直接链接到网上商城的商品购买页，点击即可完成购买，或者在用户日常会使用到的工具或能够看到的地方放置购买入口，都能很好地完成销售转化。需要特别注意的是，用户的消费情绪会随着内容的变化而波动，创作者需要抓住时机，在关键时刻灵活推送购买链接。

2．如何设计完整的转化机制

一个良好的转化机制设计离不开对原则的遵循。转化机制设计的自然性能够很好地提升用户的购物体验，增强用户黏性；转化机制设计的系统性能够让运营者从整体上把握整个内容电商的运行，多场景、多触点地接触用户，发挥一加一大于二的系统效应，提高用户购买的概率，保证销售额；而转化机制设计的灵活性原则，则是指能够根据不同的场景、内容和产品，设置不同的转化点，使内容电商运营保持生命力。那么具体该如何设定完整的转化机制呢？总体来看，完整的转化机制的设定包括以下几个要素。（如图3-7所示）

图 3-7 转化机制设计要素

1）营造转化场景

用户在阅读内容和产品使用两个维度都存在特定的场景，在设计转化机制时需要认真分析这两个场景。首先是要迎合阅读内容的场景。例如，有些内容电商运营者的用户几乎在任何场景都会使用微信，如在地铁排队时打开订阅的公众号查看今天推送的消息；或在等候取餐时阅读公众号文章，而有些用户则喜欢利用碎片化时间来阅读娱乐内容，他们会在等候吃饭时打开某网红推送的当日娱乐视频开心一下，或者是在公交车上听音乐。这些都是用户的内容阅读场景。在进行内容创作时要尽量短小精练，以满足碎片化阅读需求，在分发时要考虑用户的平台使用偏好，恰当迎合用户的阅读场景。

其次是明示和强化产品的使用场景，即在内容电商运营者准备销售一款产品时，需要考虑用户在什么场合会用到它。因此，内容电商转化机制设定的要素之一就是根据用户阅读场景来营造产品的使用场景，这样的内容触达用户的概率更大，销售转化效果更好，并且在顺畅的内容阅读过程中为顾客提供良好的购物体验。

2）设计原创贴合内容

在今天快节奏的时代，各种信息知识内容泛滥，但人们渴求新颖、原创的内容，期待在适当的时刻发现有价值的信息。例如，现今火爆的"暴走漫画"正是抓住人们生活节奏快、压力大的特点，推出搞笑的娱乐漫画。暴走漫画在积累一大批粉丝后，通过原创内容与脉动品牌合作，成功实现了内容电商的销售转化。分析这次转化机制可以发现，暴走漫画贴合脉动的品牌特色，通过原创内容强化暴走漫画的动态感，提高了脉动天猫旗舰店的销量转化率。所以，内容电商经营者除了需要营造转化场景外，还要修炼内功，贴合产品特色与使用场景生产优质的原创内容，使二者相互匹配，以助推转化。

3）引发粉丝共鸣

母婴产品的安全性、实用性是很多母亲特别关注的，所以用户在购买该类产品之前，都会查看大量相关的信息。"蜜芽圈"平台内有很多家长购买产品之后的晒图，分享使用体会与经验，这给其他家长提供了一定的参考建议。除此之外，"蜜芽圈"平台还邀请了专门的母婴达人分享优质的内容，包括各种育儿产品、知识等，这些优质的原创内容能够吸引用户，引发平台粉丝的共鸣，通过口碑传播增加用户数量和黏性。

由此可见，转化机制的设计除了要做好场景营造、原创内容设计之外，还要引发粉丝共鸣，这样不仅能够留住用户，还能契合他们的情感与思想。

4）暗示购物需求

内容电商销售转化机制的设定遵循规范的流程，前期的营造场景、设计原创内容和引发共鸣，都是为了最后的销售转化。在引发共鸣之后，需要暗示购物需求，去刺激消费者的心理，让用户产生购买欲望。

例如，在一篇题为"一看你的办公桌我就知道你升不了职"的文章中，分别推销了某品牌的方格笔记本、电脑支架、挂耳咖啡三种产品。首先在提到方格笔记本时，强调聪明的人都会使用方格笔记本，因为这种笔记本都是横竖线设计，无论是画图还是画表都很便捷，并重点提到即便是复杂的问题，通过这种笔记本也能很好地记录，还能提升逻辑思维能力，暗示用户产生此类需求。随后提到电脑支架，指出当前的一个现状，很多人坐姿不标准、弯腰驼背，大部分人意识不到这个问题，然后将话题转移到电脑屏幕难以和视线保持同一高度，以此暗示购物需求：若存在弯腰驼背问题或者担心出现这种状况，就应该使用这款产品。

5）提供购买渠道

内容电商跟传统电商一样，也需要盈利才能持续健康地发展，而且其销售转化率往往更高，这与内容电商具备完整的销售转化机制密不可分。除了前期的场景营造、原创内容设计、引发粉丝共鸣以及购物需求暗示外，完整的销售转化机制还缺少最后一个环节——提供购买渠道。提供购买渠道首先需要了解有哪些购买渠道，如天猫、淘宝、微店、京东或者其他购物平台。

如果用户主要活跃在微信平台，建议使用微店或者京东平台；如果用户主要活跃在微博平台，建议使用阿里系的电商平台。购物渠道往往以商品购买页面的超链接或者二维码呈现，后者的使用更为流行和普遍。如果用户来自各类头条等内容平台，可以根据这些平台的规则提供超链接或二维码。

3.3.5　内容电商的销售承接平台

设计好内容电商的转化机制后，就要搭建统一的销售承接平台。搭建这样一个平台的原因主要有以下几点。

首先，提高内容生产效率。通过团队的协作分工，可以更好地明确内容生产的目的以及所对应的销售商品，从而保证后续运作协调高效。有了销售承接平台，也就意味着每条内容所带来的销售订单来源、阅读量和转化率均可以统计和量化，这样能促使团队成员更好地明确自己的职责。对于内容负责人，他们能够更好地规划整体布局，设计好内容生产流程，保证各个环节依次地展开，从而提高内容生产的效率；对于内容运营人，有了销售承接平台之后，他们能明确自己的推广渠道布局，清晰设计暗示购物需求的内容，提供购买的渠道等；对于内容包装者而言，通过搭建统一的销售承接平台，能够给他们明确的包装导向，更好地促进销售；对于用户而言，统一的销售承接平台能够更好地提升他们的购物体验，保障他们的售后服务等方方面面的权益。

其次，保证内容生产质量。搭建统一的销售承接平台，能够让内容生产有明确的导向，确切地说能够通过对内容生产标准和销售结果的评价，来判断哪些指标会对用户的阅读、分享以及购买产生积极影响，哪些指标可以产生长期影响，哪些指标可以产生短期影响等等。这样可以为内容生产质量的不断提升提供数据决策支持。

最后，保证销售转化率。内容电商的销售转化有其内在的运行机制。内容电商运营者通过持续创作优质的内容吸引新用户，以达到引流的目的。新用户进来后，运营者通过内容和用户的运营，促使用户养成阅读习惯，也就是说利用互动内容沉淀用户，实现用户留存。在实现用户引流和留存的过程后，内容电商运营的最后一个关键环节——销售变现就得跟上。在信息分发的同时，统筹铺设各种销售入口，完成商品的同步分发，实现流量入口、销售承接与转化的无缝衔接，使用户即看即买，将注意力和购买意向迅速转化为购买行动。要实现较高的销售转化率，需要内容电商运营者搭建统一的销售承接平台来承接来自各个媒体平台的用户流量。搭建统一的销售承接平台能够缩短销售转化路径，改变用户长时间、长路径搜寻状态，简化烦琐的过程，实现内容分发与销售通路一体化，达成与用户的"一次相遇，多重任务"，提高转化效率。

搭建内容电商统一的销售承接平台，其目的是在内容分发到全网域多场景后，为用户提供统一的销售转化承接入口，统一汇集意向订单，缩短销售转化路径，减少目标用户流转的损耗，如图3-8所示。

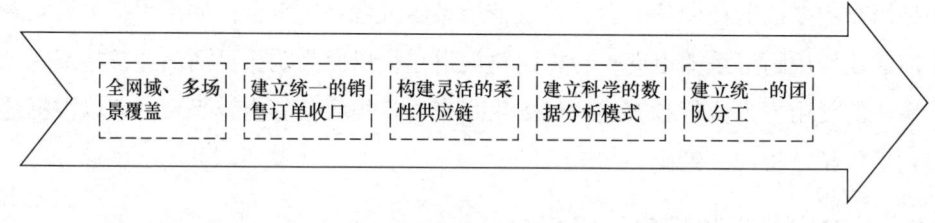

图3-8 销售承接平台要素

1）全网域、多场景覆盖

除去睡觉等无意识的时间段，用户其他时间段都生活在特定的场景下，场景覆盖着用户的生活范围。在这些生活范围中，用户所有的购买行为也都是在这些场景下发生的。品牌想要实现其价值，就必须依托特定的场景，对于内容电商的销售转化来讲，构造特定场景以引起和刺激用户购买欲望，就显得尤为重要，例如毕业、职场、交友、兴趣、婚恋、购房、旅行、育儿、投资理财等场景。因此在搭建统一的销售承接平台时，首先需要基于现有的技术，通过互联网和移动端搭建虚拟的场景或者借用真实的场景进行销售转化准备，充分利用上述所提到的生活场景。

2）建立统一的销售订单收口

为了能够更好地缩短销售转化路径，减少目标用户流转损耗，在实现智能化场景覆盖后，即可以建立统一的销售订单收口，同时分发营销物料、商品入口，承接商品链接、咨询链接、服务入口等。另外，通过销售订单收口，有利于聚合潜在客户的转化及意向数据，实现贯通式的销售转化数据管理,发挥更大的应用价值,从而更好地汇集用户订单,进一步实现销售转化。

3)构建灵活的柔性供应链

内容的吸引力聚集了粉丝,内容运营的高效和质量留住了粉丝,积累了数据,给产品开发提供了参考;内容推广的成效,成功地吸引了更多粉丝;合适的产品选择,成功地实现了销售转化。有时内容电商的产品销售会突然火爆或降温,爆发和降温往往瞬间发生,此时产品供应的柔性化就显得尤为重要。

构建灵活的柔性供应链,首先要关注产品质量,与不同的品牌商合作,寻找优质稳定的货源,以便能够灵活地提供令用户满意的商品;其次应完善渠道销售模式,即选择是自建网站销售还是采取和第三方合作,或者是二者结合,这都需要根据公司的资金和实力灵活决策;最后是物流效率,内容电商销售的产品是需要通过物流配送至消费者手中的,物流的速度和质量将影响用户的购物体验,对此,内容电商运营者应该考虑与优质的第三方物流合作或者筹备资金建立自己的物流体系。

4)建立科学的数据分析模式

无论是互联网还是移动互联网时代,数据都尤为重要。前期的统一销售收口平台能够汇集意向用户订单,为此需要建立科学的数据分析模式,例如,通过不同场景数据分类比较,发现数据背后所隐藏的场景匹配规律;又如可以依据数据分析来确定场景来源、产品偏好、内容偏好、潜在客户标签管理、销售转化追踪、渠道分发效率等。

5)建立统一的团队分工

统一销售承接平台的搭建和运营并非一人之力可完成,整个内容电商运营团队需明确分工:有人负责内容生产,有人负责内容运营,有人负责内容推广,有人负责产品供应把控,有人负责用户购买体验优化,有人负责用户售后。在具体的组建上,团队可以依据自身的实际情况来组建。但是需要明确一点,在组建之后,一定要明确分工,每个环节的数据可追溯,这样可以保证内容生产的质量、保障内容运营的高效以及实现较高的销售转化率。

3.4 内容电商运营中的问题与挑战

内容电商不仅仅依靠商品本身的吸引力,而是通过优质内容的传播来影响消费者的购买决策。尽管这一模式展现了强大的潜力,但在发展过程中也面临着诸多问题与挑战。本文将详细阐述这些挑战,并提出相应的应对策略。

1. 内容创作的质量与多样性

挑战:高质量的内容创作需要创作者具备一定的专业知识、创意和写作能力,这对普通卖家来说是一个较高的门槛。许多商家缺乏专业的内容创作团队,导致内容质量参差不齐。

应对策略:企业应投资内容创作团队建设,或寻求与专业内容创作者及机构合作。此外,通过结合用户生成内容（UGC）和品牌故事,既能丰富内容的多样性,又能提升内容的真实感和用户参与度。

2. 内容与商品的匹配度

挑战：确保内容与所推广的商品高度相关,以引导消费者产生购买行为是一大难点。部分商家在推广过程中忽视了内容与商品的匹配度,导致推广效果不佳。

应对策略：在内容创作初期,企业应开展详细的商品分析和用户需求调研,确保内容紧密围绕商品的特点和优势。同时,运用数据分析工具,实时监测内容与商品的匹配效果,及时调整内容策略。

3. 用户信任的建立与维护

挑战：内容电商需要通过真实、有用的内容来建立用户信任,但过度的商业化可能会引发用户对内容真实性的质疑。虚假信息和夸大宣传会严重损害用户对平台及品牌的信任度。

应对策略：企业应坚持真实透明的内容创作原则,杜绝夸大和虚假宣传。同时,积极与用户互动,倾听用户反馈,及时回应用户疑问和投诉,以此建立并维护用户的信任。

4. 流量获取与转化

挑战：在流量竞争激烈的背景下,如何有效获取流量并实现高效转化是内容电商面临的一大挑战。当前面临流量获取成本高,转化率低,投入产出比不理想等问题。

应对策略：企业应优化 SEO 策略,提高内容在搜索引擎中的排名；同时,借助社交媒体与网红合作营销等方式,增加内容的曝光率和传播范围。此外,运用精准营销和个性化推荐技术,匹配用户需求,提高流量的转化率。

5. 技术与数据分析

挑战：内容电商需要借助大数据和人工智能技术来分析用户行为,优化内容推荐和营销策略。许多企业缺乏技术能力和数据分析能力,难以精准把握用户需求并实施有效的内容营销。

应对策略：企业应加大技术投入,引进和培养数据分析和 AI 技术人才。同时,选择适合自身业务需求的技术解决方案,提升数据分析能力,通过实时监测和动态优化提升内容营销效果。

6. 监管与合规

挑战：随着内容电商的发展,相关的法律法规和行业标准也在不断完善,这要求企业在内容创作和推广过程中应遵守相关规定。不合规的内容会面临监管部门的处罚,影响企业的正常运营和声誉。

应对策略：企业应密切关注和遵守最新的法律法规和行业标准,确保内容创作和推广过程的合规性。同时，应建立内部审核机制，对内容进行严格把关，避免违规风险。

7. 多平台运营

挑战：内容电商往往需要在多个平台上进行运营，每个平台的规则和用户群体有所不同，这增加了运营的复杂性。多平台运营不仅需要投入更多的资源和精力，而且不同平台之间的数据整合和分析也是一大难点。

应对策略：企业应制定多平台运营策略，合理分配资源，确保各平台的内容和营销活动协调一致。同时，利用数据集成工具整合不同平台的数据，实现统一分析和管理，提高运营效率。

8. 持续创新

挑战：在竞争激烈的市场环境下，持续创新是维持竞争力的关键要素。创新需要持续投入，但效果不一定立竿见影，这对企业的资源和战略提出了更高的要求。

应对策略：企业应建立创新机制，鼓励员工提出创意和建议。同时，密切关注市场动态和用户需求的变化，及时调整和优化创新策略，确保企业始终处于行业的前沿。

本章小结

随着互联网技术的飞速发展和消费者行为的不断变化，传统的电商模式已无法完全满足市场需求，内容电商应运而生。它通过结合优质内容与商品销售，为消费者提供更加丰富、个性化的购物体验。本章详细阐述了内容电商的概念和特征，指出其与传统电商的根本区别在于内容的创造和传播。内容电商不仅注重商品的销售，更重视通过内容吸引和留住用户，从而实现品牌与用户的深度互动和长期关系的建立。

在运作模式方面，本章系统分析了内容电商的运作模式和运营的各个环节。内容电商的运作模式包括与电商平台结合的模式，以及与 PGC 结合的模式。内容电商的运营环境包括产品选择、内容的策划制作、内容分发传播、平台选择与运营等。内容策划是内容电商的核心，需要根据目标用户的需求和兴趣，制定出具有吸引力的内容主题和形式。通过本章的学习，我们可以深入理解内容电商的内在逻辑和运作机制，掌握其核心要素和关键环节，为在内容电商领域取得成功奠定坚实的基础。

思考题

1. 内容电商跟传统电商的区别是什么？试列举你在现实生活中见过的内容电商例子，并分析你购买时的内心感受。

2. 基于 UGC 的内容电商模式中，内容变现有很大一部分还是靠广告实现的，这种广告算是内容电商的"内容"范畴吗？谈谈你的看法。

3. 有人说"优质的 PGC 本质上是一个社群，它就像一个棉花糖，内容是中间的那根竹签，粉丝是外面包裹的那层糖，如果没有竹签，糖就没有依附的东西，就无法聚拢，如果没有粉丝，竹签就只能是一根竹签。"你同意这个比喻吗？谈谈你的想法。

4. 自创品牌无疑是灵活性和自由度最大的一种选品方式，但它也有许多制约条件，请结合实例谈谈内容电商经营者在满足哪些条件时可以考虑自创品牌。

5. 许多内容电商运营者在选品之前，都会让选品专家亲自把关。在亲自使用和体验产品并将体验的过程创作成内容。为什么要这么做呢？结合用户心智暗门的内容谈谈你的观点。

6. 研究三款让你快速下单的内容电商产品，分析其图片、文章结构、排版形式、引导话术等，并将其收集在你的图片库和内容库中。

7. 查询资料，总结"papi 酱"成为超级 IP 的缘由，试着从上一小节讲述的三个方面进行分析和阐释。

本章案例分析

故宫淘宝：传统文化与新媒体电商的卓越碰撞

故宫博物院是我国最大的古代艺术博物馆，位于北京紫禁城内。作为传统博物馆，它却在 2015 年成为备受瞩目的"网红"，做电商获得了巨大的成功与关注。

故宫淘宝是故宫文化服务中心授权运营的淘宝网店，目前店铺粉丝数超过 200 万人，产品包括故宫娃娃、生活产品、文房书籍等故宫周边产品，曾创下 8 小时内售出 1.6 万单的纪录，并多次登上微博热搜。故宫淘宝以"软萌"的形象刷屏朋友圈，颠覆了用户对传统皇家风范的认知，吸引了大批年轻用户。据统计，截至 2015 年年底，故宫博物院共计研发文化创意产品 8683 种，其中在 2013—2015 年期间，故宫博物院研发的文化创意产品累计达 1273 种。故宫的文化创意产品销售额也从 2013 年的 6 亿元增长到 2015 年的近 10 亿元。

（一）故宫淘宝的产品选择

互联网活跃用户大部分集中在"80 后"和"90 后"群体，故宫淘宝便以严肃与活泼并存的风格，紧紧抓住这部分群体，并匹配相应的故宫周边衍生品。故宫选品方式大多采用供应商外包模式，即由故宫博物院相关部门提出文化创意产品需求，产品设计由社会上的合作单位完成。除了外包的工作模式外，故宫还对合作经营单位进行考察并打分，根据结果择优选择，实行"末位淘汰制"，适时淘汰不达标的供应商。目前，为故宫博物院提供文化创意产品设计和加工的企业已达 60 余家。

据故宫博物院相关负责人介绍，故宫每款文化创意产品的研发周期都在8个月左右，故宫都是自己找大企业合作，从创意到产品，每个环节都亲力亲为、严格把控，且每个项目至少都有两个专家作为顾问，如此确保了故宫产品的"三高一低"——高毛利率、高相关性、高内容性及低曝光度。故宫减少中间商环节，并与供应商建立长期合作机制，确保了产品的高毛利率；产品都以故宫为主题，并由专家顾问审查，确保了产品的高相关性；故宫负责人根据用户调查数据提出产品需求，确保了高内容性；由于独立研发及严格把控，确保了产品的低曝光度，满足了用户的个性化需求。

（二）故宫淘宝的内容策划

故宫淘宝在内容策划时，确保内容具备吸引、认知、转化三要素，提升了内容转化效果。例如，"简直看不下去各种玛丽苏！明明她才是帝王们的心头肉！"给用户制造"谁才是帝王们的心头肉"的悬念，激发用户好奇心，达到吸引用户的效果；内容中引用了《荀子》《史记》《汉书》的语句作为论证，提升了说服力，增强了认知效果；内容推出了以神兽为原型的手绘台历，仅售66元且具备稀缺性，且文末直接给出购买二维码，缩短了付费路径，达到了高效转化的效果。

（三）内容创作与传播

故宫淘宝官方微博除"卖萌"外，还布局了微信公众号、H5、纪录片、表情包等，进行了一系列事件营销，提升了品牌曝光度，扩大了传播范围。故宫淘宝所创作的内容满足内容传播四要素——故事、情绪、关联和价值。例如，"朕是如何把天聊死的！"文章讲述了雍正帝话痨及怼臣子的各种故事，增强了文章的可读性。文章列举了雍正帝怼臣子的各种"段子"，渲染了幽默的气氛，使用户忍不住转发给好友。此外，文中推出了皇帝御批钥匙扣，与用户日常表达个人观点与喜好的场景关联——钥匙扣上印有一句皇上的话，可以用此代表用户当前的态度，让用户不失幽默地回复他人，具有缓解气氛、幽默礼貌的实用价值。此篇内容在微信公众号的阅读量超过10万，钥匙扣的转化效果也不错。

（四）销售转化

故宫淘宝内容电商已实现全网多渠道覆盖，如微信公众号、淘宝和新浪微博等。故宫淘宝将多渠道资源都引流至淘宝，建立统一的销售订单收口和销售平台，便于利用数据分析工具掌握用户需求，从而生产更多个性化、多元化的产品。

资料来源：陈道志、哈默，《内容电商》，人民邮电出版社，2018。

第 4 章

社交电商

本章学习目标：
- 了解社交电商的基本特征与发展历程；
- 理解社交电商的运作模式与运营策略；
- 了解社交电商发展中的问题与挑战。

开篇案例

星巴克的社交电商革命：星咖号引领个性化咖啡新潮流

星巴克这家源自美国华盛顿州西雅图的咖啡巨头，自 1999 年踏入中国市场以来，星巴克已在中国 250 多个城市中开设了约 6500 家门店，并拥有了近 60,000 名忠诚的星巴克伙伴。公司秉持的使命是"在每个人、每杯咖啡、每个社区中激发和培育人文精神"，致力于通过每一杯精心调制的咖啡，传递星巴克独特的咖啡文化和卓越的咖啡体验。2021 年，星巴克推出了创新的"星咖号"功能，该功能在微信小程序和星巴克 App 上同步亮相，标志着星巴克在数字化转型道路上迈出了坚实的一步。

星巴克还将单一线下消费转变为以社交关系为核心的裂变式消费。《社交零售白皮书》数据显示，消费者在购买前后主动裂变的比例高达 77%。星巴克深谙这一点，例如星咖号让亲友之间可以互相了解并分享彼此的咖啡口味和心仪饮品，从而加深情感联系。此外，消费者还能通过生成个性化海报并与"帮 TA 带"功能结合，为朋友点选他们钟爱的饮品，进一步推动社交裂变效应。

基于社交平台的社交电商还有一大核心，就是要抓准种草消费，明星及关键意见领袖（KOL）扮演着重要角色。星咖号还巧妙地利用了种草消费模式，通过明星和关键意见领袖的影响力，推动单品及客制化饮品的销售。消费者可以通过关注这些关键意见领袖一键购买他们推荐的同款饮品，并将这些产品精准推荐给潜在的消费群，形成消费潮流。

星巴克注重社交裂变消费和种草消费，利用亲友分享、生成个性化海报和"帮 TA 带"等功能，推动社交裂变效应和社交电商的结合，为企业带来更多流量和销售机会。通过明星及关键意见领袖的影响力，进一步促进单品及客制化饮品的销售。这些功能不仅提升了消费者的忠诚度和复购率，也为星巴克增加了更多收益。

资料来源：《变着新花样，星巴克"玩转"社交零售》，雪球：零售商业评价。

4.1 社交电商概述

4.1.1 社交电商概念

随着网络信息技术的不断深入发展，传统的社会互动模式已经发生了根本性变革，商业组织模式也随之发生了翻天覆地的变化。互联网经济的迅猛崛起，不仅推动了电子商务的繁荣，还使基于网络的供需对接、社会关系传播以及传统产业的数字化融合成为了新的社会潮流。

2025 年 1 月发布的第 55 次《中国互联网络发展状况统计报告》显示，截至 2024 年 12 月，我国网民规模达 11.08 亿人，较 2023 年 12 月增长 1608 万人；互联网普及率达 78.6%，较 2023 年 12 月提升 1.1 个百分点。其中，即时通信、网络视频、短视频用户规模分别达 10.81 亿人、10.70 亿人和 10.40 亿人，用户使用率分别为 97.6%、96.6% 和 93.8%；网络购物用户规模达 9.74 亿人，较 2023 年 12 月增长 5947 万人，占网民整体的 87.9%。电子商务持续保持稳定发展，为国民经济增添动力，在提升人民生活质量方面发挥着重要作用。与此同时，社交应用与电子商务不断相互融合，社会化电子商务模式作为重要的组成部分，大大拓展了电子商务业务、零售业务的发展方向。同时，移动社交市场发展态势稳健，用户渗透率稳步增长，为社交电商的发展提供了庞大的用户基础。

社交电商最早起源于商业社会实践，该商业模式一经出现即引发了广泛关注，其对于消费的带动力和对流行的影响力在诸多类别的平台中占据重要地位。2013 年，以"微信朋友圈"为首的微商日渐兴起，微商契合移动互联和社群经济的趋势，虽充满活力，但发展乱象丛生，充满挑战。种种乱象行为，致使微商行业发生变革。2015 年社交电商开始走向大众，社交电商的前身就是"微商"。随着移动互联网的普及和消费者购物习惯的变化，社交电商迅速崛起，市场规模不断扩大。

由全球领先的消费者研究与零售监测公司 NIQ-GfK 发布的报告《通往 2025：中国消费者展望》显示，根据 2024 年的数据，约 71% 的消费者会将社交媒体作为了解新产品和服务的主要渠道，约 44% 的消费者会根据社交媒体上的推荐更换品牌。这表明社交媒体对消费者购物兴趣的激发作用依然显著，且社交内容对消费者的购买决策有较强的影响。

社交电商通过结合社交媒体平台的互动性和传播力，改变了传统的购物体验。主要的社交电商平台均通过创新的营销策略和用户参与模式，吸引了大量用户并实现了快速增长，如拼多多在其财报中披露，截至 2024 年 9 月 30 日，拼多多的年度活跃用户数达到了 8.2 亿，较上年同期增长 31%。上述增长是在实体销售停滞不前、线上销售增长放缓，并且随着品牌竞争加剧和市场日趋饱和，获客及留客成本不断飙升的背景下实现的，因此尤为可贵。

学术界和商界在不同的领域、不同的发展阶段对社交电商的概念提出过不同的界定。社交电商在学术界的概念最早可以追溯至 2005 年，由雅虎（Yahoo!）前首席分析师 Paul Gillin 提出。Paul Gillin 在他的著作 *The New Influencers* 中首次将社交电商定义为"利用社交网络和在线媒体来促进电子商务交易和购买决策的过程。"这个定义强调了社交媒体和电子商务的结合，突出了社交互动在购物决策中的重要作用。随着时间的推移，社交电商的定义和实践不断演变。为了给出社交电商的定义并进行分类，我们对学术文献中关于社交电商的定义及讨论进行了梳理，以下是主要的几个分类。

1. 以社交互动为主的定义

一些文献认为社交电商是以社交媒体平台为基础的电子商务模式，强调社交媒体平台、在线社区和社交网络在促进消费者互动和生成内容方面的重要性，从而影响购买决策，以此来达成辅助和促进在线交易。社交电商通过社交网络平台，利用用户之间的社交互动来增加产品的曝光率和销售量。

2. 以平台功能及设计为主的定义

该类型定义认为社交电商是指通过社交媒体环境交付电子商务活动和交易，主要在社交网络中使用 Web2.0 软件，注重用户体验和交互设计，支持社交互动和用户生成的内容，以帮助消费者在在线市场和社区中做出决策并获取产品和服务。

3. 以营销策略与消费者行为为主的定义

以营销策略与消费者行为为中心的定义认为社交电商的发展是源于社交平台（如 Facebook、Twitter）的兴起，强调社交网络服务在在线电商中的重要性。他们将社交电商定义为以社交化媒体作为直接营销的手段，将电子商务平台与社交属性相结合，以促进消费者购买决策或行为的商业模式。其主要特征是在社交媒体上开展各种类型的商业活动，以利用在线社交资本。用户被鼓励与朋友分享产品信息，或通过社交媒体销售产品或服务。消费者也可能咨询其社交社区以获取购买决策的建议。

4. 综合视角的定义

另有一些文献从综合视角提出社交电商的定义。例如，Jascanu 等在研究中指出，电子商务网站提供了大量内容、产品和服务的选择，这影响了传统市场的认知和态度；研究还提到了社交网络服务（Social Network Service，SNS）和社交购物的概念，强调了社交网络在在线商业中的重要性。研究将社交购物描述为结合了社交网络和电子商务的一种方式，其中博客、播客、视频播客、标签和推荐系统将推动电子商务的发展，并强调了用户之间的互动、推荐和情感因素在电子商务中的作用。综合来看，社交电商包括四大核心元素：社交网络、社交平台、用户或消费者、商家与品牌方，它们之间的关系如图 4-1 所示。

这些定义展示了社交电商的不同侧面，从社交互动、平台设计、营销策略到综合视角，反映了其复杂性和多样性。本书对现有的社交电商定义进行了分析与总结，将社会化电子商务（即Social Commerce，又名社交电商）定义为利用社交媒体、社交网络和社交平台作为销售渠道和交流平台，将分享、沟通、讨论等社交元素与电子商务相融合的商业模式，允许人们在已经接触到的电子商务平台或社交媒体平台上购买产品和服务。其核心目标是通过社交化的方式来促进产品或服务的推广和销售。通过社交媒体平台的广泛传播能力和用户之间的互动性，社交电商吸引用户的关注并激发其参与购买的兴趣，使购物更具社交性和参与感。简而言之，社交电商是利用时下流行的社交工具和粉丝互动来辅助商品销售的一种新电子商务模式。

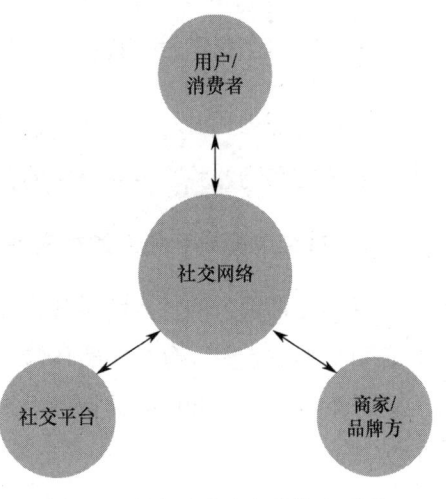

图 4-1 社交电商定义的核心要素

近几年来，社交电商在市场营销活动中日益重要的地位引起了学者们的广泛关注。目前社交电商的研究主要分布在营销学、心理学、计算机科学以及信息系统领域，主要研究方向包括：①用户行为分析，例如社交支持和社交存在如何影响用户对社交商务平台的持续使用意愿，以及社交电商平台中的用户互动行为与社交关系对购买决策的影响；②信任机制与口碑营销，例如社交电商中的信任传递机制、社交网络如何促进用户间的信任建立、社交媒体影响者在口碑营销中的作用及其对消费者购买意愿的影响等；③平台设计与用户体验，例如社交电商平台的界面设计对用户体验的影响，特别关注社交互动功能的设计，以及社交电商平台的功能设计如何影响用户参与度和购买意愿等；④数据分析与个性化推荐，例如设计基于社交网络和用户行为的个性化推荐算法，以提高社交电商平台的推荐准确性，以及利用深度学习技术实现精准的用户画像和商品推荐等；⑤商业模式创新，例如直播电商的运作机制、成功因素及发展前景，社群团购模式在社交电商中的应用，以及其对传统零售业的影响等；⑥跨文化比较研究，例如比较中国、美国、日本、韩国社交电商用户的行为差异、用户接受度和使用模式差异，探讨文化因素对社交电商发展的影响等；⑦社交电商的社会影响，例如社交电商在促进农村经济发展、精准扶贫中的作用以及对青年就业和创业的影响等；⑧隐私与安全问题，例如社交电商中的用户隐私保护、信息安全风险等，探讨如何平衡用户隐私保护和数据共享需求。

值得注意的是，尽管 Paul Gillin 在 2005 年提出了这个概念，但社交电商的实践和发展是一个持续的过程，受到了互联网技术、社交媒体平台和消费者行为变化的影响。如今，社交电商已经成为电子商务领域的一个重要组成部分，为企业和消费者提供了新的互动和交易方式。

4.1.2 社交电商的特点

社交电商作为一种新兴的商业模式，呈现出多方面的特点和优势，这些特点不仅影响着消费者的购物体验，也对商家的营销策略和运营模式提出了新的挑战和机遇。

1．社交电商具有强大的社交性

社交电商最大的特点就是其社交性，消费者在购买商品的同时，也是在进行社交活动。他们可以通过点赞、分享购买体验、评论产品、参加活动等方式，与品牌和其他用户进行互动，参与到品牌和商品的推广中来，从而建立起更加紧密的社交联系，形成一种新的购物方式。

2．社交电商具有互动性

在社交媒体平台中，消费者不再是被动的信息接受者，而是被鼓励积极参与到整个购物流程中。消费者可以通过社交媒体平台主动与商家进行交流和互动，提出自己的需求与建议；商家可以与消费者直接沟通互动，了解他们的需求和反馈。这种互动性不仅增强了消费者与品牌之间的情感联系，也为商家提供了更多了解市场和用户的机会，从而影响甚至改变商品的生产和销售。用户互动参与度的提升，不仅让消费者感到自己的意见和声音受到了重视，也进一步加强了消费者与品牌之间的互动与信任。

3．社交电商具有个性化

社交电商具有个性化特点，这意味着它能够根据每个用户的偏好、兴趣和行为习惯，为其提供定制化的购物体验和个性化服务。通过分析用户的社交行为、购买记录和互动信息，社交电商能够更深入地了解每个用户的兴趣和需求，并基于这些数据为用户推荐符合其偏好的产品或服务，从而提高购物效率和满意度。

4．社交电商由数据驱动

社交电商是一种数据驱动的商业模式。它可通过分析消费者的社交行为与购物数据，了解消费者的需求与喜好，进而制定更有效的营销策略与优惠政策，吸引用户的注意力并激发其购买欲望。

5．社交电商建立了新的信任机制

社交电商通过社交网络建立起一种新的信任机制，社交电商平台上的用户评论、评分和分享等社交信息成为了其他用户参考的重要依据。消费者可以通过查看其他用户的评价和反馈，来判断商品的质量和服务的好坏。当一个产品或服务获得了大量用户的好评和推荐时，其他用户就会更加信任其质量和可靠性。这种社交验证机制有助于消除用户的疑虑和不信任感，增强了购物信心和满意度。同时，商家也可以通过提供优质的商品和服务，来赢得消费者的信任和支持。

6．社交电商具有多样化的流量来源

社交电商通过利用各种社交媒体平台和网络媒介，将商品信息传播给更广泛的用户群体。不同的社交平台拥有不同的用户群体和特点，商家可以根据产品和目标用户选择合适的社交平台进行推广，从而提高品牌曝光度和销售量。例如，通过微信、微博等社交平台进行产品推广和品牌宣传，这些平台的用户在社交媒体上活跃度高，经常浏览、分享和评论各种内容，利用用户的社交网络进行口碑传播。社交电商还可以与网红、达人或 KOL（Key Opinion Leader，关键意见领袖）合作，借助他们的影响力吸引粉丝消费。这些影响力人物拥有庞大的粉丝群体，他们的推荐或背书往往能够带动大量粉丝进行消费。

综上所述，社交电商具有多方面的特点和优势，为消费者提供了更加便捷、有趣和个性化的购物体验，也为商家提供了更多了解用户、推广产品和增加销售的机会。随着社交电商行业的不断发展和完善，相信其在未来将会发挥更加重要的作用，成为电子商务领域的一个重要分支。

4.1.3　社交电商的发展历程

社交电商模式的发展演变历程与社交媒介的普及和演变紧密相连，呈现出波浪式前进的趋势，其发展历程如图 4-2 所示。

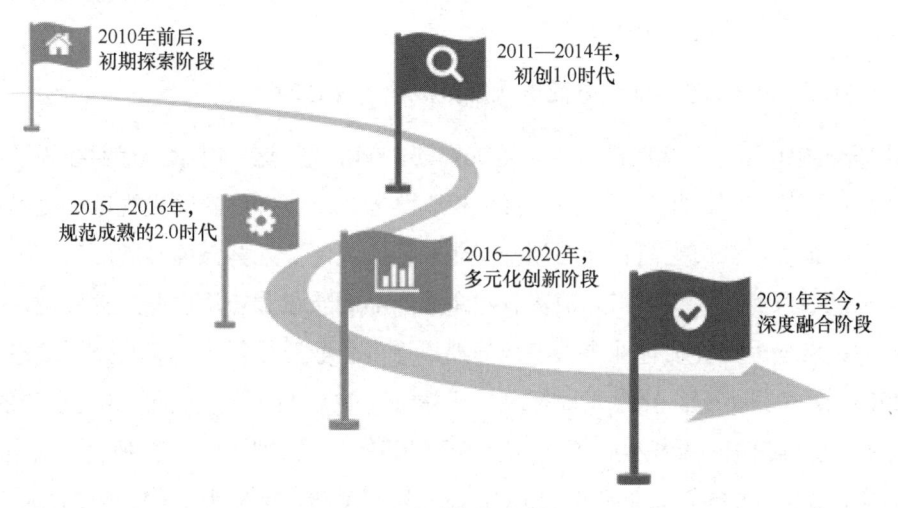

图 4-2　社交电商发展历程

1．2010 年前后，社交电商的初期探索阶段

这一阶段主要特征是社交媒体平台开始尝试整合电子商务功能。Facebook、Twitter 等社交网站率先引入购物功能，但整体仍处于实验阶段。用户主要通过社交平台分享产品信息和购物体验。

2. 2011—2014 年，社交电商的初创 1.0 时代

在国外，随着移动互联网的普及，社交电商开始呈现爆发式增长。以 Pinterest、Instagram 为代表的图片分享平台成为重要的社交购物渠道。在国内，随着本土社交媒体平台的兴起，如 QQ 空间、人人网等，人们开始在这些平台上分享购物心得、晒单和评价商品。这些分享逐渐形成了社交与购物的初步融合。在这一阶段，小众美妆品牌如"美丽说"和"蘑菇街"敏锐地捕捉到这一趋势，它们将社交媒体作为分销渠道，鼓励用户在平台上分享购物体验，并通过推荐机制引导用户进行购买。这种基于用户分享的社交电商模式开始受到关注，并逐渐吸引了更多用户的参与。

微信的崛起显著推动了中国移动互联网时代的进程。腾讯微信团队在 2012 年 4 月 19 日发布的微信 4.0 版本，为社交电商打造了充满机遇的新创业环境。在这个环境中，自主创业者开始崭露头角，如"俏十岁""欧蒂芙"等自有品牌型社交电商（当时被统称为微商）借助移动互联网浪潮实现了快速发展，短时间内创造了众多传统大品牌难以企及的业绩。微信朋友圈成为了个人微商的主要推广渠道，许多人通过发布商品信息、晒单和用户评价等方式进行销售。同时，一些知名化妆品品牌如"韩束""御泥坊"等也加入了微商行列，通过微信等社交媒体平台实现了快速增长。

然而，随着微商迅速崛起，在传统企业和电商领域存在的一系列问题也开始在微信创业领域显现，如假货、价格混乱、谣言等。这些问题不仅影响了微信创业者的声誉，也导致整个社交电商行业的信服度下降。

3. 2015—2016 年，社交电商进入规范成熟的 2.0 时代

2015—2016 年，社交电商进入规范成熟的 2.0 时代。这一时期，行业经历了从快速增长到冷静调整的过程，并逐渐走向规范化和成熟化。2015 年，随着央视等主流媒体对微商乱象的追踪报道，社交电商行业的种种问题被广泛关注。一些微商品牌因盲目扩张、库存积压严重，导致业绩大幅下滑。消费者对微商产品的质量和售后服务产生质疑，行业信誉受到挑战。这些因素促使行业进入了冷静期，许多企业开始反思和调整发展策略。

2015 年 11 月 6 日，国家工商行政管理总局发布了《关于加强网络市场监管的意见》。该《意见》明确指出，要积极开展网络市场监管机制建设前瞻性研究。研究社交电商、跨境电子商务、团购、O2O 等商业模式、新型业态的发展变化，针对性提出依法监管的措施办法。此举标志着政府开始重视并规范社交电商行业的发展，推动其向健康、有序的方向发展。随着监管政策的出台和执行，社交电商企业逐步调整经营模式，加强自律，提升服务质量和用户体验。许多企业开始注重品牌建设，完善供应链管理，提升产品质量，积极应对市场变化和监管要求。社交电商行业由此迈向规范化发展的新阶段，进入了更加成熟的 2.0 时代。

在其后的发展过程中，对社交电商的规范也在不断完善。2018 年 8 月 31 日，中华人民共和国第十三届全国人民代表大会常务委员会第五次会议表决通过了《中华人民共和国电子

商务法》，并确定自 2019 年 1 月 1 日起正式施行。相关法律法规的出台、行业组织的成立、高规格论坛的举办为社交电商正名，大大促进社交电商的规范和健康发展，帮助社交电商走得更远更久。国家社交电商规范对行业的健康有序发展大有裨益，规范后的社交电商实名制和纳税将成为必然。社交电商纳税一方面可以为国家、社会作出贡献，另一方面也会促进其正规化，并加剧行业竞争。

4. 2016—2020 年，社交电商进入多元化创新阶段

社交电商模式开始多元化发展。一些社交电商平台如"拼多多"也迅速崛起，它们通过低价团购、分享助力等模式吸引了大量用户，迅速占领了市场份额。这一阶段的社交电商行业充满了活力与创新。同时，传统企业开始大规模进入社交电商领域，如"淘宝""京东"等传统电商平台也开始加强社交元素，推出社交电商板块，通过引入优质内容和用户分享等方式提升购物体验。此外，一些新兴的社交电商平台如"小红书"等也开始崭露头角，以独特的内容形式和用户社区吸引了大量用户，成为了社交电商领域的新生力量。这一阶段的社交电商行业逐渐走向成熟和稳定，开始注重用户体验和品牌建设。

同时，直播电商、社群电商等新兴模式兴起。微信小程序等工具的出现为社交电商提供了新的技术支持。跨境社交电商也在这一阶段快速发展，如 TikTok Shop 的兴起。

5. 2021 年至今，社交电商进入深度融合阶段

自 2021 年以来，社交功能与电商平台的深度融合达到了新的高度。传统电商平台不断加强其社交属性，通过引入更多社交互动功能，如直播带货、用户评价分享和社交圈子等，来增强用户黏性和互动体验。与此同时，社交平台则进一步完善其电商功能，推出一系列购物小程序、店铺功能和支付系统，提供更加便捷的一站式购物体验。

在这一阶段，人工智能和大数据技术在社交电商中的应用变得更加广泛和深入。通过分析用户行为和偏好，社交电商平台能够提供更加个性化的推荐和精准的营销策略。这不仅提升了用户的购物体验，也显著提高了平台的转化率和销售额。智能客服、图像识别和自然语言处理等技术的应用，进一步优化了用户与平台的互动方式，提升了整体服务水平。

此外，社交电商的应用范围也在不断扩展。在农村电商和扶贫等领域，社交电商发挥了重要作用。通过直播带货、村淘等形式，农产品得以直接面对消费者，减少了中间环节，提升了农民收入。同时，社交电商平台积极参与扶贫项目，帮助贫困地区推广特色产品，促进当地经济发展。这些举措不仅体现了社交电商的商业价值，也彰显了其社会责任和公益精神。

总的来说，2021 年至今的深度融合阶段，社交电商不仅在技术和功能上不断创新，也在商业模式和社会影响力方面取得了显著进展。这一阶段的社交电商正朝着更加智能化、多元化和社会化的方向发展，为用户和社会带来更多的价值和可能性。

未来，社交电商将迎来更加多元化和创新性的变革，可能会向以下几个方向发展。

（1）虚拟现实（VR）和增强现实（AR）技术的应用。社交电商将充分利用虚拟现实和

增强现实技术，为用户提供更沉浸式的购物体验。通过 VR 技术，消费者可以"走进"虚拟商店，360 度全方位查看商品，体验如同在实体店购物般的感觉。AR 技术则可以让用户在购买前"试穿"衣服、"试戴"配饰，甚至"试用"家居产品，极大地提升了购物的直观性和互动性。这些技术的应用不仅增强了用户体验，也有助于提高购买决策的效率和准确性。

（2）区块链技术在社交电商中的应用。随着区块链技术的普及，社交电商将逐步采用这一技术来增强交易的安全性和透明度。区块链的去中心化和不可篡改特性，可以有效防止欺诈和数据泄露，保障用户的交易安全。此外，通过智能合约，交易过程将更加自动化和高效，减少了中间环节，降低了交易成本，提升了信任度。

（3）跨平台和跨境社交电商的进一步发展。社交电商将进一步打破地域和平台的限制，实现跨平台、跨境的无缝购物体验。全球化的趋势促使更多社交电商平台开拓国际市场，通过与海外社交媒体及电商平台的合作，扩大产品的销售范围。同时，多平台的整合也将使用户可以在不同的社交媒体上享受一致的购物体验，无论是通过社交网络、即时通信应用还是视频分享平台，都能便捷地完成购买。

（4）更加注重用户隐私保护和数据安全。随着数据隐私和安全问题的日益凸显，未来社交电商将更加注重用户隐私保护和数据安全。平台将采取更严格的隐私政策和安全措施，确保用户数据的安全存储和传输。同时，通过透明的数据使用声明和用户权限控制，增强用户对平台的信任感。此外，采用先进的数据加密技术和用户身份验证手段，将进一步提升平台的安全性，保护用户的隐私。

综上所述，未来社交电商的发展将围绕技术创新、全球化拓展和用户信任三个核心领域展开。这些趋势不仅将为消费者带来更加丰富、安全的购物体验，也将为社交电商行业开辟更广阔的发展前景。

4.2 社交电商模式分析

伴随移动设备、社交媒体以及物流运输的广泛覆盖，社交电商也逐渐进入成熟稳定阶段，其模式可以分为社交内容电商、社交零售电商、社交分享电商三大类别。

4.2.1 社交内容电商

社交内容电商是一种将内容创作与电子商务紧密结合的商业模式。它通过社交平台上的内容（如文章、视频、直播等）吸引用户，并通过内容中的推荐和链接，直接引导用户进行购物。社交内容电商不仅仅是一个销售渠道，它还是一种营销策略，通过高质量的内容增加用户黏性和信任，从而促进商品销售。社交内容电商可以理解为"社交+内容+电商"，也就是说用户可以一边追星，一边看有趣的内容，一边就把喜欢的东西买到手。用户的整个购物流程可谓水到渠成，不知不觉就买了很多商品。跟着网红、明星们"买买买"，已经成为很多人习以为常的购物模式。社交内容电商具有内容驱动、互动性强、精准营销、多渠道融合等特点，拥有增强用户黏性、提升信任度、降低推广成本、变现途径多样化等优势。

该模式下，平台依托优质内容引导价值观型消费决策，按照平台商品是否自营可以分为两类：

第一类为闭环型电商，即在平台内完成从发现到支付下单的购买流程，平台的盈利构成包括商家的平台入驻费、服务费、广告营销收入和商品销售收入。代表性平台有国内的小红书、每日一淘，以及海外的TikTok（抖音国际版）、Facebook等。

对于社交平台而言，构建专属的电商生态体系无疑具有显著的优势。对于广大消费者而言，这一变革将带来更加便捷、高效的购物体验，简化购买流程，提升购物效率。

然而，对于品牌和商家而言，这一转变可能带来一系列的挑战。首先，他们可能会面临流量下滑的问题，因为用户可能更倾向于在社交平台直接完成购买，而不再跳转到其他电商平台。其次，转化率降低也是一个潜在的风险，因为用户在社交平台上的购买决策可能受多种因素的影响，如内容质量和社交互动等。更为关键的是，品牌和商家在社交平台全闭环中获得的用户数据将大幅减少。在传统的电商模式下，商家可以通过收集和分析用户的购物行为、偏好等数据来优化营销策略，提高转化率。但在社交平台全闭环中，由于用户数据的共享和隐私保护等方面的限制，商家能够获取的用户数据将受到限制，这无疑会对他们的营销策略产生重大影响。

第二类为导流型电商，主要通过内容运营引流、留存并导向第三方平台或商家，从而实现变现。其盈利来源相较于闭环型电商较少，主要来自销售返佣和广告营销收入。"什么值得买"是导流型电商的代表性平台。考虑到其在用户流量及黏性上的搭建能力均远弱于闭环型电商，因此多数社交内容电商都选择向"半闭环型"或"闭环型"平台发展。

4.2.2 社交零售电商

基于社交场景搭建的线上零售平台，通过互联网技术升级传统渠道管理体系，提升了渠道运营效率。个人店主主要负责流量获取和分销，商品供应链及售后服务由平台上游来分担。其特点是零售去中心化，且强调以个人为渠道。

电商依托零售渠道积累用户存量，再通过社交社群进行存量分渠道精细化管理及新流量引入。按照传统电商的发展模式，可以分为以下几类。

1. B2C 型

B2C（Business to Consumer，企业对消费者）指企业直接向消费者销售产品或服务。这种模式允许消费者通过互联网或移动设备直接从企业购买商品或服务，其核心是将商品或服务直接销售给最终消费者，省去中间商环节，降低成本，提高效率。消费者可以在平台上进行分享、评论、点赞等社交行为，形成口碑效应，促进商品销售。通过收集和分析消费者的购物行为、偏好等数据，B2C 平台新建社交型零售购物渠道，为消费者提供个性化商品推荐、社区集群、用户好物分享及拼团，进而提升购物体验和满意度。代表性的平台有亚马逊、京东京喜、苏宁易购等，具体模式如图 4-3 所示。

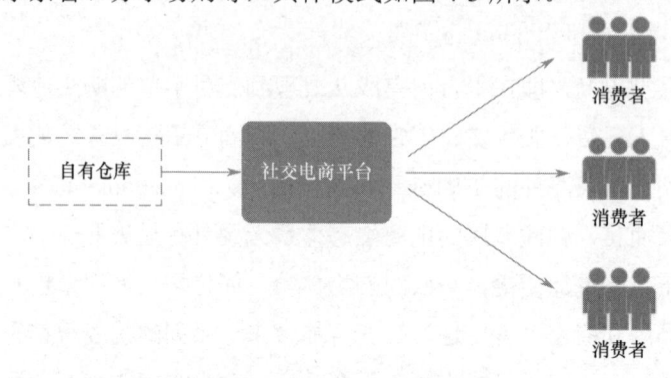

图 4-3　B2C 型社交电商模式

2. S2B2C 供应链模式

通过线上线下融合以及供应链整合，提供综合的购物体验和优质的商品服务。这是一种将供货商赋能于渠道商，并共同服务顾客的全新电子商务营销模式。简单地说，就是分销平台（S）通过降低门槛，为（B）店主提供零成本开店的机会，进而通过（B）店主将商品销售给（C）端消费者。这一模式被阿里巴巴首席顾问称为未来几年可能取代 B2C 电商的全新模式，也是智能商业时代第一个突破性的创新模式。通过（S）供应链平台赋能（B）经销商共同服务（C）客户，既能为（S）平台降低成本、为（B）商家提高收益、同时为（C）消费者创造良好购物体验，从而帮助企业实现差异化的销售增长。代表性平台有爱库存、淘小铺、云集微店等，具体 S2B2C 供应链模式如图 4-4 所示。

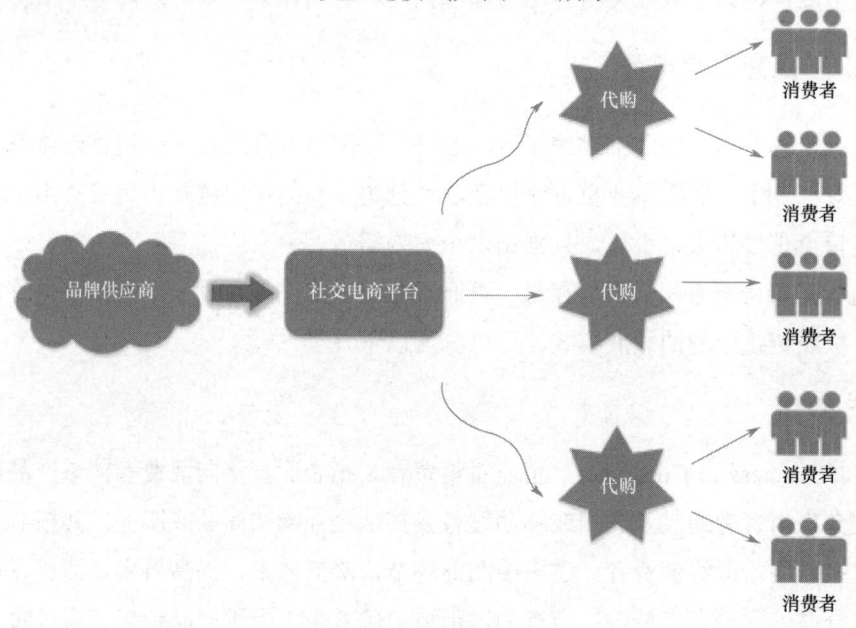

图 4-4　S2B2C 供应链模式

第 4 章 社交电商

> **案例分析**
>
> 爱库存是上海梦饷科技有限公司于 2017 年 9 月上线的一款社交电商 App。通过创新的 S2B2C 模式，上游打通品牌方库存 API、为品牌方优化库存管理；下游则服务分销商，为其提供正品低价货源。平台借助社交电商的力量，激发分销商的积极性进行商品销售。自平台创立后销售额呈指数增长，正式上线当月销量即突破千万，2018 年 GMV 超过 30 亿。在七年的发展中，梦饷科技经历了三个阶段：代购时代、店主时代以及即将到来的开源时代，其间发布了爱库存 App、饷店 H5 等产品，并确立了 S2B2C 的商业模式和分利模型。
>
> 爱库存平台的主要经营方式是帮助品牌商或厂商跳过中间各级批发商和经销商，直接与终端零售商进行交易。在该模式下，爱库存平台承担卖货需求、提供消费信息和仓储一体化服务，同时在流量端向流量主提供组货、补货、订单履约和售后服务等智能化电商解决方案，从而实现销售渠道扁平化，促进商品的快速流转。
>
> 资料来源：剪刀茜，《爱库存：社交电商黑马的崛起之路》，人人都是产品经理。

3. C2M 型

C2M（Customer to Manufacturer，顾客对工厂）型社交电商模式，是指消费者直接与制造商对接，强调制造业与消费者之间的衔接，去除了传统供应链中的中间环节。在商品的最终价格中，有一大部分是中间成本。如果能去除这一部分成本，那么制造商和消费者就有可能实现"双赢"——前者可以提升商品的竞争力，获得更高的利润；而后者则可以买到价格更低的商品，从而实现更高的消费者剩余。C2M 型社交电商模式是一种"聪明"模式：在 C2M 型社交电商模式下，消费者直接通过平台下单，工厂接收消费者的个性化需求订单，然后根据需求进行设计、采购、生产、发货。C2M 型社交电商模式具有直接连接、定制化生产、降低成本、快速响应市场、提高产品质量、数据驱动等特点。C2M 型社交电商模式代表了电子商务的重要发展方向，充分利用互联网技术和大数据分析，实现生产和消费的深度融合。这种模式不仅能够满足消费者日益增长的个性化需求，还能帮助制造商提高生产效率，优化库存管理，从而在竞争激烈的市场中获得优势。代表性平台有网易严选、小米有品、淘宝心选等，具体 C2M 型社交电商模式如图 4-5 所示。

B2C 型社交电商的核心创新在于通过构建 S（供应链或服务商）与小 B（小型商家或个体创业者）之间的合作关系，共同为 C（最终消费者）提供更高价值的服务和产品。这种合作模式相比传统的大 B（大型品牌或商家）直接服务 C 的模式，能够创造更大的价值。与传统的互联网平台模式不同，S 赋能平台不仅仅是流量入口，它不承诺为小 B 提供稳定的流量来源，而是鼓励小 B 通过自身的社交网络和影响力，建立并拓展自己的私域流量池。每个小 B 都有自己独特的朋友圈和影响力，可以通过精准触达和互动，更有效地进行商品推广和销售。

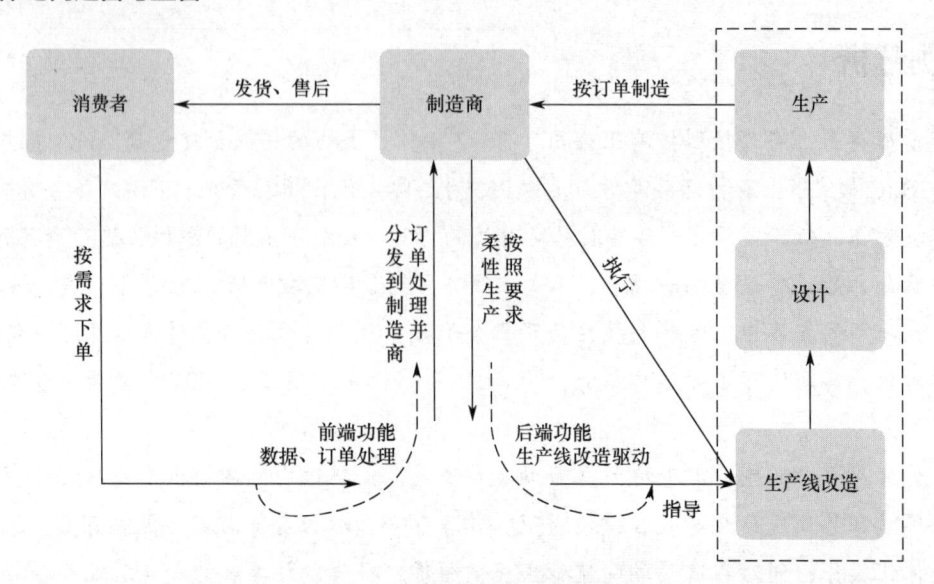

图 4-5　C2M 型社交电商模式

S2B2C 供应链模式的成功关键在于如何吸引并合作大量自带私域流量的小 B。为了实现这一目标，S2B2C 平台需要提供完善的赋能机制，包括技术支持、营销资源和供应链管理等方面的支持，以充分发挥小 B 的自主能力和创新精神，促进交易的成功。在组织结构上，S2B2C 供应链模式通常采用"大中台、小前台"的方式，即通过建立强大的中台来支持小 B 的运营和发展，同时保持小 B 的灵活性和创新性。这种模式使得 B2C 公司能够在优化组织的同时，实现向 S2B2C 供应链模式的升级，为创新者提供了切入市场的良好机会。

C2M 型社交电商的核心创新在于通过建立 C（消费者）与 M（制造商）之间的直接联系，消除中间环节，提供更个性化和高效的产品与服务。与传统的 B2C 模式不同，C2M 型社交电商模式通过社交平台和互动，让消费者直接参与到产品设计和制造过程中，制造商根据消费者的需求和反馈进行生产，从而实现高度定制化和精准化的商品供应。这种模式不仅提高了消费者满意度，还帮助制造商降低了库存成本和市场风险。C2M 型社交电商模式成功的关键在于如何有效地收集和分析消费者的需求和偏好。为了实现这一目标，C2M 平台需要提供强大的数据分析和互动机制，包括个性化推荐、用户反馈系统和预售模式等，确保制造商能够准确把握市场需求，快速响应消费者的个性化定制要求。在组织结构上，C2M 型社交电商模式通常采用"柔性生产、敏捷供应链"的方式，通过灵活的生产线和高效的供应链管理，快速实现从需求到交付的全流程响应。这种模式不仅有助于制造商优化生产流程，提高生产效率，还能够实现消费者与制造商的双赢。

与 S2B2C 供应链模式相比，C2M 型社交电商模式更加注重消费者的参与和互动，通过社交平台的互动和分享，消费者可以直接表达自己的需求和意见，形成一个闭环的反馈系统。制造商则通过这种直接的互动和数据分析，持续优化产品和服务，实现精益生产和精准营销。这种模式不仅降低了营销和推广成本，还增强了品牌的用户黏性和忠诚度。表 4-1 是三种模式的对比分析。

表 4-1　三种模式对比

		B2C	C2M	S2B2C
定义		B2C 模式是企业直接向消费者销售产品或服务	C2M 模式，通过线上线下融合以及供应链整合，提供综合的购物体验和优质的商品服务	S2B2C 模式是通过线上线下融合以及供应链整合，提供综合的购物体验和优质的商品服务
特点		企业直接面向消费者 交易流程简单，用户体验良好 企业控制产品质量和售后服务 通常涉及较大规模的市场营销和广告投入	消费者直接参与产品设计和定制 缩短供应链，降低库存和运营成本 高度定制化，满足消费者个性化需求 生产周期较长，需预付款项	• 平台赋能中小企业，提高其市场竞争力 • 中小企业借助平台资源，实现商品销售 • 供应链整合，优化资源配置 • 多方参与，流程相对复杂
典型案例		亚马逊 京东京喜 苏宁易购	网易严选 小米有品 淘宝心选	爱库存 淘小铺 云集微店
联系		电商本质：三种模式都是电子商务的一部分，通过互联网平台进行商品和服务的交易 目标一致：它们的共同目标是提高交易效率，满足消费者需求，提升用户体验 技术依赖：都依赖大数据、人工智能、云计算等技术来优化供应链管理、营销策略和用户服务		
区别	交易主体	企业直接面对消费者，强调企业品牌和产品控制	消费者直接与制造商互动，强调个性化和定制化生产	供应商通过平台赋能中小企业，再由中小企业销售给消费者，强调供应链整合和平台赋能
	供应链结构	企业自有或控制的供应链，直接面向消费者	以需求驱动的供应链，消费者直接影响生产过程	供应商与中小企业共同组成的供应链，平台提供资源和支持
	用户体验	统一、标准化的用户体验，企业直接控制	高度个性化的用户体验，消费者需求驱动	多样化的用户体验，由中小企业根据平台资源提供

4.2.3　社交分享电商

通过用户分享，在微信等社交平台利用社交关系实现商品传播。目前比较流行的社交电商玩法就是拼团模式，通过用户裂变，借助社交力量销售需求广、单价低、性价比高的商品。社交电商的门槛相对较低，而且上手简单，加上有着自购省钱、分享赚钱的宣传理念，使这种模式更容易被大众接受。根据平台是否自营，社交电商可以分为以下两类。

1. 以拼多多为代表的拼团型电商

拼团型社交电商是基于社交网络的团购模式，它利用社交平台的用户关系链进行商品推广和销售。在拼团模式中，消费者可以通过发起或参与拼团，以更低的价格购买商品。其核心在于利用社交网络的裂变效应，通过用户的分享和邀请，快速扩大用户群体和销售规模。例如，拼多多通过团购的形式，让用户以更低的价格购买到商品，这对于价格敏感的用户来说，具有很大的吸引力。用户可以通过邀请好友参与团购，享受更低的价格，形成裂变式的用户增长。在 2023 年第三季度，拼多多市值一路飙升，甚至反超淘天集团，一度成为中国年活跃消费者数量最多的电商平台。

2. 以直播带货为代表的分享型电商

直播带货是分享型社交电商模式的典型代表，该模式将直播互动与电商销售紧密结合，通过主播的实时推荐和互动，实现商品展示、用户互动和即时购买的闭环。在直播带货中，主播通常具有专业知识和一定的影响力，他们通过直播展示商品、分享使用心得，并与观众进行实时互动，回答观众提问，解答疑虑。观众则可以在直播间观看、参与互动，并通过直播中的购买链接直接下单。这种模式不仅提高了购物的便捷性，还增加了购物的乐趣和信任感。

店铺自播（店播）与以种草为主要目的的达人直播不同，店播的本质是经营，帮助品牌完成从达播种草到店播留存的经营闭环。直播电商的关键在于品牌与消费者之间的稳定交互，而店铺就构成了这个核心的枢纽。依托店铺，品牌方可以通过对直播策略的不断优化，完成"种草—留存—运营"这一套品牌建设全流程，同时也完成了对私域流量的持续经营。在这一过程中，品牌掌握了更大的主动权，能够占据更有优势的流量池。未来，电商店铺与直播将形成深度融合，通过货架展示和视频流导购两种形式同步完成店铺的实时运营。店铺不再只是一个静态的销售空间，而是一个复合的超级综合体，无论是内容型商家还是非内容型商家，都能根据自己的需求定制个性化的店铺形态，采取最适合的方式进行经营。

4.3 社交电商运营策略

4.3.1 社交分享与推荐

社交电商运营策略中的社交分享与推荐策略，不仅仅是单纯的推广手段，更是一种融合了社交互动、口碑传播与精准营销的综合策略。在社交平台上，用户之间的互动频繁，信息流通迅速，为商家提供了绝佳的营销渠道。通过社交分享与推荐，商家可以迅速将产品、活动或品牌信息传播给目标受众，同时激发用户的参与热情，提高转化率。

社交分享策略的核心在于激发用户的分享欲望，让他们自愿成为品牌传播者。商家可以通过发布高质量内容，如引人入胜的文章、富有创意的视频或精美的图片，来吸引用户的注意。当用户对这些内容产生共鸣或觉得有价值时，他们自然会愿意分享给自己的社交圈。此外，商家还可以通过举办各种线上活动，如抽奖或优惠券派发等，鼓励用户参与并分享活动信息，从而扩大活动的影响力和参与度。

首先，社交分享提高了品牌的曝光度。当用户在社交平台上分享自己的购物体验时，他们的好友和关注者都有可能看到这些信息。这意味着品牌的信息能够触及更广泛的受众群体，增加了品牌被认知的机会。同时，用户的分享通常伴随着正面评价或推荐，这进一步提升了品牌的美誉度和信任度。其次，社交分享有助于建立品牌与用户之间的情感联系。当用户通过分享表达对产品的喜爱和满意时，这种情感传递给了其他用户，这种情感共鸣能够增强用户对品牌的忠诚度和黏性，使他们更愿意持续关注和购买该品牌的产品。最后，社交分享还能够激发用户的购买意愿。当用户看到好友或关注者分享的购物体验和产品评价时，他们很可能会受到影响并产生购买欲望。特别是当分享者是他们信任的人时，这种购买意愿会更加强烈。因此，商家可以通过鼓励用户进行社交分享来提高转化率和销售额。

案例分析

小红书作为一个以内容驱动的社交平台，其成功的背后离不开其独特的社交分享功能和运营策略。社交分享不仅是用户互动交流的桥梁，更是品牌与消费者建立深度连接的纽带。

首先，小红书鼓励用户发布高质量的笔记内容。用户可以分享自己的购物心得、使用体验、搭配技巧等，这些内容不仅吸引了大量关注和互动，也为品牌提供了与目标受众建立深度连接的机会。商家可以通过与关键意见领袖（KOL）或网红合作，让他们发布与品牌相关的优质内容，从而扩大品牌的影响力和知名度。其次，小红书充分利用了社交分享的功能。用户在浏览笔记时，可以将自己喜欢的内容分享到微信、微博等其他社交平台，从而将小红书上的内容传播给更广泛的受众。这种跨平台的社交分享策略，不仅提高了小红书的用户黏性，也为品牌带来了更多的曝光机会。最后，小红书还建立了信任机制与评价体系。平台通过严格的审核和真实用户评价，确保分享内容的真实性和可信度。用户在分享时，往往会提及品牌和产品，并附上真实评价和使用体验。这种基于信任的口碑传播方式大大提高了品牌的知名度和美誉度，也为品牌带来了更多的潜在消费者。

小红书还推出了"好物推荐"功能，允许用户将自己喜欢的产品推荐给他人。这种基于用户信任的推荐方式具有很高的转化率，因为用户更倾向于相信好友或同行的推荐。商家可以通过与关键意见领袖（KOL）或网红合作，让他们推荐自己的产品，从而吸引更多的潜在消费者。通过巧妙的社交分享与推荐策略，小红书成功地打造了一个以内容驱动的社交电商平台。这种策略不仅提高了用户的参与度和黏性，也为品牌带来了更多的曝光和销售机会。在未来的社交电商发展中，商家可以借鉴小红书的成功经验，充分利用社交分享与推荐策略，实现品牌的快速增长和持续发展。

资料来源：本书编辑整理。

4.3.2 社区互动和用户参与

社交电商运营策略中，社区互动和用户参与是两大核心要素，这二者相互关联，共同构成了社交电商独特的运营生态。社区互动不仅能够增强用户黏性，促进信息流通，还能为电商平台带来源源不断的内容创意和用户反馈。而用户参与则是社交电商成功的关键，它能让消费者从单纯的购买者转变为积极的参与者，并与品牌、其他用户建立深度联系。

1. 社区互动策略方面

社交电商的社区互动策略旨在营造一个积极、活跃且富有创造力的交流环境，让用户在这里分享购物心得、评价产品、交流生活方式，形成独特的社区文化和价值观。为了实现这一目标，社交电商平台一般采取以下措施：

首先，平台需要建立一个易于使用且功能完善的社区系统，让用户能够轻松地发布内容、浏览信息、进行互动交流。同时，平台还需要制定明确的社区规则，确保社区环境健康有序。

其次，平台应积极引导和激励用户参与社区互动。这可以通过设置话题挑战、举办线上活动、发起话题讨论等方式实现。此外，平台还可以建立积分系统或会员制度，对积极参与社区互动的用户给予奖励，以提高用户的参与度和忠诚度。

最后，平台需要密切关注社区动态，及时发现并解决用户之间的冲突和纠纷，维护社区的和谐稳定。同时，平台还应定期对社区内容进行审核和管理，确保信息的真实性和可靠性。

2. 用户参与策略方面

核心目标是让用户成为社交电商生态中的重要一环，通过参与产品设计、推广、销售等环节，增强用户对品牌的认同感和归属感。具体来说，社交电商平台一般采取以下措施：

首先，平台需要建立用户反馈机制，积极听取用户的意见和建议，将用户的需求和痛点转化为产品改进的动力。这可以通过设置用户调研问卷、建立用户反馈群、开展线上线下座谈会等方式实现。

其次，平台应开展用户共创活动，鼓励用户参与产品设计、推广等过程。例如，平台可以发起产品设计大赛、推广方案征集等活动，让用户为品牌出谋划策，共同打造符合用户需求的产品和服务。此外，平台还可以通过建立会员制度、推出专属权益等方式，增强用户的归属感和忠诚度。会员可以享受更多的优惠和服务，同时也可以参与会员专属活动，与其他会员分享购物心得和生活方式。

最后，平台需要建立用户激励机制，通过积分、优惠券、礼品等方式激励用户积极参与社交电商的各项活动。这不仅可以提高用户的参与度，还能增强用户的黏性和忠诚度。

案例分析

快手电商作为一个短视频平台转型而来的社交电商平台，凭借其独特的社区互动和用户参与策略，成功吸引了大量用户的关注和参与。

在快手电商中，社区互动和用户参与并不是孤立存在的，而是相互交织、相互促进的。平台通过短视频和直播等功能，为用户提供了一个展示自我、分享生活、发现商品的空间。用户不仅可以观看和点赞评论他人的视频内容，还可以自己制作和发布短视频，分享购物心得和使用体验。这种互动形式不仅促进了用户间的交流，也为平台带来了更多有价值的内容。

快手电商特别注重营造用户的参与感。平台通过与 KOL（关键意见领袖）合作、鼓励用户评价与分享等方式，可以激励用户积极参与社区互动。KOL 通过分享个人购物心得和商品推荐，吸引了大量粉丝的关注和参与。用户也可以通过发表评论、点赞、转发等方式参与互动，与其他用户分享购物心得和体验。这种参与感不仅增强了用户的黏性，也为平台带来了更多流量和销售机会。

此外，快手电商还通过积分和奖励机制等方式激发用户的参与热情。用户可以通过参与社区互动、购买商品等行为积累积分，兑换礼品或享受专属特权。这种奖励机制不仅提高了用户的参与度，也增强了用户的忠诚度和黏性。

通过打造充满活力的社区互动和激发用户参与的热情，快手电商成功吸引了大量用户的关注和参与。以用户为中心的策略和理念，使快手电商在竞争激烈的电商市场中脱颖而出，成为了行业的佼佼者。

资源来源：本书编辑整理。

4.3.3 个性化推荐和定制化服务

个性化推荐和定制化服务不仅是社交电商的核心策略，更是提升用户体验、促进销售增长的关键手段。

个性化推荐，作为社交电商的重要策略之一，其本质在于通过对用户数据的深度挖掘和分析，为每个用户推荐符合其兴趣和需求的商品。这种推荐方式不仅提高了购物便捷性，还让用户感受到了被关注和尊重。在社交电商平台上，用户的每一次点击、浏览、购买等行为都会被记录，并通过算法转化为数据。这些数据经过处理和分析后，最终生成个性化的推荐结果。这种基于大数据的推荐方式，既避免了用户在海量商品中的盲目搜索，也减少了无效信息的干扰，提升了用户的购物体验。

定制化服务，是社交电商在满足用户个性化需求方面的又一重要策略。与传统电商将商品以标准化的形式呈现给消费者不同，社交电商允许消费者根据自己的喜好、需求和预算等因素，定制出独一无二的商品。这种定制化服务不仅满足了消费者的个性化需求，也增加了商品的附加值和独特性。通过定制化服务，社交电商平台能够与用户建立更加紧密的联系，形成深度的用户黏性。

个性化推荐和定制化服务在社交电商中的融合，实现了从"人找货"到"货找人"的转变。在传统的电商模式中，用户通常需要自己搜索或浏览商品，才能找到符合自己需求的商品。而在社交电商中，通过个性化推荐，商品能够主动呈现在用户面前，大大降低了用户的购物门槛。同时，定制化服务让用户能够从众多商品中挑选出最适合自己的那一款，实现了从"海量选择"到"精准匹配"的转变。

这种个性化推荐和定制化服务的融合，不仅提升了用户的购物体验，也为社交电商平台带来了诸多好处。首先，个性化推荐和定制化服务能够增加用户的黏性和活跃度。当用户发现自己的购物需求得到满足时，他们会更愿意在平台上停留和浏览，从而增加了平台的流量和曝光率。其次，这种策略还能够提高商品的转化率和销售额。由于推荐和定制都是基于用户的兴趣和需求进行的，因此用户购买的可能性会大大增加。最后，个性化推荐和定制化服务还能够为社交电商平台积累大量的用户数据。这些数据不仅可以用于优化推荐算法和提升服务质量，还可以用于精准营销和广告投放。

个性化推荐和定制化服务在社交电商中的应用也面临着一些挑战。首先，数据安全和隐私保护是一个不容忽视的问题。在收集和处理用户数据时，平台需要确保数据的合法性和安全性，避免用户信息泄露或被滥用。其次，推荐算法的准确性和公正性也是一个需要关注的问题。平台需要不断优化算法，确保推荐的商品既符合用户的兴趣需求，又避免了偏见和歧视。作为社交电商的核心策略，个性化推荐和定制化服务对于提升用户体验和促进销售增长具有重要意义。

未来，随着技术的不断进步和市场的不断发展，个性化推荐和定制化服务将在社交电商中发挥更加重要的作用。同时，我们也需要关注其中的挑战和问题，确保这一策略能够在合法、公正、安全的前提下得到广泛应用和发展。

案例分析

淘宝，作为中国最大的综合性电商平台，自诞生之初便凭借便捷的购物体验和丰富的商品选择吸引了大量用户。然而，在社交电商的浪潮中，淘宝并未满足于现状，而是积极寻求创新与突破。个性化推荐和定制化服务成为了其社交电商战略中的两大核心。

淘宝的个性化推荐策略主要依托其庞大的用户数据和先进的算法技术。当用户在淘宝上浏览、搜索或购买商品时，这些行为都会被淘宝的后台系统记录下来。通过深度学习、机器学习等技术，淘宝能够分析用户的购物习惯、兴趣偏好以及消费能力，从而为用户推荐更加精准的商品。淘宝还与微博、支付宝等社交平台深度整合，通过用户的社交行为来进一步优化推荐算法。例如，如果用户在微博上分享了某款商品的购买链接或晒单时，淘宝就能捕捉到这一信息，并将其作为推荐的重要依据。其个性化推荐的实施包含以下三点：

1. 数据驱动的精准推荐方面，淘宝的个性化推荐策略是基于海量的用户数据进行的。这些数据不仅包括用户的浏览、搜索、购买等行为记录，还包括用户的个人信息、社交关系、地理位置等多维度信息。通过深度学习、机器学习等算法技术，淘宝能够对这些数据进行深度挖掘和分析，从而准确理解用户的兴趣和需求。例如，当用户在淘宝上搜索某款商品时，淘宝的推荐系统会根据用户的搜索历史和购买记录，推荐相关的商品。这种基于用户行为的推荐方式，大大提高了购物的便捷性和效率。

2. 社交因素的融入方面，淘宝积极融入社交因素，以提升推荐的精准度和用户参与度。例如，淘宝通过与微博、支付宝等社交平台的合作，获取用户的社交行为数据，如点赞、评论、分享等。这些数据能够反映用户的兴趣和偏好，为推荐算法提供更有价值的参考。淘宝还鼓励用户在购物过程中进行社交互动,如发表购物心得、评价商品、分享购物链接等。这些社交行为不仅能够增加用户与平台之间的黏性,还能够为推荐算法提供更多的实时反馈和数据支持。

3. 持续优化的推荐算法方面,为了不断提升个性化推荐的效果,淘宝不断优化其推荐算法。例如,淘宝采用了协同过滤和基于内容的推荐等多种算法,以满足不同用户的需求和偏好。同时,淘宝还通过A/B测试等手段,不断评估和优化算法的性能和效果。

在定制化服务方面,淘宝也推出了多种创新功能。其中最具代表性的就是"定制宝贝"功能。用户可以在淘宝上搜索需要的商品,并选择"定制"选项。随后,用户可以根据自己的需求选择商品的材质、颜色、尺寸等属性,甚至可以在商品上添加个性化的图案或文字。这样,用户就能够获得一件完全符合自己需求的定制商品。同时,淘宝还推出了"搭配购"功能,基于用户的购物历史和浏览行为,为用户推荐与之搭配的其他商品。这样,用户在购买某款商品时,就能够轻松找到搭配商品,从而节省了大量的时间和精力。具体包括以下三种举措:

(1)商品定制服务。淘宝提供了丰富的商品定制服务,满足用户的个性化需求。例如,用户可以选择定制T恤、手机壳、印刷品等商品,这些商品允许用户根据自己的需求,选择材质、颜色、尺寸,甚至在商品上添加个性化的图案或文字。通过商品定制服务,用户能够获得一件完全符合自己需求的商品,提升了购物的乐趣和满足感。

(2)搭配购与套餐推荐。淘宝还通过搭配购和套餐推荐等方式,为用户提供更加便捷的购物服务。例如,当用户在淘宝上购买某款服装时,淘宝会根据用户的购买历史和浏览记录,推荐与之搭配的服装或配饰。这样用户就能够轻松找到适合搭配的商品,省去了自己搭配的麻烦和时间成本。

(3)个性化购物体验。除了商品定制和搭配购外,淘宝还通过个性化购物体验等方式,为用户提供更加贴心的服务。例如,淘宝根据用户的购物习惯和偏好,为其推荐适合的商品分类和优惠活动。同时,淘宝还提供了个性化的购物助手功能,如智能推荐、语音搜索等,进一步提升购物便捷性。

资料来源:本书编辑整理。

4.3.4 直播销售和互动营销

随着互联网的普及和社交媒体的崛起,社交电商凭借其独特的魅力和巨大的潜力,正在逐步改变着消费者的购物习惯,并重新定义商业模式。在这个过程中,直播销售和互动营销作为社交电商的两大核心策略,正发挥着越来越重要的作用。

直播销售作为一种新兴的电商形式,凭借其直观、互动的特点,为消费者带来全新的购物体验。通过直播平台,主播们可以实时展示商品,与观众进行互动交流、解答疑问并分享使用心得。这种销售模式不仅让消费者更加了解商品,还能通过主播的热情和专业性,增强购买信心，提高满意度。同时，直播销售也突破了传统电商的时间和空间限制。消费者不再需要等待商品上架或者跳转到其他平台进行比较，只需在直播间观看并下单，即可轻松购买到心仪的商品。这种即时性购物体验，让消费者更加便捷地享受购物乐趣。

而互动营销则是社交电商中不可或缺的一环。通过社交媒体平台，商家可以与消费者进行深入的互动，了解他们的需求和喜好，从而推出更加精准且有吸引力的营销活动。无论是优惠券的发放、限时抢购，还是用户参与的产品设计和品牌推广，互动营销都能让消费者感受到参与感和价值感，进而增强对品牌的认同和忠诚度。

在直播销售和互动营销的结合中，社交电商展现出了巨大潜力和无限可能。直播销售为互动营销提供了丰富的场景和载体，而互动营销则为直播销售提供了源源不断的动力和支持。这种融合不仅提升了消费者的购物体验，也为商家带来更多的商业机会和价值。

案例分析

直播营销融合了内容、社交与即时交易等要素，深刻改变了品牌与消费者的互动方式。直播营销的发展经历了显著的战略重心转移。本案例旨在剖析直播营销从早期依赖达人直播实现广泛传播，到现阶段以品牌店铺自播为核心营销模式的演变过程。

直播营销发展的初期，达人直播凭借其独特的优势迅速占据主导地位。达人主播通常具备跨平台、跨品牌的影响力，其生成内容往往带有强烈的娱乐化色彩，能够快速吸引并聚合流量。对于新兴品牌而言，借助知名主播的影响力，可以迅速提升其在目标用户群体中的知名度。即使是已有一定市场基础的品牌，也能通过与头部达人合作实现"破圈"，接触到更广泛的潜在消费者。在此阶段，达人直播的核心价值主要体现在营销"种草"（激发消费者兴趣）和广告效应上。品牌通过达人直播，首先激发消费者兴趣并建立初步认知。随后，大量相关内容的积累会逐步强化消费者对品牌的认知，为品牌在消费者心目中占据一席之地打下基础。然而，达播的合作模式往往是项目性的，品牌对其直播频次和内容的掌控力相对有限。

当品牌目标从追求短期曝光转向构建稳定的用户群体、实现可持续增长时，与用户建立深度、持久的连接变得至关重要。在这一背景下，达人直播的局限性开始显现。尤其在消费行为趋于理性、品牌追求高质量增长的当下，过度依赖外部达人可能带来的风险也日益凸显。部分以娱乐化、个性化吸引流量的达人，其直播风格可能与特定品牌（尤其是高端品牌）所追求的形象定位产生冲突。一旦处理不当，这种冲突就会对品牌形象造成严重损害。例如，某知名短视频平台上，某达人主播在推广某美妆产品时，其夸张的表演方式被部分网友指责为"低俗不雅"，引发了关于其行为是否拉低品牌形象的广泛争议。此类事件警示品牌，在选择合作达人时需更加审慎，以维护品牌价值的一致性。

与此同时，品牌店铺自播的价值日益凸显，逐渐成为直播营销领域新的增长引擎。店播的核心优势在于：

1. 品牌掌控力强：店铺自播的主角是品牌自身及其产品。品牌可以自主规划直播内容、节奏和风格，确保信息传递的准确性和品牌形象的一致性。主播通常由企业内部培养或签约，对产品理解更深入，能更好地承担产品介绍、专业客服和销售促进的角色。

2. 用户深度连接：消费者进入店铺自播直播间，通常已对品牌或产品有一定认知和兴趣，互动意愿更强，关注点更聚焦于商品本身。店播为品牌提供了与用户直接、高频互动的平台，有利于积累忠实粉丝。通过持续的互动和价值传递，有效进行新客转化、老客维系和口碑建设，不断扩大核心用户圈层。

3. 长期价值建设：店铺自播是品牌进行数字化生存和在线运营的重要阵地，它结合了"私域运营"与"即时在线互动"的双重特性。品牌可以持续输出专业内容、传递品牌理念、优化用户体验。

2025 年 2 月 25 日，抖音举办了电商店播主题活动，现场公布的数据揭示了店铺自播的蓬勃发展态势。数据显示，过去一年中，69%的参与直播营销的商家通过店铺自播实现了商品的有效销售，其中超过 1000 家商家的店铺自播销售额突破亿元，16.2 万家商家的店铺自播销售额实现了翻倍增长。2024 年 1—11 月，全国直播电商销售额达 4.3 万亿元，其中店铺自播贡献占比达 52%，成为直播电商市场的主导力量。

未来，无论是达人直播还是店铺自播，都将是社交电商生态中的重要组成部分，而如何有效运用店铺自播，结合精细化的互动营销策略和数据工具，深度经营用户关系，将是品牌在日益激烈的市场竞争中脱颖而出的关键。

资料来源：本书编辑整理。

4.4 社交电商运营中的问题与挑战

社交电商作为一种新兴的商业模式，在运营过程中面临着多方面的问题与挑战。

1. 用户信任问题

社交电商平台假货和劣质商品的存在是平台面临的主要问题之一。随着数字技术的普及，尤其是智能手机的广泛使用，更多的人可以方便地接入网络，这为社交电商的发展提供了丰富的用户基础和流量入口。技术的进步降低了电商平台的技术门槛和运营成本，使更多的创业者可以进入这一领域。准入门槛的降低也带来了产品质量参差不齐的问题，大量假货和低质商品进入市场。由于平台监管不力，一些不良商家利用平台销售假货，或者通过虚假宣传夸大产品效果，导致消费者对平台的信任度下降。此外，社交电商本身依赖用户之间的互动和推荐，但这种互动也容易受到虚假评价和刷单的影响，虚假的用户评价和过度营销也进一步削弱了用户的信任感，影响了平台的整体信誉。

为了提高用户信任度，平台应建立严格的商品审核机制，确保所有上架商品均经过质量检验。平台还应加强对商家的监督和管理，确保其宣传内容真实可信。同时，建立完善的售后服务体系，及时处理用户投诉和退换货需求，提升用户的消费信心。

2. 隐私与数据安全问题

社交电商平台收集了大量用户数据,包括个人信息、购物习惯和社交关系等。如果数据安全防护措施不到位,可能导致数据泄露,进而引发严重的隐私问题和经济损失。平台若未能妥善保护用户隐私,可能面临用户信任危机和法律风险。此外,社交电商行业中,一些商家通过骚扰顾客、虚假宣传等手段提高产品销量,这种频繁电话短信骚扰等宣传方式引发了消费者的不满,导致消费者反感,从长远看来不利于店铺自身的发展。

为解决这些问题,平台应采用先进的数据加密技术,确保用户数据在传输和存储过程中得到有效保护。同时,平台应制定严格的数据隐私保护政策,明确用户数据的使用范围和权限,防止数据被滥用。平台还应提供用户隐私设置选项,让用户可以自主控制数据分享范围,提高用户的隐私保护意识和信任感。

3. 内容质量控制

社交电商依赖用户生成内容(UGC)和关键意见领袖(KOL)推广,但内容质量参差不齐。用户生成内容包括用户评价、晒单、分享等,这些内容虽然丰富了平台的内容生态,但由于缺乏有效的审核和监管,内容的真实性和质量难以得到保障。KOL推广虽然能够带来大量流量和关注,但如果KOL为了商业利益而夸大宣传,可能会误导消费者,损害平台声誉和用户信任。甚至有些KOL为了吸引流量和用户关注而故意"扮丑",反而会造成负面营销效果。内容质量参差不齐不仅会影响用户体验,还可能导致用户对平台的信任度下降,从而影响平台的长期发展。

如何保证内容的真实性、有效性和价值,成为平台亟需解决的关键问题。首先,平台应建立严格的内容审核机制,采用人工审核与算法筛选相结合的方式,对UGC内容进行审核,确保内容的真实性和有效性。其次,平台应制定明确的内容规范和发布标准,引导用户和KOL发布高质量的内容,并对违规行为进行严格处罚。此外,平台可以通过激励机制鼓励用户生成优质内容,例如提供积分奖励、购物优惠等,以提高用户参与度和内容质量。

对于KOL推广,平台应加强对KOL的审核和管理,选择有信誉和专业素养的KOL合作,避免虚假宣传和夸大其词。平台还可以与KOL签订规范的合作协议,明确推广内容的要求和标准,确保推广内容真实、客观。此外,平台可以定期对KOL的推广效果进行评估,根据用户反馈和数据分析,调整KOL合作策略,不断提升推广内容的质量和效果。

4. 技术创新压力

社交电商需要不断创新技术,如AR/VR购物体验、AI个性化推荐等,以保持竞争优势,这需要持续的技术投入和创新。社交电商平台面临着激烈的市场竞争,技术创新成为其保持竞争优势的关键。随着消费者对购物体验要求的不断提升,平台需要不断引入和应用新技术,以满足用户的多样化需求。

增强现实（AR）和虚拟现实（VR）技术的应用，可以为用户提供更加沉浸式和互动性的购物体验。通过 AR 技术，用户可以在手机屏幕上虚拟试穿衣服、试戴首饰，或者将家具投射到家中的实际环境中，直观地感受商品的效果。而 VR 技术则可以为用户提供虚拟购物场景，让用户仿佛置身于真实的商场中，进行全方位的商品浏览和选择。这些技术的应用不仅提升了用户体验，也增加了购物的趣味性和吸引力。

人工智能（AI）技术在个性化推荐中的应用，可以根据用户的浏览记录、购买历史、社交行为等数据，进行精准的商品推荐。AI 算法可以分析用户的兴趣和偏好，提供定制化的购物建议，从而提高用户的购买转化率。同时，AI 技术还可以用于客服机器人，提供 7×24 小时的智能客服服务，解答用户疑问，提升用户满意度和服务效率。

此外，大数据技术的应用，可以帮助平台进行市场分析、用户画像、需求预测等，为平台运营提供科学的数据支持。通过大数据分析，平台可以及时了解市场趋势和用户需求，进行产品调整和策略优化，提升平台的竞争力。

然而，这些技术的应用和创新需要持续的技术投入和研发资源。平台需要组建专业的技术团队，保持对前沿技术的持续关注和研究。同时，技术创新还需要大量的资金支持，包括硬件设备的更新、软件系统的开发和维护等。平台在进行技术创新时，需要在技术投入和业务收益之间做好平衡，确保技术创新能够带来实际的商业价值和用户价值。

技术创新还需要充分考虑用户的接受度和使用习惯。新技术的应用必须简便易用，避免增加用户的使用负担。同时，平台应做好用户教育和引导，帮助用户熟悉并接受新技术，提升整体用户体验和满意度。

本章小结

社交电商是一种基于社交网络和社交媒体平台的电子商务模式，通过社交互动和用户生成内容来促进商品的发现、评估和购买过程。这种模式利用社交关系和社交证明来增强消费者的信任和参与度，从而推动销售。社交电商的发展得益于移动互联网和社交媒体的普及，它代表了电子商务与社交媒体的融合，为品牌和消费者之间建立更紧密的联系提供了新途径。本章主要介绍了社交电商的核心概念、模式、运营策略，以及在运营过程中面临的挑战和问题，并强调了解决这些问题的重要性。

思考题

1. 谈谈你对社交电商的理解和认识。
2. 比较直播电商与社交电商，他们之间有什么区别和联系？
3. 社交电商运营的好处是什么？为什么认为在信息时代社交电商很重要？

4. 讨论社交电商可能会带来哪些社会问题。
5. 研究当前社交电商的发展态势，撰写相关案例并进行小组讨论。

本章案例分析

拼多多利用社交网络打开市场

上海寻梦信息技术有限公司旗下电商平台（简称拼多多）成立于2015年9月，是专注于Customer to Manufacturer（C2M）拼团购物的第三方社交电商平台，总部位于上海。成立后短短三年时间，拼多多便赴美纳斯达克上市，成为仅次于阿里巴巴和京东的第三大电商交易平台。调研数据显示，拼多多目前已成为中国消费者使用的社交电商平台第一品牌，图4-6所示为拼多多官网页面。

图4-6 拼多多官网页面

拼多多平台自成立以来，便以惊人的速度在电商行业中崭露头角。仅用两年零三个月的时间，即2017年，拼多多已成功吸引了超过3亿用户。作为对比，淘宝耗费了五年时间才获得3亿用户，而京东和唯品会则分别历时十年才获得同样的用户规模。截至2023年一季度，拼多多的活跃用户达到了8.64亿，超过了京东，向阿里巴巴不断逼近，营业收入增长率更是遥遥领先。这表明拼多多的用户基础十分广泛，用户黏性强，消费能力显著提升。

从成立之日起，拼多多就踏上了一条充满挑战与机遇的发展之旅。在数字化浪潮和社交网络平台崛起的当代市场环境中，拼多多展现出了非凡的市场洞察力和适应能力。拼多多今日取得的成就，在很大程度上归功于其对社交媒体的深度整合和高效运用。通过将购物体验与社交网络紧密结合，拼多多不仅促进了用户之间的互动，还实现了信息的快速传播和品牌的有效推广。接下来，我们将详细回顾拼多多自创立之初至今所经历的两个主要发展阶段中遇到的问题及其解决策略。

一、第一阶段（2015—2016年）：发展初期问题

2015年，当时的电商市场竞争已经相当激烈，现有的电商平台已经趋于成熟，国内市场被阿里巴巴和京东两大电商巨头割据。并且由于国家加强隐私数据监管政策的影响，传统电商面临数据短缺问题，陷入流量瓶颈。拼多多作为一个新创企业，市场认知度低、用户基数小，需要在这样一个竞争激烈的环境中找到自己的市场定位，并快速积累用户流量。拼多多实施的解决方案包括：

方案一：专注下沉市场

拼多多在市场定位方面采取了独特的策略，专注下沉市场的开拓，这一市场虽然在当时相对边缘化，但却蕴藏着巨大的发展潜力。通过这种精准的市场切入，拼多多不仅巧妙地避免了与传统大型电商平台的正面竞争，而且有效满足了低消费能力用户群体的特定需求，这一战略让拼多多在较短的时间内迅速获得了市场份额。

方案二：社交分享型获客策略

在用户流量的获取上，拼多多采用了多元化的策略，尤其是利用社交网络进行病毒式传播。该平台依托微信等社交工具的强大连接力，通过用户的社交互动和分享行为，实现了品牌和产品的快速传播。用户在参与拼团、砍价等活动时，自然而然地将拼多多的购物链接分享至各自的社交网络，这种基于用户个人关系的推广方式，极大地提升了信息的传播效率和用户的参与度。

拼多多自成立之初便与国民级别的社交软件微信建立了合作关系。据腾讯2023年第三季度财务报告，微信及WeChat合并月活跃用户达13.36亿。作为国民级社交软件，微信从一线发达地区向三、四线小城市不断延伸覆盖，其用户流量不断汇聚，使得微信成为国内最大的私域流量池，流量变现能力极为突出。拼多多展现出非凡的远见与卓识，成功抓住了微信这个庞大的流量入口。

在初期，拼多多的产品便以"拼好货"小程序的形式融入微信生态，允许用户通过微信邀请社交好友直接进行拼团购买，使购物变得更加便捷。使用微信作为窗口，消费者无须切换至其他应用程序，可以直接在微信页面点击购物链接，轻松获取详细商品信息，这大大提升了用户的购买便利性。

此外，拼多多利用微信的社交网络，依托于用户间的信任关系，消费者能够迅速通过微信好友、微信群和朋友圈分享购物链接，进行砍价或参与拼团活动。许多用户第一次使用拼多多并不是在拼多多App里，而是通过点击家人、朋友分享到微信中砍价或拼团邀请链接，然后授权微信登录，完成拼多多的用户注册，成为拼多多用户。图4-7显示了拼多多获客示意图。

通过社交网络的裂变效应，拼多多成功将个体用户的社交影响力转化为平台流量和销售潜力，不仅极大地提升了拼多多的销售量，还刺激了消费需求的增长，迅速吸引了大量潜在消费者。

二、第二阶段（2017年至今）：快速发展期问题

随着用户规模的增长，拼多多也不可避免地面临着一系列新的挑战，如平台流量管理、供应链管理、售后服务等方面。在平台流量管理方面，拼多多需要确保用户数量稳步提升。然而，与其竞争的电商平台，如淘宝、京东等，也积极采用社交网络营销等手段来吸引和保留客户资源，进一步加剧了市场竞争压力。这一阶段拼多多实施的解决方案包括：

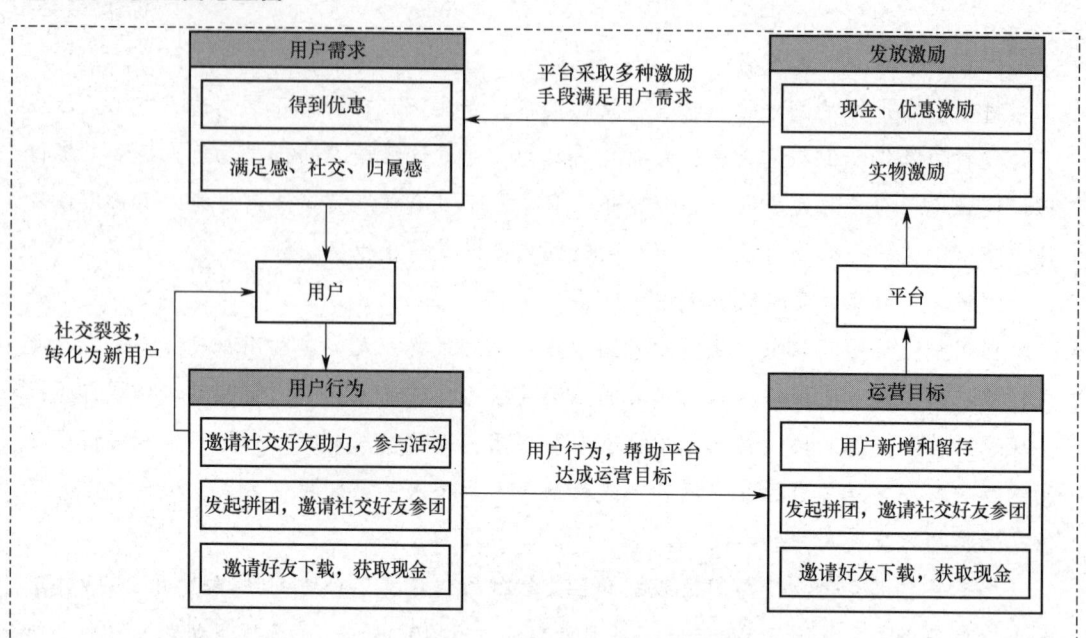

```
┌─────────────────────────────────────────────────────────────────────┐
│   ┌──用户需求──┐      平台采取多种激励        ┌──发放激励──┐         │
│   │  得到优惠  │ ◄── 手段满足用户需求 ──── │ 现金、优惠激励 │         │
│   │满足感、社交│                              │   实物激励    │         │
│   │、归属感    │                              └──────────────┘         │
│   └─────┬────┘                                       ▲                │
│         ▼                                            │                │
│      ┌─用户─┐                                    ┌─平台─┐             │
│      └──┬──┘                                     └──────┘             │
│  社交裂变│                                           ▲                 │
│  转化为新│                                           │                 │
│  用户   ▼                                            │                 │
│   ┌──用户行为──┐      用户行为，帮助平台     ┌──运营目标──┐           │
│   │邀请社交好友│ ──── 达成运营目标 ───────► │用户新增和留存│           │
│   │助力，参与  │                              │发起拼团，邀请│           │
│   │活动        │                              │社交好友参团 │           │
│   │发起拼团，邀│                              │邀请好友下载，│           │
│   │请社交好友  │                              │获取现金     │           │
│   │参团        │                              └─────────────┘           │
│   │邀请好友下载│                                                        │
│   │获取现金    │                                                        │
│   └───────────┘                                                        │
└─────────────────────────────────────────────────────────────────────┘
```

图 4-7 拼多多获客示意图

方案一：依靠流量明星的网络粉丝群体

为了改善主流市场对拼多多平台的印象，自 2017 年起，拼多多连续赞助了多种类型的电视节目及网络影视剧，主要包括各大网络视频网站以及重要的卫视频道，以此来接触和吸引不同的目标观众群体。此外，拼多多还与具有流量的网红与明星建立了合作关系，这些合作内容通常包括在社交媒体网站上进行所谓的"种草"活动，即由这些具有影响力的人物在平台上分享他们在拼多多 App 上的购物体验，展示购买的商品等，以此来引发粉丝的好奇心和模仿欲，进而转化为平台的新用户或消费者。

方案二："拼小圈"创建私域流量

2019 年 10 月，微信官方发布了修订版的《微信外部链接内容管理规范》，其中包含了对诱导分享链接的封禁措施。这意味着所有被认为违规的外部链接，包括拼多多的砍价链接，都可能受到限制。为了应对此限制，拼多多公司策略性地推出了一项新的功能，名为"拼小圈"。

拼小圈作为拼多多的社交电商产品，借助拼多多在电商领域的资源和技术优势，专注于打造一个基于微信小程序的社交购物平台。在这个平台上，用户可以通过分享商品、邀请好友参与拼团等社交行为来获取优惠和奖励，实现社交互动和商品销售的双赢效果。拼小圈的推出不仅有助于转移用户并稳固基本盘，还能使顾客能获取更加真实的商品评价和使用体验，有力打击了虚假评论的现象，如职业好评或差评等。拼小圈还对用户价值进行了深度挖掘，直接触达用户生活圈，搭建社群、圈友互动、创造影集、K 歌、素人直播等，丰富拼小圈内容，创新拼小圈玩法，加强拼友互动，从而打造出了一个私域流量池。

资料来源：艾媒咨询，《2022 年中国社交零售行业市场及消费者研究报告》，艾媒网。

第 5 章

直播电商

本章学习目标：
- 了解直播电商的基本特征；
- 理解直播电商的运营模式；
- 理解直播电商的经营策略；
- 了解直播电商发展趋势及面临的挑战。

开篇案例

一起"交个朋友"吧！

"交个朋友"直播间的成功故事始于 2020 年，这一年，素有"行业冥灯"之称的罗永浩在经历多次创业失败后，将目光转向了直播带货领域。他与创业伙伴黄贺共同创立了北京交个朋友数码科技有限公司，并于 2020 年 3 月在抖音开设了"罗永浩"直播间（2022 年 6 月更名为"交个朋友直播间"），正式开启了直播生涯。

2020 年 4 月 1 日，罗永浩的抖音首秀便创造了惊人的成绩，观看人次超过 4800 万，GMV（商品交易总额）超过 1.1 亿元。这一战果不仅奠定了罗永浩"抖音一哥"的地位，也让"交个朋友"直播间迅速崭露头角。

然而，罗永浩的个人光环并非长久之计。为了摆脱对单一主播的依赖，"交个朋友"直播间迅速确定了发展方向，从个人 IP 向渠道 IP 转型。他们通过孵化新主播、拓展垂类市场、建立供应链体系等方式，逐步将直播间打造成为了一个全方位的直播电商品牌。

此后，"交个朋友"更是加快了多平台布局的步伐。2022 年 10 月，他们入局淘宝直播，首播销售额超过 1 亿元，十多天便收获一千多万粉丝，成为淘宝直播有史以来增长最快的公司。2023 年 5 月，"交个朋友"又开启京东直播，首播全场销售额突破 1.5 亿元。2024 年度，公司全年 GMV 有望突破 150 亿元，旗下各团队累计直播时长已超过 15 万小时，累计合作品牌超过 1.2 万家，累计服务消费者高达 1.5 亿人次。

"交个朋友"直播间的成功并非偶然，其背后有着多方面的原因：

名人效应：罗永浩作为初代网红，本身就拥有庞大的粉丝基础和极高的知名度。他的加入为直播间带来了大量的流量和关注度。

主播孵化机制："交个朋友"直播间注重主播的培养和孵化，通过严格的培训机制和主播评级体系，打造了一支专业的主播团队。

垂类市场深耕：他们通过拓展垂类市场，形成了直播账号矩阵，让观众 24 小时都有直播可看，从而提高了用户黏性和转化率。

多平台布局："交个朋友"直播间不再局限于抖音平台，还积极入驻淘宝、京东等主流电商平台，实现了多渠道流量整合和变现。

综上所述，"交个朋友"直播间的成功离不开其精准的市场定位、专业的运营团队以及不断创新的发展策略。

资料来源：本书编辑整理。

5.1 直播电商概述

5.1.1 直播的概念

互联网的快速发展促进了多模态信息的传播。在传统互联网平台中，文字信息是最常见的信息传播形式，例如各种网站、博客等的网友发言大多以文字为主。随后，图片以更丰富的信息量和色彩冲击力，占据互联网信息的半壁江山，图文结合的信息迅速成为互联网上信息传播的主流形式，例如消费者评论中不仅可以输入文字评论，还可以加入真实图片来进行评论。音频和视频的出现极大丰富了人们的线上生活，人们对视频的需求呈现爆发式增长。作为提供视频内容的有效形式，直播得到了飞速的发展。

"直播"一词由来已久。在传统媒体时代，就已经有基于电视或广播的现场直播形式，如晚会直播、访谈直播、体育比赛直播、新闻直播等。那时，"直播"一词是指"广播电视节目的后期合成、播出同时进行的播出方式"。

随着互联网的发展，尤其是智能手机的普及和移动互联网网速的提升，直播的概念有了新的延展，越来越多的基于互联网的直播形式开始出现。从此，直播的含义更倾向于"网络直播"。

如今所称的"直播"，即网络直播，也叫互联网直播，是指用户在 PC（Personal Computer，个人计算机）端或移动端安装直播软件后，利用摄像头对某个事物、事件或场景进行实时记录，并在直播平台实时呈现；同时，其他用户可以在直播平台直接观看并实时互动。

相对于过去静态的图文内容，如今的直播主要以视频的形式向用户传递信息，表现形式也更加立体化，且能实现实时互动，因而更容易吸引用户的注意力，继而得到了蓬勃的发展。

5.1.2 直播电商的内涵与定义

直播电商作为以直播为渠道来达成营销目的的电商形式，是数字化时代背景下直播与电商双向融合的产物。直播电商的本质仍是电商，但其以直播为手段重构"人、货、场"三要素，与传统电商相比，拥有强互动性、高转化率等优势。通过直播实时互动，商家实现商品到消费者的高效触达，大大缩短了消费者的决策时间，刺激了消费需求的产生。与此同时，直播场景下优惠的商品价格对消费者具有一定吸引力，价格直降、优惠券、抽奖等优惠刺激下，消费者剩余形成。加之"限量""在直播间首发"等商品标签以及主播自身的"种草"能力，消费者剩余心理较易转化为购买行为。可以说，直播电商缩短了"货"的传播路径。主播的赋能和供应链服务商的加入，缩短了从生产制造到消费者的途径，改变了消费者的购物模式。

从短期来看，消费红利无疑是直播电商的核心诉求，直播电商既能大幅增加商品销售额，又能进行品牌宣传，很好地实现品效合一，同时助力电商平台、企业和主播吸引更多的粉丝；从长期来看，在 5G 网络与数字智能化的驱动下，直播电商可以助力传统企业实现数智化升级，即通过建立起用户与企业之间的直接连接，进而构建消费者对企业（Customer to Business，C2B）的商业模式。

在当前物质极为丰富的背景下，用户已经不再满足于单纯依据商品价格和商品的功能参数进行评判的消费行为方式，他们更关注整个消费过程中的精神体验，且越来越多的用户希望获取更多的知识性、专业性的信息内容来为购买行为做决策参考。因此，直播电商的本质是消费场景的升级，而消费场景的升级背后则是用户需求的升级。直播电商通过新的消费场景，结合用户洞察及消费引导，让商业与情感的传递、人性的结合更为紧密，进而更好地满足用户需求。

直播与电商的有机结合赋予了线上零售行业新的发展动力。目前，直播电商主要有两种模式：一种是电商平台增加直播模块，探索电商内容化，通过直播增加电商平台流量，例如淘宝、拼多多、京东等；另一种是内容平台增加电商模块，探索内容电商化，为已有流量的变现，如快手、抖音等，如图 5-1 所示。

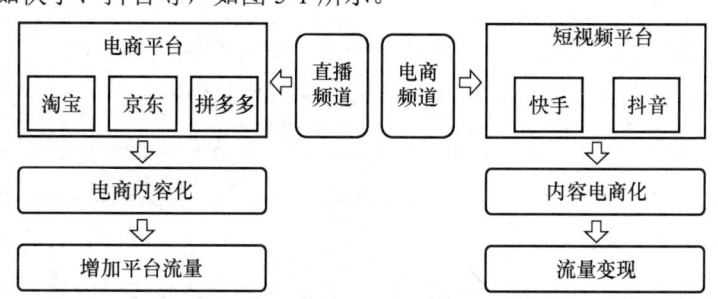

图 5-1　直播+电商的发展模式图

直播带货作为互联网新经济业态，已经成长为我国电子商务市场的重要增长点。与此同时，直播电商更高的流量吸引力与流量变现能力也带来了一些问题，如虚假宣传、不退不换、假冒伪劣等。这些行为及其背后的诚实信用缺失，成为影响行业健康长远发展的重要因素。

5.1.3 直播电商的发展历程

直播电商的发展历程，从某种程度上看也是直播营销价值的发掘过程。本书将直播发展历程划分为以下四个阶段，如图 5-2 所示。

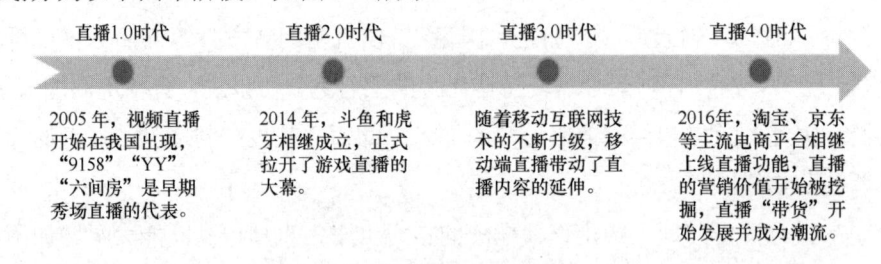

直播1.0时代	直播2.0时代	直播3.0时代	直播4.0时代
2005年，视频直播开始在我国出现，"9158""YY""六间房"是早期秀场直播的代表。	2014年，斗鱼和虎牙相继成立，正式拉开了游戏直播的大幕。	随着移动互联网技术的不断升级，移动端直播带动了直播内容的延伸。	2016年，淘宝、京东等主流电商平台相继上线直播功能，直播的营销价值开始被挖掘，直播"带货"开始发展并成为潮流。

图 5-2 直播发展历程

1. 直播 1.0 时代：PC 端秀场直播

网络速度和硬件水平是影响互联网直播发展的主要因素。受这两个因素的制约，最初的互联网直播并不能支持用户同时打开多款软件进行"一边玩游戏，一边直播"或"一边看体育比赛，一边做解说"等操作，仅支持用户利用 PC 端网页或移动端观看秀场直播。

秀场是公众展示自己能力的互联网空间，从 2005 年开始在我国兴起。2005 年，"9158"网站成立，其业务模式以文化娱乐为主。自成立起，"9158"网站汇集了大量"草根"明星和平民偶像，逐步发展成"网络红人"、歌手、"草根"明星的发源地之一。2006 年，"六间房"网站成立，与"9158"网站共同成为视频直播的早期主流平台。

2. 直播 2.0 时代：PC 端游戏直播

随着计算机硬件的发展，用户可以打开计算机进行多线操作，"一边听 YY 语音直播，一边玩游戏"的直播形式开始出现，游戏直播逐渐兴起。与此同时，一系列游戏直播平台开始出现。

2008 年，主打语音直播的"YY 语音"面世，并受到游戏玩家的推崇。在早期网络游戏领域，使用 YY 语音进行游戏沟通成为游戏爱好者的共同习惯。

2011 年，美国 Twitch.TV 从 Justin.TV 分离，独立成为首家游戏直播平台，主打游戏直播及互动。随后，YY 游戏直播于 2013 年上线，斗鱼直播于 2014 年上线，我国 PC 端游戏直播平台初具规模。

在游戏直播发展的初期，很多主播在自己的直播间推销鼠标、键盘、摄像头等计算机外设。这种"直播+推销"的模式，是当时主播创收的重要方式，也是直播商业化的早期形式。

3. 直播 3.0 时代：移动端直播

随着智能手机硬件的不断升级，移动互联网逐步提速降费，移动端直播时代来临，与之对应的是大批移动端直播网站的火爆。

2015 年，映客、熊猫、花椒等网站纷纷布局移动端直播市场，相关直播创业公司直播电商模式分析也顺势成立，市场上最多时有 300 多个直播平台。

2016 年，移动端直播市场迎来了真正的爆发期，移动端的视频直播备受各大平台的青睐。移动端直播市场发展迅速，直播内容也快速延伸至生活的方方面面，包括聊天、购物、游戏、旅游等。

2017 年，经过一年多的行业洗牌，市场上知名度较高的移动端直播平台仅剩数家，其中具有代表性的平台有花椒直播、映客直播、一直播等。

花椒直播平台利用"演员+主播"的形式，采用请演员助阵、对演员进行专访、让演员做主播等方式，迅速占领了移动端直播的一部分市场。映客直播平台与音乐人、综艺节目、演员合作，邀请当红演员入驻，也迅速"刷爆"朋友圈。一直播作为微博的直播战略合作伙伴，其运营形式与微博的"演员带动用户"的策略相似，通过邀请数百位演员在直播中与用户互动，直接带动了一直播平台用户规模的扩大。

在这一阶段，直播的商业变现功能依然处于探索中。然而，直播所拥有的流量、社交属性、媒体属性，以及内容展现的场景化和互动特点，决定了直播营销价值的存在。

4. 直播 4.0 时代：电商直播

2016 年 5 月，一款专注时尚女性消费的软件"蘑菇街"上线了直播功能，该功能成为其新的盈利点，使其营收明显改观。随后，蘑菇街把企业的管理重心转移到了直播业务，在"电商+直播"领域占据了领先的优势。

同年，淘宝正式上线直播功能，随后各个电商平台也纷纷开启直播功能。淘宝和京东相继推出了直播达人扶持计划，为平台的直播业务投入了大量的资金。虽然电商直播让直播行业获得了巨大的经济效益，但是在直播行业飞速成长的 2016 年，电商直播的用户关注度和媒体关注度还是比其他类型的直播稍逊一筹。

2017 年，淘宝直播和天猫直播合并，阿里巴巴开始加速布局电商直播；而快手也推出了具有平台保障的直播"带货"渠道，实现了快速挖掘平台用户消费潜力的目的。在随后的 2018 年和 2019 年，淘宝和快手通过电商直播达成的交易金额都得到了快速增长。

2020 年年初，众多商家和品牌线下生意受阻，抖音、快手等兴趣电商平台却逆势而上，"直播+电商"形式被用户普遍接受。这一次，从商场里的售货员，到企业管理者，都走进了直播间，进行直播"带货"。兴趣电商基于强大的算法，为用户提供个性化推荐。例如，算法通过用户画像，结合作品的关键词，将符合相应用户画像特点的内容投放给相关用户。用户对这些推荐进行选择后，会留下点击和观看时长的记录，系统会记录投放效果并根据用户的选择进行模型优化，从而为用户提供差异化服务和定制性内容。此外，兴趣电商不再局限于营销场景，展现了更丰富的场景。例如，主播可带用户逛街，可在镜头前烹饪，甚至可以一边照顾线下生意一边直播等。丰富的直播场景满足了用户的多元需求，因此备受用户喜爱，有的"陪伴型"直播间的用户停留时长甚至能超过30分钟。

2020年7月6日，"互联网营销师"正式成为国家认证的职业，为"带货"主播提供了职业化发展的道路，同时也为电商"带货"的市场化和规范化增设了一层保障，使电商直播获得了更好的发展。2024年11月，相关部门发布了《网络主播新职业发展报告》，报告显示，截至2023年12月，超过1500万主播从业者活跃在直播一线中，主播呈现职业化、专业化、多元化发展趋势。2024年，"网络主播"正式成为国家新职业。

案例分析

李子柒个人IP背后的"爆红"逻辑

2019年，李子柒这个在网上"吸粉"无数的四川女孩终于走进了主流媒体的视野。3年磨一剑，李子柒用了3年的时间打造自己的个人IP，最终收获了巨大的流量和品牌效应，并在品牌的红利期实现了变现。

（1）从农村姑娘到个人品牌的IP化。"李家有女，人称子柒。"这是李子柒的自我介绍，2016年短视频创业兴起之时，各类短视频遍地开花。在大多数人拼段子、拼搞笑的市场环境下，一匹不走寻常路的黑马——李子柒突然杀了出来。李子柒像一股清流，在激烈的短视频竞争中脱颖而出，基于对乡土生活的积淀，以美食文化为主线，围绕衣、食、住、行4个方面来诠释中国人真实且古朴的传统生活。

优质内容引流，强烈的知识产权意识，高端化产品路线，不断为其个人品牌的打造加码。李子柒的成功路径描绘了一个网红从精准定位，到与电商整合，再到逐步品牌化的逻辑链条。

（2）优质内容的精准化定位。李子柒的爆红更多的是建立在对中国城乡分离的二元社会极具流动性现状的深刻洞察基础之上。在这一社会现状下，都市人对山水田园式的传统社会慢生活充满了渴望，但又不得不困于当下的快节奏生活之中。基于此，在内容层面，她以中国传统美食文化为主线，围绕中国农家的衣、食、住、行进行了细致的描摹与展现。

她以一种日常化的基调，满足了现代都市人对于田园牧歌的向往——远离城市的纷纷扰扰，正是这种回归与宁静让她"吸粉"无数。李子柒正是借助这样一种记录生活、表达自我的媒介，与大众产生深度关联，持续加深了大众对她个人品牌的好感与记忆。她立足于深层次的大众情感洞察，将现代人对"田园生活的向往"与"现实"巧妙联系起来，以返璞归真治愈倦怠心灵的方式获得了大众的深度认同。

（3）团队加持与流量扶持。一个成熟且有价值的网红背后，往往都有一定的支持系统。只有通过一系列像名人一样的包装和支撑体系，才能让她红得持续，而不是红极一时。"李子柒"作为移动社交媒体时代发展的产物，可以被视为一种商业网红符号，也自有其网红经济的发展模式。

资料来源：余以胜、林喜德、邓顺国，《直播电商：理论、案例与实训》，人民邮电出版社，2021年。

5.1.4 直播电商的核心要素

与传统电商相比，直播电商具有强标签化以及与用户消费者更强的互动性等特性。同时，直播电商具有内容电商与社交电商的属性：一方面，主播或 KOL（关键意见领袖）以优质或创新性的内容吸引用户，聚集流量并最终实现流量变现；另一方面，主播全面讲解产品信息，使用户更直观、更清楚地了解商品的优缺点，并通过与用户的直接互动，随时解答用户的疑惑，快速建立信任关系，促使用户在较短的时间内做出购物决策，实现商品销售和流量变现。

简单来说，直播电商的本质就是以主播为载体，以内容为介质，商品通过主播生产的内容触达用户，基于用户的需求，通过人格化的认同与信任促成商品的销售。

直播电商是电商的升级，是一种"货找人、人找人"的营销形式，本质是将内容化的互动形式大幅提升，带来"种草"效率与转化效率的提升。在直播电商这种新型的线上营销方式中，有效重构了"人、货、场"三要素，全面丰富了用户线上购物体验。

1. 人

直播营销中的"人"有两个元素：用户和主播。

传统的营销方式以"货"为核心，围绕"场"进行布局，"人"（用户）到"场"中买"货"，销售人员为用户提供销售服务；而直播营销则以"人"（用户和主播）为中心，围绕"人"（用户和主播）进行"货"和"场"的布局。

用户是直播营销的基础元素，决定着一场直播的营销成果。而决定用户是否在直播间互动甚至产生购买行为的一个关键因素就是主播的营销能力。

在一场直播营销中，主播的考评依据，并不仅仅在于其影响力、名气或"粉丝"量，还在于主播是否充分了解用户需求，能否根据用户的需求选出好的商品，能否跟供应商谈成低价并争取有足够吸引力的福利，能否通过直观地讲解减少用户的消费决策成本。

优秀的主播往往具备以下三个方面的能力：一是熟悉商品，能熟练而专业地展示商品的优点；二是有鲜明的特色、人设、风格、个人魅力；三是能够使用合适的话术，打动用户。

当然，如今的直播营销，已经不仅仅是由主播一个人完成，而是由一个运营团队在主播背后出谋划策并支撑运营。

2. 货

"货"指直播间销售的商品。与传统营销的"先有货，货找人"的方式不同，直播营销需要主播先站在用户角度去"选货"（即"选品"），再整合供应链并制定优惠的价格，最后通过主播在直播间对"货"充分展示，引导用户产生购买行为。在这一系列的营销环节中，选品决定了直播营销的效果。

在直播营销中，选品的原则是选择低价、高频使用、刚需、展示性强、标准化高的商品。

在此基础上，若能满足以下四个方面，就更容易获得良好的销售成绩。

第一，符合定位。即所选商品应符合直播间的定位、主播的人设。

第二，亲测好用。主播只有认真用过，才能做到深度了解商品，把真实的体验传达给用户。主播如果只是像一个播报机器人一样读商品简介或说明书，不但无法打动用户，而且随时都可能"翻车"。

第三，优化品类组合。主播可以将不同类型的商品做成商品组合，保障直播间的收益。

第四，有售后保障。用户通过直播间下单后，收到货后发现有问题，主播若不能及时、有效地处理，就会失去用户的信任。直播间若失去用户，营销活动也就无法继续。因此，主播选品时，要选择售后有保障的商品。

3. 场

"场"，主要是指消费场景，是为连接"人"和"货"而存在的。在直播营销中，"场"的意义在于：主播通过实时互动，搭建消费场景，引发用户的消费欲望，促使用户产生消费行为。

目前，用户通过观看直播产生消费行为，主要有以下六种场景模式。

第一，碎片式场景。用户利用碎片化时间浏览抖音、快手等平台内容，看到自己关注的主播在直播，进入直播间观看后被"种草"（推荐），于是下单购买。

第二，社交式场景。用户在微信群看到朋友推荐主播的直播链接，可能会点进去观看，发现恰好对主播介绍的商品有需求，且认为价格便宜，于是下单，还关注了主播的账号。

第三，消遣式场景。用户在下班回家路上或吃过晚饭休息时，随手点进直播间，看到直播间的商品是自己需要的，从而产生购买行为。

第四，需求式场景。用户有购物需求时，去逛淘宝、京东、抖音等，发现一些店铺正在直播，通过直播更加直观地感受商品，还可以实时互动咨询，从而产生购买行为。

第五，沉浸式场景。用户像看综艺节目一样，观看直播。这种直播通过主题、内容、环境构建、主播与嘉宾间的现场互动等方式展示商品的使用场景，使用户对商品产生更好的了解。

第六，追星式场景。一些头部主播有强大的影响力和众多粉丝群，在开播前会在粉丝群及关联的自媒体平台进行直播预告，粉丝会准时进入直播间观看直播。

5.2 直播电商模式与产业链

5.2.1 直播电商模式

依据直播主体的不同，在直播电商中也分为商家自播和"达人"带货直播。

1. 商家自播

商家自播是商家组建直播运营团队，并注册直播账号，通过直播与用户进行互动，并将用户沉淀至自己的直播账号。商家自播的主播多是商家的导购人员或领导等自有人员。用户主要是品牌的粉丝，他们对品牌有一定的忠诚度，比较关注品牌的动态，商家依托自身的品牌效应实现私域流量的转化。

在商家自播中，商家可以选择不同的人来做直播，并不要求主播是固定的某个人，因此商家自播时间通常较长。此外，商家可以根据自己店铺的活动灵活安排直播。

2. "达人"带货直播

"达人"带货直播是由"达人"主播汇聚各类商品进行直播。粉丝对"达人"主播有较高的信任度，"达人"主播凭借自身积累的庞大粉丝群和较强的内容生产能力实现流量转化，直播中所销售的商品品牌较为多样化。

"达人"带货直播一般没有商品库存，比较适合那些没有直接货源的主播。由于"达人"带货直播没有自己的货源，主播只需和商家做好对接，即可在直播间内销售商品。因此，与商家自播相比，"达人"直播的直播间内商品更新的速度较快。但是，"达人"带货直播在运营商品上处于被动地位，直播的商品受限于商家为其提供的款式。

"达人"带货直播强调主播本人的 IP 属性，只能由"达人"本人进行直播，不能换成其他人。此外，做"达人"带货直播，要求主播拥有一定数量的粉丝作为支撑。如果没有粉丝群的支持，"达人"带货直播的运营就会比较困难。

商家自播和"达人"带货直播的对比如表 5-1 所示。

表 5-1　商家自播与"达人"带货直播对比

对 比 项 目	商 家 自 播	"达人"带货直播
直播特性	品牌化	人格化
用户购买商品的动机	用户购买商品多是因为对商品的需求	用户购买商品既可能因为对商品的需求，也可能因为受到情感驱动
商品更新速度	商品更新较慢	商品更新较快
直播商品展示	流水账式商品展示，商品转化率一般	直播内容紧凑，内容表现形式多样，商品转化率较高
主播直播心态	工作心态	创业心态
直播时长	可多人 24 小时在线直播	主播单人直播，直播时长有限
流量支持	可借助自身私域流量	主播需要从零开始积累粉丝
电商运营能力	具有较强的电商运营能力	很多主播缺乏电商运营经验，需要专业团队加持

5.2.2　直播电商产业链

在直播营销的产业链中，商品供应方、MCN（Multi-Channel Network）机构、主播和直播平台的加入，使营销中"人、货、场"三要素重新排列组合，呈现出与传统营销不同的销售模式。

　　随着直播电商行业的不断发展，直播电商的参与者越来越多。除了用户、主播和直播平台渠道方外，供应链方、MCN 机构、数据营销服务商以及综合技术解决方案服务商等角色也纷纷入局，推动了直播电商产业链的不断完善（如表 5-2 所示）。

表 5-2　直播电商产业链结构表

直播电商参与者		具 体 代 表
供应链方		制造商、品牌商、经销商等
MCN 机构		遥望科技、东方甄选等
平台渠道方	传统电商平台	淘宝、京东、拼多多等
	导购社区平台	小红书、蘑菇街等
	娱乐内容平台	抖音、快手等
	社交平台	微博、微信等
主播		专业电商主播、达人网红主播、明星主播、企业家主播
数据营销服务商		艾瑞咨询、小葫芦、蝉妈妈、飞瓜数据等
综合技术解决方案服务商	运营服务商	微赞、磁力聚星、巨量星图等
	技术服务商	支付宝、微信支付、顺丰速运、京东快递等
	其他服务商	腾讯云、华为云、阿里云等

　　我们通过直播电商产业链结构图来直观理解直播电商的运营过程（如图 5-3 所示）。

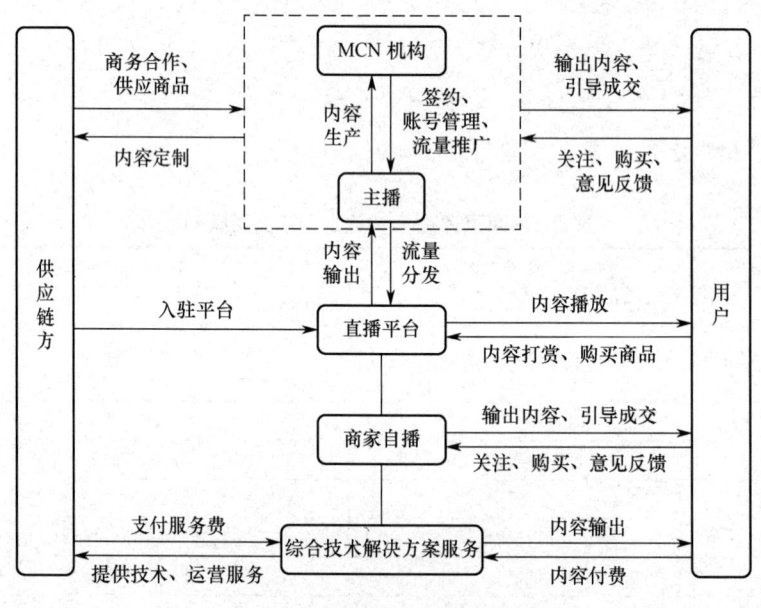

图 5-3　直播电商产业链结构图

　　MCN 机构和主播是直播营销产业链的核心，起着连接供应端和需求端的作用。

　　一方面，在供应端，MCN 机构和主播连接供应商，为供应商的商品策划定制化内容。其中，MCN 机构可以为供应商对接适合的主播，并为主播提供账号管理、流量推广等运营方面的支持，帮助个人主播快速成长。

另一方面，在需求端，MCN 机构和主播连接用户，可以搜集用户的消费反馈，通过大数据分析用户偏好，并反馈给供应商，从而帮助供应商进行商品结构的优化。

直播平台负责搭建和维护场景，制定相关规则，并要求所有平台用户遵守。主播在直播平台输出内容，引导用户成交；用户在直播平台观看直播，购买商品，并与主播进行互动。

5.3 直播电商运营策略

直播电商俨然成为数字经济发展的巨大"风口"。在直播中，用户充分聚集，带来巨大的流量与高关注度，商业潜力巨大。然而，想要抓住直播电商发展的机遇，就必须深入了解直播电商的发展规律和运营策略，打造优秀的运营团队。本节将从平台选择、主播打造、商品规划、引流策略、营销策略五个方面来详细分析直播电商的运营策略。

5.3.1 平台选择

选择合适的直播运营平台对获得良好的营销绩效至关重要。不同类型的电商平台有各自的优势与适用范围，直播团队、品牌方或商家需要根据自身定位与需求进行选择。依据现有的直播平台特点，我们将直播平台分为三大类，分别是兴趣电商平台、货架电商平台、社交电商平台。

1. 兴趣电商平台

兴趣电商的概念由抖音电商总裁于 2021 年 4 月 8 日在抖音电商生态大会上提出。兴趣电商指的是一种基于人们对美好生活的向往，满足用户潜在购物兴趣，提升用户生活品质的电商模式。兴趣电商创新性地将电商从"人找货"模式转向"货找人"模式。通过丰富多彩的内容激发用户的潜在兴趣，引导用户在轻松愉快的氛围中消费。兴趣电商具有爆发性强、流量不稳定、泛流量较多等特点，代表平台有抖音、快手等。

以抖音为例，抖音最初是一款音乐创意类短视频社交软件，通过音乐创意表演内容打开市场，积累了大量用户。抖音先通过短视频业务获取巨大的流量，后在 2017 年年底正式上线直播功能。基于庞大的用户规模，抖音在直播营销行业占据着头部平台的位置。

在抖音做直播电商，运营者需要借助优质的短视频内容来吸引流量，因此需要充分了解用户的兴趣偏好等。根据巨量算数 2022 年 9 月发布的《生活"潮"向美好——抖音用户潮流生活洞察》，不同性别、不同年龄段的用户兴趣偏好有所不同。男性用户一般对游戏、汽车、运动等内容偏好度较高，女性用户一般对舞蹈、创意、美食等内容偏好度较高。"00 后"用户对游戏、影视、二次元类等内容偏好度较高；"90 后"用户对影视、汽车、美食类等内容偏好度较高；"80 后"用户对汽车、舞蹈、音乐、旅行类等内容偏好度较高。

抖音直播平台具有三个典型的营销优势：第一，抖音的潜在用户群体非常庞大；第二，抖音充分利用用户画像分析用户兴趣爱好，进行精准投放；第三，抖音的直播运营计费方式灵活，且门槛低。

2. 货架电商平台

"货架电商"是指商家通过虚拟货架，将商品按照类别陈列在线上店铺，用户通过搜索、浏览等方式了解商品，然后下单购买。相对于抖音、快手等兴趣电商平台的直播营销，运营者在货架电商平台开展直播营销，可以促使交易在平台内完成，流量转化率相对较高，流失率相对较低；同时，由于货架电商平台用户的购物目的更加明确，也更容易在直播间形成交易转化。因此，虽然兴趣电商平台和货架电商平台都开启了电商直播功能，但淘宝、京东、拼多多三大主流货架电商平台旗下的直播平台依然流量巨大、交易额可观。

以淘宝直播为例。淘宝直播是阿里巴巴基于自身的电商资源推出的直播平台，定位于"消费类直播"，直播商品涵盖范围广且用户购买方便。淘宝直播平台于 2016 年 3 月试运营，初期只是手机淘宝的板块之一，依附于淘宝平台得到了大量的商家、供应链资源和用户群体。2019 年春节期间，淘宝直播正式上线独立 App（后更名为"点淘"，与淘宝 App 内的"淘宝直播"并行）。

目前的淘宝直播，以直播为主。在"直播"页面，平台依据淘宝用户的购物偏好和关注偏好，推荐其可能感兴趣的主播和相似账号正在直播的内容。在淘宝直播中，直播内容能否被用户看到，关键在于用户是否主动关注了商家账号。

淘宝直播是淘宝和天猫卖家线上销售的辅助工具，其目的是实现流量的转化并提升销量。根据"电数宝"电商大数据统计，2023 年全年，淘宝直播 GMV（商品交易总额）约为 9800 亿元。相对于其他直播平台而言，淘宝直播具有以下三个优势。

第一，品类多，保障强。依托淘宝平台强大的全货盘供应链、用户数据分析能力、支付保障与售后保障体系，淘宝直播提供了完整的用户运营链路与可靠的物流保障服务。

第二，专业互动，主动规范。淘宝直播中的主播大多与线下导购类似，对于自身销售的产品可以提供更加专业的讲解与服务，可以更有效地提升转化率。

第三，淘宝直播形态多样，满足用户对直播内容的多样化需求。为了吸引内容型团队入驻，淘宝直播于 2023 年陆续上线了"捧场购""打赏"等功能，以鼓励优质创作。

3. 社交电商平台

社交电商是基于社交分享的电商类型，以商家或品牌的私域流量为基础，通常具有相对稳定的转化能力。近年来，社交电商逐渐打通私域和公域，流量逐渐向公域发展，代表平台有小红书、微信视频号等。

以小红书为例。小红书是我国目前最大的 UGC（用户生成内容）购物分享社区之一。小红书是因"种草"而兴起的社交电商平台，拥有庞大的用户基数和活跃的用户社区。用户热衷于在平台上分享购物、旅行等生活经验，且用户信赖度高，有强烈的购买意愿。此外，小红书独特而丰富的 UGC 模式也具有相当的营销优势。

第一，用户购买力强。根据 2024 年的报道分析，小红书聚集了大量来自一线城市的年轻女性，"90 后"女性用户占比超过 72%，这为直播营销提供了广阔的受众群体。小红书直播间具有高客单价、高转化率及高复购率等特点，其主打文艺清新氛围的"慢直播"吸引了大量用户下单。

第二，UGC 模式。小红书用户热衷于在平台上分享购物、旅行等生活经验，形成了一个活跃的社区。用户之间通过评论互动等，还会进一步形成同类兴趣爱好的社交圈层。小红书的 UGC 模式，让用户成为商品和品牌的传播者，使得营销更具有说服力和吸引力，能够有效提高用户的购买转化率。

第三，高黏性和高信任度。小红书用户黏性较高，达人可通过关注、群聊等方式积累私域流量，这部分流量更易被转化。小红书用户对平台上的内容具有高度的信任，这对品牌和商品的营销具有很大的帮助。

第四，适合做品牌营销。小红书的用户群年轻，对新鲜事物有高度的接受和探索能力，这使得小红书成为品牌进行营销的理想平台。小红书鼓励原创内容，图片和评论多为用户原创，真实的使用体验帮助商家或品牌获得更高口碑。同时，小红书针对长尾词进行搜索算法优化，使商家或达人获得更多长尾搜索流量，这些流量的转化率更高。

5.3.2 主播打造

1. 真人主播

主播是直播间的核心人物之一，优秀的主播能大幅提升直播效果。一个优秀的主播一般具备以下三个特点。

第一，具有积极正向的价值观。有正向价值观的主播更容易获得支持。一方面，主播对一些热点事件的点评或分享的个人经历，符合正向价值观，相对于哗众取宠的偏激观点，更容易展示主播的社会责任感，引起用户的好感；另一方面，看到主播拥有正向的价值观，用户会更加相信主播及其团队是有责任心的，会更信赖主播推荐的商品。例如，某知名主播的粉丝对其直播间的黏性非常高，其中主要原因就在于粉丝相信他的"三观很正"。对于自身经济能力不足的粉丝，他一再传递的消费观是"你有多少钱，就过什么样的生活""不要盲目追求大牌""用平价的东西，不可怜，也不丢脸"。粉丝因为看到该主播"三观很正"，相信他不会为了销售成绩而说违心的话、做违心的事，继而更觉得他"值得信赖"。

直播营销需要建立在信任基础上，主播有正向价值观及符合正向价值观的言行，更容易获得用户的信任和长期支持。

第二，主播讲解要幽默风趣。幽默风趣的语言既有助于提升主播的个人魅力，也有助于调节直播间的气氛。如果主播想要在直播间熟练地使用幽默风趣的语言，可以从三个方面进行训练,分别是巧妙的语气、丰富的素材和模仿学习。例如,在知乎中有一个话题是:"你印象最深的名人直播是哪一场?"有网友回复:"撒某某那一场,因为看他的直播简直是一种享受。"因此,想要学习的主播可以模仿学习一些优秀的主持人等的表演作品,提升自己直播时的能力。

第三,优秀的主播讲解十分专业且贴合现实。直播间的用户会评估商品的质量和价格,也会判断主播是不是真的了解商品。主播只有充分了解商品,在直播中全面介绍商品的主要特点,才能真正获得直播间用户的信任。因此,影响主播销售成绩的不仅仅在于主播的人气,更重要的是主播的专业度。想要提升自己的专业度,可以从以下四个维度来介绍商品(如表5-3所示)。

表5-3 商品介绍的四个维度

维　　度	表　达　核　心
价格	日常价是多少,促销价是多少,省了多少,相当于打几折等
亮点	该商品有哪些值得强调的亮点,是否需要现场演示等
场景	该商品在哪些情境下使用,哪些人可以使用等
理由	为什么要推荐该商品,自己的使用体验如何等

2. 虚拟主播

近年来,随着人工智能等技术的发展,虚拟主播作为新兴主播逐渐步入直播间,甚至成功"带货"。如今,从各大媒体的新闻播报到各大直播平台的娱乐直播,虚拟主播的身影已经无处不在,例如,图 5-4 中的虚拟主播就是某个品牌旗舰店的主播,他可以提供24小时不间断服务,为消费者介绍产品信息,回答消费者提问。

虚拟主播指的是通过虚拟形象进行直播的主播,其兴起是技术进步和直播发展的共同结果。虚拟主播的诞生,依赖于多种技术的支持,如3D建模技术、动画技术、语音合成和语音识别技术、人工智能和机器学习技术等。同时,直播的快速发展也吸引了越来越多的关注。一些创新型公司和个人开始尝试使用虚拟主播进行直播,他们发现,使用虚拟主播不仅可以节省人力成本,还能为用户提供全新的观看体验,从而吸引更多用户。由此,虚拟主播开始活跃在各种直播间,也推动了新的直播形式的产生。

图 5-4 虚拟主播直播界面

虚拟主播的特点使其在直播市场中具有较强的竞争力。首先,虚拟主播风格多样,可塑性强,可以满足用户的多样化需求,具有无限可能。其次,虚拟主播高效稳定,可以提供长时间、不间断的直播服务,而且表现始终如一,不受个人情绪或者身体状况的影响。最后,虚拟主播依靠大数据技术拥有多项技能和海量的知识储备。

虽然虚拟主播带来了全新的直播体验，但是也不可避免地存在一些缺点。首先，虚拟主播缺乏真人主播的灵活机智，面对临时性问题时可能难以应对；其次，虚拟主播缺少人类情感，其传递给用户的"温度"是有限的，且可能是预先设置或模式化的；再次，虚拟主播需要大量的技术支持，创建和维护成本较高；最后，当前相关技术尚未完全成熟，虚拟主播有时可能无法理解复杂的用户需求，亦可能发生技术故障，影响用户观看体验。

虚拟主播可塑性强，且有多种类型，适合不同类型的直播营销活动。从形象特点来看，目前虚拟主播主要有二次元主播、3D卡通主播、3D高写实主播及真人形象主播这四类；从形象塑造角度来看，则分为真人驱动虚拟主播和人工智能驱动虚拟主播两类；从营销角度而言，根据虚拟主播所服务领域的不同，则可将其划分为虚拟娱乐主播、虚拟导购主播和虚拟新闻主播等。

随着技术的进步，虚拟主播将不断发展，其未来趋势主要集中在以下五个方面。

一是虚拟主播的艺人化。虚拟主播不仅具备才艺，还拥有流量和粉丝，未来不仅活跃在直播领域，还可能进一步"破圈"，甚至可能举办演唱会或在影视剧中出演角色等。

二是虚拟主播的IP化。随着虚拟主播的流行，其形象、声音等将逐渐作为品牌的一部分进行商业化运作。例如，一些虚拟主播已经开始出现在广告中，甚至成为知名品牌的代言人，印有相关主播形象的"周边"商品也备受粉丝欢迎。这一趋势将使虚拟主播成为重要的商业资源，给企业带来巨大的商业价值。

三是支持个性化定制。随着技术的发展，虚拟主播的创建和操作门槛将逐渐降低，越来越多的用户可根据自己的需求定制虚拟主播。这一趋势将使虚拟主播市场更加多元化。

四是更便捷的智能交互。依托更先进的语音识别、自然语言处理及人工智能技术，虚拟主播对用户的理解将更深入，回答也会更加智能化。比如，虚拟主播可根据直播间用户的即时反馈调整表演细节等。

五是降低生产制造成本。通过标准化、模块化等手段，虚拟主播的技术门槛将进一步降低，应用将更加普及。

可以预见，虚拟主播将打破现实的局限，以数字化形态探索和呈现"人"的无限可能，用户也将体验到全新的直播间场景与交互方式。

5.3.3 商品规划

商品是直播营销的核心，商品规划直接影响直播间的销售转化效果。直播间的选品，即确定直播间要销售的商品。选品决定了直播间口碑的好坏和营销的成败。因此，直播团队在选品时不可盲目跟风，要根据自身的情况仔细分析、认真筛选。

1. 选品的三个维度

通常情况下，直播团队在选品时需要从直播营销目标、市场需求、季节与时节三个维度进行考量。

第一，直播营销目标。直播团队在不同的阶段可能有不同的营销目标。例如，在初期缺乏影响力时，直播团队可能希望先通过定期的高频次直播来提升主播和直播间知名度；而在已经拥有一定"粉丝"量后，直播团队可能更注重尽快获取更多的营销收益。不同的营销目标，直播团队采用的选品策略也不同。

如果希望打造主播影响力的直播团队在选品时，更需要考虑的是"什么商品能更好地提升主播影响力"，而非"销售什么商品更有利于获取盈利"。为此，直播团队在选品时就需要多考虑商品的代表性特征，尽可能寻找在行业中具有品质代表性但销量相对不高的高端商品；或者选择能引发用户热烈讨论的商品。而对于追求营销收益的直播团队，就需要挑选利润较高、能够吸引用户频繁购买的商品。

第二，市场需求。通俗来说，就是判断有多少人以及在多大程度上需要某款商品。判断市场需求有两个维度，一是需要使用的人数；二是使用的程度。如果需要使用的人数多，那就是大众需求；否则就是小众需求。使用的程度高，即非用不可，那就是"硬需求"，也是通常所说的"刚需"；相反，可用可不用，"贵了不用，便宜才用"，甚至"免费才用，不免费不用"，那就是"软需求"。

很明显，直播团队挑选"大众刚需"型商品，最有利于商品的销售。一般情况下，"大众刚需"型的商品市场需求量大，但市场竞争也会比较激烈，甚至竞争格局已经趋于稳定。这样的市场虽然潜力大，但新手直播团队从零开始闯入并迅速占领一席之地并不容易。因此，即使直播团队挑选的是很多直播间都在销售的"大众刚需"型商品，也需要尽可能让自己的直播营销策略具备独特性。例如，直播团队选择与主播人设匹配的商品，或者提高商品的更新频率，或者进一步优化商品外观等。

第三，季节与时节。直播营销中的许多"大众刚需"型商品都会受到季节和时节的影响，呈现旺季和淡季之分。对于这些商品，直播团队需要考虑以下问题：多久更新一次商品；何时淘汰哪些商品；何时进行清场促销；何时进行商品整体更新换代等。例如，针对服装类的商品，直播团队在夏季适合销售连衣裙、短袖衬衫、T恤、防晒帽等，而过季的风衣、外套或反季节的羽绒服显然就不合适。虽然过季服饰可能仍有人买，但它们显然不会成为"爆品"。因此，在选择服饰类商品时，直播团队就需要考虑什么时间上架夏装，什么时间进行春装清场促销，什么时间开展夏装大促，什么时间进行夏装清场促销等。

2. 选品的六个步骤

中小型或新手直播团队通常缺乏自建品牌和供应链的能力，因此需要通过招商来进行选品。通过招商进行选品，一般有以下六个步骤。

第一步，根据用户需求确定商品的细节。例如，对于服饰类商品，需了解用户偏爱的风格、颜色和用途等；对于家居用品，需了解用户对基本功能需求、喜欢的商品造型以及包装要求等。

第二步，查看商品是否有法律风险。对于某些商品品类直播间是不允许销售的，直播团队应注意规避。例如，美瞳（即彩色隐形眼镜）已于 2012 年被列为第三类医疗器械，不允许在直播间销售。另外，如果直播间上架销售涉嫌抄袭原创设计品牌，可能会影响主播和直播团队的声誉。因此，对于看起来像"爆款"的商品或自称独家设计的商品，直播团队要注意审查是否涉及侵权。

第三步，查看商品的市场数据。直播团队可以借助专业的数据平台如新抖数据、飞瓜数据等。直播团队在选品环节，要关注商品的直播转化率，即商品销量与商品关联直播访问量的对比。直播转化率能够帮助直播团队判断目标商品的市场需求有多大。

此外，直播团队可以在直播时查看该商品的"正在购买人数"。这是因为观看直播的用户如果对商品感兴趣，很可能会进行"点击购物车查看商品详情"的操作，这个操作会通过直播中出现的"正在购买人数"弹幕来体现。由此可见，"正在购买人数"能够较为准确地反映用户对该商品的兴趣。

第四步，是了解商品所属领域的知识。在竞争激烈的市场环境中，直播团队只有尽可能多地了解目标商品所属领域的专业知识，才可能把握商品的生命周期，并在有限的时间内挖掘出商品的全部信息。此外，在当前市场几近透明的状态下，如果直播团队对商品有较强的专业认识，即使所销售的商品在直播平台竞争激烈，也能赢得用户的信任和支持。

第五步，是反复且细致地筛选。根据二八法则，20%的商品通常能带来 80%的销量。直播团队的筛选目标是尽可能地发掘出畅销的 20%商品。在这个筛选过程中，直播团队的专业度决定筛选结果。

第六步，品类升级。任何商品都有生命周期。在直播间，今天的"爆款"商品，明天可能会被市场淘汰；今天发现的新品，明天或许就会被其他直播间跟风销售。对于直播团队来说，"爆款"商品被淘汰或跟风销售是无法避免的。因此，直播团队在获得用户的支持后，要及时地进行品类升级。品类升级的方式有两种：一种是获得独家销售权。当直播团队获得独家销售权后，竞争团队就无法找到同样的货源，自然无法跟风销售；另一种是进行包装升级。直播团队可以在商品的包装上加上特有的标志符号，或者推出专属套装。

3．商品的定价策略

当前，直播营销模式更倾向于传统营销中的短期促销方式。这也意味着，直播间商品的价格只有比实体店、电商平台旗舰店等更低，才能吸引用户在直播间消费。因此，直播间中商品的定价策略非常关键。我们可以从单品定价和组合定价两个方面来分析直播电商中的定价策略。

对于单品定价来说，商品价格越低，消费者的决策过程越短。一般可以采用以下四种定价策略。

第一，价格锚点策略。即根据其他商品的价格来设定所推荐商品的价格。

第二，要素对比策略。当用户购买价格较高的商品时，直播团队就需要为用户提供直观的关键要素对比，刺激消费者下单。

第三，非整数定价策略。这也是常见的一种定价策略，即商品价格以 9 或 8 结尾，而不是以 0 结尾。

第四，阶梯定价策略。当用户每增加一定的购买量，商品的价格就降低一个档次，吸引消费者增加购买数量。这种定价策略更适用于食品、小件商品或快消品。

对于组合定价来说，直播团队将两种或两种以上的相关产品捆绑销售时，就需要设定一个合理的价格。一般可以采用买赠模式或套装模式这两种常用的组合定价模式。买赠模式，即为所销售的商品设定一个价格，同时赠送其他商品。赠品是用户购买商品时会用到的附属商品。采用这样的定价策略，可以给用户带来一种"贴心"的感觉。因此，即使商品价格贵一点，用户一般也能接受。当然，高出来的"差价"不能超过赠品的价格。需要注意的是，采用买赠模式时，赠品应该在直播过程中多次出镜，由主播示范使用方法，以增强用户对赠品的记忆及对赠品价值的认可。套装模式，即直播团队将不同的商品放在一起组成一个套装，并为套装设定一个价格。

需要注意的是，直播团队无论采用买赠模式还是套装模式，组合商品中的任何一件单品，其用户定位都应保持一致，不能因为附带赠品而随意降低单品的品质。

5.3.4 引流策略

直播引流，即直播团队通过一些方式为直播做预热，让用户提前了解直播的内容，吸引对直播感兴趣的用户在直播开播后进入直播间，增加直播间的在线人数。

1. 直播引流渠道

直播引流渠道分为私域引流渠道和公域引流渠道。直播团队可以通过在私域引流和公域引流渠道共同进行直播宣传，迅速提升直播活动的热度。

1）私域引流渠道

直播团队可以进行直播引流的私域引流渠道有电商平台店铺、微信公众号、微信朋友圈和社群等。

（1）电商平台店铺。拥有淘宝店铺（含天猫店铺）、京东店铺、拼多多店铺等电商平台店铺的直播团队，可以在店铺首页、商品页、商品详情页等位置宣传直播信息，以便关注店铺的用户了解直播信息。例如，当当网官方旗舰店可以在点淘 App 中发布直播预告。点淘 App 是淘宝直播的官方平台，即使没有淘宝店铺的直播团队，也可以在其账号页面中设置直播预告，以便关注直播账号的用户了解直播信息。

（2）微信公众号。直播团队可以在微信公众号中以长图文的形式介绍直播信息，同时插入图片或海报，清晰地说明直播的时间和主题。例如，某直播团队会在微信公众号中推送直播预告文章，并在文章中以海报形式介绍直播间主题和所要推荐的商品，如图5-5所示。

图5-5　微信公众号长图文直播预告

（3）微信朋友圈和社群。直播团队的每个成员可以在微信朋友圈发布与直播相关的图文动态，作为直播预告。直播团队还可以创建自己的"粉丝"群，在开播前将直播开播信息发布在"粉丝"群内，引导"粉丝"到直播间观看。预告方式可以是短视频、宣传图，也可以是文字。

2）公域引流渠道

除了上述私域引流渠道，直播团队也可以选择公域引流渠道。公域引流渠道，即平台渠道。常用的公域引流渠道包括抖音、快手、视频号等短视频平台，以及微博平台。

（1）短视频平台。在开播前3小时，直播团队可以在抖音、快手、视频号等短视频平台发布短视频来预告直播信息。利用短视频发布直播预告的方式主要有以下两种：

第一种是通过"常规的短视频内容+直播预告信息"制成的短视频，即直播团队发布包含直播信息的短视频。例如，抖音平台某头部主播的账号，通常会发布跟直播无关的常规短视频，但会通过链接向用户预告直播信息。如果直播团队具备一定的短视频策划能力，能根据直播内容和直播主题创作出既优质又能引流的短视频，那么这种方式能够吸引用户并精准引流。

第二种是以直播预告或商品为主要内容的短视频，即"纯直播预告式"的短视频。例如，某主播团队在抖音平台发布的直播预告，预告了直播间部分福利和商品，吸引用户关注该直播。采用这种预告方式，可以进一步强化账号的"专业带货"人设，也能充分展示直播"带货"的核心内容，能够吸引对直播内容感兴趣的用户观看。这也是一种极具引流价值的直播预告方式。

（2）微博平台。一些电商平台的主播可以在微博平台进行直播宣传预热，吸引微博用户到直播间观看。例如，一些直播团队一般会在微博平台发布直播预告。直播团队还可以在微博平台开通一个名称为"××（主播名字）直播官方微博"或"××（主播名字）直播预告小助手"等的账号，专门发布直播预告内容，方便感兴趣的用户去直播间"蹲守"自己想要的好物。

由于微博和淘宝属于合作关系，直播团队可以将淘宝直播信息发布在微博平台上。例如，某团队在微博平台发布的淘宝直播信息，会显示"LIVE"方便用户直接进入直播间观看。

2. 直播引流内容设计

引流内容决定了引流效果，优质的引流内容可以为直播间创造巨大的营销价值。直播团队需要尽可能从引流文案与引流短视频两个方面创作出有意义且贴合直播主题的引流内容。

1）引流文案

引流文案的设计需要解决用户一个关键疑问：为什么要看这个直播？因此，直播团队应直接解决用户疑问，说明直播间的特色，吸引用户的注意力。在此基础上，结合营销活动，刺激用户消费。常见的引流文案包括以下三种类型。

（1）互动类文案。互动类文案一般采用疑问句或反问句，这种带有启发性的开放式问题不仅可以很好地制造悬念，还能给用户留下比较大的回答空间，提升用户的参与感。例如，"更多好物还在持续更新中，还想要什么可以在评论区留言。"

（2）叙述类文案。叙述类文案通常是指直播团队对画面进行的叙述，给用户营造置身其中的感觉，使其产生共鸣。例如，某直播团队发布的一篇引流文案中写道："这些年，工作越来越忙，陪伴父母的时间越来越少。今年过年，可能很多人无法回家陪伴父母，而总是说着'什么也不缺的父母'，真正缺少的是儿女的'贴心'和'懂得'。用心挑选'给爸妈的第一份礼物'（直播主题），为他们找到生活小帮手，也是爱他们的一种方式。"

可见，直播团队需要根据直播主题和商品的特点，撰写富有场景感的叙述类文案。

（3）长篇文章。直播团队可以通过在微信公众号发布长篇文章的方式告诉目标用户：为什么要开直播，要开一场什么样的直播，以及什么时间在什么平台开直播。例如，某主播曾在微信公众号发布一篇名为《优秀女人的书架上，一定要有这30位作家》的原创文章，用以预告一场图书专场直播。

在这篇文章中，该主播不但预告了直播的时间和平台，还以感悟性的语言阐述了自己为什么要做这场直播，以及这场直播具备哪些独特的价值。例如，"我每天的阅读量提高到了4万字""一年365天能读1400多万字，7年下来就是1亿多字，大约1000本书""我特别想做的一件事，就是通过一个作家的理解，把每一本书中对咱们普通读者的价值点和关键内容，用最直截了当的语言告诉你，让你的阅读真正变得充满价值，而不是打发时间""这次直播中，我会把自己压箱底的读书干货都分享给你们，没有一丝藏着、掖着"等。文章结尾还嵌入了微信裂变海报，实现了二次传播，为直播间引流。

2）引流短视频

引流短视频的目标有两个，首先是增加直播信息的曝光量，为直播间引流；其次是提升主播的粉丝量。因此，直播团队可以考虑以下六种短视频内容形式：

- 以预告抽奖福利为主的短视频
- 符合直播主题的情景短剧类短视频
- 以知识传播为主的短视频
- 商品测评类短视频
- 实地走访类短视频
- 直播切片类短视频

如果直播团队想要快速提升直播人气，也可以选择在开播前或者刚开播时通过付费引流的方式增加流量。目前，主流付费引流方式包括：淘宝直播付费引流、抖音付费直播引流、快手直播付费引流和视频号直播付费引流等。依据各平台的引流规则不同，直播团队可选择合适的付费引流方式。

5.3.5 营销策略

直播是镜头前的实时营销活动，主播的一举一动、一言一行都被用户看在眼里。在直播间，主播往往需要快速反应、机智应对。接下来，我们将详细介绍直播间的营销管理技巧，包括营销话术的设计、氛围的营造、弹性促销策略、用户管理以及各类突发情况处理等，帮助主播或直播团队在直播舞台上自信、稳妥地展现魅力，最终实现直播营销转化。

1. 直播营销话术设计

直播团队需要提前设计好直播营销话术，以便让进入直播间的用户在很短的时间内了解"直播间在销售什么商品""这件商品好在哪里，如何体现"，以及"今天有什么福利活动"。

采用直播营销话术的最终目的是获得用户对主播和主播所推荐商品的信任与认可，让用户意识到自己的消费需求，从而产生购买行为。直播团队设计直播营销话术需要根据用户的期望、需求、动机等因素，以能够满足用户心理需求的方式来展示商品的特点。直播团队设计直播营销话术，需要考虑以下五个要点。

（1）话术风格应符合主播的人设。主播的人设不同，直播时的说话风格也应有所差别。例如，"专家"或"导师"人设的主播，需要传递干练、理性的感觉，说话应简洁明了，不过多重复；"高情商"人设的主播，则需要多使用鼓励、赞美和"自嘲"式的话语；"朴实"人设的主播，语言要简朴，尽量不使用华丽的辞藻，但需要把平凡的语言表达出深意，以展现"大智若愚"的气质；"才女"或"才子"人设的主播，词汇量要丰富，措辞要准确，点评事件要精准等等。

（2）介绍商品特点时多使用口语化的表达。商品的文案风格通常是严肃而正式的。但在直播间，如果主播直接念品牌方提供的商品文案，用户可能很难记住商品的特点。如果主播能将这些文案用一种更符合日常交流的口语化表达，可能更容易让用户了解商品的特点。例如，某品牌智能摄像头的文案是"无惧黑夜，高清红外夜视：采用 8 颗 OSRAM 专业纳米环保 LED 红外补光灯，夜间在全黑环境下也能呈现高清画质"。在直播时，主播不必去念文案，只需用更通俗的话语说清楚，为这段文案的关键内容描述一个使用场景。比如，主播可以说："这款摄像头有红外夜视功能，晚上即使关了灯，拍的视频也是很清楚的。"

这种浅显易懂的日常话语，加上直播现场的操作演示，能够让用户更容易了解商品的使用价值，从而提高购买转化率。

（3）话术需要搭配合适的情绪表达。直播就像一场电视节目，主播就像演员，只有演绎到位才能吸引用户。演绎到位意味着，主播不仅要说好"台词"，还需要为"台词"配上能打动人的面部表情和丰富的肢体动作。试想一下：如果主播情绪平淡地说着商品的某些特点，用户会接收到什么信息？而如果主播在介绍商品时面露兴奋，语调欢快，用户又会接收到什么信息？答案显而易见，用户会感到前者所说的商品"没什么特别之处""主播都懒得介绍"；而后者所说的商品，可能真的是"值得买"的商品。在直播间，主播在介绍商品时的情绪，如兴奋、激动等，远比"台词"本身更具感染力。当然，对于普通人来说，如果内心平静，面部表情和肢体语言也就不容易做到"激动""兴奋"。因此，主播要尽可能站在用户的角度去看待商品，去发现商品的独特价值。

（4）不同的话术需要不同的语速。主播在直播间推荐商品时，语速不能太慢。慢语速不仅无法满足用户获取更多信息的需求，也容易给用户留下无精打采、懈怠拖沓的印象；但语速也不宜过快，过快的语速会让用户听不清内容，来不及思考，影响内容的接收。

对于日常生活中非常熟悉的语言，在几秒的时间内，人耳的接收速度可以达到每秒七八个字；但在较长的时间内，人耳的接收速度是每秒四五个字，即每分钟 240～300 字。不同年龄、文化程度和职业的用户，对语言的理解能力是不同的。因此，如果按照兼顾大多数用户的原则，每分钟 250～260 字的语速是比较合适的。

在此范围内，主播还可以根据直播内容灵活调整语速。例如，在催促用户下单时，语速可以适当快一些，提高到每分钟 280 字左右，以营造紧张的气氛；如果要讲专业性较强的知识，语速可以稍微慢一些，降低到每分钟 240 字左右，以体现内容的权威性；讲到关键之处时，可以刻意放慢语速或停顿，以提醒用户注意倾听。

（5）整场直播话术设计要有节奏感。一场直播从开始到结束，从氛围的角度来看，可分为"开端""舒缓""提神""释放"四个阶段，每个阶段的话术所对应的作用依次是"吸引用户""舒缓情绪""刺激下单""留下悬念"。直播中四个阶段的话术目的及要点如表 5-4 所示。

表 5-4 直播中四个阶段的话术目的及要点

阶段	话术目的	话术要点
开端	让用户对直播间产生良好的第一印象	用热情话术欢迎进入直播间的用户，用动感强的话语活跃气氛，用有吸引力的预告语为用户营造期待感

（续表）

阶段	话术目的	话术要点
舒缓	舒缓直播间的紧张气氛，舒缓主播与观众情绪	主播通过讲笑话、唱歌、聊天等形式，缓解直播间的紧张气氛，拉近主播与用户的心理距离
提神	活跃气氛，增加流量，促成转化	以兴奋激动的话语进行抽奖、送福利等活动，让用户产生兴奋感，刺激消费
释放	提升用户满意度，为下期直播积累用户	真诚地向用户表示感谢，提升用户满意度，介绍下期直播内容，让用户对下期直播感到期待

2. 直播营销的促销策略

开展促销活动是提升直播间商品销量的有效方式。然而，由于竞争激烈，各个渠道的商家开展促销活动的周期越来越短，这就导致了用户对于普通促销活动的兴趣越来越低。因此，直播团队要尽可能策划与众不同的促销活动。一般而言，直播团队可以从以下两个角度来策划促销活动。

（1）节日型促销。直播间的节日型促销一般结合节假日来开展促销活动，吸引大量用户到直播间购物。开展节日型促销，一般要做好三个方面的工作。首先，要确定好促销时间。节日型促销并不意味着只能在节日当天进行，也不意味着促销时间只有一天，要依据实际情况选择合适的促销时间。其次，要确定好促销主题。依据不同的节日设计不同的主题，用节日热词来吸引流量。最后，要确定好促销的商品和价格。依据确定好的促销主题，确定合适的促销商品，直播团队要通过准确定位、诚信选品和适当让利的方式让用户觉得直播间是值得信任的。

（2）时令型促销。在直播间进行时令型促销分为两种，一种是清仓型促销，另一种是反时令型促销。

清仓型促销是在一个季节过去大半时，将前段时间的热销商品进行一波"清仓大促销"，或者对销量不太好的商品进行低价甩卖；也可以是在新品上市时，将上一代的商品进行清仓促销；也可以是在年底集中进行清仓销售。

反时令促销是指销售与季节需求不匹配的商品。大多数用户都是按时令需求进行消费，缺什么则买什么。而对于不那么注重流行元素的用户来说，能够以较低的价格买到几个月后需要的商品也是很划算的。因此，主播可以在直播中以极具吸引力的价格销售这些反季节的商品。然而，这种促销方式不宜频繁使用，大多数消费者的消费观念都是"买新不买旧"，他们更看重商品带给自己的心理满足感。

5.4　直播电商运营中的问题与挑战

直播营销的高转化效果造就了直播营销行业的繁荣。早期，直播营销主要用于知名企业的新品发布会；后来，随着兴趣电商平台和货架电商平台的"直播+电商"业务快速融合，大量传统企业和中小企业纷纷入局，直播营销迅速成为众多企业营销策略的"标配"。

由于直播营销的高转化能力和低门槛，各行各业的人都难免动心，纷纷跃跃欲试。然而，并不是每一位入局的人都能得到可观的回报，只有深入了解直播营销的行业痛点和发展趋势，顺势而为，才可能抓住这个行业的发展机遇。

5.4.1 直播电商的发展现状

1. 直播电商持续处在直播行业的"风口"之上

近年来直播电商的规模呈持续增长的态势，并且始终处于直播行业的"风口"之上。2025年1月，中国互联网络信息中心（CNNIC）发布的第55次《中国互联网络发展状况统计报告》显示，截至2024年12月，我国网络直播用户规模达8.33亿人，较2023年12月增长1737万人，占网民整体的75.2%。同时，根据艾瑞咨询的测算，2024年中国直播电商市场规模达5.5万亿元。直播电商已成为网络购物用户购买商品的重要途径之一。未来随着直播电商用户规模的持续增长，直播电商行业的流量池将进一步扩大。

随着内容平台与电商平台的进一步融合，直播电商逐步渗透到各个行业领域，未来直播电商交易规模仍将保持较高的增长态势。"直播+"模式将成为电商新常态，直播电商的"人—货—场"范围快速扩大，直播将成为电商"标配"。从长期业态来看，直播电商将逐步从"粗放式业态渗透"向"稳定商业链路"转型，同时流量重心将向服务重心转移，推动电商渗透率进一步提升。

2. 多因素驱动直播电商行业向高效、垂直、理性、有序方向发展

资本加持、平台扶持、政策引导及用户需求等多重因素，推动直播电商行业向高效、垂直、理性、有序方向发展。目前，直播电商行业的投资已全产业链铺开，从MCN机构、直播运营机构、代播机构到新兴直播电商平台，资本的进入，促进了产业各环节的优化。

另外，各大平台的扶持和政府的有力引导也在推动直播电商高效、有序运转。一方面，平台加大对直播电商的激励和扶持政策；另一方面，政府也在开始整治直播电商乱象，并加强监管。受资本、平台与政府政策扶持等因素影响，预计在未来相当长的一段时间内，直播电商仍将保持高速发展。

3. 5G赋能，为用户提供沉浸式、互动性、高清化直播购物体验

随着网络技术的快速发展，新媒体和新业态不断涌现，5G技术与直播电商深度融合，直播电商从形式、带货品类、直播体验都取得了新的突破。例如，在"北京消费季"活动中，中央广播电视总台央视新闻、财经频道利用5G传输技术，将直播间搬到了王府井步行街，由央视知名主持人实地体验消费季的各项活动，带给用户高沉浸感的直播观看体验。

5G技术具有高速度、低延时、大容量的基本特征，5G的商业化使VR技术的应用成为现实，它极大地提升了 VR 设备的处理速度，同时在降低设备延时及提升清晰度方面有较大的改善。5G 技术加持下的 VR/AR 电商直播将实现更多的可能性，如 VR/AR 试衣、虚拟直播、3D 实时互动、360 度产品展示等，让用户拥有身临其境的感受，真正提高用户的购物体验。

未来，AI、VR、AR 等技术将通过 5G 技术的加持越来越多地应用到直播电商中，并为人们提供更加真实、深度沉浸的虚拟消费体验。另外，大数据、云计算、CDN 等数字媒体基础设施为直播提供了更好的基础条件，技术的快速发展、直播内容的创新将为主播和用户带来良好的使用体验。

4．直播主体、对象、渠道、内容形式等多样化，融合多元消费场景促成"万物皆可直播"

技术的发展让多元消费场景的融合成为可能，直播电商在多个场景下实现融合，如旅游、教育、娱乐、会议等。无论是不断创新的新品牌，还是较为传统保守的老字号企业，都开始尝试直播带货的线上销售模式，人们将进入"万物皆可直播"的时代。根据艾瑞咨询测算，2023 年中国电商直播超过 2 亿场次，活跃主播人数超过 250 万，观看人次超过 1.1 万亿，上架商品数超过千万件。

5.4.2 直播电商的发展趋势

直播电商的多元化趋势主要体现在以下几个方面。

1．直播主体多元化

从传统零售到新零售，从直播平台到短视频平台，各行各业纷纷加入电商直播。数据显示，截至 2024 年，我国现存直播相关企业约 150 万家。近十年来，直播相关企业的注册量呈现突飞猛进的增长态势。

2．直播对象多元化

早期的直播电商以售卖服饰穿搭和美妆护肤为主，而现在及未来的趋势是商品种类将更加多元化，主要体现在各个行业的店铺都逐步进入直播电商领域，随着直播电商的迅猛发展，目前直播商品种类已经基本覆盖了全部行业。

3．直播主播多元化

除了职业电商主播，现如今主播们的身份日益多元化，有企业高管、政府官员、演员、主持人等。但是，主播的"马太效应"非常明显，平台对"头部主播"的依赖性强，"肩部主播"稀缺，且二者的直播场均观看人数差异巨大，导致行业生态处于一种亚健康状态。

目前，主播主要分为商家自播和"达人"直播两种模式。前者以购物平台为主，主播多为品牌或店内自有员工,优势是成本低、自主性强,劣势是流量少,主播缺乏专业素养;"达人"直播是在直播间汇聚各类商品集中销售,优势是依靠主播影响力吸引流量,主播具备专业素养,劣势是直播成本较高,且入驻直播间具有一定的门槛。

4. 直播渠道多元化

直播渠道可以分为以人为主导和以货为主导的平台。以人为主导的平台通过商品链接导向自建平台或第三方交易平台,是兼具娱乐性与购物性的直播平台,如抖音、快手等。以带货为主导的平台是在原本的购物平台上增加了直播功能,如淘宝、京东等,人们对原本熟悉的购物平台的信赖会较容易延伸到直播间购物中,因此这类平台更容易受到用户的信任和青睐。但是,目前二者正在弱化这一概念上的界限,努力向对方的领域渗透,两种渠道有相互融合的态势。

5. 内容形式多元化

早期直播形式通常只有主播一人对商品依次介绍,助理在场外负责商品的调度。从2019年开始,头部主播的直播形式通常是主播与助理同时入镜,直播过程中互动的内容与形式增多,娱乐性内容的输出量增加,让购物更成为一种娱乐体验。例如,邀请名人到直播间做客,与用户互动;与央视主播连线,共同进行助农直播等。

以前,最常见的直播场景为固定的直播间。随着5G技术的普及与应用,直播场景不再局限于直播间,而是逐步延伸到实体店铺及原产地等现场,甚至可以与综艺节目内容相结合。

5.4.3 直播电商运营中的问题

如今,直播营销正处在线上营销的风口,主播们的带货成绩往往会成为消费者关注的热点,而主播直播"翻车"事件也极易引发热议。直播营销看似遍地黄金,却不是每个入局者都能满载而归。其运营中的主要问题可以归纳为以下三点。

1. 无法让用户准确感知商品

在直播间,很多主播为了直播画面的美感,会刻意调整直播间的灯光、展示背景、拍摄角度及画面滤镜,这些都会对商品的真实外观表现产生影响。这就导致用户在观看直播时看到的商品,与真实的商品可能存在差异,而在直播间的氛围引导下,用户从产生购买欲望到做出购买行为,往往缺乏理性的思考。这就导致用户在收到商品后会产生"被欺骗"的感觉,从而影响到主播的商业口碑。

2. 主播"带货"能力与成本的矛盾

直播不同于短视频,优质的短视频内容可能并没有出镜人员,但直播不能没有主播。任何一场"带货"直播,都需要主播来介绍商品。这也意味着,主播的"带货"能力是直播营销成败的关键因素。

主播所拥有的流量（即粉丝数量）在很大程度上决定着主播的价值。根据粉丝数量的多少，可以将主播划分为不同的等级：头部主播、肩部主播、腰部主播、尾部主播。主播的等级及特点如表 5-5 所示。

表 5-5　主播的等级及特点

主播的等级	主播的粉丝数（个）	主播的特点
头部主播	500 万以上	有较大的粉丝规模与号召力，但合作成本高
肩部主播	100 万—500 万	相对而言，合作性价比较高
腰部主播	10 万—100 万	传播影响力和内容创作力有限
尾部主播	10 万以下	传播影响力低，内容创作力低，合作成本最低

注：由于直播平台不同，主播等级划分所依据的粉丝数范围略有不同，上表为综合情况。

头部主播也被称为"顶流主播"，比其他等级主播的直播实力强很多。"粉丝"数超过 500 万的头部主播，其直播间的场均观看人数可达数百万，在曝光量和短期促成交易的实力上遥遥领先。因此，头部主播在商品价格和佣金分成上也拥有较大的话语权。

虽然头部主播具有极高的商业价值，但对商品供应商或品牌商来说，其与头部主播的合作成本过高，未必是最佳选择。例如，某家纺品牌与某头部主播进行直播营销合作后，该家纺品牌的股价经历了多次涨停，但是这种涨停并没有持续很长时间，便出现跌停。于是，该家纺品牌被要求向大众披露一些合作信息。从披露的信息中可以看出，该品牌与头部主播的合作费用，几乎占了其销售额的四分之一。

因此，如今的"带货"直播中，用户除了会看到知名主播外，还会看到很多店铺或品牌商的自有员工担任主播。员工担任主播的成本很低，且能持续开播，但由于流量少、专业度不高，取得的营销成绩通常远远不如知名主播。

3. 直播过程不可控

用户愿意在直播间购买商品的一个主要原因在于直播内容的"不可剪辑"和"不可重录"。镜头下的所有内容都会实时地传递给用户。这会让用户在一定程度上相信，直播间展示的商品是"所见即所得"的。这种"不可剪辑""不可重录""实时传递"的特点，是直播作为一种营销手段的独特优势，同时也成为难以规避的风险。因为直播镜头可能会在无意中将商品缺点暴露出来，而一旦暴露，就无法掩盖。这种"翻车"情况，不仅会影响直播营销的效果，甚至会影响主播及直播团队的声誉。

本章小结

直播电商发展至今，从某种程度上可以归结为直播平台与电商平台优势的整合。无论是直播平台还是电商平台，"直播+电商"的模式都是一种全新的营销变现尝试，它重构了线上营销中的"人、货、场"。这一模式具有较强的互动性、时效性和广泛的覆盖范围，是企业进行品牌宣传和商品推广的重要手段，也促进了线上零售行业的快速发展。本章对直播电商概念、发展脉络、主要特征、商业模式、经营策略、营销策略，以及未来发展趋势和面临的挑战进行了全方位的介绍与分析。

思考题

1. 直播行业是如何与营销行业融合的？
2. 直播营销中的"人""货""场"分别指什么？
3. 直播营销的主要形式有哪些？
4. 在直播营销的产业链中，上游、中游和下游分别是什么？
5. 在当前的直播营销中，供应商和主播的合作方式有哪些？各有什么特点？
6. 直播营销的发展趋势是什么？

本章案例分析

东方甄选直播电商运营策略

2021年10月，俞敏洪在东方甄选直播间进行了"带货"首播，这场直播完成了480万元的销售额。在众多名人直播间中，这样的销售数据并不算亮眼。直到2022年6月，东方甄选直播间突然"爆"了，账号"粉丝"数在短短一周内，由200万跃升至1000多万。此后，直播间成交额迅速上升，成功冲入抖音榜单前列，随后的几个月累计销售额突破了20亿元。

东方甄选直播间，一度被视作直播团队学习的标杆。其独树一帜的讲课式直播与不急不躁、娓娓道来的"带货"风格，在抖音平台吸引了众多用户。具体而言，东方甄选直播间的运营策略如下。

1. 输出优质内容

东方甄选直播间运营的最初半年，并没有获得特别多的关注。令其直播"出圈"的是直播间的优质内容。主播通过知识输出，成功赢得了差异化竞争优势。

（1）独特的双语"带货"方式

让东方甄选直播间受到较多关注的是直播间的双语直播"带货"方式。主播直接将课堂"搬"到直播间，结合文学、历史、哲学、地理等领域的知识以及弹唱等，向用户输出别开生面的直播内容，令直播间用户耳目一新。

（2）富有价值感和感染力

东方甄选直播间的主播曾任教师，知识储备丰富，无论是典故，还是诗词歌赋，总能脱口而出，带给用户更多价值感。这得益于过往的授课经历，东方甄选直播间主播颇具感染力，无论是对个人故事还是各领域知识，都能娓娓道来，且直播风格亲和、真诚，能触动用户的内心。

（3）传递积极价值观

东方甄选直播间备受关注，还有一个重要原因，即主播本身传递出的积极向上、坚持理想和情怀的精神和"在绝望中寻找希望"的价值观。例如，某位主播在直播间与用户聊起知识的作用时说道："知识的魅力就在于它不会让你跑得很快，但却能让你在风暴来临的时候，稳稳地扎根下来。"类似的直播话术已经远远超出"销售产品"这件事本身，而有了更丰富的内涵，也向用户传递了积极价值观。

（4）安静售卖

直播行业有一个说法，即场越大，主播声音也越大，这是为了营造更热闹的氛围。然而，东方甄选直播间无论有多少用户在线，主播往往都选择用安静、真诚的方式和用户交流，让用户享受一边学习知识、一边购物的快乐。优质的观看体验俘获了很多用户的心，尤其是中产用户群体。

2. 锚定"三农"赛道，建立自营品牌

自2020年以来，在乡村振兴等政策方针背景下，许多通过输出差异化内容的"三农"达人在抖音等短视频平台陆续走红。东方甄选直播间最初锚定的正是"三农"赛道。

（1）主打高品质、高性价比的"三农"产品

东方甄选直播间以品质较高的"三农"产品为主，如五常大米、南美白虾、阳光玫瑰青提、龙虾尾、牛排等，主打的是高品质和高性价比。这类产品相较同类产品价格不低，但品质较有保证，满足了对生活品质有较高要求的用户需求。

蝉妈妈数据平台提供的东方甄选用户画像显示，其直播间用户以31~40岁女性为主，地域则以上海、北京等一线城市为主，用户群体消费水平较高，购买力较强。

（2）立足长远，打造自营品牌

东方甄选建立了自营品牌，定位中高端产品，品类最初以生鲜食品为主。在获得较高的市场认可度后，东方甄选的自营品类逐渐向其他品类扩展，如茶、床上用品等。据东方甄选2023财年的财报显示，东方甄选自营产品及直播电商部分营收为39亿元，约占其总营收的86%。2023年7月下旬，东方甄选直播间因故无法将自营产品上架至直播间"小黄车"，于是，东方甄选宣布东方甄选App内的自营产品按8.5折销售，用户纷纷进入东方甄选App选购商品，其自营产品单日的销售额就突破了3000万元。整体而言，用户对东方甄选的忠实度较高，对其自营品牌的认可度也比较高。

（3）打造"三农+文旅"特色标签

在 2022 至 2023 年间，东方甄选直播间开展了多次"地方行"专场直播活动，如"海南行""云南行""浙江行""山西行""四川行""新疆行"等，一边借直播带用户观赏各地风景名胜，一边推荐富有地方特色的农产品和文旅产品。东方甄选系列专题直播吸引了大量用户关注，效果也十分显著。例如，2023 年 9 月，东方甄选开启的"新疆行"直播，整趟行程由数十名主播接力直播，首场直播单日销售额超过 1 亿元。

3. 多平台打造主播人设

东方甄选积极通过多个平台打造主播人设，其直播间精彩片段经剪辑后，在抖音、小红书、视频号、B 站等多个平台流传，进一步丰富了主播的形象，提升了主播的热度。例如，截至 2023 年 9 月底，在小红书平台，东方甄选某主播账号仅发布了 12 条视频，却已获得 18 万个赞和超过 30 万个粉丝。

综合上述分析，东方甄选自开播以来，迅速在竞争激烈的直播电商领域崭露头角，赢得了广大消费者的信赖与持久好评。它巧妙地将教育、文化等元素融入直播电商中，通过寓教于乐的方式提升了用户的消费体验，成功引领了新的直播带货潮流。东方甄选凭借精准的市场定位与大数据分析，能够深入洞察目标消费群体的需求与偏好，从而进行个性化的商品推荐与服务，这一策略极大地提高了用户黏性与购买转化率，彰显了其在市场营销方面的卓越能力。

资料来源：蔡勤、李圆圆主编，《直播营销》，人民邮电出版社，2024 年。

第 6 章

短视频电商

本章学习目标：
- 了解短视频电商的基本特征与核心价值；
- 理解短视频电商模式的商业逻辑；
- 理解短视频电商的运营策略；
- 了解短视频电商未来发展趋势与挑战。

开篇案例

"赫为强哥"短视频赋能实体企业

"赫为强哥"（本名邓富强）是一个拥有 1000 万粉丝的短视频账号，邓富强先生是赫为科技的董事长，在"赫为强哥"短视频中出演"男一号"。他曾是一位从教师转型为世界五百强企业高管的"职场老兵"，最终选择创业，成立了专注于空气杀菌和净化技术的赫为科技。在新冠疫情的冲击下，邓富强创建的赫为科技和其他实体企业一样，面临着巨大的挑战。他开始尝试通过短视频创作寻找新的市场机遇。

2021 年 11 月 23 日，本着"真实记录创业历程、为创业者提供价值、助力品牌宣传"的初心，"赫为强哥"在各大社交平台上线《干就完了》第一条短视频，开启了企业自救与探索的旅程。经过两年多高质量内容的输出和正能量价值观的传递，"赫为强哥"影响力越来越大。疫情三年不仅没有让他的企业陷入困境，反而使他的企业扩大了规模，品牌知名度得到了提升，并与更多的相关企业建立起了战略合作关系，而他本人也因此荣获 2022 年度"正能量职工网络达人"称号，2023 年 6 月 16 日被正式聘请为芜湖市公安局反诈代言人，成为一个强有力的个人 IP。这种通过短视频电商直接与潜在客户建立联系、达成企业战略目标的方法，正在成为新趋势。

资料来源：本书编辑整理。

6.1 短视频电商概述

近年来，以抖音、快手为代表的短视频平台快速聚集了大量用户、沉淀优质内容，以及持续迭代的推荐算法不断提升内容与用户的匹配度，形成基于短视频的新电商模式，实现了营收的稳步增长。截至 2024 年 12 月，我国短视频用户规模已达 10.40 亿人，占网民整体的 93.8%；微短剧用户规模已达 6.62 亿人，占网民整体的 59.7%。5G 网络的出现，不仅带来更快的网络速度，更开启了全新的短视频电商时代。

6.1.1 短视频电商内涵

短视频电商是指通过短视频平台发布相关内容的视频，吸引用户关注，从而实现商品展示、推广和销售的商业模式。短视频让每个个体都有机会成为中心节点，产生自己的影响力，从而创造出新的商业价值。截至 2024 年上半年，抖音新注册达人的行业以"生活"类为主，占总新增达人的 23%，这表明短视频不仅是个人的表达渠道，它也正在成为品牌和商家营销的重要阵地。短视频能够从娱乐信息平台天然延伸至电商交易平台，本质上是在进行"注意力生意"。

短视频平台通过提供娱乐内容吸引大量用户，形成庞大的用户基础。这些用户在使用短视频应用时，会消耗大量的时间和注意力，这种注意力本身就是一种资源，可以被转化为商业价值。短视频平台通过提供高质量的内容，吸引用户的关注和互动，从而积累起庞大的用户基础和活跃度。用户的注意力和互动数据成为短视频平台商业变现的重要基础，如短视频平台通过短视频推荐、店铺、链接等方式，将商品或服务推荐给用户，用户通过点击链接或扫描二维码等方式进入电商平台进行购买。这种模式的成功关键在于如何有效地将用户的注意力转化为购买行为。

短视频能够从娱乐信息平台，天然延伸至商业交易平台。在商业逻辑上，更得益于时间拆分的精细化，获取了时间"复利"效益——拆分了每个视频、每一分钟的价值、每个广告时长、每个视频每分钟的效益，以及如何通过内容和广告（带货）的平衡来提升用户留存的时间。短视频能够将每名用户的时间，通过算法和技术切分成无数细小的等份，再针对每一等份推算商业内容以实现变现。除了向客户提供浏览量、点击量的收费外，平台甚至还可以向客户收取时间维度的费用。由此，短视频电商能够承接起大量的从业者和商业需求，成为移动互联网时代最新崛起的商业模式。短视频电商代表性平台如抖音、小红书等。

用户注意力的争夺是现代商业活动的底层逻辑，只有理解了商家如何争夺用户注意力，才能抓住现代商业竞争的本质。短视频电商的成功，很大程度上依赖于如何吸引和保持用户关注，以下是三个关键点：

（1）内容为王。短视频平台上的内容需要足够吸引人，才能在短时间内抓住用户的眼球。创意性、趣味性、实用性等都是吸引用户注意力、占用用户时间的重要因素。

（2）算法推荐。短视频平台通常使用复杂的算法来分析用户的兴趣和行为，从而精准推荐用户可能感兴趣的内容。这种个性化推荐机制大大提高了用户的黏性和观看时长。

（3）互动性强。短视频平台提供了丰富的互动功能，如点赞、评论、分享等，这些功能不仅增加了用户的参与感，还能进一步吸引用户的注意力。

6.1.2 短视频电商的核心价值

短视频电商相对传统电商来说提供了四个独特的价值。第一，短视频电商通过生动、有趣的视频内容来展示产品，能够更直观地让消费者了解商品的特点和使用场景，较传统电商的文字和图片描述更具吸引力和说服力。第二，短视频电商平台通常配备了直播功能，消费者可以在观看直播时直接与主播互动，提出问题并获得即时解答。这种互动性不仅增加了购物的乐趣，还能帮助消费者更快地做出购买决策。第三，短视频电商平台具有强大的社交属性，用户可以点赞、评论、分享视频，还可以与其他用户交流购物心得，增强了用户的参与感和归属感，使购物不再是孤立的行为，而是社交活动的一部分。第四，短视频电商平台利用大数据和人工智能技术，它们能够根据用户的观看历史和行为数据，不仅提供精准营销和个性化推荐，也提高了用户的购物体验和满意度。

与此同时，传统电商也开始借鉴短视频电商的优势，增加短视频功能。例如，淘宝推出了短视频电商，但是短视频平台的出发点不同，"淘宝短视频中至少存在一个可以被购买的商品或商家、品牌信息"，正如淘宝短视频的负责人说。短视频与传统电商在内容呈现形式、互动性及用户匹配方式等方面的对比分析如表6-1所示。

表6-1 短视频电商与传统电商特征对比

项目	短视频电商	传统电商
代表性企业	抖音、快手	淘宝、京东
内容呈现形式	视频展示	文字、图片、短视频
互动性	短视频兴趣引流，直播配合电商销售，能帮助消费者更快做出购买决策	平台引流，短视频服务于商品销售
用户匹配方式	智能推荐算法+搜索	搜索+个性化推荐

总的来说，短视频电商相对于传统电商来说，它可以通过内容驱动、即时互动、社交属性和精准营销等方面，为消费者提供更丰富、更有趣、更高效的购物体验。

6.1.3 短视频电商的发展历程

短视频电商经历了从萌芽、平台的兴起、用户与内容的高速增长到引入电商功能，再到形成复杂的多元生态，最后走向全球化的过程。概括起来短视频电商的发展可以分成以下六个主要发展阶段。

（1）萌芽阶段。在这个阶段，短视频平台刚刚兴起，用户数量和内容创作者数量都处于初步积累阶段。这个时期的短视频内容主要以娱乐和社交为主，电商功能还没有完全融入其中，平台主要依靠广告收入来维持运营。

（2）试水阶段。随着用户数量的增加，短视频平台开始尝试将电商功能融入其中。这个阶段，平台推出了一些基础的购物功能，比如在视频中嵌入商品链接，让用户可以直接点击购买。虽然这些功能还比较初级，但已经开始吸引一些品牌和商家入驻。

（3）爆发阶段。在这个阶段，短视频电商迎来了快速增长。平台开始大规模推广直播带货，许多网红和 KOL（关键意见领袖）通过直播形式进行商品推荐和销售。这个时期，短视频电商的销售额迅速攀升，成为电商领域的重要力量。

（4）成熟阶段。进入成熟阶段后，短视频电商的功能和服务更加完善。平台不仅提供丰富的购物功能，还通过大数据和 AI 技术为用户提供个性化推荐。同时，平台也开始注重用户体验和内容质量，推出更多高质量的短视频内容和直播节目。

（5）多元化阶段。在这个阶段，短视频电商开始向更多领域拓展，比如教育培训、健康医疗等。平台不仅仅是一个购物渠道，还成为用户获取信息和服务的重要平台。短视频电商的商业模式也变得更加多元化，包括广告、电商、付费内容等多种收入来源。

（6）全球化阶段。随着国内市场的饱和，短视频电商开始向国际市场拓展。如 TikTok（抖音国际版）推出后在短时间内风靡全球，曾多次登上美国、印度、德国、法国、日本、印尼和俄罗斯等国 App Store 或 Google Play 的总榜首。截至 2024 年 3 月，仅美国用户就高达 1.7 亿人。短视频平台通过与海外品牌和商家的合作，将中国的短视频电商模式推广到全球市场。这一阶段，短视频电商不仅要面对国内的竞争，还要应对国际市场的挑战。

综上所述，短视频平台已成为人们日常娱乐和信息获取的重要渠道。许多个人和企业通过短视频账号赢得了广泛的关注和商业上的成功。这里的"短视频账号"是一个广义概念，既包括抖音、快手这类的短视频平台上的账号，也包括微信等以分发短视频内容为主的个人或企业账号。因此，短视频账号的价值不仅体现在品牌推广和用户黏性的提升上，还在于其作为一个社交网络所具有的强大社交影响力，为账号所有者提供了多元化的变现途径和巨大的商业价值。

6.2 短视频电商模式

6.2.1 商业模式的内涵

商业模式是指企业创造、传递和获取价值的方式，它是企业战略的核心。其重要性在于为企业提供明确的方向和定位，帮助企业在竞争激烈的市场中占据独特的位置并获取优势。一个企业的商业模式决定了企业如何与客户交互、如何提供产品或服务，以及如何从市场中获得收益。商业模式的价值创造是指企业如何满足市场需求、解决问题并为客户带来价值。价值创造包括明确企业的核心竞争优势、独特的价值主张以及产品或服务的特点。传递价值是企业如何与客户互动、提供产品或服务，建立品牌忠诚度。主要涉及产品或服务的交付方式、销售渠道以及客户关系管理策略。获取价值主要用于阐述企业如何从市场中获得盈利，实现商业可持续发展。包括收入来源、盈利模式的设计，以及成本管理和盈利最大化策略。商业模式中的价值创造、传递价值、获取价值三个部分相互影响，构成了一个闭环，如图 6-1 所示三者缺一不可，少了任何一个部分，都不能形成完整的商业模式。

为了帮助企业建立独特竞争优势并适应不断变化的市场环境，商业模式还需整合企业要素并持续优化。整合企业要素形成具有独特核心竞争力的高效运行系统，是实现企业战略目标的关键。这包括内部和外部生产要素的整合、业务体系的搭建以及合作伙伴关系的建立。持续创新和改进以适应市场变化和客户需求的变化是保持竞争优势和实现长期成功的关键。总之，一个成功的商业模式应当围绕着创造、传递和获取价值展开，同时整合各要素以构建具有竞争优势的运营系统，并持续优化以适应市场环境的变化，从而实现企业的长期可持续发展目标。

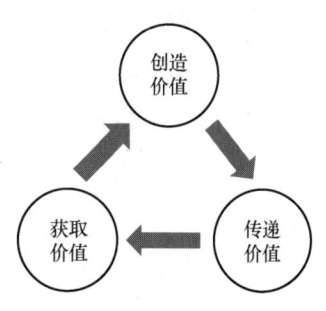

图 6-1 商业模式核心要素

6.2.2 短视频平台商业模式

短视频平台通过内容生产方式、分发方式和消费场景为用户创造价值。

首先，在短视频内容生产方式上，视频生产工具实现了"去专业化"。视频生产门槛已经降低到历史最低点。相比图文内容的生产，视频内容生产方式的变革路径可以被更加清晰地划分为职业生产内容（Occupationally-Generated Content，OGC）、专业生产内容（Professional- Generated Content，PGC）、用户生产内容（User-Generated Content，UGC）三个不同阶段。目前，主流的智能手机终端都已经支持 1080P 的高清视频录制，手机端的剪辑甚至特效 App 已经足够流行，"一个人+一台手机"已经可以生产出足够吸引人的视频内容。最典型的案例是 2016 年某内容创作者录制的系列吐槽节目，掀起了 2016 年自媒体圈子里的第一个话题高潮。在走红之后，该创作者迅速开设了微信公众号、头条号、优酷等多平台账户，实现了内容多平台分发。这种现象宣告 UGC 短视频这一全新内容形式正式崛起。

其次，在短视频分发方式上，从人工分发转向机器智能分发。传统视频的分发方式主要依赖于人工编辑和审核，以及通过电视广播等传统媒体进行传播。相比传统中心节点的分发方式，短视频的智能分发逻辑主要体现在算法、社交互动和精准匹配三个方面。第一，算法分发。短视频平台利用算法技术,根据用户的观看历史、喜好和行为模式,智能推荐相关内容。这种分发方式极大地提高了内容消费效率,使用户能够快速找到符合自己兴趣的视频。例如,抖音等短视频平台通过算法分发,已占据移动应用超过 80%的用户使用时长,实现了对用户的精准内容推荐。第二,社交互动。短视频平台通过点赞、评论和分享等社交互动功能,增加了用户之间的互动和参与感。这种分发方式不仅提高了用户的黏性,还使内容传播更加迅速和广泛。例如,小米在母亲节期间推出了一支漫画短视频,讲述母爱的温情和伟大,背景音乐采用抖音热门歌曲《纸短情长》的改编版,该视频获得了 69 万的点赞量,成为爆款视频。这不仅展示了小米在内容创作上的能力,也体现了其对用户情感需求的敏锐洞察。第三,精准匹配。短视频平台通过个性化推荐机制,对用户特质和喜好的分析,实现广告内容的精准推送。这种分发方式不仅提高了广告的效率,也增加了用户的参与度。例如,抖音平台通过算法精准推送用户可能感兴趣的内容,这种机制在一定程度上满足了用户即时兴趣。这种碎片化的短视频创造了前所未有的消费场景,包括瞬间式触发、随机性满足感以及不受物理空间制约的精神互动等。

最后,在短视频消费场景上,从慢节奏沉浸式体验转向快节奏碎片化消费。作为一种新兴的媒体内容形式,短视频的消费方式与传统的阅读、电视观看等方式有着显著的差异。短视频的时长一般在几十秒到几分钟之间,这使用户可以在短暂的时间内获取到丰富的信息或享受到精彩的内容。因此,它更符合人们碎片化阅读的习惯,让用户可以随时随地进行观看。例如在临睡前、一个人在餐厅吃饭时、课间等零散时间,人们会选择观看短视频来填补这些"缝隙空间"。

与传统媒体相比,短视频通常会选择一些精彩的画面或者情节来吸引用户的注意力。这种生动有趣的表现形式往往更容易引起用户的情感共鸣,使得用户更愿意分享和传播这些内容。同时,利用短视频信息传播速度快的特点,用户可通过各种社交平台迅速地分享自己喜欢的短视频,从而使好的内容迅速传播开来。这也为内容创作者提供了更广阔的舞台,让其作品能够更快地被更多人所看到。短视频具有较强的互动性,很多短视频平台都提供了评论、点赞、分享等功能,用户可以通过这些互动方式来表达自己的观点和情感。而且,一些短视频还会设置互动环节,让用户参与到视频内容创作中,增强了用户的参与感和体验感。

短视频平台的商业模式是一种融合了短视频和电子商务的新型商业模式,它通过短视频平台来推广和销售商品,借助短视频的内容创作和传播优势,吸引用户关注并促成购买行为。这种模式的核心在于通过短视频的内容创作激发消费者的购买欲望,并通过电商平台完成交易,实现了从内容创作到商业变现的闭环。短视频平台通过智能推荐算法实现短视频的生产、分发及互动,让创作者精准触达目标用户,实现内容与用户匹配,让创作者与用户互动,形成内容平台生态。短视频商业生态如图 6-2 所示。

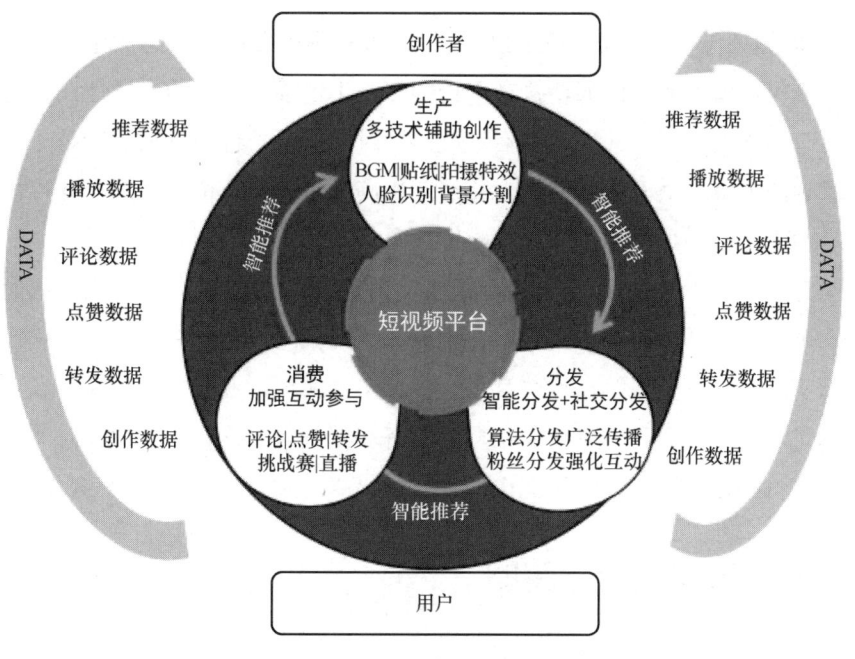

图 6-2 短视频商业生态

6.2.3 短视频平台运营的商业逻辑

短视频平台运营的商业逻辑可以用互联网免费"三级火箭模型"进行分析,具体模型如图 6-3 所示。该模型通常用于解释互联网产品的增长策略,包括用户获取、用户留存和商业变现三个阶段。最后"发射卫星",实现愿景。

放射卫星:实现愿景。

三级燃料:商业变现,通过广告、电商、直播或卖课获得商业利润,完成商业闭环。

二级燃料:用户留存,短视频平台通过不断优化用户体验和内容多样性建立信任来提高用户留存率。

一级燃料:用户获取,短视频平台通过其强大的算法和内容推荐机制,通过内容精准吸引潜在用户。

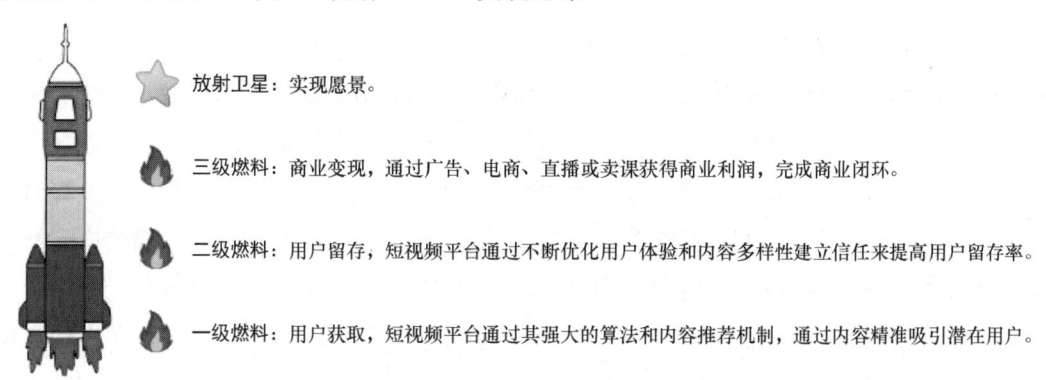

图 6-3 互联网免费"三级火箭模型"

(1)第一阶段:用户获取(第一级燃料)。短视频平台通过其强大的算法和内容推荐机制,有效地吸引了大量用户。例如,在抖音平台的算法机制中,话题和标签的精准使用尤为关键,这使平台能够将内容推送给真正感兴趣的用户,从而快速扩大用户基础。此外,短视频平台在早期启动阶段往往通过人工干预和资源倾斜来吸引和扶持头部内容创作者,这也是用户获取策略的第一阶段。此时的商业模式以广告为主,短视频平台通过品牌合作和广告投放来实现盈利。

（2）第二阶段：用户留存（第二级燃料）。短视频平台通过不断优化用户体验和内容多样性，提高用户留存率。例如，抖音平台的算法不仅强调内容的多样性，还重视内容的时效性，这有助于维持用户的兴趣和活跃度。同时，抖音平台的算法逻辑是不断将流量倾斜给最受欢迎的内容，从而激励创作者持续产出高质量内容，留住用户。此阶段的商业模式以佣金为主，短视频平台通过向商家收取交易佣金来实现盈利。

（3）第三阶段：商业变现（第三级燃料）。短视频平台通过多种方式实现商业变现，包括广告、电商和直播等。例如，抖音在电商领域的策略包括广告投放、品牌店播、效果广告、直播变现、电商变现等，这些都是短视频平台实现商业变现的重要手段。此外，平台还可以通过增值服务、品牌孵化及推广活动等获得收入。这一阶段短视频平台通过引入品牌商和优质供应链资源，打造精选电商模式，最终"发射卫星"，实现愿景。

6.3 短视频电商运营策略

企业或个人想要掌握短视频电商运营策略，需要深入理解平台定位、内容运营、用户运营以及相关运营工具。短视频平台的核心是内容，其"生产—分发—消费"体系组成了短视频平台大树的主枝干，大树是否能够枝繁叶茂，则高度依赖短视频平台的用户运营能力，需要通过"用户获取—用户留存—商业变现"实现商业闭环。

6.3.1 短视频平台定位

短视频平台定位的意义与价值在于提升平台的吸引力和传播效果，增强粉丝忠诚度和活跃度，以实现商业价值。国内的主要短视频平台包括抖音、快手、视频号、小红书和哔哩哔哩（B站）等，它们的平台定位各有特色。抖音的定位是强调"记录美好生活"，注重用户观赏感。抖音通过深入到全国各地艺术院校，鼓励高颜值、有才艺的年轻人参与内容创作，并帮助他们获取粉丝，提升关注度。快手的定位是"基于短视频和直播的内容社区与社交平台"，强调"公平、普惠"。其平台标语从"有点意思"更新为"拥抱每一种生活"，鼓励用户从"观察者"转变为"参与者"。视频号的定位是"记录真实生活"，更关注长尾用户。它的定位与快手相似，为用户提供了一个更加私密和个性化的创作空间，有利于建立深厚的用户关系。小红书更侧重于生活方式和购物分享，从图文内容起家，逐步扩展至短视频内容领域。国内主要短视频平台的定位、特点及用户特征如表6-2所示。

表6-2 主要短视频平台的定位、特点及用户特征

短视频平台	平台定位	平台特点	用户特征
抖音	记录美好生活	全球化战略、广告与电商的整合、社会责任与正能量的传递	以24至35岁的用户为主，其中女性占比稍微高一点。包括一些明星、网红、公众人物及企业用户

(续表)

短视频平台	平台定位	平台特点	用户特征
快手	普通人的记录和分享	"拥抱每一种生活",鼓励用户从"观察者"变成"参与者"	大部分用户来自二线及以下城市,尤其是四线及以下城市的用户占很大比例
视频号	基于微信平台的社交互动性和推荐机制	在订阅的基础上加入了社交推荐和个性化推荐的机制	与微信用户及公众号用户有较高的人群重合度
小红书	生活方式平台和消费决策入口	对年轻人来说具有很好的社交属性,通过"种草–拔草"实现商业闭环	16到24岁的用户占比较高,追求时尚,注重生活品质,对新鲜事物充满好奇心和探索欲望

以上平台的定位反映了其各自的目标用户群体和内容生态。例如,抖音和快手通过强调才艺展示和日常生活分享,吸引广泛用户群体;而视频号则更侧重于提供个性化创作空间和社交互动。这些差异使每个平台都有其独特的优势和吸引力,能够满足不同用户的需求。因此,在入驻这些平台时,需要理解这些平台特点,以方便制定自己的短视频运营策略。

6.3.2 短视频电商内容运营

短视频电商内容运营,主要指利用新媒体渠道,通过文字、图片或视频等形式将企业信息友好地呈现在用户面前,并激发用户参与、分享和传播的过程。这一过程不仅包括内容的创作与发布,还涵盖了用户互动与商业转化效果的评估等方面。

1. 短视频电商内容运营的主要工作

(1) 内容创作与分发。内容创作是内容运营的基础,需要不断产出高质量的内容来吸引和保持用户的关注,进而实现商业价值。例如,通过高质量的视频或策划有趣的活动来吸引用户,根据市场需求和用户偏好进行调整。同时,要确保内容合法、合规,尊重版权,规避法律风险。内容分发则是通过不同的渠道和方式将内容有效地分发给目标用户群体,以提升内容的覆盖率和影响力。这包括在各大媒体渠道发布内容,如知乎、公众号、小红书、哔哩哔哩(B站)等,以提升文章、视频的曝光量,从而吸引潜在用户。

(2) 用户互动与参与。通过优化内容和服务体验,提升用户满意度和忠诚度,鼓励用户进行点赞、评论和分享等互动行为。不同企业或平台对互动的评估可能会有差异,如快手更关注播放量、点赞数、评论数、转发数、粉丝数等,而抖音则优先考虑内容本身的吸引力和传播效率,平台算法更注重内容质量和热度,优先推送热门视频。激发用户参与、分享和传播内容,建立良好的社区氛围和用户黏性。通过策划活动、提供免费的学习资料等方式,鼓励用户参与和分享内容,增强用户的参与度和忠诚度。抖音电商关注的核心内容指标,如表6-3所示。

表6-3 抖音电商核心内容指标

播放分析	互动与观众分析
2s跳出率 5s完播率 整体完播率 平均观看时长(秒)	评论与点赞率 吸粉与脱粉率 分享与收藏率

(3)商业转化与效果。对于有明确商业目标的短视频项目（如促进产品销售、粉丝增量等），需通过实际转化率和业绩目标达成情况进行考核。应有效地测量内容运营的投资回报率（Return On Investment，ROI），确定不同阶段目标达成的关键绩效指标。如抖音平台主要关注的电商转化指标是带货成交金额、店铺/橱窗引流效果及直播间导流情况，抖音电商转化详细指标，如表6-4所示。通过网络分析工具获取消费量指数、引流指数等数据来进行量化评估这些指标。

表6-4 抖音电商转化详细指标

带货成交金额	引流店铺/橱窗	引流直播间
商品曝光次数	引流店铺页次数	引流直播间次数
千次曝光成交金额	千次曝光成交金额	渠道千次曝光成交
千次曝光成交单量	千次曝光成交单量	渠道千次观看单量

2．短视频电商内容运营的主要问题

短视频电商内容运营的主要问题有：主题不突出、内容同质化严重，缺乏创新及剪辑等技巧应用不当这三个方面的问题。

（1）主题不突出。主要表现在三个方面：一是题材内容陈旧，对短视频这一传播载体运用不当；二是由于媒介对影像要素的运用不足，造成影像表现形式单一，题材表达不够清晰；三是用以与主体密切相关的陪衬辅助、衬托主体时，使陪衬喧宾夺主。画面中显眼的位置既没有凸显出主题，也没有引起观众的注意；利用环境、远景、人物的动作、表情等细节来衬托或间接地突出主题。

（2）内容同质化严重，缺乏创新。第一，平台所推送的内容和热门内容大同小异，而利用大数据进行的推送，更容易让用户广泛地接受同一类型的视频，使得用户难以接触不同类型的内容。第二，平台传播的内容缺乏知识底蕴，具备深远社会价值、正能量、带有社会公益性质的内容少之又少，与此形成鲜明对比的是，单纯满足人们猎奇心理、追求眼球经济的作品比比皆是。同质化现象突出也在一定程度上表明了短视频文化传播的短板以及短视频内容创造力的匮乏，这些都是自媒体短视频在文化传播过程中存在的重要问题和症结。

（3）剪辑等技巧应用不当。短视频制作、剪辑等技巧方面存在的主要问题包括画面稳定性不足、光线运用不当、选题定位不准确、故事线设计不合理、创意元素缺乏、剪辑节奏把握不佳、转场效果选择不当、音频处理不细致等。

3．短视频电商内容运营优化建议

以上短视频内容运营的主要问题不仅影响了短视频电商的内容质量和用户体验，也制约了短视频行业的发展，针对这些问题，下面从明确主题、创新内容和剪辑精良三方面给出内容运营优化建议。

（1）明确主题。主题要简洁，需直截了当地指出要点。有几种方法可以用来直接强调主题。第一，直接强调法，将主体放在一个明显的位置，并占据较大空间，又或者是利用照明工具等，让人一眼就能将注意力转移到主体上，这样就可以直接突出主体。一段视频，只有一分钟不到，要迅速地抓住客户，最初的几秒钟至关重要。为增加点击率，影片的播放时间不宜太长。由于短片的长度不够，需强化主题，这对创意的要求非常高，必须掌握好这个视频的节奏。要想在一分钟之内讲好一个故事，对于一个创作者而言是个很大的挑战。为了更快地了解用户的心理，在摄制录像前，必须先写好剧本，然后再按剧本进行拍摄。第二，用形象、委婉的手法，间接地强调中心思想。在运用场景营造氛围的同时，也可以运用景色来凸显主题。这就需要电商短视频的制作和拍摄人员在对拍摄环境以及人物的动作、表情等细节的刻画上要更加重视，以此间接地强调主旨。比如说，有些人生来就喜欢听故事，所以博主可以成为讲故事的专家。这不是要你坐在镜头前向观众讲解一个故事，而是需要通过一个短剧，巧妙地将电商运营与之结合起来，让观众不会产生突兀感，反而会更加欣赏我们的小短剧故事，这样也能更好地促进电商运营的发展。第三种是陪衬法。陪衬是与主体相关的辅助表演客体。它是作为背景来衬托主体的，有助于主体将画面的内容表现出来，让画面的内容变得更清晰、更完整、平衡、美观。讲故事、背景音乐、图片都是为了与用户产生情感上的共鸣，这样，短视频才会被用户所使用，并激发他们的评论。

（2）创新内容。第一，选题定位。短视频内容的选题定位至关重要。要根据目标受众的兴趣和需求，选择有吸引力的选题。例如，一家美妆店在抖音上发布了一条短视频，展示了他们的新品口红。在视频中，一个美女试用了这款口红，并展示了不同色号的效果。这个视频在抖音上迅速走红，吸引了大量用户的关注和转发，视频账号的关注度和专业影响力都得到了很大提升。第二，故事线设计。一个吸引人的短视频需要有清晰的故事线。在策划内容时，要注重故事的起承转合，让观众在观看过程中产生共鸣。同时，从消费者视角讲述"有用"的故事，帮助消费者建立商品认知。例如苹果公司在 2018 年发布了一则名为《Share Your Gifts》的动画短片，影片讲述了一个拥有创作天赋的女孩在经历内心挣扎后，勇敢展示自己作品的故事。视频中巧妙地融入了苹果的产品（如 MacBook、iPad 等）作为创作工具，展示了其在艺术创作中的重要作用，同时传递出鼓励人们发掘自身潜力的品牌价值观。这一故事化内容不仅引发了观众的情感共鸣，也成功提升了苹果品牌的影响力和好感度。第三，挖掘新鲜内容。如果想要在短视频内容上获得优势，最简单的方法就是做竞争对手没有做过的内容，或者说用不同的角度去表达同一件事情。这就要求策划人员要适时地搜集选题资料，并对其进行筛选，再进行精练。如果能找到一个可以借势的话题就更好了，也可以用"新瓶装旧酒"的方式，重新包装已经有的内容和资源，使其变得与众不同。

（3）剪辑精良。短视频剪辑涉及多个方面，包括内容规划、素材选择、叙事结构、视觉效果等。以下是一些关键技巧。首先明确剪辑内容，在开始剪辑之前，要明确你的剪辑思路和整体流程框架，梳理剪辑素材，确保重点剧情或精彩镜头能在作品中得到充分展示。其次精选素材，选择画面清晰、内容吸引人的素材片段，保持视频的连贯性和流畅性，避免画面跳跃。讲故事要有"前因后果"，视频叙事应像讲故事一样，有前因后果，并在中间设置疑问，以激发观众的好奇心。帧数速率调整，根据需要，调整帧数片段的播放速度以控制画面节奏，例如加快帧数播放速度可以使画面节奏更紧凑。转场技巧，运用各种转场效果，如特写转场、淡入淡出转场等，以增加视频的视觉效果。字幕特效，自动识别字幕，并根据画面色调选择酷炫的字幕风格，为重点内容添加动态字幕。配音与背景音乐，选择合适的背景音乐，并考虑使用配音增强视频的表现力，也可以利用变声器和配音软件增加趣味性。画面缩放，通过放大缩小和特写切换，增强画面的动感。画中画效果，在视频中使用画中画技术，可以添加背景、视频、贴纸等，增强视频的趣味性和视觉效果。开头和结尾的设计，将最吸引人的部分放在视频开头以提升完播率，结尾则用于引发互动、升华主题或预告下期内容。

总之，短视频内容运营在提升品牌形象、吸引目标用户、增强用户互动等方面发挥着重要作用，是现代营销策略中不可或缺的一部分。企业需要深入了解目标用户的特点和偏好，制作符合用户口味的短视频内容，以提高用户的转化率。

6.3.3 短视频电商用户运营

短视频用户运营是以企业目标人群为中心，制定一套连接用户、挖掘用户需求、增强用户体验感，从而实现企业目标，达成商业价值转化的运营机制。相对用户运营来说，很多企业往往更关注流量问题，却忽略了流量是用户运营的结果。仅关注流量，无法解决企业的核心问题。持续增长的用户资产和有效的用户转化才是企业未来持续增长的动力，而这些都离不开对用户的精准运营。短视频用户运营有四个关键问题：用户画像、用户增长、用户互动、用户转化。

1．用户画像

以大数据为基础的用户画像能抽象出用户信息全貌，可以帮助品牌多维度了解目标人群的画像特征（如：新老客、粉丝、会员、自定义人群等），便于进一步精准、快速地分析用户行为习惯、消费习惯等重要信息，给消费者打上标签。用户画像有助于品牌获取精准流量。用户画像完成后，系统会基于用户画像去做流量的分发。精准定位的优质用户群体能给用户带来更多流量，是企业或商家需要经营的核心数字资产。例如，企业的私域用户都是什么样的人，喜欢什么样的内容？如何进行商品的定位？如何去优化消费者购物体验？如何进行企业广告的精准投放？这类问题的解决都需要结合用户画像来理解用户需求特性以及行为组合，去优化自身商品。再比如，企业店铺某款商品已售出 2000 件，有 1000 个买家在购买之后连续 3 个月未再次访问过店铺，此时就要思考如何让这 1000 个买家能再次访问购买并且活跃起来。这时就需要分析这批用户的画像（他们为什么不访问？喜欢什么？消费能力如何？），只有分析清楚，营销才有针对性，转化率才能高。

用户画像可分为基础画像、交易行为画像、人群偏好画像三种类型。基础画像主要用于分析城市等级和"八大策略人群"应用场景；交易行为画像主要用于分析人群活跃度和消费力应用场景；人群偏好画像主要用于分析人群的内容偏好、商品属性及跨类目偏好应用场景。每种特征用户画像的应用场景、标签名称、标签范围等如表6-5所示。

表6-5 用户画像标签

特征类型	应用场景	标签名称	标签范围
基础画像	分析城市等级/八大策略人群	性别	男、女
		人生阶段	征婚、备婚、已婚、已育
		年龄	18~24、25~30、31~35、36~40、41~45、46~50、50以上
		八大消费人群	精致妈妈、新锐白领、小镇青年、资深中产、都市GenZ、小镇中老年、都市蓝领、都市银发
		地域	按省份TOP10、按城市TOP10、按城市发展分布
		活跃时间分布	从0点开始，以每两个小时间隔展示人群活跃时段分布
交易行为画像	分析人群活跃/消费力	平台消费能力	高消费能力、中高消费能力、中消费能力、低消费能力
		购买次数	未下单、下单1次、下单2次、下单3次、下单3次以上
		购买天数	未下单、下单1天、下单2天、下单3天、下单3天以上
		最近消费时间	0~7天、7~30天、30~60天、60~90天、90~180天、180天以上
		交易来源构成（基于店铺）	直播间、短视频、店铺、其他
		交易账号构成（基于店铺）	官方账号、渠道账号、联盟带货、其他
人群偏好画像	分析人群的内容偏好、商品属性/跨类目偏好	行业偏好	展示TOP15一级类目及占比
		商品偏好	展示单个垂类行业下商品（三级）类目的TOP10
		同行业商家偏好	展示同行业商家的TOP20
		营销工具偏好	限时限量购、满减、优惠券
		内容偏好	展示TOP15内容一级类目及占比
		店铺商品偏好TOP20	分别展示成交量、成交金额、商品访客数排名TOP20的商家店铺内的商品

用户画像的主要作用包括四个方面。第一，了解目标用户需求。在选品或开始营销活动前，对用户画像进行分析，从性别、年龄、城市等级出发，提炼核心人群的喜好及消费能力。第二，制定运营计划。针对不同人群，提供不一样的商品和权益，发送的内容也应有差异。第三，用户主动运营。通过人群圈选功能，通过短信、客服营销、语音外呼等渠道主动触达用户。第四，运营效果复盘。活动或商品上新后，分析并追踪品牌人群特征的变化，为直播间或短视频的内容创作及选品策略提供指导，优化并提升运营效果。

用户画像的局限性。用户画像有其自身的特性和局限性，其时效性尤为明显。因此，需要根据用户画像的基础数据持续更新和修正，同时要善于从已知数据中抽象出新的标签，使用户画像越来越鲜活立体，发挥其参考指引价值。日常运营中，我们可以根据商品管理中的浏览量、点击率和转化率大致判定出问题所在（如轮播图不好还是详情页需要优化），但具体怎么优化，很大一部分是从自我感受出发进行修改。但是，如果我们了解消费者的特性，优化方向就相对更明确。

2. 用户增长

用户增长的核心在于如何做好拉新、转化、留存。对于任何企业来说这几点都是运营的核心内容，如何才能实现呢？

第一步拉新。我们要明白最基础的三个问题。目标用户是谁？目标用户在哪里？目标用户如何获取？围绕产品属性来确定目标人群。对于目标人群的分析通常是通过用户画像、产品功能以及产品带给用户的体验感来进行目标人群的确定，从而进一步筛选获取目标用户人群所采用的渠道或方法。第一种拉新方式是购买流量。通过在互联网上广撒网来实现获取目标用户的目的，遵循漏斗模型。但随着竞争加剧，成本逐年递增。这时候就需要优化我们的思路和渠道以及物料。第二种拉新方式是"裂变"。裂变的机制就是分享，通过参与者将信息分享到有效的渠道平台，同时利用参与者的圈子来实现分享以及后期的口碑转化。这种方法需要和前面的内容创新协同运作。例如，近几年常见的孩子教育体验课的拉新，都是通过"帮助他人"的方式进行传播扩散，达到拉新的目的。在拉新的过程中我们需要明确不同群体所要采用的拉新方式是不一样的，有些用户适合使用无门槛的拉新方式，这样才能给用户接触到产品的机会。

第二步转化。转化的重点在于产品体验的打造，在此过程中，运营的一切动作都要围绕产品核心功能来实现。从短视频平台获取的目标用户，需要获取用户心理的真实感受和想法，或者说是带着运营者所想要获取答案的心态去进行体验感的打造。只有通过层层的互动体验和价值的打造，成功在用户心中塑造一个完美的形象或是一个物超所值的想法，这样用户才愿意为你的产品买单。

第三步留存。唯有实现留存乃至二次转化，运营者才真正达到了目的。很多时候，我们不能仅通过一次转化就实现多数用户对于高价产品的青睐，除非你的产品是独一无二的紧俏货。重要的是"占领用户心智"，在用户心中留下深刻印象，这样每当用户有需求或是看到同类产品的时候，就能够想到我们的产品。之后，我们需要根据产品属性所对应的目标用户，分析目标用户画像，筛选活动区域，在符合该区域或是该平台规则的情况下，进行产品宣传内容的打造或策划。

3. 用户互动

如何有效地利用短视频促进用户互动，已成为提升内容传播效果和用户黏性的关键。此处将对短视频运营中用户互动的几个重要因素进行探讨。

（1）优质内容是吸引用户互动的基石。无论是短视频还是其他形式的媒体，优质的内容始终是吸引用户关注和互动的基础。在短视频运营中，运营者需要注重内容的创意、实用性和情感共鸣。通过挖掘用户需求，结合热点话题和流行趋势，创作出有趣、有料、有用的短视频内容，才能够吸引更多用户的关注和互动。

（2）精准定位目标用户群体。了解目标用户群体的喜好、需求和习惯，是短视频运营中不可或缺的一环。通过对目标用户群体的精准定位，运营者可以更有针对性地制作和推广短视频内容，从而提高用户黏性和转化率。同时，根据用户反馈和数据分析，不断优化内容定位和推广策略，实现用户互动的持续提升。

（3）强化社交互动与参与度。社交互动是短视频运营中的重要环节。通过增强用户的参与感和归属感，可以有效提升用户互动性和黏性。运营者可以通过设置话题挑战、互动问答、用户投票等方式激发用户的参与热情。同时，及时回复用户评论和私信，与用户建立良好的互动关系，也是提高用户满意度和忠诚度的重要手段。

（4）创新互动形式以提升用户体验。为持续吸引用户参与互动，运营者需要不断创新互动形式以提升用户体验。例如，可以尝试在视频中加入互动元素，如弹幕评论、实时投票等，让观众能够更直接地参与到视频内容中。此外，关注用户反馈和需求，不断优化界面设计和操作流程，提升用户的观看和互动体验。

（5）利用算法推荐提高曝光率。短视频平台通常采用算法推荐的方式，将优质内容推送给潜在用户。运营者需要关注算法推荐的规则和特点，通过优化标题、标签和描述等元素，提高视频被推荐的机会。同时，通过分析用户行为数据和反馈，不断优化内容质量和推荐效果，实现用户互动和曝光率的同步提升。

综上所述，短视频运营中的用户互动要素主要包括优质内容、精准定位、社交互动、算法推荐、创新互动形式等。运营者需要关注这些要素并不断优化，以吸引更多用户关注和互动，提升短视频内容的传播效果和用户黏性。

4．用户转化

短视频用户转化主要通过短视频平台吸引用户，进而引导用户进行购买或其他形式的转化行为。这一过程不仅涉及短视频内容的创作和分发，还包括了如何有效地将观众转化为实际消费者或用户。以下是一些关键策略。

（1）内容创作与分发。短视频平台通过创作高质量、有趣或有用的内容来吸引用户观看，这是吸引用户注意力的第一步。内容的类型和风格需要根据目标受众进行调整，确保内容能够引起用户的兴趣和共鸣。

（2）用户信任的建立。对于电商或服务类应用，建立用户信任至关重要。通过短视频展示产品或服务，解释其优势和使用方法，可以帮助用户建立对产品或服务的信任感，从而提高转化率。

（3）兴趣电商与信任电商。短视频平台（如快手和抖音等）正在探索不同的商业模式。快手通过"信任电商"模式，依靠创作者与用户之间建立的信任关系来促进销售；而抖音则通过"兴趣电商"模式，利用算法推荐技术让用户在浏览的同时发现感兴趣的商品，激发购买欲望。

（4）从流量思维到用户思维的转变。随着短视频行业的发展，行业逐渐从追求流量转向关注用户价值和体验。这包括如何更好地满足用户的多元化需求，如生活服务、出行服务、综合电商等，以及如何通过短视频内容提供实用信息和情绪价值，从而增强用户黏性和促进转化。

（5）商业价值与社会价值的结合。短视频平台不仅要在商业上取得成功，还要在社会价值上有所贡献，如促进灵活就业、缩小数字鸿沟等。这种双重价值有助于平台的长期发展和持续吸引用户。

综上所述，短视频用户转化的关键在于创造高质量的内容吸引用户，建立信任关系，利用算法技术激发购买欲望，同时关注社会价值的实现，以促进用户的长期转化和平台的可持续发展。

6.3.4 短视频电商运营工具

"工欲善其事，必先利其器"，在短视频电商运营过程中，经常会遇到视频剪辑、内容创作、用户数据分析和发布平台等问题。以下是一些常用的工具及网站，合理利用这些工具，将有效提升运营的效率，视频电商运营工具详情如表6-6所示。

表6-6 视频电商运营工具

工具类别	工具名称	主要功能
剪辑工具	剪映	抖音官方推出的简单易用、功能强大的视频剪辑软件。支持智能识别语音并自动添加字幕，也支持AI一键成片
	快影	专业的视频编辑软件，支持多轨道编辑、高清输出、智能配音等功能。它内置了多种AI特效和模板，可以快速生成专业的视频作品
	PR(Adobe Premiere Pro)	PR是Adobe公司开发的专业视频剪辑软件，支持精确的视频剪辑、调色、美化音频、添加字幕等功能
音频工具	AU（Adobe Audition）	它是Adobe公司旗下专业的音频编辑和混合工具，运行流畅且操作简单，面向的人群都是视频专业人员，它提供先进的音频混合、编辑、控制和效果处理功能
	变声专家	可以完成多种声音变声，为视频剪辑、解说等增加配音；支持模仿人的声音、改变歌曲里的声音、创建动物声音等
AI工具	豆包	字节跳动公司基于云雀模型开发的AI工具，提供聊天机器人、写作助手以及英语学习助手等功能，它可以回答各种问题并进行对话，帮助人们获取信息
	文心一言	百度全新一代知识增强大语言模型，文心大模型家族的新成员，能够与人对话互动、回答问题、协助创作，高效便捷地帮助人们获取信息、知识和灵感
	Synthesia	Synthesia是一款基于ChatGPT的文本到视频生成器，可以帮助用户快速创建AI图像和视频。它支持60多种语言和各种模板、屏幕录制、媒体库等
	讯飞星火	科大讯飞推出的AI工具，支持语音指令识别，可以结合插件解锁更高难度操作

（续表）

工具类别	工具名称	主要功能
数据分析工具	飞瓜数据	追踪短视频流量趋势，提供直播监控、视频监控功能；主要用于数据分析（直播、短视频、电商）和账号营销，是收费软件
	蝉妈妈数据	针对抖音、小红书等短视频平台的一站式数据分析服务平台，帮助达人和商家更好地进行合作，提高销售额和用户体验
服务平台	抖音创作者服务中心	抖音创作者的专属服务平台，通过提供授权管理、内容管理、互动管理及数据管理等服务，助力抖音用户高效运营
发布平台	抖音	定位为记录美好生活，让每一个人看见并连接更大的世界，鼓励表达、沟通和记录，激发创造，丰富人们的精神世界，让现实生活更美好
	小红书	一个生活方式分享平台，用户可以在这里发现世界各地的好物，并分享自己的购物体验和日常生活
	视频号	一个人人可以记录和创作的平台，也是一个了解他人、了解世界的窗口。视频号与微信的社交功能紧密结合，用户可以通过微信好友、朋友圈、公众号等渠道快速传播视频，扩大视频的曝光率和影响力
	B站（哔哩哔哩）	多元化平台，拥有海量的优质内容，包括动画、游戏、音乐、舞蹈、生活、娱乐等多种类型，能够满足不同用户的喜好和需求。同时 B 站的用户主要是年轻人，尤其是 Z 世代（网生代）用户
	西瓜视频	记录和创作的平台，也是一个了解他人、了解世界的窗口，用户可以通过微信好友、朋友圈、公众号等渠道快速传播视频，扩大视频的曝光率和影响力

6.4 短视频电商运营中的问题与挑战

短视频电商运营过程中经常会面临多种问题与挑战，下面概括总结了运营过程中最常见的三大问题，并给出这些问题的解决建议。

6.4.1 短视频质量问题

短视频质量的主要问题是内容与商品脱节、用户思维不足、过于追求娱乐，视频画面呈现混乱、内容老套、创新不足等。例如，用户可能很喜欢观看某类短视频，但看完之后，不会对商品产生任何兴趣。优质带货视频需要做到以下四点。

（1）短视频前三秒应直接呈现商品，一开始就要让粉丝知道你要介绍什么商品。开门见山，不能让粉丝看了半天还云里雾里，不知道短视频在介绍什么商品。

（2）全程突出核心卖点，短视频作品在拍摄和制作过程中，卖点是核心，所有细节都要围绕商品展开。这样粉丝在看到这个作品的时候，就不是被有趣、好奇等因素打动，而是被商品本身吸引。文案和视频的制作都要以突出卖点为中心，这样在内容上就不会走偏。

（3）多镜头展示卖点，不易引起审美疲劳。采用多组镜头展示商品的卖点，而不是一个镜头拍摄到底。要避免由于缺乏场景与节奏的变换引起用户疲劳，或广告过于直白。

（4）融入生活场景，代入感强，将商品拍摄背景设置为粉丝真实生活中的使用场景，将更容易引起粉丝的共鸣，更有利于粉丝接受推荐的商品。例如，数码博主往往会把很多数码产品直接放在电脑桌上进行展示，通过良好的外部环境布置，让介绍的产品拥有更多代入感。总之，需要多多揣摩和制作优质带货内容，同时避免以上出现的问题，不断迭代优化。

6.4.2 店铺选品问题

选品是短视频电商成功的关键，店铺选品策略不当会导致各种经营困难。例如，原模原样模仿其他成功的产品虽然简单有效，但缺乏创新和差异化；只模仿卖点而不考虑产品的独特性和市场需求可能导致竞争激烈，难以脱颖而出；在原有产品基础上增加卖点，虽然是一种策略，但如果不能准确把握市场趋势和消费者需求，无法达到预期的商业目标。

短视频电商通过吸引人的短视频内容呈现形式展示商品，采用"货找人"的模式将商品以更直观、形象、有趣的方式呈现给用户，主动帮助用户发现潜在购物兴趣。短视频电商不同于传统电商"人找货"的"需求—搜索—购买"模式，采用的是"兴趣—需求—购买"，"货找人"模式，因此短视频电商在店铺选品问题上需要注意以下四点。

（1）商品卖点强，能吸睛。即产品好，在外观、功能上有独特优势："要么好看、要么好玩、要么有用"。

（2）价格有优势，促转化。即价格优，价格门槛较低或者容易感知优惠的高性价比商品。如"试用小样、低客单、买一赠X、高折扣等"。其次是产品呈现操作空间大，例如，同等价格下，体积更大、数量更多、质感更优的商品。

（3）趋势品和热销品。这种商品需求大，提销量。即有大量可见的潜在需求趋势品和热销品，这需要结合时令、节日、活动氛围等数据分析找出近期的爆品、趋势类目。如春夏季防晒品是趋势品，母亲节礼盒相关的商品也是趋势品。热销品是通过数据进行分析筛选出销量好、评价优的商品，即最近受用户欢迎度较高的商品。如自己热卖分析、同行热卖分析、平台热卖分析等。

（4）选好品的基础上进一步优化好商品，让商品进入"猜你喜欢流量池"，有机会让商品展示出来，并且通过参加平台活动，有机会获得更多的曝光，提供更优质的商品，提供营销工具更让用户产生购买欲望。

6.4.3 数据优化决策问题

如何根据数据分析科学调整运营策略，实现更精准的用户定位、内容优化及快速增长是短视频电商的关键技术问题。如果罔顾数据盲目发布视频或直播，不仅效率低下，还可能错失增长良机。这一问题的解决需从短视频商业回报视角优化数据分析的步骤，从每一步需解决的问题入手，建议将数据分析划分为以下四个步骤。

第一步，数据概览，数据发生了什么？首先，观察当前数据页面，了解账号的运营概况。例如，A、B两条内容分别投放1000元DOU+后的粉丝增长、主页访客数量、新粉丝观看直播的比例以及转化效果等。这一阶段是基于数据本身来认识"发生了什么"。

第二步，深度解析，为什么会发生？当发现A内容比B内容表现更佳时，需要深入探究原因。结合短视频内容、赛道热度等因素，通过多维度数据深度分析，揭示背后的逻辑。这是数据分析的进阶，旨在"理解为什么发生"。

第三步，预测未来，将会发生什么？基于对A、B内容表现的分析，预测未来可能出现的爆款。例如，根据抖音内容推荐逻辑，推测A类内容是否能持续带来粉丝增长，并根据此前的分析持续拍摄同类型视频。这是数据分析的更高层次，即"预测未来会发生什么"。

第四步，优化决策，持续优化运营。当数据分析能够直接转化为运营决策时，其价值便得以充分体现。例如，根据第一步的结果，未来应优先投放A类内容以继续涨粉。这一阶段是数据分析的终极目标，即"最优运营决策"。

除了以上步骤还需要关注以下几个数据维度：（1）有人看，主要考察播放量和完播率。完播率是指观众完整观看视频的比例，是衡量视频吸引力的重要指标。一般来说，好的视频完播率应达到30%以上。为了提高完播率，建议视频时长控制在15～30秒，并采用竖屏形式发布。对于超过1分钟的视频，建议使用横屏形式。（2）有人理，重点关注互动率。一个优质视频的点赞率应达到5%以上，评论率1%以上，转发率0.5%以上。这些互动数据能够反映出观众对视频的喜好和认同程度。（3）有人买，带货视频，购买量或点击率是关键。当视频被观众浏览并产生购买行为时，系统会将其视为优质内容并推送至更高级别的流量池。因此，在发布视频前，务必确保商品或课程链接配置正确，包括封面精美、文案体现核心卖点等，以提高转化率。如抖音拥有至少八级流量池，视频的表现将决定其能否进入更高级别的流量池，并获得更广泛的曝光。因此，需要密切关注粉丝的反馈动作，如点赞、评论和完播率等，这些反馈将成为视频分配至更高级别流量池的重要依据。

综上所述，短视频电商正在以其独特的魅力席卷全球，成为商业领域不容忽视的现象级力量。无论是抖音、快手、视频号等主流短视频平台，还是淘宝、拼多多等电商平台的店铺展示页面，短视频的身影无处不在，以其生动、直观的表现形式，颠覆了传统的图文展示模式，极大地吸引了消费者的注意力。如何把握住短视频电商的黄金机遇，科学应对短视频电商运营中的问题，实现业绩的持续增长是每一个企业（或个人）需要思考的重要课题。

本章小结

短视频电商是指通过短视频平台发布相关内容的视频，吸引用户关注，从而实现商品展示、推广和销售的商业模式。短视频让每个个体都有机会成为中心节点，产生自己的影响力，从而创造出新的商业价值。相对传统电商来说，短视频电商提供了内容生动、互动性高、社交属性、智能算法四方面独特的价值。概括起来短视频电商的发展经历了萌芽、试水、爆发、成熟、多元化、全球化六个主要发展阶段。

短视频平台商业模式是一种结合了短视频和电子商务的新型商业模式，通过短视频平台来推广和销售商品，利用短视频的内容创作和传播优势，吸引用户关注并促进购买行为。短视频运营的商业逻辑可以用互联网免费"三级火箭模型"进行分析，该模型通常用于解释互联网产品的增长策略，包括用户获取、留存和商业变现三个阶段。

短视频平台定位的意义在于提高平台的吸引力和传播效果，增强粉丝忠诚度和活跃度，以实现商业价值。国内的主要短视频平台包括抖音、快手、视频号、小红书和B站等。短视频电商内容运营主要通过利用新媒体渠道，通过文字、图片或视频等形式将企业信息友好地呈现在用户面前，并激发用户参与、分享和传播的过程。这一过程不仅包括内容的创作和发布，还涵盖了用户互动、商业转化效果的评估等方面。短视频用户运营是以企业目标人群为中心，制定一套连接用户、挖掘用户需求、增强用户体验感，从而实现企业目标，达成商业价值转化的运营机制。正所谓"工欲善其事，必先利其器"，短视频电商运营工具在运营过程中也发挥着重要作用，熟练应用相关工具是短视频电商成功的重要因素。

思考题

1. 短视频电商与传统电商特征对比有哪些优势？
2. 短视频为什么能产生巨大的商业价值？
3. 短视频平台运营的商业逻辑是什么？
4. 短视频内容运营过程中主要存在哪些问题？你有哪些对策？
5. 如何优化短视频内容运营？
6. 用户画像的作用有哪些？用户画像的主要指标有哪些？
7. 如何通过短视频实现用户增长？

本章案例分析

短视频让百年品牌立白圈粉新用户

在新时代新场景下，行业竞争日益激烈。新人群、新渠道、新传播等因素推动着新锐品牌迅速崛起。作为洗涤用品领域的头部企业，立白科技集团通过电商"种拔一体"精准的用户运营方式快速打通市场，登顶行业TOP1。

对于一个品牌来说，不仅要一时的增长，更需要长久的发展，持续引领行业。长效经营其实是所有品牌都不可回避的一个问题，品牌如何进行长效经营呢？一般我们会关注以下这三点：

第一，人群拉新。随着品牌的逐渐成熟，原有的人群会慢慢固化，我们希望去破圈，找到新人、年轻人。

第二，产品升级。显而易见，蓝海市场只是暂时的情形，红海市场才是不变的常态。产品不升级，就无法抓住用户的心。

第三，营销提效。营销活动往往以"种草"为主，但近几年"种草"的同质化越来越严重，从而导致运营成本居高不下，所以做营销，品牌塑造是一方面，精准的用户运营也很重要。立白的用户运营是如何做的？

（1）视频平台营销"种草"

第一，按品牌目标找达人。立白根据自身的营销方式，联合平台的IP——"抖音商城的超级品牌日"，突破了洗涤用品领域的困境，实现了用户群体的突破，即Z世代和新锐白领多倍增长。活动期间，立白香氛洗衣液销售环比提升了341%，推动了整体生意的爆发，增幅近五倍。同时品牌营销效率明显提升，品牌的影响力不断增强，而广告的CPM（Cost Per Mille，千人成本，是一种衡量单位。用以计算将某种媒体或媒体排期表送达1000人或"家庭"的成本。）反而减少了。企业将香氛这个超级卖点，从始至终地贯彻到每一个经营链条里，让立白大师香氛洗衣液在洗涤用品领域这个赛道站稳了脚。

第二，以破圈人群定选题。立白最先发布了洗涤用品领域系列短视频，提高了品牌的曝光量。通过短视频品牌成功辐射到了Z世代和新锐白领群体，用好的短视频剧情激发用户情绪，从而让大家体会到"立白大师香氛洗衣液"（简称"香氛"）的香气，突破"香氛"气味不可视化的局限。

第三，将用户共鸣植入产品中。立白"香氛"用的是一年只开一次的法国格拉斯玫瑰；"全球香水看法国，法国香水看大师"，而立白香氛就是香水大师的匠心之作，体现品牌的专业性。

（2）"拔草"承接

当"香氛"有了趋势，也有了热度，接下来我们就要思考如何趁热打铁，快速转换被"种草"的用户，实现高效承接。

第一，短视频&直播转化种草。立白科技集团整体升级短视频和直播间的场景化，采用明星、格拉斯玫瑰、古堡的画面来呈现香氛的调性，并保持直播与引流视频内容的一致性，让用户身临其境，证实了立白香氛洗衣液的差异化认知，更高效地转化被"种草"的用户。

第二，美妆&同城达人助力爆发。立白选用的达人主要有两类：一是同城达人的溯源直播；二是美妆领域的达人直播。在直播间进行产品试用、分享使用体验，展示立白产品的多样性和实用性。跨界合作不仅增加直播的趣味性，还集中转化年轻群体并拓宽新客户群体。

第三，抖音商品卡承接需求。品牌要多思考，做精细运营，取得的效果自然就不简单。立白通过精准定位目标用户，进行多渠道推广。同时，升级优化商品详情页和商品卡的设计布局，根据不同用户的需求，设置针对性的产品组合，做好流量的最后承接。例如，用户从"破圈种草"到"搜/逛/买"再到"商品卡承接引爆"。

（3）启示

人群先破圈。想要破圈，形式有很多种，品牌可以根据自身预算进行营销，也可以打组合拳。内容是传递卖点的最好介质。可视化能做，非可视化也可以做。品牌想要传递非可视化的卖点或者说在其他平台上传播的卖点不管用的时候，无论是头部品牌还是新锐品牌，抑或是转型困难无法实现自身突破的品牌，短剧都值得一试。

内容场景塑造品牌。从产品出发，以内容场的短直联动配合明星达人，实现高效爆发，一定能够助力品牌整体提升。

商品卡承接。商品卡的精细化运营可以给品牌带来巨大的免费流量，线上店铺的经营成本远比其他形式要低得多，但它的宣传效果却是巨大的，是品牌的巨大增量。

资料来源：本书编辑整理。

运营技术篇

第 7 章

用户画像技术

本章学习目标：
- 掌握用户画像的基本概念；
- 理解用户画像系统设计的原则与流程；
- 学习用户画像构建的关键技术；
- 掌握用户画像在新媒体电商中的具体应用。

> **开篇案例**
>
> **传统出版业的数字化转型与个性化服务探索**
>
> 传统出版行业面临着转型升级，其转型的关键在于如何运用大数据和云服务技术，对传统的经营模式进行革新，并探索创新业务发展模式。阿歇特出版集团是法国一家大型图书和期刊出版商，但是他们曾在转型中遇到了一些问题：
>
> （1）在新媒体时代，如何让图书定价对消费者具有吸引力？
>
> （2）如何提高用户对图书推送的兴趣？
>
> 传统的推送方式是整理出一段时间内最受欢迎的阅读内容，并推送给所有用户。判断"受欢迎"的标准包括点击量、阅读量、分享量等可以代表"热度"的统计学指标。但是"热度"高的内容不一定受所有人的喜欢，这使得商家失去了许多兴趣比较小众的用户群体，这些用户群体也很难寻找到他们所希望的服务。这种情况被称为"长尾效应"，即大量小众需求的市场累积起来也是不容小视的需求。例如，亚马逊有超过一半的销售量都来自在它排行榜上位于 13 万名开外的图书。在广告投放上，这个问题变得更加突出，因为很多商品的销售与用户所处的行业显著相关，投放策略需要精准且专业。
>
> 随着大数据和人工智能技术的发展，企业有更多的机会来深入了解和满足用户的个性化需求。通过用户画像技术，出版商能够更好地理解用户需求，提升服务水平和销售额。企业收集用户的个人信息、购买历史、浏览行为和搜索关键词等数据，并利用大数据和人工智能技术进行分析和挖掘。对这些数据进行分析，抽象出用户的特征和偏好，从而构建出精准的用户画像，为用户提供个性化的服务和产品推荐。

> 阿歇特出版集团在图书定价时，不仅参考历史定价，还利用用户数据和电子书销售数据进行科学分析。这种对大数据的应用，为挖掘出版业潜在商业价值提供了新视角。面对销售波动，集团基于消费者需求，通过跟踪产品历史定价、销售信息和个别数据，对图书价格实时精准地调整，灵活应对市场需求和行业趋势。该集团在图书营销决策上取得的转型成功，主要得益于有效利用社交工具。这些工具提供了用户行为数据，如消费者在线讨论图书。通过监控和分析线上评论，集团能洞察消费者对图书的评价、获取方式和额外兴趣。基于这些分析，阿歇特出版集团能够精准定位营销策略，更有效地推广图书，减少成本，提升营销效果。
>
> 资料来源：赵光霞、宋心蕊，《三步走，用大数据给读者画像》，人民网，2019 年 10 月 22 日。

7.1 用户画像概述

7.1.1 用户画像的定义

用户画像最早由交互设计之父 Alan Cooper 提出，用户画像（User Profile）是一种基于大量目标用户群的真实信息构建的标签体系，它通过对用户的人口统计信息、偏好信息及行为数据等进行收集和分析，以形成一个或多个具体化的目标用户模型。这些模型综合反映了用户的属性特征、心理特征和行为特征，为产品设计、服务优化和市场营销提供了决策支持。用户画像的构建过程涉及数据的采集、分析和处理，包括但不限于用户的基本信息、行为数据、偏好信息和社交信息等。对这些数据进行深入挖掘，可以为用户贴上多维度的标签，如年龄、职业、地理位置、兴趣偏好等，这些标签共同构成了用户画像的全貌。用户画像与"精准营销"和"个性化推荐"紧密相关，其核心目的在于通过细致的用户特征描述，实现对用户群体的细分，从而为不同的用户群体提供定制化的内容和服务。在电子商务领域，用户画像的应用可以显著提升营销活动的精确性和有效性，增强用户体验，并促进交易转化。

7.1.2 用户画像的发展史

在互联网普及之前，零售业的售货员会根据经验对来往的客户打上标签。例如，对于经常来店里的客户，店员会直接推荐顾客经常购买的产品，或者推荐类似的新产品。对于这些熟悉的客户，店家还会提供月末结算的建议，因为这样往往能带动更多消费，从而增加整体收入。但是，这需要对用户的信誉做出大致可靠的评价。对于不熟悉的客户，店员则会根据客户的衣着、服饰等判断客户的经济情况和爱好等。长久以来，人们深谙"因材施教"之道，在服务领域亦是如此，针对不同客户的独特需求，提供个性化的服务。这种根据客户不同需求来定制服务的方式,实质上就是对客户进行标签化分类。

在互联网时代,购物的主要形式已经转移为线上购物。线上购物具有显著的优势:商品浏览效率高、店铺运营成本低廉、交易方式更为便捷。然而,其劣势亦不容忽视:过多的信息浏览可能引发选择障碍,同时销售人员难以获取顾客信息以进行有效的商品推荐。另外,客户之间的信息交流变得更加方便,限制了店家提供差异化服务的空间。例如,线下店面的折扣不一定每位顾客都是一样的,但是线上店面只能为所有顾客提供一样的折扣。在那个网络购物刚刚兴起的时代,许多指导网络购物服务的书籍兴起,主要作用就是指导网店销售员如何根据用户在网络上的行为,如消费金额、浏览商品时间等信息,来判断用户的特征,即网络版的用户行为解读。

在早期及随后的发展阶段,商家主要依赖自身的能力来构建用户画像,尚未充分利用大数据和人工智能的技术优势。然而,随着电子商务的不断扩张,平台逐渐意识到,仅凭网店自身的客户服务已难以满足日益增长的业务需求。这主要归因于两方面因素。首先,电子商务的兴起显著降低了开设网店的门槛,从而引发了大量的新增业务。这一变化使得电子商务领域面临着前所未有的竞争压力,要求商家必须更加精准地理解和服务用户。其次,线上购物与线下购物在场景和体验上存在显著差异。以往线下实体店铺的经验在线上环境中可能并不适用,优秀的实体店铺业务员也未必能够适应线上销售的要求。这些因素导致了线上商务人才的紧缺,因此平台开始寻求建立统一的用户画像系统以方便店面的业务开展。为应对该问题,诸多平台开始构建全局的用户画像,通过整合用户的信息并利用统计学或机器学习方法补全缺失部分,以形成更完整的用户画像;引入了推荐系统,根据用户画像直接为用户推送合适的商品,有效缩短了客户的浏览时间;同时,还推出了面向店家的运营工具,如顾客的用户画像展示、广告推广等,以助力店家更便捷地服务客户。

7.1.3 用户画像系统设计

用户画像系统经历了两个主要的发展阶段。在初始阶段,用户画像系统的重点主要放在用户标签的建设上,其核心任务是收集用户数据并据此建立用户标签。一旦标签建立完成,用户画像的使用便交由具体的业务方自行处理,系统本身并不关注这些标签如何被实际应用。然而,这种初级的用户画像系统存在一些明显的问题。首先,由于不关注具体的使用场景,负责建立用户画像的人员往往难以针对特定的业务场景构建相关标签。其次,因为缺乏对使用场景的考虑,与业务相关的数据难以及时更新,导致初始阶段的用户画像系统在构建具有时效性的标签(如用户当前的阅读偏好或商品选择)时面临困难,其标签主要集中在一些相对固定或变化规律的方面,如用户的年龄、职业等。在电子商务的早期发展阶段,由于市场尚未饱和、竞争不激烈,且电子商务平台本身也处于探索阶段,这种相对简单的用户画像系统尚能应对当时的需求。

随着电子商务的竞争逐渐激烈，用户画像系统的发展进入了新的阶段。相比于上一版本，第二阶段的用户画像系统将业务运营也纳入了用户画像系统中。在标签上，因为系统整合了业务运营能力，因此用户画像系统能够更加及时地获取运营相关数据，可以对用户行为的实时变动做出反应，能够成功并且有效地构建时效性较高的用户标签（如喜欢浏览的内容、关注的领域等）。这些因素都可能随着人的兴趣和需求的变化而随时发生变动。在运营上，业务人员也因此能够参与到用户画像的构建过程中，能够针对性地构建基于业务运营的标签属性。

构建用户画像的核心在于搭建用户标签，而实现这一目标的主要方式便是建立多级标签体系，如图 7-1 所示。多级标签体系在构建时应遵循以下主要原则：首先，仅底层的标签具备实际意义，上层标签主要起统计作用，不包含具体内容；其次，为确保处理流程的简化，每个标签都应具有唯一且明确的含义；再次，标签应具备一定的语义清晰度，以便于理解，标签内容最好以名词或状态形式呈现，并避免对相同含义的内容使用不同的标签名，从而省去计算机处理时的同类标签合并步骤；最后，标签的颗粒度需要适中，既不过于宽泛也不过于细致，具体取决于实际应用场景。为满足不同层次的信息需求，通常需要对标签进行多层次划分。在实际任务中，还需要对标签颗粒度进行预处理，以确保其符合任务要求。

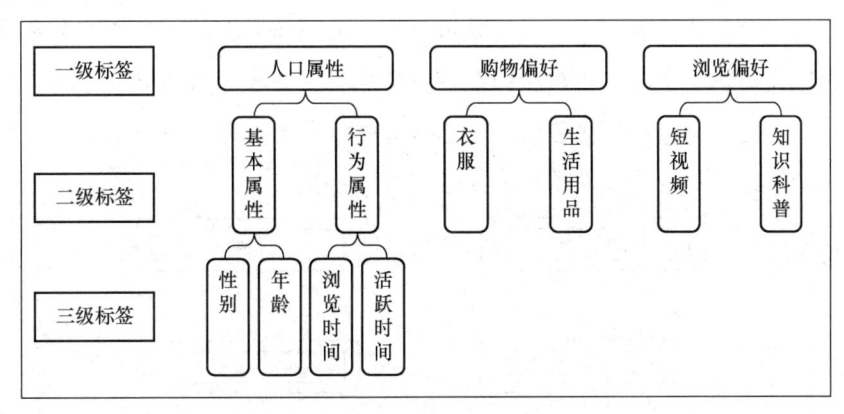

图 7-1 多级标签体系

用户标签大多基于业务内容进行分类。可通过构建的手段将其分为三类：统计类标签，规则类标签，数据挖掘类标签。统计类标签是最基础、最常见的用户标签。这类标签主要的数据来源为用户注册数据和用户访问数据，如性别、年龄、登录时间等。规则类标签基于用户行为及确定的规则产生，如活跃用户的判断标准为 1 天登录超过 1 个小时，或者高净值客户标准为日均资产超过 600 万元等。该类标签需要对基础的用户数据进行一定的处理，处理的规则需要与业务紧密相关，因此该类标签的构建一般都需要业务人员参与。数据挖掘类标签为预测类标签，主要方法为对用户没有明确标签的属性打上标签，例如，用户最近 1 个月感兴趣的浏览内容，用户可能购买的产品，等等。这类标签一般都是无法从数据中明确得到的，而又很难基于规则得到，因为业务人员有时候也很难判断如何设计规则，又或者涉及的数据量过大，业务人员也很难设计出考虑各个方面的规则，因此需要使用统计学方法或者机器学习方法进行预测。

不同的行业，用户画像需要的标签有相同和不同的部分。相同的部分主要为固定不变的属性，或者说时效性较长的属性，如年龄、性别、工作行业、地点等；而不同的部分则为与业务相关的部分，例如，对电商而言，主要标签为用户浏览商品范围、浏览活跃时间段等。目前来说，各个不同行业的业务相关标签主要由业务人员参与构建，由于数据保密原则，不同行业之间的信息交流较少，很少出现不同行业基于业务构建交叉标签的情况。

7.1.4 用户画像构建流程

用户画像的构建并非一蹴而就的过程，它必须经过一系列精确而严密的流程步骤。从最初的目标分析，到关键的数据收集，再到画像的建立与优化调整，共同构成了用户画像构建的完整框架。在这一过程中，对每个环节的精准把控与科学执行是确保最终用户画像准确性和实用性的基石。

如图 7-2 所示，首先，用户画像的构建始于对目标的明确分析。企业需要根据自身的业务需求和可获取的数据资源，确定用户画像的具体应用场景，如电商推荐、广告投放等。这一步骤至关重要，因为它决定了后续数据收集和处理的方向，以及用户画像的实用性和针对性。在确定目标后，接下来是构建用户标签体系。标签体系是用户画像的骨架，它通过对用户特征的细致划分和层级设置，使企业能够从多个维度全面描述用户。标签的设置应既全面又精练，能够准确反映用户的属性和行为特征。

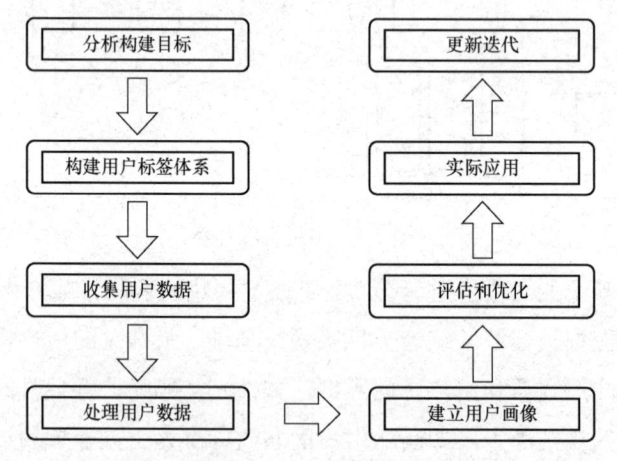

图 7-2 用户画像构建流程

数据是构建用户画像的基础。在明确了标签体系后，企业需要收集与标签相关的用户数据。这些数据可能来源于用户的在线行为记录、消费历史、社交活动等多个方面。数据的全面性和准确性对于后续的分析和建模至关重要。收集到的原始数据往往存在缺失、异常或格式不一致等问题，因此需要进行预处理。预处理的过程包括数据清洗、格式转换、异常值处理等步骤，以确保数据的质量和可用性。在数据准备就绪后，就可以开始建立用户画像了。这一过程通常涉及数据挖掘、机器学习等高级技术，通过对数据的深入分析和建模，提取出用户的特征信息，并将其与预设的标签体系进行匹配。这样，每个用户都能被赋予一组独特的标签，从而形成一个立体、多维的用户画像。电动滑板车行业中的 MAXFIND 公司利用 Facebook Pixel 追踪用户行为，对不同海外市场的消费群体进行了分析和预测，结合数据挖掘和机器学习技术，为每个用户赋予标签，形成了立体、多维的用户画像，实现了精准营销。

用户画像建立完成后，需要对其质量进行评估。评估的方法通常是在历史数据上进行验证，通过比较用户画像的预测结果与实际用户行为的一致性来衡量其准确性。如果发现预测结果与实际存在较大偏差，就需要对画像进行调整和优化。此外，用户画像的应用也是检验其质量的重要环节。企业需要将用户画像与具体的业务场景相结合，如个性化推荐、精准营销等，以验证其在实际应用中的效果。如果在实际应用中发现问题或效果不佳，也需要及时对画像进行调整。最后，值得注意的是，用户画像是一个持续优化的过程。随着时间的推移和用户行为的变化，企业需要定期更新和调整用户画像，以确保其始终与业务需求保持同步。

7.2 用户画像关键技术

用户画像构建的流程一般分为以下三步：用户数据收集、用户数据处理、用户画像标签构建。用户画像构建的大部分工作量都集中在用户数据处理部分和用户画像标签构建部分，而机器学习专注于用户数据处理，两者有所不同。本节主要介绍用户数据处理和用户画像构建中使用的各项技术。

7.2.1 用户数据预处理

用户数据预处理的目的是将原始的用户数据处理成可以实际供模型使用的数据。获取的原始数据有很多非结构化的数据，如文字数据，或者以文本形式保存，但是实际上表示非文本意义的用户内容（这类数据在爬虫技术中经常被遇到），又或者有许多空缺值的数据，以及保存形式不同的数据。数据预处理的方法多种多样，一般都需要结合实际情况进行适当的调整，本节给出的是比较通用的处理方法，在具体使用时还需要根据数据集特征以及任务目标来选择具体执行方法。

数据清洗的主要目的是剔除异常值、处理缺失值以及消除重复值，从而确保数据的准确性和可靠性。针对缺失值，直接删除包含缺失值的数据行虽然简单易行，但可能会导致大量数据丢失，从而影响数据集的可靠性。此外，缺失值本身有时也蕴含重要的特征信息。例如，在可填可不填的选项中，填写或未填写的用户可能展现出不同的行为模式。因此，将数据缺失与否视为一种有意义的特征是合理的。对于数值型缺失值，常用的处理方法是采用平均值进行填充；而对于类别型缺失值，通常增设一个新的类别来表示缺失状态，如兴趣爱好类别中，若用户未填写，则可以用"未知"来表示。此外，使用机器学习方法预测缺失值也是当前流行的做法，但这一过程需要先在已有数据上验证机器学习模型的性能，再将其应用于实际缺失值的预测中，这无疑会增加一定的工作量。

针对重复值问题，主要的处理策略是识别出重复的数据条目，并对其进行删除。重复值问题在不同场景中均有出现，其中最简单的情形是数据中存在完全相同的多条记录。对于这种情况，处理起来相对直接，只需要删除多余的数据，保留一条唯一的记录即可。然而，在某些复杂场景下，重复数据的格式可能并不完全一致。例如，在进行多平台数据整合时，不同平台可能对同一条数据采用不同的格式进行记录；或者在数据输入阶段，输入格式的差异导致数据被重复记录但又不完全相同。例如，在将数据录入系统时，若两人分别采用字符串和日期格式两种不同的保存方式，就会导致数据的重复输入。在这种情况下，不能简单地通过判断数据是否完全相同来删除重复值，而是需要对数据进行一定程度的探索和分析，挑选出能够唯一标识数据的关键字段进行去重操作。例如，如果数据是用户的购买记录，那么应该选择用户 ID 和记录的操作时间作为唯一标识，而不是依赖系统自动生成的 ID。这样做可以确保在删除重复数据时不会误删真正有价值的信息。

异常值问题是数据清洗中需要重点关注的部分，需要结合具体情况进行细致分析。在多数情况下，异常值的出现源于数据输入错误。因此，首要任务是检查数据来源与输入过程，以确保数据的真实性。此外，不同任务中异常值的重要性各异。以天气预测为例，异常值的重要性相对较低，因为任务的核心在于预测天气的总体趋势，偶然的异常天气相较于大部分时间的正常天气而言，其影响有限。然而，在预测证券价格时，异常值则显得尤为关键。偶然的异常值可能对最终决策产生深远影响，如突然的价格波动可能触发买卖操作或达到某些期权的触发条件。因此，对于异常值的重要性，需要根据具体任务进行深入分析。

处理异常值的核心任务是准确识别它们，这通常通过基于统计学的方法来实现。最简便的方法之一是根据数据的平均值来判断，例如，将超出平均值 3 倍的数据视为异常值。另一种方法是利用分布的定义来识别异常值，即如果数据落在概率极低的区间内，则将其判定为异常值。例如，在正态分布中，位于 3σ 区间之外的数据点即可被视为异常点。此外，箱型图也是一种常用的检测异常值的方法。在选择识别异常值的方法时，需要考虑数据的特征。在大多数情况下，简单的统计学方法便足以筛选出大部分的异常值。然而，确定需要删除多少异常值是一个需要权衡的问题。一种可行的方法是采用线性回归方法来检测是否仍存在较多的异常值，具体而言，可以在删除异常值后建立线性回归模型，并比较删除不同数量异常值后模型预测准确率的提升程度。当准确率的提升速率开始放缓时，即可认为已经筛选出了大部分的异常值。

对于异常值影响较小的任务，可以采用多种方式减轻其影响。典型的例子是回归任务，因为回归模型对异常值非常敏感，一个远离数据集的离群点就可能导致模型产生显著偏差。处理异常值的主要方法是将它们视为缺失值，通常采取填充或删除的策略。填充方法主要使用平均值或中位数进行替换，而在时间序列数据中，则主要采用平滑方法。平滑方法通过计算多日数据的平均值来代替当日数据，从而有效降低离群值的影响（如图 7-3 所示）。然而，需要注意的是，平滑方法也会导致处理后的数据与真实数据之间存在一定偏差，因此需要在平滑离群点和保持数据真实性之间找到平衡。删除异常值则主要用于处理极端异常值的情况。当异常值远大于平时数据时，即使采用平滑方法，数据也可能发生严重变形，此时使用平均值或中位数填充也不恰当。

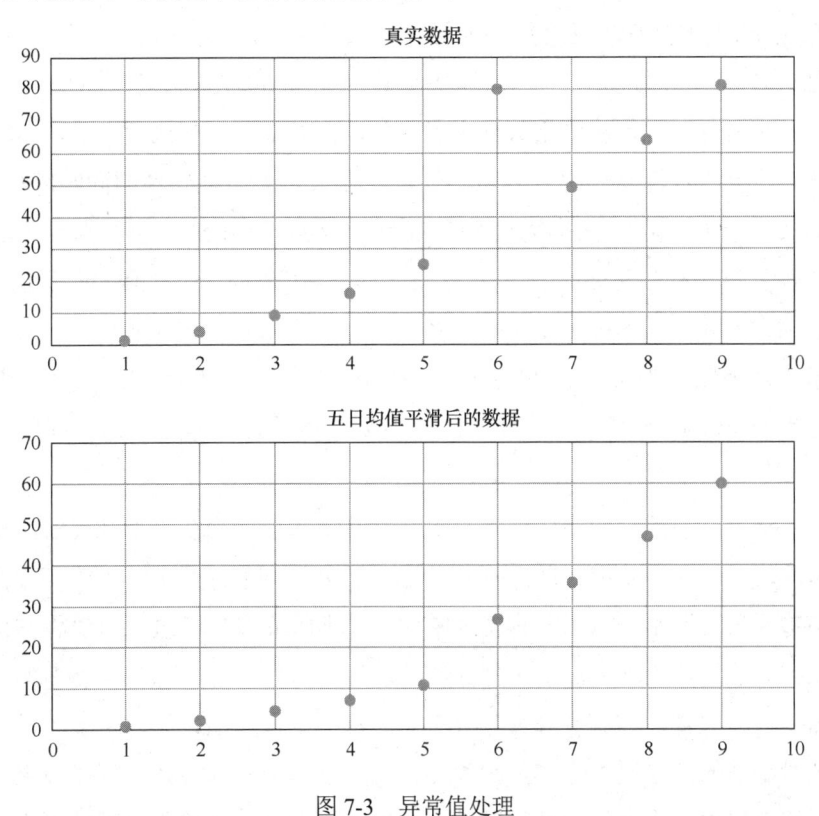

图 7-3　异常值处理

对于异常值较为重要的任务，不能简单地删除异常值，因为异常值对任务目标的实现具有显著影响。在这种情况下，我们需要选择适合的模型来进行数据建模和预测。有些模型对异常值的敏感性相对较低，如决策树类型的算法，因此可以考虑使用这类算法进行建模。此外，我们还可以采用数据变换的方法来减小异常值的影响，例如，通过对数变换将原本较大的数值压缩到较小的范围内，从而降低离群点对模型的影响（对数函数对于极端大的数据有很好的压缩效果）。如果异常值与正常数据之间的相关性较小，且具有独特的模式特征，我们可以将异常值单独提取出来进行建模。另外，调整数据的权重也是一种有效的方法，我们可以根据任务类型调整异常值的权重，以适应任务目标。

7.2.2 数据挖掘类标签构建

用户标签按构建方法可以分为三类：统计类标签、规则类标签和数据挖掘类标签。统计类标签的构建最为简单，代表性的标签为性别、年龄、学历等，只需要将获得的数据进行简单的处理即可直接作为标签。规则类标签则由业务人员设置规则以赋予标签内容，如高净值客户和普通客户的划分标准、活跃用户和不活跃用户的划分标准等，此类标签虽然需要经过一定的计算，但是结果都是确定的，只需要保证数据真实可靠即可。数据挖掘类标签则较为复杂，因为是预测类型的标签，如预测用户可能喜欢的产品或喜欢浏览的内容等，因此预测的结果不一定准确。数据挖掘类标签需要使用机器学习方法，因此此类标签在构建前还需要针对机器学习方法进行相应的预处理。

特征工程的主要任务是从原始数据中提取并转换特征，以形成适合机器学习模型处理的数据格式。其核心目标在于提升模型的性能，确保在提高准确性的同时缩短运行时间。在机器学习领域，有这样一句广为流传的观点："数据和特征决定了机器学习的性能上限，而模型和算法仅是趋近这一上限的手段。"关于"数据决定上限"，这不难理解——如果原始数据中并不包含任务所需的关键信息，那么无论模型如何训练，都无法达到预期的性能水平。那么，如何理解"特征决定模型上限"这一观点呢？从理论上讲，如果原始数据已经包含了任务所需的全部信息，那么机器学习模型在训练过程中理应能够自行构建出必要的特征。

如图 7-4 所示，在神经网络模型中，前几层网络往往就扮演着特征提取的角色。具体来说，当输入数据是一个 n 维向量，而输出是一个 m 维向量（且 $m<n$）时，我们可以将这 m 个输出向量视为对原始输入的一种特征映射。在训练完成后，甚至可以将这部分神经网络单独用作数据的特征处理方法。虽然该方法理论上可行，但它增加了更多的模型参数，这意味着需要消耗大量的计算资源去寻找正确的特征工程方法，同时更多的模型参数也使得目标函数最小值的搜寻更加困难，因为更大的模型参数空间导致目标函数更容易陷入局部极小值。简单来说，将未经特征工程处理过的原始数据直接输入机器学习模型会导致训练更加困难，而这种困难所需要的工作量和资源远远超过进行特征工程所需的，其结果证明了训练前进行特征工程的必要性。

神经网络的训练主要采取反向传播算法（Back Propagation）。从本质上来说，神经网络训练的目标是最小化损失函数，因此每次调整参数的过程即计算损失函数相对于模型参数的偏导数，并根据偏导数进行调整。反向传播算法则是根据上一层参数的偏导数计算下一层偏导数的方法，这样就可以从输出端一路反向推导模型中每个参数的偏导数。

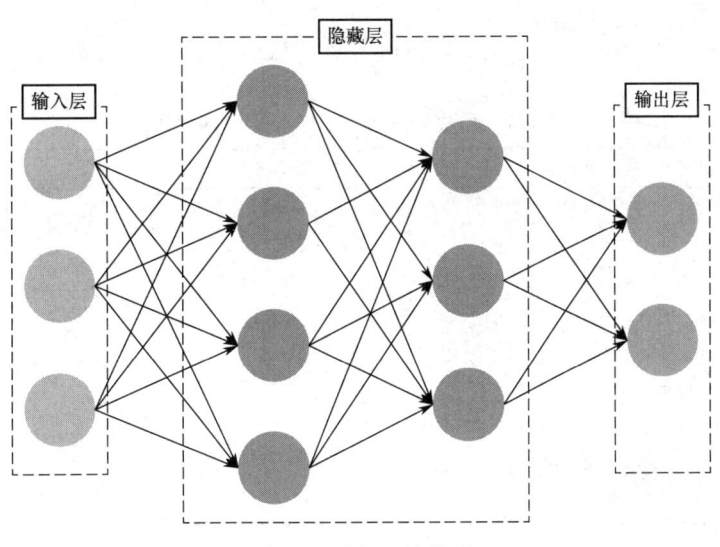

图 7-4 神经网络模型

1．特征构建

特征工程主要包括两个步骤：特征构建和特征筛选。在特征构建方面，有两种主要方法：基于规则和特征降维。基于规则的方法主要依赖业务知识，需要业务人员根据具体场景和自身经验来构建对任务有益的特征。特征降维的核心思想是确保新生成的特征之间尽可能不相关。在实际操作中，这通常意味着将原始数据从高维空间映射到低维空间。目前，常用的特征降维方法包括主成分分析（PCA）、线性判别分析（LDA）和独立成分分析（ICA）等。这些方法可以帮助我们有效地减少特征的维度，同时保留数据中的关键信息，从而提高机器学习模型的性能和效率。

主成分分析（PCA）是目前使用最广泛的特征降维方法之一。它的具体操作步骤如下。首先，选择一个向量方向，使得在这个方向上数据样本的方差最大，然后将这个方向作为一个新的特征。接着，选择第二个方向，该方向必须与先前的方向垂直，并且再次寻找方差最大的方向。然后，重复以上过程，但每次都要确保新的方向与前面所有的方向都垂直。如表 7-1 所示，具体计算时，通常采用矩阵转换的方式，通过计算原数据的矩阵特征向量来直接得出转换矩阵，从而得到新的映射进行降维。这样，我们就能够构建出一组方差最大的特征，这些特征由于具有最大方差，因此能够更有效地区分不同的数据。主成分分析（PCA）更常用，因为它是无监督的，适用于有标记和无标记数据。线性判别分析（LDA）主要用于有标记数据，旨在使同类数据接近，使不同类数据远离。尽管 LDA 与 PCA 流程相似，但目标不同：PCA 追求方差最大化，而 LDA 则注重类别间的区分。

独立成分分析（ICA）最开始应用于信号处理领域，目的是将独立信号分解出来。ICA 的基础假设是信号由许多相互独立的高斯信号混合而成，目的就是将这些信号分解开。应用在特征构建上，则这些成功分离出来的信号就是要构建的特征。ICA 算法主要通过找到一种线性变换，以将观察到的混合信号转换为独立的源信号。在实际应用中，通常需要对数据进行预处理，如中心化、白化等，以满足独立成分分析的假设条件。

表 7-1　主成分分析（PCA）训练伪代码

Algorithm：主成分分析（PCA）训练步骤
Data：原始数据集 $D=\{X_1, X_2, \cdots, X_M\}$
1. 训练过程；
2. 数据预处理；
3. 计算协方差矩阵；
4. 计算协方差矩阵的特征值和特征向量；
5. 将特征值从大到小排序；
6. 保留最上面的 N 个特征向量 $Y_1, Y_2, \cdots, Y_N$；
7. 将数据转换到上述 N 个特征向量构建的新空间中；
Result：$\{Y_1, Y_2, \cdots, Y_N\}$

2．特征筛选

在成功构建特征之后便需要进行特征筛选，因为过多的无意义特征会占用很大一部分计算资源。如图 7-5 所示，常用的特征筛选方法主要有三种：过滤法（Filter Methods）、包裹法（Wrapper Methods）和嵌入法（Embedded Methods）。

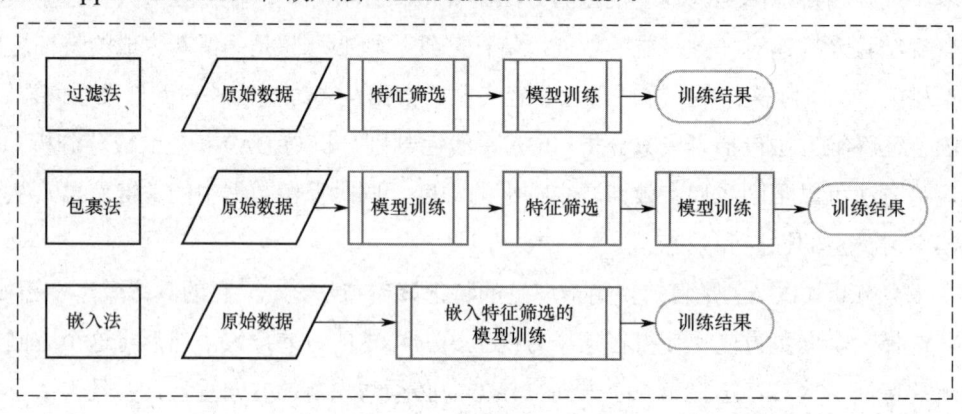

图 7-5　特征筛选方法

过滤法即在训练模型之前直接筛选特征，通常使用统计学方法对特征进行筛选。主要使用的统计量有方差和相关系数。使用方差筛选数据的具体操作是计算目标属性在各个特征上的方差，根据方差对各个特征进行排序，再筛选数据。这种方法的思路与上文的 PCA 和 LDA 方法是相同的，都是尽可能地将能够区分数据的特征选择出来。事实上，LDA 完全可以按照特征构建的先后顺序排序，效果与按照方差排序是一样的。使用相关系数进行筛选则计算各个属性之间的相关性。这种特征筛选方法和计量经济学中的多重共线性是相同的思路，即如果某个属性可以由其他属性表示，则这个属性就不是必要的，可以省去。因此，与多个其他特征具有较强相关性的特征可以考虑筛选掉，因为这说明该特征很大程度可以通过其他特征表示。

包裹法是指通过模型来评估特征的有效性。简单来说，它不断地选择特征子集进行训练，并根据模型的性能来判断这些子集的好坏。包裹法有两种主要的训练方法：一种是从完整的特征集开始，逐步删除特征；另一种是从单个特征开始，逐渐加入更多特征形成子集。具体使用哪种方法，需要根据实际情况来决定。一般来说，如果我们需要选择的特征数量相对于总特征数来说很少，那么采取逐渐加入特征的方法会更合适；而如果所需选择的特征数量与总特征数相近，那么采取删除特征的方法可能会更有效。包裹法具有显著的优缺点。其优点在于能准确评估不同特征子集的性能，直接以模型训练结果为依据；其缺点在于计算量庞大，因为每次评估都需要完整训练模型，当特征数量多时，评估所有子集变得不可行。为缓解此缺陷，可采用以下方法：一是减少训练数据量，以部分数据快速评估子集性能；二是选择性评估特征子集，如基于特征相关性进行搜索，以在效率和准确性间取得平衡。这些方法可帮助提高包裹法的实用性。

嵌入法是一种将特征选择与模型训练紧密结合的方法，它在训练过程中直接进行特征筛选。常见的嵌入法有如下 3 种。①正则化，它主要用于限制模型的复杂度。L1 正则化（Lasso）和 L2 正则化（Ridge）是经典的正则化方法，其中，L1 正则化倾向于产生稀疏解，即某些特征的模型参数为零，这相当于"删除"了这些特征，从而实现特征筛选。②决策树类型算法，在决策树中，为了避免过拟合，通常会进行预剪枝和后剪枝操作。这些剪枝操作实际上就是一种特征筛选方法，能够去除不重要的特征。③神经网络降维，神经网络也具有一定的数据降维的能力，因此可以设计特定的神经网络结构来进行特征筛选。自编码器是这类方法中的经典代表，它首先将数据映射到低维空间，然后将其映射回原始空间。如果自编码器能够很好地还原原始数据，则说明低维表示保留了足够的信息，是一种有效的数据降维和特征筛选方法。

3. 数值类型转换

经过上述步骤处理的数据仍不能直接输入机器学习模型，还需要进一步处理。在机器学习领域，数据属性主要分为类别型和数值型两种。相应地，模型也可以根据输入数据类型分为以分类为基础的模型（如决策树）、以数值为基础的模型（如神经网络）。目前，数值型模型是机器学习领域的主流。将数据处理成适合输入模型的格式，核心工作就是将数据在类别型和数值型之间进行转换。例如，决策树算法是基于分类的，因此需要将数值型数据转换为类别型数据。以用户消费金额属性为例，可以选择几个划分点，将用户分为高消费用户、普通消费用户和低消费用户。当然，决策树算法在选择该属性进行分类时也可以动态选择划分点，但本质上都是将数值型数据转换为类别型数据。

目前，数值型输入模型在机器学习中更为常见，因此将类别型数据转换为数值型数据的技术也更为常用。一种直观的方法是用数字直接代表类别，但这仅适用于类别间存在排序关系的属性，如用户信用评级。对于无明显顺序关系的类别属性，如用户偏好的商品类别，更常用的转换方法是独热（One-Hot）编码。具体操作是将类别属性转换为与类别数量相等的多个数值属性，如购买水果类别（西瓜、苹果、橘子）可编码为三个数值属性：100代表西瓜，010代表苹果，001代表橘子。这种方法适用于任意数量的类别属性转换。

One-Hot编码假设不同类别间的距离是相等的，但实际上，各类别间的相似性可能并不相同。例如，啤酒和红酒作为酒类，其相似度高于啤酒与电饭锅。为更准确地反映这种关系，在编码时应使啤酒和红酒的编码距离更接近。这通常通过调整类别间的权重来实现，以权重矩阵形式存在。确定类别相似度有多种方法，手动调整基于业务知识是一种，但工作量大。在电商中，可用自然语言处理的嵌入（Embedding）方法，将文字映射为向量，相似文本距离近，不同文本距离远。将类别转为文字后，通过嵌入方法可判断其相似度。在电商领域，商品的名称一般都较为详细，能够较为完整地表示出商品的特征，因此适合使用这种方法。

4．数据标准化与归一化

在成功将数据处理成适合输入模型的格式后，就可以开始训练模型了。但需要注意的是，直接将数据输入模型往往不会取得很好的性能。以神经网络模型为例，其训练过程可以看作寻找模型参数的最优值，即使损失函数达到最小。然而，由于数据特征的量级不同，比如消费金额可能达到几百元或几千元，而经过编码后的类别特征值只有个位数，这会导致在训练过程中不同参数的调整幅度不同。如果把损失函数的最小值比作一个圆心，那么当各个参数的数量级相近时，模型能更快速地接近这个最小值。反之，如果参数的数量级差异很大，损失函数在训练过程中就可能会发生振荡，虽然最终也能达到最小值附近，但效率会大大降低。实际情况可能更为复杂，有时候振荡可能会触发模型的停止条件，导致模型在损失函数还未达到最小值之前就提前停止训练。因此，在训练模型之前，通常需要对数据进行预处理，比如归一化或标准化，以确保各个特征具有相似的数量级，从而提高模型的训练效率。

因此，想要达成良好的训练效果，需要在训练前先将不同属性的数值转换成相同数量级。转换相同数量级的方法有很多，常用的方法主要有标准化和归一化。标准化即将数据视为正态分布，然后转换成标准正态分布的形式，即（当前数据−均值）/方差。如图7-6所示，归一化是将数据压缩到0～1，即（当前数据−最小值）/（最大值−最小值）。一般来说，有极端数据的属性需要使用标准化。存在极端数据需要使用标准化是因为极端数据会使得归一化后的大部分数据过小，无法体现出区分度。

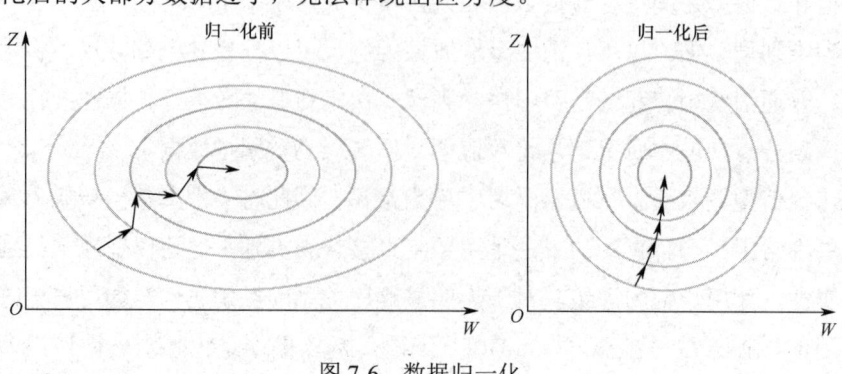

图7-6 数据归一化

7.2.3 用户画像与隐私保护

由于构建用户画像既费时又费力，且数据来源广泛且杂乱，因此仅有少数企业能够自行构建。然而，用户画像的应用却非常广泛，从个体电商到大型平台的推送机制都需要其支持。这导致用户画像的建立者和使用者往往不是同一家企业，进而引发对用户隐私的担忧。目前关注集中在如何在确保用户隐私不被泄露的前提下，使画像使用者达到预期效果。多数电商平台采取的策略是由平台统一处理所有与用户画像相关的功能，如产品推送和广告展示。若商家需要获取更具体的店铺信息，平台会提供整体且经过匿名处理的用户报告。例如，当售卖服装的商家希望了解客户喜好时，平台会根据用户画像生成相关分析报告，并附上匿名的客户样例。

当用户画像的建立者和使用者都持有部分数据时，情况会变得复杂。特别是当使用者的数据量有限或信息不完整，难以独立完成任务时，如新开业的商场或电商都希望从有限的数据中挖掘未来发展信息。此时，既要保证双方数据的保密性，又要实现数据的有效利用。目前，这方面的研究主要依赖联邦学习和迁移学习。联邦学习旨在整合不透明的数据集以完成模型训练，确保合作双方在数据不公开的情况下共同训练模型；而迁移学习关注如何将旧场景的数据应用于新场景，如利用其他商场的历史数据预测新商场的未来趋势。

7.3 用户画像技术在新媒体电商中的应用

用户画像技术在新媒体电商中的应用日益广泛，其核心技术在于利用机器学习预测用户行为。电商平台可通过用户画像精准地洞悉消费者的需求与偏好，实时推荐最符合其口味的产品。随着算法的精进和计算能力的提升，用户画像的时效性不断增强，使得推荐更为即时、个性化。这不仅优化了购物体验，还极大提高了电商的营销效率和客户关系管理能力。接下来，我们将深入探讨用户画像在推荐系统、精准营销及客户关系管理等领域的具体应用场景。

7.3.1 精准营销用户画像

如何在海量的商品中为用户提供精准、个性化的营销，成为电商业务中的重要一环。用户画像，作为描绘用户多维度特征的工具，为精准营销提供了强大的支持。精准营销系统是一种能够根据用户的兴趣、偏好和行为等数据，为用户推送相关信息的系统。在电子商务领域，精准营销系统主要为用户推送商品或服务信息，以帮助用户更高效地找到所需内容，提升购物体验。精准营销的核心在于"精准"，即能够针对每个用户的独特需求提供定制化的信息。

用户画像在精准营销中的应用主要体现在用户需求识别、营销策略制定、营销结果优化等几个方面。在用户需求识别中，用户画像通过对用户的多维度数据进行整合和分析，形成对用户特征的全面描述。这些特征包括用户的年龄、性别、地域、职业等基本信息，以及用户的购物习惯、浏览行为、消费偏好等动态信息。通过用户画像，精准营销系统能够更准确地识别用户的需求，为营销策略提供有力的数据支持。亚马逊通过分析用户的购物历史、浏览记录和产品搜索习惯，构建了详尽的用户画像。这使得它能够推荐个性化的商品，并向用户发送定制化的促销信息。例如，如果一位用户经常购买儿童书籍和玩具，亚马逊可能会在促销期间向这位用户推荐相关类别的新产品，从而提高转化率和用户满意度。

在营销策略制定中，识别了用户需求后，精准营销系统需要根据用户画像制定相应的营销策略。这些策略包括营销的内容、时机、方式等。用户画像的丰富性使得营销策略可以更加多样化和精细化。例如，对于经常购买书籍的用户，营销系统可能会优先推送与其过去购买或浏览的书籍相关的其他书籍或作者的新作信息；对于价格敏感型的用户，营销系统可能会通过提供优惠券、打折信息或限时促销等方式吸引其注意力。此外，营销系统还会根据用户的地理位置、购物时间等因素调整营销策略，确保推送的商品信息与用户的实际需求高度匹配。

在营销结果优化中，精准营销系统不仅需要为用户提供初次的信息推送，还需要根据用户的反馈和行为数据不断优化后续的营销结果。用户画像在这一过程中同样发挥着重要作用。通过收集用户对推送信息的点击率、购买率、评分等数据，营销系统可以分析用户的满意度和不满意度，进而调整营销策略。同时，用户画像中的动态信息也可以帮助营销系统实时跟踪用户的需求变化，确保营销结果的时效性和准确性。在精准营销中，用户画像的分析通常涉及多个步骤，包括数据收集、数据预处理、特征工程、模型构建和结果分析等。以下是一个简化的 Python 代码案例，展示了如何基于假设的用户数据进行用户画像分析，并为精准营销提供建议。

精准营销中的用户画像应用流程通常包括数据收集、数据预处理、用户分群、营销策略制定、结果展示等步骤。如下面的代码案例所示，首先，收集用户的基本信息和行为数据，如年龄、性别、收入、购买记录、兴趣类别等，这些数据构成了用户画像的基础。接下来，对数据进行预处理，将分类变量转换为数值型，以便于后续的数据分析。其次，选择关键特征，利用聚类算法（如 K-Means）对用户进行分群，将具有相似特征的用户归为一类。根据用户分群的结果，制定针对性的精准营销策略，例如，为不同群体推荐不同的产品或服务，并提供相应的优惠措施。最后，将用户分群结果和营销策略以表格的形式进行展示，以便营销人员直观地了解每个用户的特征并提供适合的营销策略，从而实现更加精准和有效的营销。整个流程旨在深入理解用户需求，提升用户体验，并最大化营销效果。

表 7-2 的代码示例中，创建了一个简化的用户数据集，通过 K-Means 聚类算法对用户进行了分群，并为每个用户群制定了不同的精准营销策略，以表格的形式展现了结果。首先，输出的用户分群结果显示了每个用户被分配到的群体编号。在这个例子中，我们假设 K-Means 聚类算法将用户分为三个群体，每个用户都被分配到了一个特定的群体中。这些

群体是基于用户在年龄、性别、收入、购买量和兴趣类别等特征上的相似性来划分的。

表 7-2　营销用户画像 Python 代码案例

```python
import pandas as pd
from sklearn.preprocessing import LabelEncoder
from sklearn.cluster import KMeans

# 假设的用户数据集
data = {
    'user_id': [300021, 300022, 300023, 300024, 300025],
    'age': [25, 35, 45, 30, 40],
    'gender': ['M', 'F', 'M', 'F', 'M'],
    'income': ['low', 'medium', 'high', 'medium', 'high'],
    'purchases': [10, 20, 30, 15, 25],
    'category_interest': ['electronics', 'fashion', 'travel', 'fashion', 'electronics']
}

# 将数据转换为 DataFrame
df = pd.DataFrame(data)

# 数据预处理
# 将分类变量转换为数值型
le = LabelEncoder()
df['gender_encoded'] = le.fit_transform(df['gender'])
df['income_encoded'] = le.fit_transform(df['income'])
df['category_interest_encoded'] = le.fit_transform(df['category_interest'])

# 选择用于用户画像的特征
features = ['age', 'gender_encoded', 'income_encoded', 'purchases', 'category_interest_encoded']

# 用户分群（例如，使用 K-Means 聚类算法）
kmeans = KMeans(n_clusters=3, random_state=42)  # 假设我们想要将用户分为 3 个群体
df['cluster'] = kmeans.fit_predict(df[features])

# 分析结果
print("用户分群结果:")
print(df[['user_id','cluster']])

# 根据用户分群制定精准营销策略
def targeted_marketing_strategy(cluster):
    if cluster == 0:
        return "推荐电子产品，提供折扣优惠"
    elif cluster == 1:
        return "推荐时尚服饰，提供新品试用机会"
    elif cluster == 2:
        return "推荐旅行套餐，提供积分兑换活动"
    else:
        return "无特定推荐"

# 为每个用户添加营销策略建议
df['marketing_strategy'] = df['cluster'].apply(targeted_marketing_strategy)

# 显示包含营销策略建议的完整结果
print("\n 包含营销策略建议的用户画像分析结果:")
print(df[['user_id', 'age', 'gender', 'income', 'purchases', 'category_interest', 'cluster', 'marketing_strategy']])
```

表 7-3 是营销策略建议的用户画像分析结果，这个表格包含了用户的详细信息、所属的群体以及针对每个用户的精准营销策略建议。营销策略是根据用户所属群体的特征来制定的。例如，对于被分配到群体 x 的用户，由于他们可能对电子产品感兴趣，因此推荐电子产品，并提供折扣优惠。对于被分配到群体 y 的用户，他们可能对时尚服饰感兴趣，因此推荐时尚服饰，并提供新品试穿机会。对于被分配到群体 z 的用户，则推荐旅行套餐，并提供积分兑换活动。通过这种方式，我们可以根据用户的特征和行为将他们分成不同的群体，并为每个群体制定有针对性的营销策略。这有助于提高营销活动的效率和效果，进而实现更精准的营销。

表 7-3　营销策略建议的用户画像分析结果

用户 ID	300021	300022	300023	300024	300025
年　　龄	25	35	45	30	40
性　　别	M	F	M	F	M
收入水平	Medium	Medium	High	Medium	High
购买次数	10	20	30	15	25
购买偏好	Electronics	Fashion	Travel	Fashion	Electronics
群体分类	x	y	z	y	x
营销策略	推荐电子产品，提供折扣优惠	推荐时尚服饰，提供新品试穿机会	推荐旅行套餐，提供积分兑换活动	推荐时尚服饰，提供新品试穿机会	推荐电子产品，提供折扣优惠

要根据用户画像提升精准营销的效果，需要注意以下几个方面。一是完善用户画像数据，不断收集和更新用户数据，确保用户画像的准确性和时效性；同时，要注意保护用户隐私，遵守相关法律法规。二是提高数据分析的精准度，利用先进的机器学习技术和大数据分析方法，深入挖掘用户需求和潜在价值，为制定更精准的营销策略提供有力支持。三是注重用户体验和反馈，避免过度营销和骚扰用户，确保营销内容与用户的兴趣和需求高度匹配；同时，要为用户提供方便的反馈渠道，收集用户对营销结果的满意度和不满意度等反馈信息，以此作为优化用户画像和营销策略的重要依据。

7.3.2　电商支付用户画像

随着互联网的快速发展，电商交易和在线支付已成为现代生活的重要组成部分。2022 年，美国、欧盟和中国的电商年销售额分别达到了惊人的 1 万亿、9800 亿和 1.93 万亿美元。移动支付、在线支付等便捷方式为用户带来了前所未有的购物体验。然而，这些便利的背后却隐藏着日益严峻的安全挑战。电商支付领域的欺诈行为层出不穷，包括账户盗窃、交易欺诈等多种形式。为了应对这些威胁，电商平台和支付机构不断寻求新的技术手段来加强安全防护。在这一背景下，用户画像技术应运而生，为电商支付安全提供了新的解决思路。

第 7 章 用户画像技术

用户画像通过对用户的兴趣、需求和行为等数据进行深入分析，构建出全面细致的用户特征描述。以表 7-4 给出的支付用户画像标签为例，在电商支付领域，用户画像的应用主要体现在以下几个方面：首先，通过用户画像可以更准确地识别用户的支付习惯和交易行为，从而及时发现异常交易和潜在欺诈风险；其次，基于用户画像的精准定向和个性化推荐等技术手段可以应用于欺诈检测中，提高检测的准确性和效率；最后，用户画像可以帮助电商平台和支付机构制定更精细化的安全策略，为用户提供更个性化的安全保障。

表 7-4 支付用户画像标签

用户 ID	100023	100024	100025	100026	100027
姓名	张三	李四	王五	赵六	孙七
账户状态	正常	正常	冻结	正常	正常
账户级别	高级	中级	初级	高级	中级
最后一笔交易 ID	890123	987654	456789	123450	678901
交易金额	1000 元	500 元	2000 元	800 元	1500 元
支付方式	信用卡	借记卡	余额	信用卡	借记卡
是否有现金回馈或促销	是	否	是	否	是
是否使用 VPN	否	否	是	否	否
账户是否被盗用	否	否	是	否	否
本月修改密码次数	从未修改	从未修改	2 次	从未修改	从未修改
争议事件记录	无	无	有	无	无

电商支付欺诈的多样性和动态性给欺诈检测带来了巨大挑战。诈骗者不断针对反欺诈措施开发新的欺诈手段，导致欺诈行为持续变化。为了应对这些挑战，电商平台和支付机构需要不断升级用户画像技术，提高数据收集和分析的能力，以便更准确地识别和预测欺诈行为。用户画像技术为电商支付安全提供了新的解决思路和技术手段。通过深入分析用户的兴趣、需求和行为等数据，构建出全面细致的用户画像，有助于更准确地识别和预测潜在的支付安全风险。

在电商支付用户画像的构建过程中，统计类标签和规则类标签是两个重要的组成部分。以表 7-5 给出的用户风控报告案例为例，统计类标签主要关注用户的静态属性，如年龄、性别、地域等，以及用户的动态行为数据，如交易金额、交易频率、支付方式等。规则类标签则是基于一定的业务规则和逻辑判断得出的标签，如是否使用 VPN、账户是否被盗用、是否存在争议事件记录等。首先，账户状态和账户级别提供了用户的基础信誉信息。例如，一个处于冻结状态的账户或者一个初级账户可能需要额外的安全验证步骤，以减少潜在的风险。其次，交易行为和支付偏好反映了用户的消费习惯和支付模式。频繁的大额交易、不寻常的支付方式或频繁更换支付方式都可能被视为潜在的风险信号。最后，风险与安全相关的行为特征，如是否使用 VPN、账户是否被盗用以及密码修改频率等，都是评估用户风险水平的重要指标。将这些标签综合应用于电商支付反诈的应用中，可以为每个用户生成一份个性化的风控报告，评估其潜在的欺诈风险。

表 7-5　用户风控报告案例

报告生成日期：[报告生成的日期] 用户基本信息 　●用户 ID：100023 　●姓名：张三 　●国家/地区：中国 　●账户状态：正常 　●账户级别：高级 支付与交易概览 　●总交易笔数：[139] 　●总交易额：[66000 元] 　●支付方式分布： 　　○信用卡：[笔数:61，金额:32000 元] 　　○借记卡：[笔数:33，金额:24000 元] 　　○余额：[笔数:45，金额:10000 元] 交易行为分析 　●近期交易趋势：[张三的交易额在过去三个月内呈现上升趋势，交易频率也有所增加。交易额从平均每月 1000 元增加到 1500 元，交易次数从每月 10 次增加到 15 次。] 　●异常交易检测：[检测到张三在上月有一次异常交易行为，涉及金额 15000 元，这是他账户历史上单笔交易金额最大的一次。此外，还有几次跨国交易，需要进一步分析以确定是否正常。] 　●现金回馈或促销参与情况：[张三积极参与促销活动，平均每月参与 2 次。他曾参与的促销活动包括"黑五促销"，这些活动为他带来了总计 200 元的现金回馈] 风险与安全评估 　●登录设备分析：[分析张三使用的登录设备类型、IP 地址、设备数量等] 　●VPN 使用情况：未使用 　●账户盗用情况：账户安全，未发现盗用迹象 　●密码修改频率：符合安全建议 　●争议事件记录：无争议事件或投诉记录

本章小结

　　用户画像在个性化推荐系统中是提升推荐效果和满足用户需求的关键。通过精准识别用户需求、制定多样化的推荐策略、持续优化推荐结果，用户画像为个性化推荐系统提供了强大的支持。未来，随着技术的不断发展和用户需求的不断变化，有望看到更多创新的个性化推荐系统涌现，为用户带来更加美好的购物体验。

　　用户画像作为电子商务领域的重要工具，在精准营销与广告投放中发挥着越来越重要的作用。通过深入分析和应用用户画像，企业可以实现更精准的市场定位、更有效的目标用户触达以及更高效的营销资源利用。随着技术的不断发展和用户需求的不断变化，未来用户画像在精准营销与广告投放中的应用将更加广泛和深入。企业需要紧跟时代步伐，不断探索和创新用户画像的应用方式，以更好地满足市场需求和实现商业价值。

用户画像在客户关系管理系统（CRM）中的应用为企业带来了巨大的价值和竞争优势。通过深入了解客户的特征和需求，企业能够更加精准地定位其市场、优化其产品和服务，并提高其营销效率。然而，实施用户画像策略并非易事，需要企业在数据、技术和隐私保护等方面进行持续投入和创新。只有这样，企业才能充分挖掘用户画像的潜力，实现 CRM 的真正转型和升级。

思考题

1. 请结合用户画像构建流程的各个阶段，分析如何优化数据收集和标签体系构建，以提高用户画像的准确性和实用性。

2. 在用户画像系统搭建的过程中，数据存储的技术选型是非常重要的一项内容，不同的存储方式适用于不同的应用场景。请列举三种与画像相关数据的存储方式以及应用场景。

3. 在用户画像开发中，元数据管理是什么？它扮演的作用是什么？

4. 在用户画像中，用户属性分析通常包括哪些维度，请列举至少四个，这些维度在推荐系统中的作用是什么？

5. 在精准营销中，用户画像如何帮助营销人员制定个性化的营销策略？

6. 在用户画像的构建和应用过程中，如何平衡企业对用户数据的需求与用户隐私保护之间的矛盾？

本章案例分析

Netflix 的个性化推荐系统

Netflix，作为全球领先的流媒体播放平台，拥有庞大的用户群体和丰富的影视资源。为了在激烈的竞争环境中脱颖而出，Netflix 一直致力于提供极致的个性化推荐体验。其成功的背后，离不开对用户画像的深入研究和应用。

Netflix 的用户画像构建涵盖了多个维度，包括用户的基本信息、观影历史、搜索行为、评分记录、播放时间、设备信息等。这些数据通过复杂的算法整合，为每个用户构建了一个立体、全面的画像。其中，观影历史是用户画像中最重要的部分。Netflix 详细记录了用户观看过的每部电影或剧集，包括观看的时间、进度、是否重复观看等。这些数据为 Netflix 提供了用户偏好的直接证据，使其能够准确地判断用户的兴趣和口味。除了观影历史，用户的搜索行为和评分记录也为 Netflix 提供了宝贵的线索。通过分析用户的搜索关键词和频率，Netflix 可以了解用户当前的兴趣点和需求。而用户的评分记录则反映了用户对不同类型内容的喜好程度，为 Netflix 提供了更精细的推荐依据。

基于这些丰富的用户画像数据，Netflix 构建了一套高效的个性化推荐系统。这套系统能够根据用户的实时行为和兴趣变化，动态地调整推荐内容。例如，当用户观看了一部科幻电影并给出了高分评价后，Netflix 的推荐系统会立即捕捉到这一信息，并在后续的推荐中增加科幻类型的内容。同时，系统还会根据用户的历史观影记录和评分数据，判断用户对其他类型内容的接受程度，从而避免推荐过于单一的内容。除了基本的类型推荐，Netflix 还利用用户画像进行了更细粒度的个性化推荐，例如，对于喜欢观看恐怖电影的用户，Netflix 会进一步分析用户对恐怖元素的偏好程度，如血腥、惊悚、超自然等，从而为用户推荐更符合其口味的内容。此外，Netflix 利用用户画像进行了跨类型推荐，例如，对于既喜欢观看科幻电影又喜欢观看喜剧的用户，Netflix 会尝试推荐一些具有科幻元素的喜剧电影，以满足用户的多元化需求。

通过深入应用用户画像，Netflix 的个性化推荐系统取得了显著成效。据统计，Netflix 的用户中有 80% 以上会选择观看平台推荐的内容。这一比例远高于其他流媒体平台，充分证明了 Netflix 个性化推荐系统的准确性和有效性。同时，Netflix 的个性化推荐系统也极大地提升了用户的观影体验和满意度。用户不再需要花费大量时间在海量的影视资源中搜索自己感兴趣的内容，而是可以直接享受到平台为其量身定制的推荐服务。这种便捷的观影体验使得用户更加愿意在 Netflix 上花费时间和金钱，从而进一步提升了平台的收益和市场份额。

资料来源：本书编辑整理。

第 8 章

个性化推荐技术

本章学习目标：
- 了解电子商务中的推荐系统发展脉络；
- 理解推荐系统的工作原理；
- 了解新媒体电商中个性化推荐的优势；
- 了解个性化推荐在业务场景中的操作与应用。

开篇案例

个性化推荐算法：驱动新媒体电商智能化与精准营销

大数据时代的发展促进了天猫、淘宝、抖音、小红书等新媒体电商的兴起。海量用户与商品的涌入使得推荐系统在电商场景中大放光彩。推荐算法能够根据用户的历史行为、兴趣偏好等信息，为用户提供个性化的推荐内容，帮助用户更容易找到符合自己需求的商品或服务，从而提升用户体验。

2022 年 8 月，天猫和淘宝公开了商品推荐的运行机制。针对手机天猫首页的"商品排行"，天猫使用了商品点击量、加购量、销量数据，按照不同的商品类目和属性，使用商品的客观数据排序以及对这些数据的加权平均，进而对商品进行排序。通过用户的访问轨迹、历史搜索数据等为用户推荐可能感兴趣的商品和服务信息。个性化推荐算法预测人群偏好特征，匹配人群可能感兴趣的商品、服务或其他信息，对展示的商品、服务或其他信息进行排序。推荐系统还会根据用户使用产品过程中的浏览行为，对推荐模型进行实时反馈，不断调整优化推荐结果。此外，随着短视频在社交媒体和电商平台上的流行，越来越多的用户习惯通过短视频获取信息和购物灵感。开设短视频搜索窗口可以满足用户在平台上寻找短视频内容的需求，提供更丰富多样的购物体验。

因此，个性化推荐技术在新媒体电商中发挥着重要作用。通过个性化推荐，平台可以不断向用户展示吸引人的内容或商品，延长用户停留时间，提高用户黏性，促进用户再次访问和消费。为帮助读者进一步了解推荐算法如何应用，本章将从推荐系统的概念与产生、个性化推荐算法的介绍与应用等方面，并结合具体实例，介绍推荐算法在电商场景下银行理财产品的推荐机制，从而让读者了解常见推荐算法的工作原理。

资料来源：技术君，《淘宝信息流融合混排服务升级》，阿里云开发者社区，2024 年 2 月 23 日。

8.1 推荐系统概述

8.1.1 推荐系统的概念与发展

推荐系统（Recommendation System）是一种信息过滤系统，旨在预测用户对某些产品的喜好程度，并向他们推荐最可能喜欢的产品。随着互联网的普及和数字化内容的爆炸式增长，用户需要一种方法可以高效地找到他们感兴趣的产品，推荐系统便应运而生了。

从时间（横向）的角度来看，随着信息量的增长速度呈指数级增长，用户在海量信息中找到自己感兴趣的内容变得愈加困难。推荐系统可以根据用户的历史行为、兴趣爱好等信息，过滤出用户可能感兴趣的内容，从而提供个性化的推荐服务，帮助用户更快速地找到所需信息。从表现形式（纵向）的角度来看，信息的形式变得越来越多样化，包括文字、图片、视频、音频等多种形式，甚至涵盖了虚拟现实等新兴技术，传统的信息检索方法可能不再适用，而推荐系统能够根据不同形式的信息内容进行个性化推荐，进一步提升用户体验。

推荐系统的发展历程是一个不断演进、技术迭代升级的过程，从最初简单的基于规则方法，逐步发展到融合大模型与生成式技术的复杂系统。

早期探索阶段（1990—2006年）。1990年，哥伦比亚大学教授首次提出推荐系统的概念。1992年，协同过滤算法被Xerox研究中心提出，主要用于开发邮件筛选系统，过滤用户不感兴趣的无用邮件。2001年，基于物品的协同过滤（Item-based Collaborative Filtering，ItemCF）算法被引入。2003年，亚马逊将协同过滤应用到电商领域，标志着协同过滤正式在互联网行业广泛应用，也使其成为业界主流的推荐模型。然而，该阶段存在明显的局限性，数据稀疏性问题严重，冷启动时难以获取足够信息，长尾问题突出。更重要的是，由于协同过滤缺少对内容信息的利用，精准的个性化推荐很难实现。

矩阵分解与模型化阶段（2006—2010年）。在该阶段，以矩阵分解（Matrix Factorization，MF）为代表的隐式特征学习成为主流。2006年，Netflix Prize竞赛推动了SVD（Singular Value Decomposition，奇异值分解）、SVD++等算法的普及，通过分解用户-物品评分矩阵学习潜在特征。此外，因子分解机（Factorization Machine，FM）等模型也开始融合时间、上下文等辅助信息。但这些线性模型的表达能力有限，尤其是在处理高维稀疏特征和非线性关系时存在困难。

深度学习时代（2010—2018年）。该阶段以端到端特征学习与非线性建模为主要核心。深度神经网络（Deep Neural Network，DNN）在推荐系统中得到广泛应用，如YouTube DNN通过对用户行为序列进行建模来实现视频推荐，Wide&Deep模型结合了线性模型与深度神经网络，有效平衡了记忆与泛化能力。不过，这一阶段的模型复杂度较高，实时性和可解释性方面存在不足。

多任务与图神经网络阶段（2019—2021 年）。该阶段的核心是复杂关系建模与多目标优化。多任务学习技术可以同时优化点击率、转化率等多个目标，如 MMoE（Multi-gate Mixture-of-Experts，多任务学习）模型。图神经网络（Graph Neural Network，GNN）通过构建用户–物品交互图来建模异构关系，有效解决了冷启动问题，如 PinSage 算法。同时，深度强化学习（Deep Reinforcement Learning，DRL）与在线学习技术实现了实时推荐，能够动态调整策略，提升响应速度。该阶段的优势在于能够更精准地对用户兴趣进行建模，并且支持动态场景与实时反馈。

大模型与生成式推荐阶段（2022 年至今）。最近，随着大模型的快速发展，预训练大语言模型（如 Generative Pretrained Transformer，GPT）和生成式技术已成为推荐系统发展的新方向。通过监督学习微调大模型，大模型能够直接生成推荐理由或预测用户偏好，显著提升了自然语言交互能力。另外，大模型也可被用来实现用户动态兴趣建模。例如，基于 Transformer 的序列模型 SASRec（Self-Attentive Sequential Recommendation，自注意力序列推荐系统）可以直接建模用户的行为序列（如点击、观看、购买等），通过自注意力机制捕捉长期和短期兴趣的演化。但这些新技术也面临着计算成本高、隐私与伦理等突出问题。

推荐系统包含众多模块，如推荐模型、日志系统、大数据系统、在线学习系统、监控系统、A/B 实验系统等。推荐模型是推荐系统的核心，通过与其他系统的配合实现推荐系统的完整功能。其顶层结构如图 8-1 所示，推荐系统通过获取上下文信息（包括物品和用户信息），对候选物品集进行筛选和排序，最终将推荐结果返回。

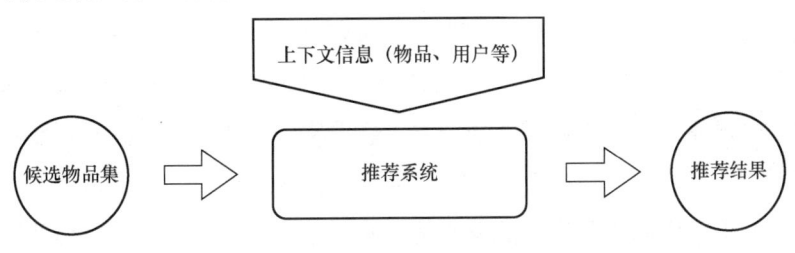

图 8-1　推荐系统顶层结构

推荐系统不仅满足了用户获取信息的需求，也对企业的增长起到了推动作用。通过推荐系统，企业可以更好地了解用户需求，提供个性化服务，从而提升用户留存率和转化率。此外，推荐系统具有明显的正反馈效应，系统表现越好，吸引的用户越多，进而采集到的数据也越丰富，促进推荐系统的进一步优化。

8.1.2　推荐系统的链路

如图 8-2 所示，推荐系统通常采用由召回、粗排、精排、重排这四个环节组成的分级推荐链路。在推荐链路中越靠前的环节，其面对的候选集越大，因此需要采用精度较低但速度较快的算法；推荐链路中越靠后的环节，其面对的候选集越小，有条件采用精度高但速度较慢的算法。

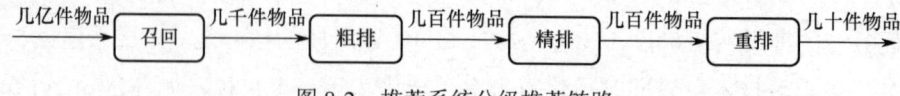

几亿件物品 → 召回 → 几千件物品 → 粗排 → 几百件物品 → 精排 → 几百件物品 → 重排 → 几十件物品

图 8-2　推荐系统分级推荐链路

以下是对每个环节的简要描述。

召回：快速从海量数据中取回几千件用户可能感兴趣的物品。在推荐系统中，一般有几十个召回通道，每个通道返回几十上百件物品，最终对所有召回通道的内容进行融合去重。

粗排：使用小规模神经网络给召回的物品打分，并按分数从高到低排序，选出分数最高的几百件物品。

精排：用大规模神经网络对粗排选中的几百件物品重新打分，得到更精确的物品分数。

重排：对精排结果做多样性抽样，选出几十件物品，通过规则将相似的物品打散，同时插入广告或推广物品。

8.1.3　个性化推荐系统研究现状

协同过滤是推荐系统中最经典的算法之一。它首先分析用户的爱好，然后在所有用户群中寻找与其有类似爱好的用户，最后综合分析这些相似用户对某一信息的评价，形成系统对此目标用户对同一信息的喜好程度预测。同时，协同过滤可以过滤出旅游信息、音乐、电影等无法用文字表达的概念，其思想总体来说就是"物以类聚，人以群分"。此外，协同过滤算法可细分为基于用户的协同过滤算法、基于内容的协同过滤算法、基于模型的协同过滤算法。

2003 年，亚马逊提出一种基于商品的协同过滤推荐算法，从此推荐算法才真正应用于商业领域。可以说，推荐系统的诞生与电商发展密不可分，并随着电商的发展而不断更新。随着信息技术的迅速发展，推荐算法的种类也越来越多，其中比较经典的推荐算法包括基于内容的推荐算法、协同过滤推荐算法、混合推荐算法。例如，司品印等人为解决电影信息过载、用户需求不明确的问题，开发了基于协同过滤算法的个性化电影推荐系统，可以使商家为不同用户推荐更为个性化的电影。

基于内容的推荐算法是通过相关特征属性来定义项目或对象，系统根据用户对特征的评价来判断用户偏好，进而根据用户数据与待预测项目的相似度来进行推荐，试图挑选出与用户以前喜欢的产品类似的产品。该算法在同类型项目推荐中效果比较好，比如书籍或电影推荐，但对于不同类型的电商平台来说，如果商品种类很多，在提取商品特征值的时候就会比较困难，导致最终推荐效果一般。例如，高斐为了解决教学评估中仅通过试卷分析无法实现个性化学习的问题，使用基于内容的推荐算法，将学生薄弱知识点的个性化学习应用到个性化辅导中，提升学生对知识的掌握程度。

机器学习算法在推荐系统中也能发挥独特的优势。机器学习算法能够分析用户的历史行为、偏好和交互数据，从而提供高度个性化的推荐。这种个性化不仅限于用户显式表达的喜好（如评分、喜欢/不喜欢），还包括从用户行为中隐式推断的兴趣。机器学习的过程是一个从未知到已知的过程，实质上就是通过前人的大量经验，接受大量信息，总结其中的规律，实现应用。最具代表性的机器学习算法有逻辑回归、支持向量机、随机森林等。例如，颜中伟等人基于 K-Means 聚类算法抽取文本，结合 Word2Vec（Word to Vector，词汇转向量）和关联规则技术，将非结构化的招聘文本转化为结构化文本，从而开发出个性化学习推荐系统。

随着计算机视觉的不断发展，深度学习算法在推荐系统中得到广泛应用。深度学习的核心在于特征学习，可以通过分层网络来获取分层次的特征信息，能够捕捉用户与物品之间的非线性关系，挖掘深层次的用户偏好特征，使得推荐效果进一步提升。2015 年，澳大利亚国立大学首次尝试将神经网络应用到推荐算法中，提出了一种基于自编码器的协同过滤推荐模型（Autoencoder-boased Collaborative Filtering，AutoRec），它由三层网络组成，分别是输入层、隐含层和输出层。2016 年，推荐领域的学者们开始大规模尝试应用深度学习技术，两大模型 Deep&Crossing 和 Wide&Deep 相继问世，Deep&Crossing 将 ResNet（Residual Neural Network，残差神经网络）中的残差思想引入特征交互中，对特征交互进行深度交叉，其应用场景是微软的搜索引擎 Bing 中搜索广告的场景。当用户在搜索框中输入搜索关键词时，不仅会呈现对应的搜索结果，还会呈现与搜索关键词相关的广告。Wide&Deep 是由单层宽（Wide）部分和多层深（Deep）部分组成的，它通过联合训练一个线性模型和一个神经网络模型组件进行工作，可以实现记忆和泛化能力。

近年来，注意力机制开始被学者们注意并逐渐引入推荐算法中。注意力机制受到人类注意力的启发，希望将人的感知方式和感知行为应用到模型上，尝试让模型自己学习分配注意力，从而区分数据中重要的部分和不重要的部分。2017 年，阿里巴巴提出 DIN（Deep Interest Network，深度兴趣网络）模型，它是针对电商领域的 CTR（Click-Through Rate，点击率）预估，它可以充分利用用户的历史行为数据，引入注意力机制，更精准地捕获用户的潜在兴趣，从而实现更加个性化的推荐。

8.2 个性化推荐在新媒体电商中的应用

8.2.1 传统电商的个性化推荐

淘宝网是由阿里巴巴集团于 2003 年创建的在线购物平台，它连接了成千上万的商家和消费者，提供各种各样的商品和服务。淘宝网最初以 PC 端网站的形式上线，用户可以通过计算机浏览器访问和使用淘宝。随着智能手机的普及，移动互联网用户迅速增长，越来越多的用户开始使用手机上网和购物。2010 年，淘宝正式推出了手机 App，提供更加便捷的移动购物体验。相比 PC 端，手机屏幕的变小使得用户无法同时浏览多个页面，交互变得困难，在这样的情况下，淘宝移动端 App（下面简称手淘）开始借助个性化推荐来提升用户的浏览效率。手淘推荐系统的快速发展得益于 2014 年阿里"All in 无线"战略，经过近几年的发展，推荐已经成为手淘流量最大的入口。图 8-3 展示了淘宝的个性化推荐场景。

在我们日常使用手淘的过程中，可以发现每个人的开屏首页都不一样，使用相同关键词搜索商品时得到的结果也不一样。此外，当浏览某件商品后，首页的推荐内容也会出现同类的产品，这些表现的背后都依赖手淘的个性化推荐系统。手淘的推荐场景十分丰富，不仅包含商品，还包含了直播、店铺、品牌、UGC、PGC 等。

首页推荐　　视频、直播推荐　　笔记推荐　　相似商品推荐

图 8-3　淘宝个性化推荐场景

推荐与搜索不同，在搜索中用户可以主动表达需求，但用户却很少与推荐系统主动互动，或者说和用户互动的是后台算法模型，所以推荐系统从诞生开始就是大数据与 AI 结合的产物。手淘的个性化推荐类算法会基于模型预测用户群体的偏好特征，匹配可能感兴趣的商品、服务或其他信息，并对展示的商品、服务或其他信息进行排序。同时，推荐系统会根据用户使用产品过程中的浏览行为，对推荐模型进行实时反馈，不断调整优化推荐结果。为提高用户体验，在对商品排序过程中还会引入多样性打散机制，避免同类型内容过度集中。

淘宝的个性化算法不仅会推荐商品，也会推荐店铺。比如"看了又看""有好货"等页面主要推荐商品，而"微淘"页面会推送收藏店铺的商品更新。举个例子，"看了又看"的栏目，在用户浏览全部商品已有信息后仍不感兴趣或没有下单欲望时，平台会将当前浏览的商品所属店铺中的类似商品，推荐给用户。该推荐方法基于关联规则，根据用户的购买行为，在"看了又看"这一栏目中将相关商品展出，刺激用户进一步消费。

作为推荐算法在电商场景下的应用，淘宝的推荐系统有以下特征。

（1）时效性：用户在淘宝上的购买需求通常低频且在短时间窗口内有效。例如，用户可能每 1～2 年才购买一次手机，但决策周期只有几小时到几天。因此，推荐系统需要具有非常强的时效性，能够快速感知和捕捉用户的实时兴趣和潜在需求。

（2）人群结构复杂：手淘用户群体复杂，包括未登录用户、新用户、低活用户和流失用户等。推荐系统需要制定差异化的推荐策略，并针对性地优化推荐模型，以适应不同用

（3）多场景：手淘的推荐覆盖了数百个场景，无法逐一进行人工优化。每个场景的条件不同，超参数也必然不同。因此，需要通过模型之间的迁移学习和自动的超参数学习等技术，将头部场景的优化经验应用到尾部场景，以实现高效的推荐优化。

（4）多目标：推荐系统的优化指标有很多，包括点击率、停留时间和成交率等，因此在实践中会采用多目标联合优化的策略来构建推荐系统。

如图 8-4 所示为淘宝推荐系统的技术框架，主要分为三块：推荐算法和模型、特征及样本的存储与计算、服务于业务层的在线服务和实时预测。

推荐技术框架

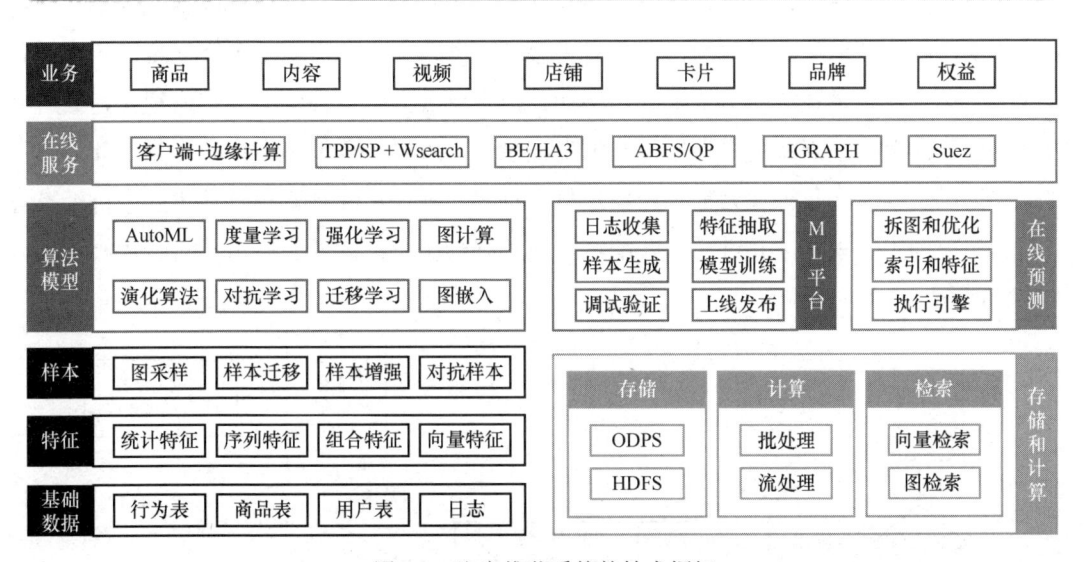

业务	商品	内容	视频	店铺	卡片	品牌	权益
在线服务	客户端+边缘计算	TPP/SP + Wsearch	BE/HA3	ABFS/QP	IGRAPH	Suez	

算法模型	AutoML	度量学习	强化学习	图计算	日志收集	特征抽取	ML平台	拆图和优化	在线预测
	演化算法	对抗学习	迁移学习	图嵌入	样本生成	模型训练		索引和特征	
					调试验证	上线发布		执行引擎	

样本	图采样	样本迁移	样本增强	对抗样本	存储	计算	检索	存储和计算
特征	统计特征	序列特征	组合特征	向量特征	ODPS	批处理	向量检索	
基础数据	行为表	商品表	用户表	日志	HDFS	流处理	图检索	

图 8-4 淘宝推荐系统的技术框架

8.2.2 短视频电商的个性化推荐

随着移动互联网的快速发展，社交媒体成为人们日常生活中不可或缺的一部分。抖音作为一款以短视频和直播为主的应用，蕴含了巨大的商业潜力。随着抖音电商平台的崛起，它不仅仅是一个娱乐工具，更成为一款消费应用。现如今，短视频带货和直播电商已经成为抖音平台最为主流的销售方式。为了进一步加强对用户兴趣偏好的分析，提供更精准的商品推荐和个性化的购物体验，抖音通过算法为用户推荐个性化的商品和内容。

例如，随着用户消费方式和习惯的变化，家纺产业在电商平台上的发展也迎来更多机会。抖音电商家居家电行业运营总监表示，在过去一年中，家纺品类已成为抖音电商平台中表现最为活跃的商品类目之一，日均商品曝光规模突破十亿件量级，交易用户规模同比增长超过 64%，新用户数量同比增长超过 25.5%，更多对睡眠问题高度关注的青年群体也快速成长为家纺产品消费的主力人群。为帮助家纺品类商家实现业务增长,抖音电商持续升级全域兴趣电商生态,打造"全域增长飞轮"。在内容场景中,好内容激发用户兴趣,从而推动购买;而在货架场景中,新奇、有趣且实惠的商品自带流量,通过产品手段,让所有内容与商品平滑连接,实现内容场与货架场的流量互通,形成飞轮高速旋转,推动业务增长。在抖音电商繁荣生态的有力支撑下,南通家纺产业的直播电商业态同样得到了快速的成长及发展。抖音电商数据显示,过去一年,南通家纺产业抖音商家总数是去年同期的3倍,家纺品类GMV(Gross Merchandise Volume,商品交易总额)规模同比增长超过60%。

抖音电商的持续升级离不开个性化推荐算法的推动。抖音个性化推荐算法采用了深度学习技术框架,并结合了用户的历史行为数据进行模型建立和训练。通过考虑用户的点击、停留时长、点赞、评论、分享、转发、不喜欢等多种行为,以及用户、内容、互动三个维度的数据,算法可以更准确地预估用户对内容的互动概率,从而实现个性化推荐。在推荐过程中,抖音使用了独特的标签机制。例如,短视频分为带货视频与非带货视频,系统会根据历史互动数据,判断用户喜好以及消费记录,为观看人群推荐带货短视频。此外,点赞、评论以及收藏产品等行为都会给用户打上标签,并在后续浏览抖音的过程中进行推荐或与其相关的带货视频,并进一步匹配给潜在的兴趣用户。图8-5展示了抖音短视频内容的推荐流程。

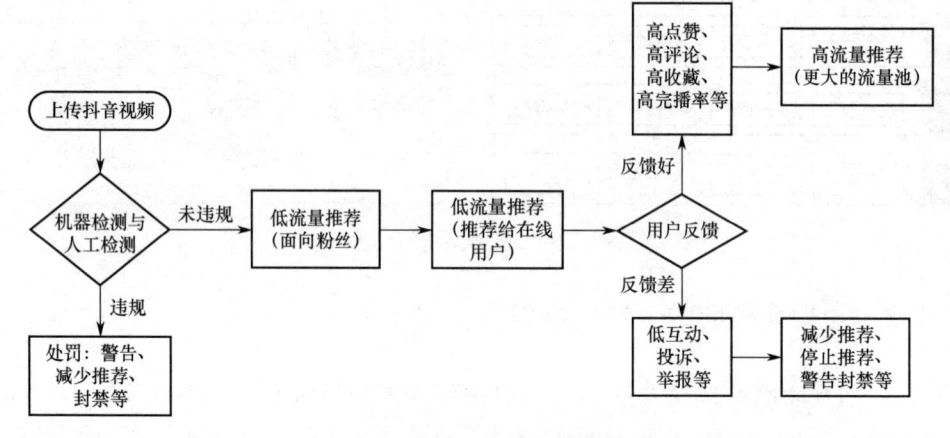

图 8-5 抖音短视频内容的推荐流程

直播电商的标签可以分为内容标签和电商标签。例如,用户在直播间进行了有效观看、停留、评论、点赞、转粉等,系统就会根据数据,判定什么样的人群对什么样的直播间感兴趣,通过观看、停留时长、点击等指标,给直播间打上内容标签,这是浅层的兴趣标签。电商标签,指的是用户在直播间点击购物车、商品、下单或成功交易时,系统就会给直播间打上电商精准标签,后续就会根据这些标签,推荐扩展给更多相似人群。

图8-6展示的是抖音短视频内容的推荐机制。当一个新用户上传一个视频时,首先由设计好的系统对视频进行自动打标签,获取视频的显式特征信息;其次将该视频随机推荐给用户(又称流量池);这些被推荐的用户根据其对这个新上传的视频进行相关互动(如

点击、播放、停留、关注、评论、点赞、转发等），根据交互的数据，来判断当前的视频质量如何，尤其是该视频的完播率——完播率指整个视频完整地被观看的次数占比。根据数据分析结果，系统决定是否进一步扩大推荐的范围。更优秀的视频会被推荐到更大的流量池，以获得更多的用户浏览量。因此，这套机制可以避免资源倾斜问题，即便是一些新用户（或使用小号）上传的视频，如果质量好，都有机会获得更多的浏览量，避免了系统偏向"网络大 V"的问题。

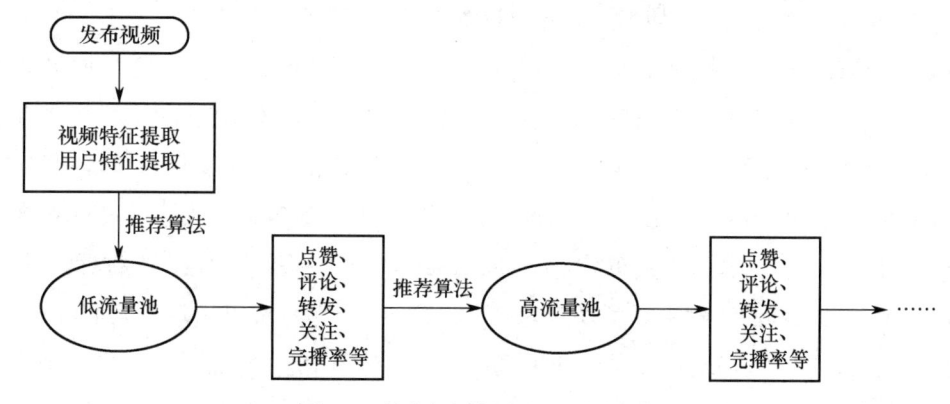

图 8-6 抖音短视频内容的推荐机制

此外，抖音推荐算法还涉及对社交网络的挖掘。在基于内容推荐时，系统会根据用户关注的主播，或已查看相关主播的多个视频的历史，根据该主播其他粉丝的兴趣来进行推荐。这一部分则可以利用社交关系知识图谱，以此发现更多新的视频。也就是说，当你在持续刷抖音时，总会发现一些新的感兴趣的视频。为了避免信息茧房问题，抖音个性化推荐算法还设计了兴趣探索机制，包括两方面的策略：一是每次推荐都会选择用户过去不常观看的内容类目进行一定比例的推荐，以拓展用户的兴趣领域；二是系统会在获取推荐内容的过程中增加一条随机内容，保障用户可见内容的多样性，避免用户沉迷于某一类内容而忽视其他内容。

8.2.3 基于 UGC 社区的个性化推荐

小红书（成立于 2013 年），是一款集社交、内容创作和电商于一体的移动应用，也是中国领先的社交电商平台之一。用户可以在小红书上发布图片、文字、视频等形式的笔记，分享生活中的美食、穿搭、化妆、旅行等各类经验和心得。其他用户可以对这些内容进行点赞、评论和转发，形成了一个庞大的社交网络，如图 8-7 所示。小红书的内容营销策略主要依托于高质量的种草内容，通过缩短用户决策的时间和增强购买冲动来促进用户的转化和购买行为。使用小红书的用户一般通过首页信息流被推荐（种草）相关产品，然后进入详情页深入浏览，接着搜索或被推荐该产品以及同类产品的笔记，查看评价验证产品价值，最终做出是否购买的决策。因此，能否将合适的笔记推荐给合适的用户就显得尤为重要。

图 8-7 UGC 社区的个性化推荐场景

小红书具有多样化的推荐场景，首页信息流采用双列布局的瀑布流形式，包括图文笔记与视频，进入视频后可以类似抖音的方式上下滑动。在小红书的推荐系统中，一般将点击率、点赞率、收藏率、转发率、阅读完成率作为反映用户的推荐满意度；而将用户规模（日活 DAU 与月活 MAU）、消费指标（比如人均使用推荐的时长、人均阅读笔记的数量）、发布渗透率（当日发布人数/日活人数）和人均发布量，作为衡量推荐系统好坏的"北极星"指标。

小红书线上推荐的流程主要可以分为三步。第一步，从小红书用户每天上传的笔记池中筛选候选集，即通过各种策略从数千万条的笔记中选出上千个候选集进行初步筛选。第二步，在模型排序阶段给每个笔记打分。根据小红书用户的点赞和收藏行为设计了一套权重的评估体系，通过预测用户的点击率，之后的点赞、收藏和评论等行为的概率给笔记打分。第三步，在将笔记展示给用户之前，选择分数高的笔记，并通过各种策略进行多样性调整。在此模型中，最核心的点击率、点赞数、收藏、评论等都是通过机器学习模型训练和预估的，并给出了相应的分数。

小红书的推荐系统从线上到线下形成一个完整的流程，如图 8-8 展示了其架构，分为实时操作和离线操作。通过算法推荐后，用户与笔记交互，产生的曝光、点赞和点击信息被收集并形成用户笔记画像。这些数据会成为模型训练的样本和分析报表的数据来源，训练样本用于生成预测模型并投入线上推荐；而分析报表则由算法工程师或策略工程师进行分析，进而调整推荐策略，最后再投入线上推荐。

小红书作为 UGC（User-Generated Content，用户生产内容）平台，每天发布新笔记数量巨大，且内容质量参差不齐，因此如何对新发布的笔记做好分发便成了推荐系统中需要重点考虑的问题，即物品冷启动问题。小红书的物品冷启动有三个目标：精准推荐、激励发布和挖掘高潜。精准推荐实现将新笔记推荐给合适的用户；激励发布将流量向低曝光新笔记倾斜；挖掘高潜通过初期小流量的试探来找到高质量的笔记，给予流量支持。要想评估这三个目标是否达成，小红书使用作者侧指标、用户侧指标和内容侧指标对冷启动效果进行量化。作者侧指标如发布渗透率和人均发布量，这两个指标可以反映作者的发布积极性。冷启动效果越好，新笔记获得的曝光量就越大，作者发布的积极性也就越高。用户侧指标包括新笔记消费指标，如点击率、交互率，以及大盘消费指标，这些指标用于确保冷启动策略不会显著损害大盘指标。内容侧指标主要为高热笔记占比，比如可以将发布后 30

天内获得超过 1000 次点击作为高热笔记，高热笔记占比可以反映冷启动阶段挖掘优质笔记的能力。

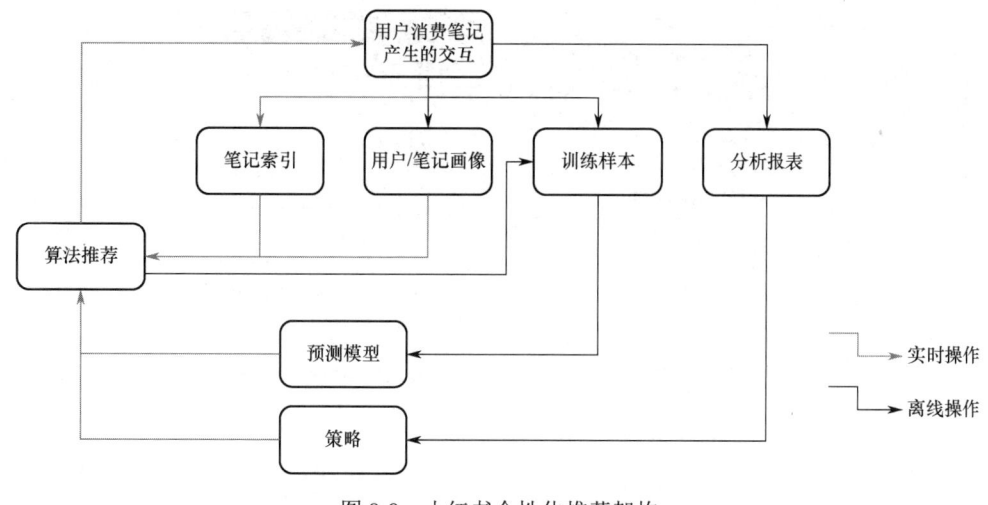

图 8-8　小红书个性化推荐架构

8.2.4　金融电商的个性化推荐

随着互联网的普及和电商的兴起，越来越多的人开始在网上购物，以银行为代表的金融机构为例，如图 8-9 所示，这为银行等金融机构提供了一个新的营销渠道。在互联网电商不断创造销售奇迹的同时，传统银行也不甘示弱，纷纷跨界进入电子商务领域。随着各大银行开启零售转型，许多银行将"财富管理"视为业绩增长的第二曲线。手机银行正在成为银行与客户接触的重要渠道，成为银行提供金融和场景服务的主要载体。手机银行不仅提供了存款、理财、基金、保险、贵金属等传统金融服务，也涵盖了生活缴费、出行、餐饮、医疗等非金融场景服务。例如，江苏银行网上商城是江苏省内首家由银行主导的电商平台，将金融、生活、服务等融为一体，极大地为市民的生活提供了便利。

目前，银行涉足的电商领域主要有"B2C"和"B2B+B2C"两种模式。"B2C 模式"的服务对象主要针对个人客户，打开这类应用的网上商城，手机数码、家用电器、服饰鞋包等产品一应俱全。采用"B2B+B2C"模式的银行，除了针对个人客户的网上商城，还会对企业客户开设商城。例如，中国建设银行"善融商务"企业商城，从事电子商务的企业供应商就可以在平台上进行商品发布、在线交易、供应链融资等，而采购商也可在平台上进行批量采购、发布求购信息以及申请融资贷款等。

相较于传统互联网电商，银行天生具备金融属性。由于电商客户注重个性化服务，因此银行需要通过多种方式提供定制化服务。例如，银行可以通过推出定制化的理财产品，吸引电商客户投资。银行可以根据电商客户的投资偏好和风险承受能力，推出不同的理财产品。这样既可以增加银行的收益，同时可以为电商客户提供更加全面的金融服务。在发展过程中，不少银行都选择将电子商务模式与银行最核心的金融服务相结合。例如，江苏银行的网上商城中除了提供数码、家电、服装、美食等丰富的商品种类，还将信用卡、贷款、理财等一系列金融服务业融入其中，为客户提供了个性化的专业服务。

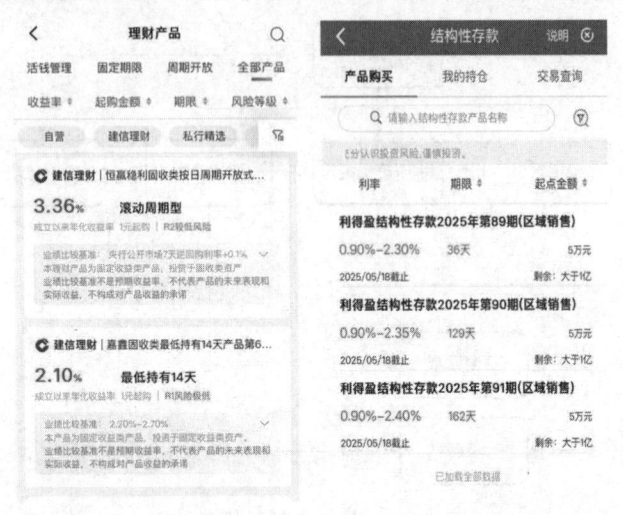

图 8-9　中国建设银行 App 个人理财推荐（左）与结构性存款产品推荐（右）

虽然银行在金融服务上具有传统电商不可比拟的优势，但是想要在电商领域"分一杯羹"，银行还需要不断提升客户体验，为用户提供更具有针对性、个性化的产品，以及快捷的物流、优质的客户服务，才能在电商领域获得成功。

8.3　推荐系统关键技术

8.3.1　特征工程

特征工程是指在机器学习任务中，对原始数据进行处理和转换，以创建适合模型训练的特征集合的过程。如果特征工程做得好，简单模型也能产生不错的效果，当然对于复杂强大的模型，特征工程也可以起到锦上添花的作用。有人认为深度神经网络（Deep Neural Network，DNN）能够使特征工程自动化，即只要模型够大，不使用特征工程直接进行端到端的训练也可以取得不错的效果，因为深度学习可以作为万能函数模拟输入和输出之间任何复杂的函数关系。这种论调的错误在于以下两个方面。第一，DNN 没有想象中的强大。DNN 可以作为万能函数这一事实只停留在理论中，在实际训练时梯度消失、梯度爆炸等问题都会降低 DNN 的性能，深度交叉网络（Deep Cross Network，DCN）的作者甚至在论文中直言 DNN 连简单的二阶、三阶特征交叉都模拟不好。第二，端到端的训练计算量非常大。用户行为序列建模中的 DIN（Deep Interest Network，深度兴趣网络）模型和 SIM（Search-based Interest Model，基于搜索的兴趣模型）可以分别捕捉用户的短期兴趣和长期兴趣，把用户交互（点击、购买等）过的物品 ID 喂入模型即可进行训练。在精排阶段，因为数据量小，训练和推理花费的时间不长。但在粗排和召回阶段，由于数据量太大，直接使用 DIN 模型或 SIM 时间成本过高。因此，就需要使用特征工程来刻画用户的长期兴趣和短期兴趣。

8.3.2 特征提取

在推荐系统中，对特征的提取主要分为商品特征、用户特征、交叉特征、场景特征。下面以电商场景下的推荐为例，介绍几种常见的特征类型。

1．商品特征

（1）商品属性：标题、简介、品牌、价格、商品 ID 等。虽然商品 ID 本身不携带任何信息，但模型学到的 ID 嵌入（Embedding）对召回和排序有很重要的影响。

（2）商品类别与标签：如一级类别为数码，二级类别为手机，三级类别为苹果，标签如"IPhone15""128G""A16"等。

（3）基于内容的嵌入（Embedding）：使用 CNN（Convolutional Neural Network，卷积神经网络）或 BERT（Bidirectional Encoder Representation from Transformers，预训练的语言表征模型）从商品信息中学习商品的向量表征，具体思想是拿模型某一层的输出作为商品特征。

（4）统计特征：如某件商品在过去一个月的销售额、某件商品在一周内的点击率等。需要注意的是这些特征的引入可能导致马太效应，即统计特征好的商品越容易得到曝光，而统计特征不好商品越难得到曝光。

2．用户特征

（1）静态特征：用户性别、年龄、职业、籍贯、用户 ID 等。

（2）动态特征：从用户的历史行为中提取出该用户的兴趣爱好。比如，将用户一段时间内交互的商品按时间顺序组成集合，将每件商品先映射成 Embedding，然后通过池化（Pooling），得到一个向量作为用户的兴趣表征。

3．交叉特征

（1）笛卡儿积交叉：比如，用户感兴趣的商品类别为["手机"，"衣服"]，感兴趣的标签为["品牌"，"性价比"]，则笛卡儿积交叉后得到特征["手机"+"品牌"，"手机"+"性价比"，"衣服"+"品牌"，"衣服"+"性价比"]。

（2）内积交叉：主要判断与商品的匹配程度。假设用户特征为["手机"：0.8，"足球"：0.4，"品牌"：0.6，"台球"：-0.3]，商品特征为["手机"：1，"品牌"：0.5，"安卓"：0.8]，共同标签对应的数字相乘再相加为 0.8×1+0.6×0.5=1.1。

4．场景特征

（1）地点信息：用户的定位是 GeoHash（经纬度编码）或城市信息，考虑到不同地点的人的兴趣倾向是不同的。

（2）当前时刻：一般考虑对不同时刻分桶进行 Embedding，考虑到一个人在同一天不同时刻的兴趣是变化的。

（3）设备与系统信息：如手机品牌、型号、操作系统等，考虑到安卓用户和苹果用户在设备使用及商品互动行为上存在显著差异。

8.3.3 特征处理

在推荐系统中，直接将原始数值特征作为模型输入很可能导致模型不收敛，因此需要对数值特征进行一定的处理，常用的处理方法主要有以下几个方面。

1．缺失值处理

对于缺失的特征值，最简单的做法是取所有样本在该特征上的均值或中位数代替，或者训练一个模型。例如，假设用户特征中某个商品分类的点击率缺失，则可以通过该用户的人口属性（如年龄、性别等）进行预测。

2．标准化

标准化的目的是将不同量纲、不同取值范围的数值特征都压缩到同一个数值范围内，使它们具有可比性，公式为：

$$x^* = \frac{x - \mu}{\sigma} \tag{8-1}$$

其中，x 为原始特征值，μ 和 σ 分别是训练数据集上的均值和标准差。对于长尾分布的数据，通常可以通过取对数等非线性变换将其压缩成接近正态分布，使得标准化具有更好的效果。

3．离散化处理

在推荐模型中，使用类别特征可以更好地反映非线性关系，且由于特征向量的稀疏性，可以通过非零存储降低存储开销。因此，在实践中，我们倾向于将实数特征离散成类别特征。具体做法是将实数特征的值域划分为若干区间，这些区间称为桶，实数特征落进哪个桶，就以那个桶的桶号作为类别特征值。

在推荐系统中，类别特征是高维且稀疏的。因为商品标签数以万计，而具体到某个商品其最多也就几个或十几个标签。正是由于类别特征具有高维且稀疏的特性，其在推荐系统中具有重要的地位，主要体现在以下两个方面。

（1）输入特征和拟合目标很少有线性关系。比如，当通过用户年龄预测用户喜好时，我们通常将用户年龄段划分为少年、青年、中年、老年，然后通过 Embedding 判断其在向量空间中与哪些商品向量最为接近，而不是直接使用年龄作为特征。

（2）业界为类别特征研究了许多针对性的技术。比如，参数服务器利用分布式集群分散了参数存储与检索的压力、通过特征交叉增强类别特征的表达能力、使用特征自适应技术为每个特征自动调节正则系数等。

对于类别特征，我们通常采用映射或者特征哈希的方法。

（1）映射。首先通过映射表将标签映射到数字，然后根据数字在 Embedding 矩阵中找到对应的 Embedding。如果有多个标签，我们可以通过池化汇总多个 Embedding 得到最终的特征向量。

（2）特征哈希。主要用于解决映射表维护比较麻烦的问题。通过哈希代替映射表，主要思想为计算输入字符串（如商品标签"品牌"）的哈希值，再拿哈希值对 Embedding 矩阵行数 N 取余数，得到标签的 Embedding。

类别特征通常会被转换为 Embedding 向量，然后"喂入"推荐模型。在 TensorFlow 中，可以使用 tf.keras.layers.Embedding 层，该层的原理可概括为矩阵乘法。当传入整数索引时，Embedding 层会将每个整数索引映射到一个对应的行向量，这些行向量构成了嵌入矩阵（Embedding Matrix）。这个嵌入矩阵会在训练过程中通过反向传播进行学习。

具体来说，Embedding 层内部维护一个可训练的权重矩阵，其形状为（input_dim，output_dim），其中，input_dim 是词汇表的大小，output_dim 是嵌入向量的维度。对于每个整数输入，Embedding 层会将其映射到权重矩阵中对应索引的行，从而得到对应的嵌入向量。

值得注意的是，对于新创建的 Embedding 层，传入整数索引时得到的向量是随机初始化的 Embedding 向量。在通常情况下，Embedding 层作为整个神经网络模型的一部分，它的输出会被传递到其他层中，然后由整个模型的任务和结构决定损失函数，再通过反向传播和优化算法进行学习，最终每个整数索引都将被映射到学习得到的密集向量表示。

除此以外，我们还需要关注是使用共享 Embedding 还是使用独占 Embedding。共享 Embedding 指同一套 Embedding 用于模型的多个地方，发挥多个作用；而独占 Embedding 在模型的不同地方使用不同的 Embedding。

共享 Embedding 可以通过复用节省存储空间，也可以缓解数据不足所导致的训练不充分问题。例如，模型用到了"近 7 天安装的 App""近 7 天启动过的 App"和"近 7 天卸载的 App"这三个特征域，具体的 App 即特征值。如果有些 App 经常出现在"近 7 天安装的 App"而不出现在"近 7 天卸载的 App"，或者有些 App 正好相反，则出现较少的 App 的 Embedding 向量可能得不到足够训练。因此，将"装启卸"这三个特征域共享到同一个 Embedding 矩阵是更好的选择。

独占 Embedding 一般用于避免干扰或者更好地进行特征交叉。例如，考虑到两个影视软件都以电影丰富而受欢迎，因此二者"安装"特征域与"启动"特征域的 Embedding 应该类似。但二者被讨厌的原因可能不同，那么"卸载"特征域的 Embedding 应该相距远一些。因此，如果数据充足，使用独占 Embedding 是更好的选择。在特征交叉的算法中，FMM（Factorization Machine Model，因子分解机模型）使用了独占 Embedding 提升了 FM（Factorization Machines，因子分解机）的特征交叉能力。其主要思想是：每个特征在与不同特征交叉时，根据对方特征所属的特征域使用不同的 Embedding。

8.3.4 召回

召回阶段（Retrieval Stage）是推荐系统、搜索引擎等领域的核心环节，负责从海量候选集中快速筛选出相关项，供后续排序阶段使用。下面主要介绍基于统计的传统召回算法协同过滤（Collaborative Filtering，CF）以及基于向量化的召回算法双塔模型（Two-Tower Model）。

协同过滤是应用最广泛且对之后的推荐算法影响最为深远的模型。其思想主要通过分析商品与商品之间的相似性或用户与用户之间的相似性来进行预测。根据相似性的来源，协同过滤可以分为基于物品的协同过滤（Item-based Collaborative Filtering，ItemCF）和基于用户的协同过滤（User-based Collaborative Filtering，UserCF）。ItemCF 的思想非常直观：如果用户喜欢物品 1，而且物品 1 与物品 2 具有相似性，那么用户很可能也喜欢物品 2。比如，用户购买或浏览过美津浓的跑鞋，那么将类似的耐克或阿迪达斯的跑鞋推荐给用户就显得十分合理。我们可以使用以下公式来预估用户对候选物品的感兴趣程度：

$$\sum_{j}^{n} \text{like}(user, item_j) \times \text{sim}(item_j, item) \tag{8-2}$$

式（8-2）中，like(user,item$_j$)表示用户 user 对最近交互过的物品 item$_j$ 的喜爱程度，可以通过点击、加入购物车、购买等行为进行预估，不同的行为可以赋予不同的权重；sim(item$_j$, item)表示物品 item$_j$ 与预估物品 item 的相似性。$\sum_{j}^{n}$ 表示从用户近期感兴趣的 n 个物品出发，分别计算用户对它们的喜爱程度，以及它们各自与候选物品的相似度，通过求和得到用户对候选物品感兴趣的程度。

图 8-10 展示了双塔模型结构，左边是用户塔，右边是物品塔，下面的结构用于特征处理，需要注意的是，用户塔和物品塔的特征处理模型需要单独训练，即模型参数不共享。以用户塔为例，输入模型的数据有用户 ID、用户离散特征、用户连续特征，然后模型对这些数据进行特征变换，经过拼接（Concatenate）后，输入神经网络得到输出的用户向量 a，物品塔也做类似的操作得到物品向量 b，最终对两个向量计算余弦相似度，得到两个向量在方向上的相似性。余弦相似度取值范围在[−1,1]。

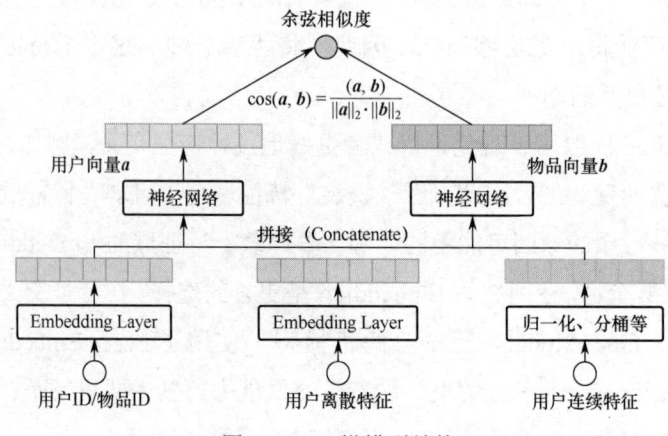

图 8-10 双塔模型结构

图 8-11 中展示了训练该模型的过程。首先要有样本数据，样本指的是用户物品二元组。对于正样本，即用户点击的物品，热门的少数物品占据了大部分点击，导致正样本大多是热门物品。因此我们常常需要过采样（Up-Sampling）增加冷门物品的样本数量，或降采样（Down-Sampling）减少热门物品的样本数量，即以一定概率抛弃热门物品，抛弃的概率与样本的点击次数正相关。负样本可简单理解为全体物品，因为绝大多数的物品不会被召回，所以未召回的物品近似等于全体物品。在实践中，通常采用 Batch 内负样本的方式，假设一个 Batch 内有 n 个正样本（一个用户喜欢一个物品），那么对某个用户来说，Batch 内剩下的 $n-1$ 个物品就可以和该用户组成负样本，因为有 n 个用户，那么这个 Batch 内共有 $n(n-1)$ 个负样本。但这样做有个问题，即热门物品成为负样本的概率过大，因为一个物品出现在 Batch 内的概率与点击次数成正比，这样会过度打压热门物品。为了修正偏差，我们可以在进行训练的时候，将预估兴趣分数调整为：$\cos(\boldsymbol{a},\boldsymbol{b}_i)-\log p_i$，物品 i 被抽样到的概率 p_i 正比于点击次数，训练结束在线上做召回时，还是用 $\cos(\boldsymbol{a},\boldsymbol{b}_i)$ 作为兴趣分数。

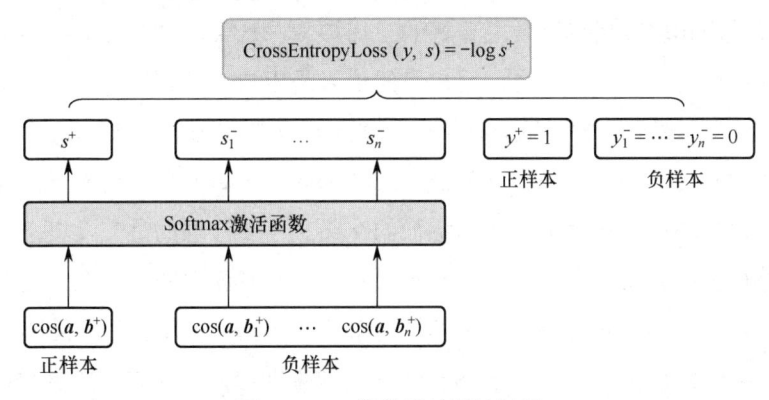

图 8-11　双塔模型的训练过程

要想训练该模型，通常采用 Listwise（列表法）训练。对于一个 Batch 内的某个用户，其特征向量记作 $\boldsymbol{a}$，正样本为 $\boldsymbol{b}^+$，负样本为 $\boldsymbol{b}_1^-,\cdots,\boldsymbol{b}_n^-$，基本思想是鼓励 $\cos(\boldsymbol{a},\boldsymbol{b}^+)$ 尽量大，鼓励 $\cos(\boldsymbol{a},\boldsymbol{b}_1^-),\cdots,\cos(\boldsymbol{a},\boldsymbol{b}_n^-)$ 尽量小。将 $\cos(\boldsymbol{a},\boldsymbol{b}^+)$、$\cos(\boldsymbol{a},\boldsymbol{b}_1^-),\cdots,\cos(\boldsymbol{a},\boldsymbol{b}_n^-)$ 经过 Softmax 后得到 $s^+,s_1^-,\cdots,s_n^-$，且 $s^++s_1^-+\cdots+s_n^-=1$。令正样本 $y^+=1$，即鼓励 s^+ 趋于 1，负样本 $y_1^-=\cdots=y_n^-=0$，即鼓励 $s_1^-,\cdots,s_n^-$ 趋于 0，用 y 和 s 的交叉熵作为损失函数，意思是鼓励 Softmax 的输出 s 接近标签 y。

在进行线上召回前，首先进行离线存储。用训练完的物品塔计算每个物品的特征向量 $\boldsymbol{b}$，把几亿个物品向量 $\boldsymbol{b}$ 存入向量数据库（如 Milvus、FAISS、HNSWLib），格式为：<特征向量 $\boldsymbol{b}$，物品 ID>，然后为向量数据库建立索引（将向量空间划分为多个区域，每个区域用一个索引向量表示），以便加速最近邻查找。在执行线上召回时，给定用户 ID 和画像，用神经网络实时计算出用户向量 $\boldsymbol{a}$，然后把向量 $\boldsymbol{a}$ 作为查询向量，调用向量数据库做最近邻查找，返回余弦相似度最大的 k 个物品，作为召回结果。

最近邻查找是指计算用户向量与所有的索引向量的相似度，找到最相似的索引向量，然后获取索引向量对应区域中的所有物品，计算该区域中所有物品与用户向量 $\boldsymbol{a}$ 的相似度。一般情况是几亿个物品被几万个索引向量划分,于是一个区域中就只有几万个物品,大大加快了相似度的计算时间。

8.3.5 排序

排序分为粗排和精排,粗排用于给召回的几千个物品打分,然后根据排序取分数最高的前几百个物品,再通过精排对这几百个物品分别打分,得到用户对这些物品精确的兴趣分数。粗排通常采用类似双塔模型的后期融合模型,即把用户特征和物品特征分别输入不同的神经网络,得到用户向量和物品向量。这里不对用户特征和物品特征进行融合,这样可以缓存物品特征并提升推理效率。精排通常采用前期融合模型,即对所有特征做融合后再输入神经网络,进而可以直接得到兴趣分数。虽然粗排采用的后期融合模型不如前期融合模型准确,但由于粗排需要对几千个物品打分,所以需要采用单次推理代价比较小的后期融合模型;而精排只需要对几百个物品打分,因此采用前期融合模型以提高准确度。

粗排一般采用相较双塔模型效果更好的三塔模型,如图 8-12 所示,主要区别在于除了用户塔和物品塔外还引入了交叉塔。用户塔的输入是用户特征和场景特征,用户塔可以很大,因为它只需要在线做一次推理。物品塔的输入是静态的物品特征,物品塔可以比较大,因为物品塔的输出可以缓存在参数服务器(Parameter Server)中。交叉塔的输入是用户和物品的统计特征,还有用户特征和物品特征的交叉。需要注意的是交叉塔必须很小,因为物品的统计特征会动态变化,使用缓存并不可行。如果有 n 个物品,交叉塔就需要做 n 次推理。与前期融合模型(最开始对各类特征做融合)不同,三塔模型在输出之后对特征向量进行融合,然后分别通过全连接层+Sigmoid 函数推断用户对该物品的各种统计指标,最终将指标融合得到最终的分数。

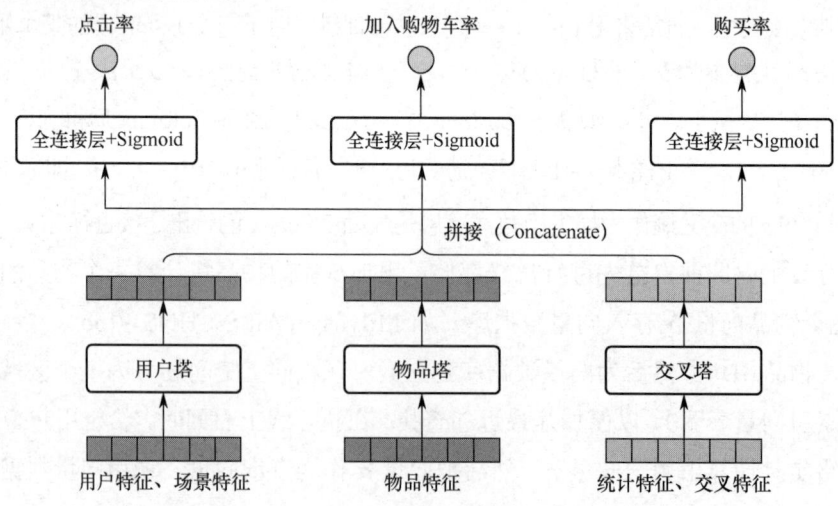

图 8-12 三塔模型结构

对分数的融合有多种方式,最简单方式为加权和:$P_{click} + W_1 \cdot P_{like} + W_2 \cdot P_{collect} + \cdots$。当然我们也可以根据业务场景设计有针对性的融合方式,比如,在电商环境中,由于电商的转化流程为曝光→点击→加购物车→付款，那么我们可以通过模型预估 P_{click}、P_{cart}、P_{pay}，融合分数公式可以为 $P_{\text{click}}^{\alpha_1} \times P_{\text{cart}}^{\alpha_2} \times P_{\text{pay}}^{\alpha_3} \times \text{Price}^{\alpha_4}$，假如 $\alpha_1=\alpha_2=\alpha_3=\alpha_4=1$，则该公式就是电商的预期营收，有明确的物理意义。训练模型时，使用的损失函数为：

$$\sum_{i=1}^{3} w_i \cdot \text{CrossEntropy}(y_i, p_i) \tag{8-3}$$

式（8-3）中，w_i 是超参数，控制对不同指标的关注程度；CrossEntropy 是交叉熵；y_i 的值为 0 或 1，1 表示有对应的操作，0 表示无操作，比如 $y_1=1$ 表示有点击操作；p_i 则为模型预估的点击率、加入购物车率、购买率。我们只需要对损失函数求梯度，然后做梯度下降即可更新参数。

精排的输出与粗排一致，但与粗排不同的是，精排将所有特征合并后输入神经网络，而不是将用户特征、物品特征和交叉特征分别输入神经网络。特征合并后输入的神经网络可以是全连接网络，也可以是其他模型，如 Wide&Deep 模型，通过该模型输出的向量经过不同的神经网络得到多种预估分数，最终将分数融合即可。下面将介绍几种机器学习模型和深度学习模型，并在 8.4 节的实战中使用这些模型。

1. 逻辑回归

逻辑回归（Logistic Regression，LR）是机器学习中的一种分类模型。由于其简单高效，因此在实际应用中非常广泛。逻辑回归模型的思想来源于线性回归，为了解决线性回归的量纲敏感问题，逻辑回归在线性回归的基础上套用了一个 Logistic 函数（也称 Sigmoid 函数）。它的核心思想是，如果线性回归的结果输出是一个连续值，而值的范围是无法限定的，那么将结果映射为（0,1）上的概率值，帮助判断结果。先对输入特征向量 x 进行线性组合得到式（8-4），其 w 中是权重向量，接着代入 Sigmoid 函数式（8-5）

$$z = -(\boldsymbol{w}^{\text{T}}\boldsymbol{x} + b) \tag{8-4}$$

$$g(z) = \frac{1}{1+e^z} \tag{8-5}$$

直观地在二维空间理解逻辑回归，Sigmoid 函数的特性使判定的阈值能够映射为平面的一条判定边界。当然，随着特征的复杂化，判定边界可能是多种多样的，但是它能够较好地把两类样本点分隔开，解决分类问题。逻辑回归算法本质是一个线性模型，为了使算法具有非线性拟合能力，需要使用特征提取、特征选择和特性组合来提升模型的表现，使特征具备非线性。

2. 支持向量机

支持向量机（Support Vector Machine，SVM）基于结构风险最小值原理，通过核映射解决高位空间的学习问题，并且具有更好的推广能力，能够克服局部极小、维数灾难和过拟合等问题。支持向量机算法的原始形式为：

$$\min \frac{1}{2}\|w\|^2 + C\sum_{i=1}^{l}\xi_i \tag{8-6}$$

$$\text{s.t.} y_i(\boldsymbol{w}^\text{T} \cdot \boldsymbol{x}_i + b) \geq 1 - \xi_i, \quad i=1,2,\cdots,l$$

式（8-6）中，$\boldsymbol{w}^\text{T} \cdot \boldsymbol{x}_i + b = 0$ 是所要求解的超平面，w 是超平面的法向量，b 是超平面的偏置项，ξ_i 是在近似线性可分的情况下引入的松弛变量，C 是惩罚参数，用于对错分样本进行惩罚。

3. 随机森林

随机森林（Random Forest，RF）是一种基于分类树的算法，该算法需要模拟和迭代，被归类为机器学习方法中的一种。分类树算法通过反复二分数据进行分类或回归，但是会产生过拟合等问题。随机森林是一种集成学习方法，通过产生多棵分类树来生成结果，即在特征的选取和数据的选取上进行随机化，生成许多分类树，再汇总分类树的结果。随机森林在复杂度没有显著提高的情况下，提高了预测精度，且对多元共线性不敏感，因此对缺失数据和非平衡数据比较稳健。随机森林是以 K 个决策树为基本分类单元，进行集成学习后得到的一个组合分类器。随机森林通过随机选择样本和随机选择特征子集来生成大量的树，称之为"随机森林"，如图8-13所示。

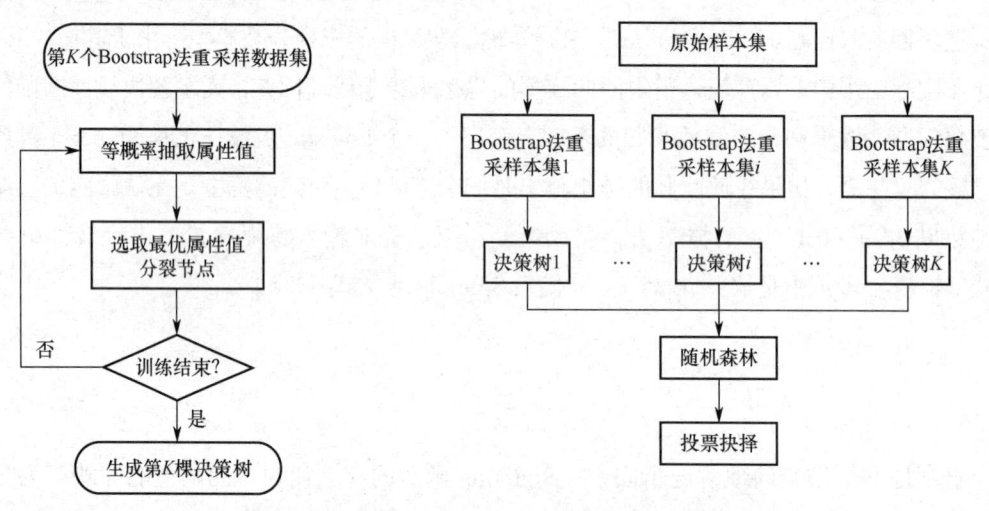

图8-13　决策树以及随机森林的生成

在得到随机森林之后，当有一个新的测试样本进入随机森林时，其实就是让每棵决策树分别进行投票抉择，最终取所有决策树中输出类别最多的那类为分类结果。最终的分类决策可表示为：

$$H(\boldsymbol{x}) = \arg\max \sum_{k=1}^{K} I(h_k(\boldsymbol{x}) = Y) \tag{8-7}$$

其中，$H(\boldsymbol{x})$ 表示分类组合模型，h_k 是单个决策树分类模型，$I(\cdot)$ 为示性函数（示性函数是指一个函数使当集合内有次数时值为1，当集合内无此数值时为0），Y 表示目标函数。

4. 轻量级梯度提升机（LGBM）

轻量级梯度提升机（Light Gradient Boosting Machine，LGBM），是微软研发的高效实现梯度提升决策树（Gradient Boosting Decision Tree，GBDT）的开源框架，具有训练速度快、精度高的优点。通过直方图算法将连续特征值离散化，采用按叶子生长（Leaf-Wise）算法，并使用单边梯度采样（Gradient-based One-Side Sampling，GOSS），采用大梯度样本和随机挑选的小梯度样本计算信息增益、划分节点，在保证准确性的同时减少计算冗余。使用互斥特征绑定（Exclusive Feature Bundling，EFB）将不同时为零的互斥特征进行捆绑，合成新特征，减少特征数量，通过归集为图着色问题，使用贪心算法求解。算法优势是更快的训练速度、更低的内存占用率、并行计算，且支持类别特征。缺点是容易过拟合，需要通过限制树的深度等方法增强泛化能力。

5. 多层感知器（MLP）

多层感知器（Multilayer Perceptron，MLP）由三种类型的层组成——输入层、输出层和隐藏层，属于深度学习模型。输入层接收要处理的输入值，预测和分类的任务由输出层执行，而位于输入层和输出层之间的任意数量的隐藏层是模型结果运算的核心层，输出层则将运算结果输出。

神经元初始权重应尽可能小，较大的权重表明复杂性和脆弱性增加。基于此，初始化的权重选取为 0~0.3 内的随机值。使用梯度下降，每个权重的变化由式（8-8）给出，其中 y 是前一个神经元的输出，η 是学习率，选择它是为了确保权重快速收敛到响应，没有振荡。

$$\Delta w_{ji}(n) = -\eta \frac{\partial \varepsilon(n)}{\partial v_j(n)} y_i(n) \tag{8-8}$$

由于多层感知器输出为是否认购银行的金融产品，需要将结果映射到（0,1）内，故激活函数使用 Sigmoid 函数，即式（8-4）和式（8-5）。

多层感知器通过梯度下降法不断调整学习率，使模型误差控制在合理范围内。误差过大会导致模型预测精度不足，无法满足实际应用需求；而误差过小则可能引发拟合现象，即模型在训练集上表现良好，但在验证集上误差反而增大，降低了泛化能力。为了统一衡量模型预测误差，通常采用平方误差作为损失函数，并用 E 表示。设每个样本具有 n 个输入属性，在 MLP 的输入层对应有 n 个神经元；输出层包含 J 个神经元，表示 J 个可能的输出类别。设目标输出为向量 $\boldsymbol{t} = [t_1, t_2, \cdots, t_J]$，经过前向传播，模型对输入样本 $\boldsymbol{x}$ 的预测输出为 $\boldsymbol{y}^L = [y_1^L, y_2^L, \cdots, y_J^L]$，其中上标 L 表示输出层。则该样本的平方误差可表示为式（8-9）。随后，误差将通过反向传播算法从输出层逐层向前传播，以更新各层神经元的权重和偏置参数，从而最小化损失函数并提升模型性能。

$$E = \frac{1}{2}\sum_{j=1}^{J}(t_j - y_j^L)^2 \tag{8-9}$$

将式（8-9）除以 2 是为了方便对其求导，同时不影响 MLP 变化的趋势。y_j^L 由 $L-1$ 层的输出值加权后得到，而 $L-1$ 层的输出值由 $L-2$ 层的输出值得到，故可以说神经网络中的平方误差 E 是全体参数的函数，通过改变参数，就可以达到最优化误差的目的。

6. 深度神经网络（DNN）

深度神经网络（Deep Neural Network，DNN）是一种多层的前馈神经网络模型，其特点是自学习、自组织及自适应能力较强。深度神经网络的实质是误差反向传播算法，该算法采用训练神经网络误差的平方作为目标函数，通过梯度下降方法获取误差平方的最小值。因此，深度神经网络模型的训练过程也就是将样本输入模型后，多次迭代网络的权重和阈值，使输出结果逐渐接近预期值。一个包含两层隐藏层 Layer L_2 和 Layer L_3，共四层深度神经网络结构如图 8-14 所示。图中可以看出，DNN 网络结构通常包括三类层次：输入层、隐藏层和输出层。其中，第一层为输入层，最后一层为输出层，具体地，某一隐藏层神经元的输出可表示为：

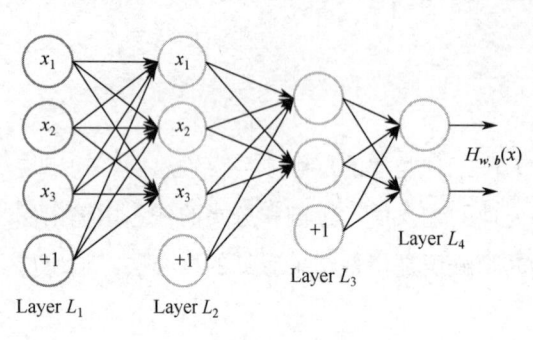

图 8-14 深度神经网络结构图

$$H_{w,b} = f\left(\sum_{j=1}^{n} w_{ij} x_j^{(i)} - a_j\right) \tag{8-10}$$

式（8-10）中，$x_j^{(i)}$ 表示第 i 个样本的第 j 个输入特征，w_{ij} 为对应的权重系数，a_j 为偏置项，$f(\cdot)$ 是激活函数。对于一个二分类问题，交叉熵损失函数为：

$$\text{Loss} = -\frac{1}{n}[y^{(i)}\ln\hat{y}^{(i)} + (1-y^{(i)})\ln(1-\hat{y}^{(i)})] \tag{8-11}$$

式（8-11）中，n 为样本总数，$y^{(i)} \in \{0,1\}$ 是第 i 个样本的真实标签，$\hat{y}^{(i)}$ 为预测概率。对其求偏导函数得：

$$\frac{\partial \text{Loss}}{\partial \omega_j} = \frac{1}{n}\sum_{i=1}^{n}(\hat{y}^{(i)} - y^{(i)})x_j^{(i)} \tag{8-12}$$

从式（8-12）可以看出，权重的学习主要取决于真实值与期望值的误差。当偏差较大时权重更新较快，当偏差小时权重更新较慢，实际操作中偏差一般不为 0，因此选取交叉熵函数为代价函数。

7. Wide&Deep

推荐系统通常包括召回和排序两部分组成，图 8-15 为 Wide&Deep 模型结构图。

Wide&Deep 模型的核心思想是结合线性模型的记忆能力和 DNN 模型的泛化能力，从而提升整体模型性能。记忆能力就是根据用户的历史数据进行产品推荐。其中，Wide 部分有利于增强模型的"记忆能力"，Deep 部分有利于增强模型的"泛化能力"。由于物品数量达到百万量级，因此每次请求为每个物品打分并不可行。推荐的第一步是召回，从数据库中获取最匹配的若干候选物品。第二步是排序，对候选物品进行打分，得分通常记为 $P(y|x)$，表示给定特征 x 时标签 y 出现的概率。本章中我们主要关注排序模型。

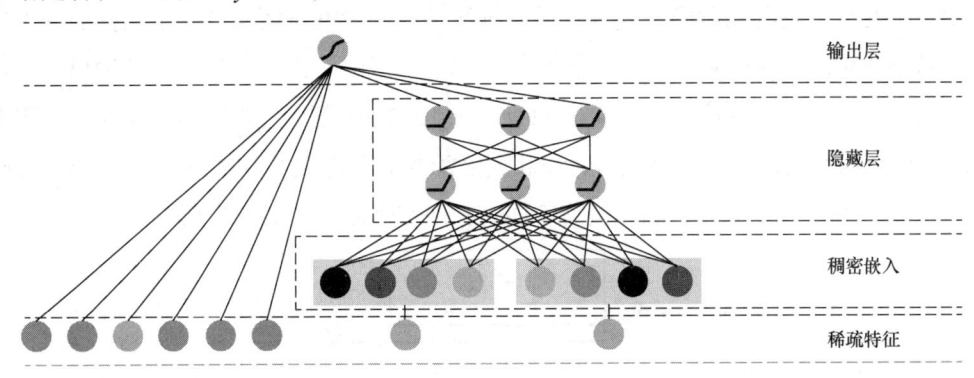

图 8-15 Wide&Deep 模型结构图

Wide 部分是广义线性模型：$y=W^T x+b$，其中，y 表示预测值，$x=[x_1,x_2,\cdots,x_d]$ 表示 d 个特征，$W=[w_1,w_2,\cdots,w_d]$ 表示模型参数，b 表示偏移。特征包括原始特征和转换特征。其中一个重要的转换特征就是特征交叉变换，变换方式为：

$$\phi_k(x) = \prod x_i^{c_{ki}}, \quad c_{ki} \in \{0,1\} \tag{8-13}$$

式（8-13）中，c_{ki} 是一个布尔变量，为 1 表示第 i 个特征是第 k 个转换特征组成部分。

Deep 部分是神经网络。稀疏的离散特征首先经过 Embedding 层，转化为低纬度的稠密向量，向量的纬度从 10 到 100 不等。Embedding 向量连接之后，输入到隐藏层，每层隐藏层的操作为：

$$a^{(l+1)}=f(W^{(l)}a^{(l)} + b^l) \tag{8-14}$$

式（8-14）中，$a^{(l)}$ 表示 l 层的输出；f 为激活函数，一般为 ReLU 函数；$W^{(l)}$，$b^{(l)}$ 表示网络的参数。

在训练方式上，该模型采用联合训练（Joint Training）方法，能够在训练过程中同时优化多个模型，使其协同学习、共享目标函数。本实验中，Wide 部分采用 FTRL（Follow-The-Regularized-Leader）算法优化，用于处理稀疏特征；Deep 部分采用 AdaGrad 算法，以实现自适应学习率更新。在二分类任务中，模型的预测输出为：

$$P(Y=1|x) = \sigma(w_{\text{wide}}^T[x,\varphi(x)] + w_{\text{deep}}^T a^{lf} + b) \tag{8-15}$$

式（8-15）中，$\sigma(\cdot)$ 为 Sigmoid 函数，输出类别为 1 的概率；$\varphi(x)$ 表示通过特征交叉生成的高阶组合特征；w_{wide}^T 和 w_{deep}^T 分别是 Wide 与 Deep 部分的输出层权重；a^{lf} 表示 Deep 网络最后一层隐藏单元的输出，b 为整体偏置项。

8. DeepFM

DeepFM 模型由输入层、嵌入层、因子分解机层、神经网络层和输出层组成。输入层将数据特征按照类别特征和数值特征进行分类,并使用最大最小值归一化处理数值特征。嵌入层负责将稀疏的类别特征映射到低维向量空间中,以便于后续由因子分解机层和神经网络层处理。因子分解机层实现对稀疏特征的交叉,从而提取到低阶稀疏特征,神经网络部分则负责对特征进行高阶交叉处理。因子分解机和神经网络两部分共享同样的嵌入层输入,可以加快训练速度,同时能提高训练的准确度。最后将因子分解机部分输出和神经网络部分输出输入至 Sigmoid 函数中,即可得到预测的用户对银行金融产品的认购率。DeepFM 模型的输出层由一层使用 Sigmoid 激活函数的全连接神经网络构成,借助 Sigmoid 函数可以获得用户对存款与否的预测值,DeepFM 模型神经网络部分结构如图 8-16 所示。

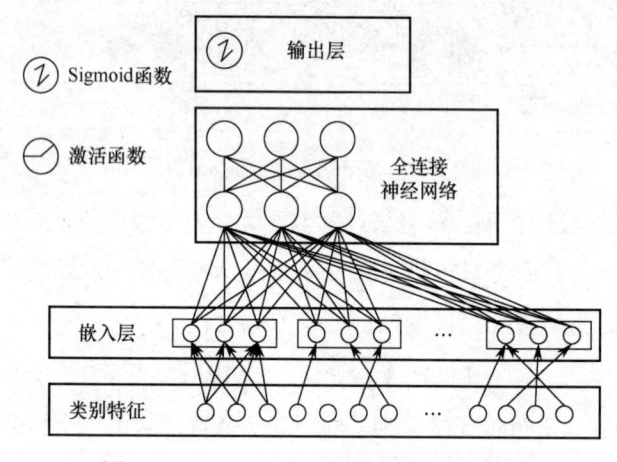

图 8-16 DeepFM 模型神经网络部分结构

8.3.6 模型评估

模型评估一般可以分为离线评估和在线评估。离线评估是指对新旧模型赋予相同的初始权重,然后通过相同的训练集进行训练,再通过相同的测试集评估模型效果。在线评估也被称为 A/B 实验,思想是同时上线新旧模型,一部分流量进入对照组,使用旧模型;另一部分流量进入实验组,使用新模型,如果实验组的各项统计指标都显著优于对照组,那么我们就可以考虑使用新模型代替旧模型。下面我们主要介绍排序阶段和召回阶段使用的离线评估算法。

排序阶段的评估主要使用 GAUC(Groupwise AUC)算法。GAUC 由 AUC(Area Under the Curve)演化而来,用于改善 AUC 在推荐系统场景下的缺陷。在机器学习中,AUC 表示 ROC(Receiver Operating Characteristic)曲线下的面积,而 ROC 曲线是一种以假正例率(FPR)为横轴、以真正例率(TPR)为纵轴的二维图形,绘制方法是通过调整不同的分类阈值,给出真正例率与假正例率之间的关系。ROC 曲线下方的面积即 AUC,AUC 的取值范围为 0~1 之间,通常越接近 1 表示模型性能越好,0.5 表示随机分类。在推荐系统中,

AUC 可理解为正确排序的正负样本对占所有正负样本对的比例，正样本为曝光点击的物品，负样本为曝光未点击的物品，当所有正样本都排在负样本之前时，AUC 值为 1。由于推荐系统中的排序是面向每个用户的，考虑先对每个用户计算 AUC 再加权求和，权重为当前用户接受曝光的物品数量占所有曝光物品数量的比例，这就是 GAUC 的思想。

对于召回阶段，我们不能再使用 AUC 指标，因为曝光未点击的物品在该阶段已无法作为负样本。事实上，曝光本身意味着这些物品已通过排序阶段的筛选，对召回模型而言甚至可以被视为潜在的正样本。因此，召回模型的评估只需关注正样本的表现，其性能通常通过准确率（Precision）和召回率（Recall）两个指标来衡量。具体来说，针对某用户的一次推荐请求，设其曝光的物品集合为 T_i^{expose}，点击的物品集合为 T_i^{click}，模型召回的物品集合为 T_i^{predict}，那么该召回算法的准确率即为 $|T_i^{\text{predict}} \cap T_i^{\text{click}}|/|T_i^{\text{predict}}|$，表示模型召回的物品中有多少是用户真正喜欢的，召回率为 $|T_i^{\text{predict}} \cap T_i^{\text{click}}|/|T_i^{\text{predict}}|$，表示用户喜欢的物品中，有多少被该召回模型预测出来的。考虑到曝光的物品本身即可视为正样本，因此在实际评估中，也可用 T_i^{expose} 代替 T_i^{click}。最后，将每个用户的准确率和召回率进行加权平均，即可得到整个模型在测试集上的总体性能。

8.4 电商场景下推荐算法在金融科技中的应用

8.4.1 数据介绍与数据预处理

在电商领域，每天都有数千万用户通过品牌发现自己喜欢的商品。对于银行存款理财，银行本身具备用户的历史存款周期记录。UCI 数据库提供了丰富的开源数据集，是算法对比的通用数据库。本文选取 UCI 数据库中 Bank Marketing 数据集，该数据与一家葡萄牙银行机构的定期存款认购营销活动有关。通常，营销活动以电话联系客户为基础，银行工作人员需要与同一客户进行多次联系，以便了解产品（银行定期存款——Deposit）是否被客户认购。因此，在推荐系统中，我们可以将推荐任务转化为分类任务，进而预测客户是（yes）否（no）认购定期存款（变量 y）。数据集 bank.csv 文件中共包含了 11163 条样本数据、17 个特征。特征变量定义如表 8-1 所示。

表 8-1 特征变量定义

序号	变量名	变量描述	数据类型	变量值
1	age	客户年龄	Integer	/
2	job	客户职业	Categorical	分类："管理""蓝领""企业家""女佣""退休""自雇""服务""学生""技术人员""失业""未知"
3	marital	婚姻状况	Categorical	分类："离婚""已婚""单身""未知"；注："离婚"是指离婚或丧偶
4	education	教育状况	Categorical	分类："小学教育的""中学教育的""高等教育的""未知的"

(续表)

序号	变量名	变量描述	数据类型	变量值
5	default	违约状况	Binary	分类："否""是"
6	balance	年平均账户余额	Integer	/
7	housing	是否有住房贷款	Binary	分类："否""是"
8	loan	是否有个人贷款	Binary	分类："否""是"
9	contact	交流方式	Categorical	分类："移动电话""固定电话"
10	day_of_week	最后联系的星期数	Date	分类："周一""周二""周三""周四""周五"
11	month	最后一个联系月份	Date	分类："1月""2月""3月"…"11月""12月"
12	duration	距离上次联系的时间间隔（秒）	Integer	/
13	campaign	活动期间与该客户的联系的次数	Integer	/
14	pdays	距离上次联系的时间间隔（天）	Integer	999：表示从未联系
15	previous	活动之前与该客户的联系次数	Integer	/
16	poutcome	前一次的营销结果	Categorical	分类："成功""失败""未知""其他"
17	deposit	客户是否会订购定期存款业务	Binary	因变量，分类："否""是"

在数据分析和实验之前，需要对获取的数据进行预处理。由于 bank.csv 文件中数据类型仅分为整数型数据和字符串型数据，为便于分析，使用了 sklearn 库中的 LabelEncoder() 函数将离散特征转换成连续的数值型变量。此外，为了防止连续型数据的尺度范围的差异对预测结果的影响，将连续型变量进行了归一化和标准化操作。最后，我们还对数据是否存在缺失、数据集中样本是否平衡等进行了分析和检验。

在数据预处理之后，将数据集按照 7∶3 的比例划分为训练集和测试集。特别地，观察训练集中最终的预测特征 "deposit" 中的数据是否平衡。如图 8-17 所示，历史数据中认购银行产品和不认购银行产品的样本数量比例几乎是 1∶1，可以认为当前的数据满足进一步分析的要求。

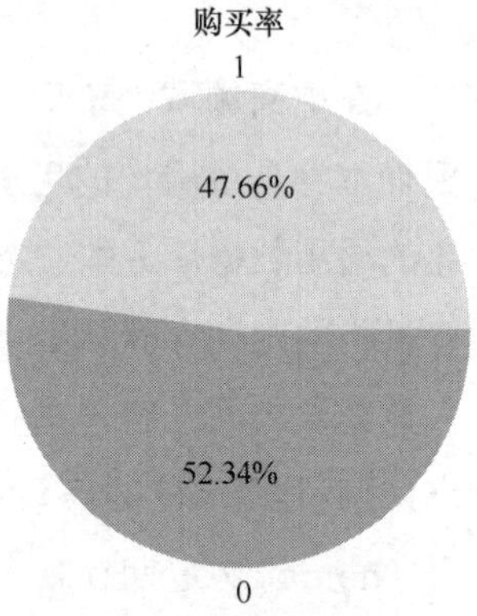

图 8-17 训练集中样本数量

8.4.2 数据分析

在推荐实验之前，分别对连续型数据和离散型数据进行探索分析。对年龄、年均账户余额等 8 个连续型变量绘制相关性图。特别地，如图 8-18 所示显示了连续型变量的相关性。最下面的一行显示了可见 duration（最后一次联系的交流时长）和是否购买之间存在较强的相关性，与 balance（平均账户余额）存在较弱的相关性，特征 previous（活动之前与客户的联系次数）和 pdays（距上次联系的时间间隔），campaign（活动期间与该客户的联系次数）和 day（最后联系的期数）之间相关性较强。

对于离散型数据，对于一个特征（如 col），可以按照该特征的唯一值（v）进行分组，得到多个组 G^v。每个组中包含该特征取值为 v 的所有数据行，然后，我们可以计算每个组的目标变量（deposit）的平均值 $\bar{y}_v$ 为购买率，上述过程可以用 GROUPBY 函数实现，即式（8-16）。

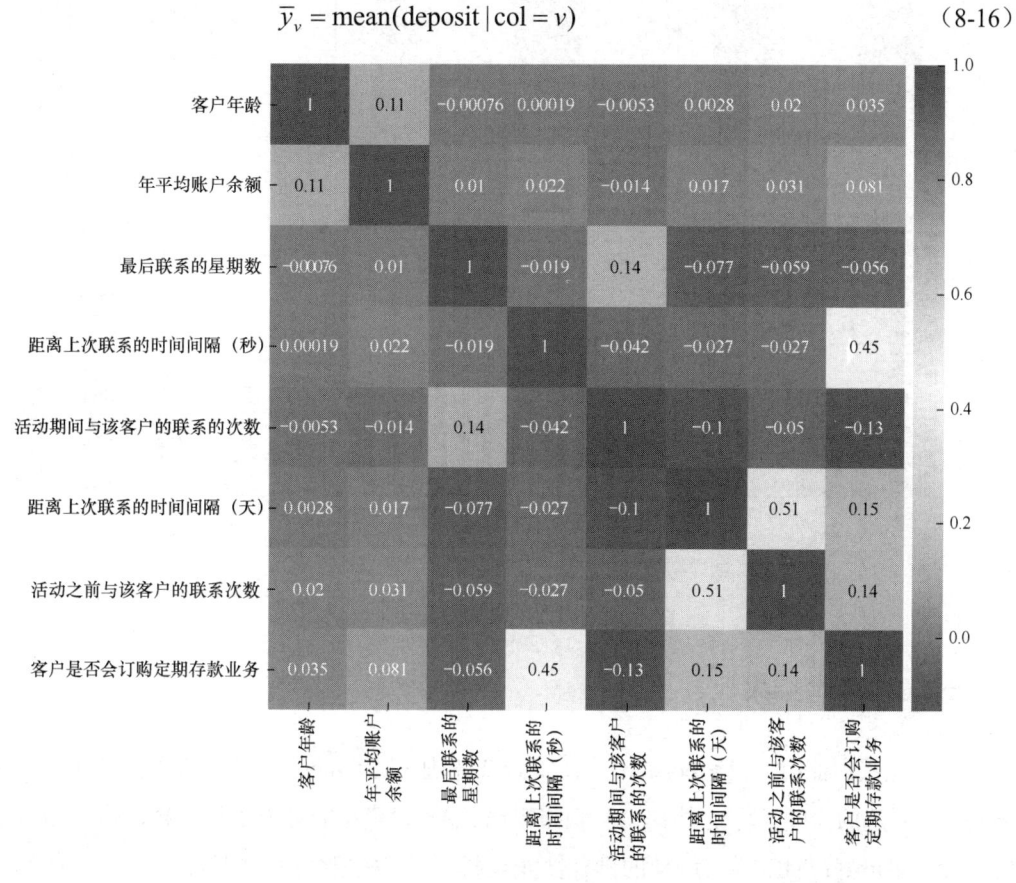

$$\bar{y}_v = \text{mean}(\text{deposit} \mid \text{col} = v) \tag{8-16}$$

图 8-18 连续型变量的相关性

例如，图 8-19 中显示了职业分类中学生产品购买率超过了 0.6；月份中 3 月、9 月、10 月、12 月的任何购买率都超过了 0.8；其他离散型变量的属性购买率几乎都超过了 0.4。这说明，研究的变量对认购率有影响，具有现实研究的意义。

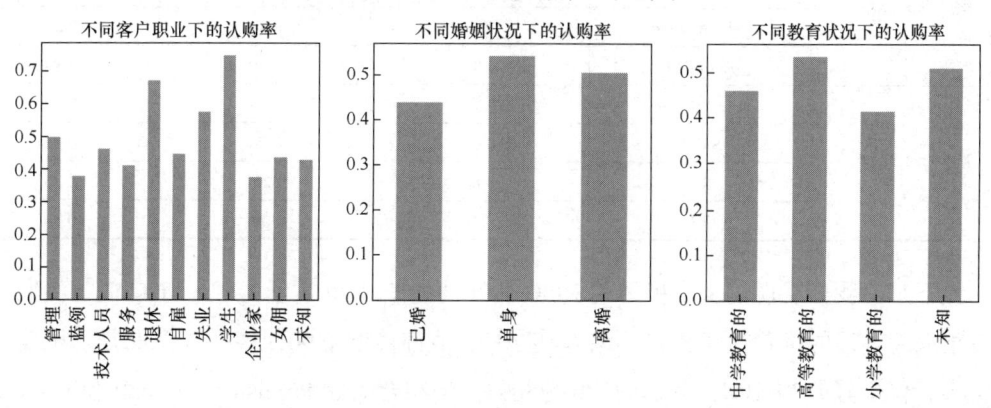

图 8-19 离散型变量的购买率

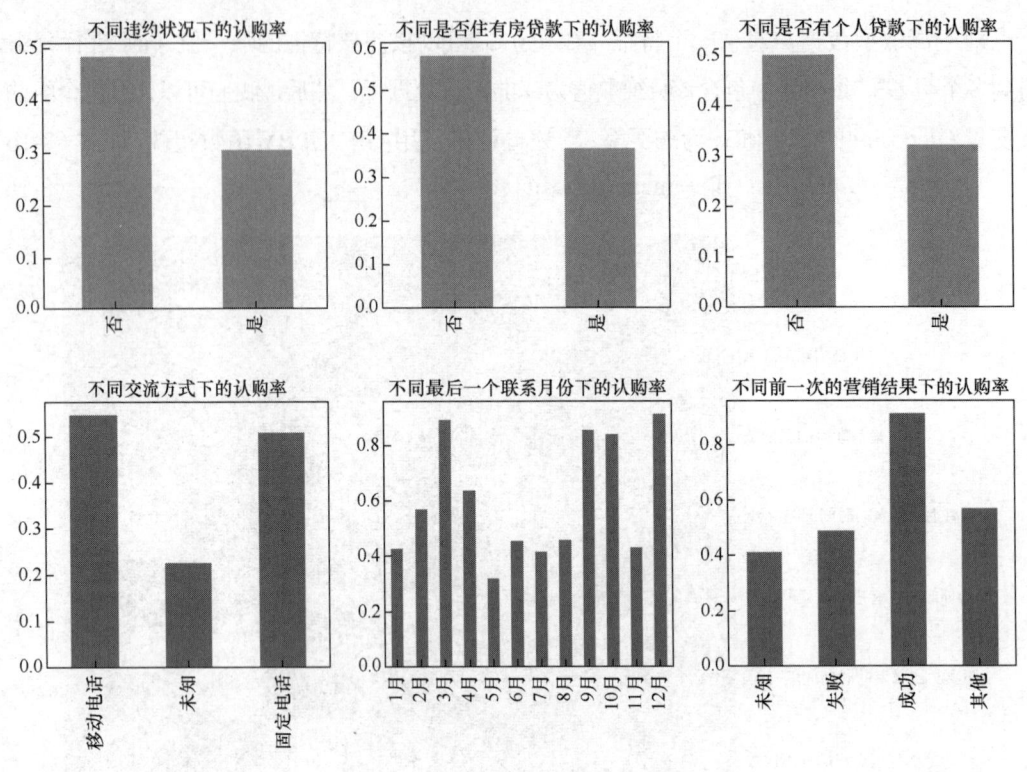

图 8-19　离散型变量的购买率（续）

8.4.3　实验结果

在这里我们使用加权 Precision、加权 Recall 和加权 F1-score 来体现模型推荐性能。表 8-2 表明，在所选的深度学习模型中，推荐性能比机器学习模型的性能更加优越，其中，DeepFM 的推荐效果最好；MLP 和 DNN 的推荐性能较弱，但和机器学习模型相比，仍具有优势。

表 8-2　深度学习模型与机器学习模型推荐性能对比

模　　型		加权 Precision	加权 Recall	加权 F1-score
深度学习模型	MLP	0.82	0.82	0.82
	DNN	0.82	0.82	0.82
	Wide&Deep	0.88	0.88	0.88
	DeepFM	0.89	0.89	0.89
机器学习模型	LR	0.79	0.79	0.79
	SVM	0.74	0.74	0.74
	RF	0.86	0.86	0.86
	LGBM	0.86	0.86	0.86

接下来，我们展现这 8 个模型的 ROC 曲线（如图 8-20 所示），从 AUC 值上我们也能够看出深度学习的推荐性能较好，因为其 AUC 值都接近 0.90。值得注意的是，机器学习模型中表现最好的 LGBM，其 AUC 值为 0.93，但综合考虑 Precision、Recall 和 F1-score，深度学习模型的效果更好，其中，DeepFM 的 AUC 值达到 0.90。

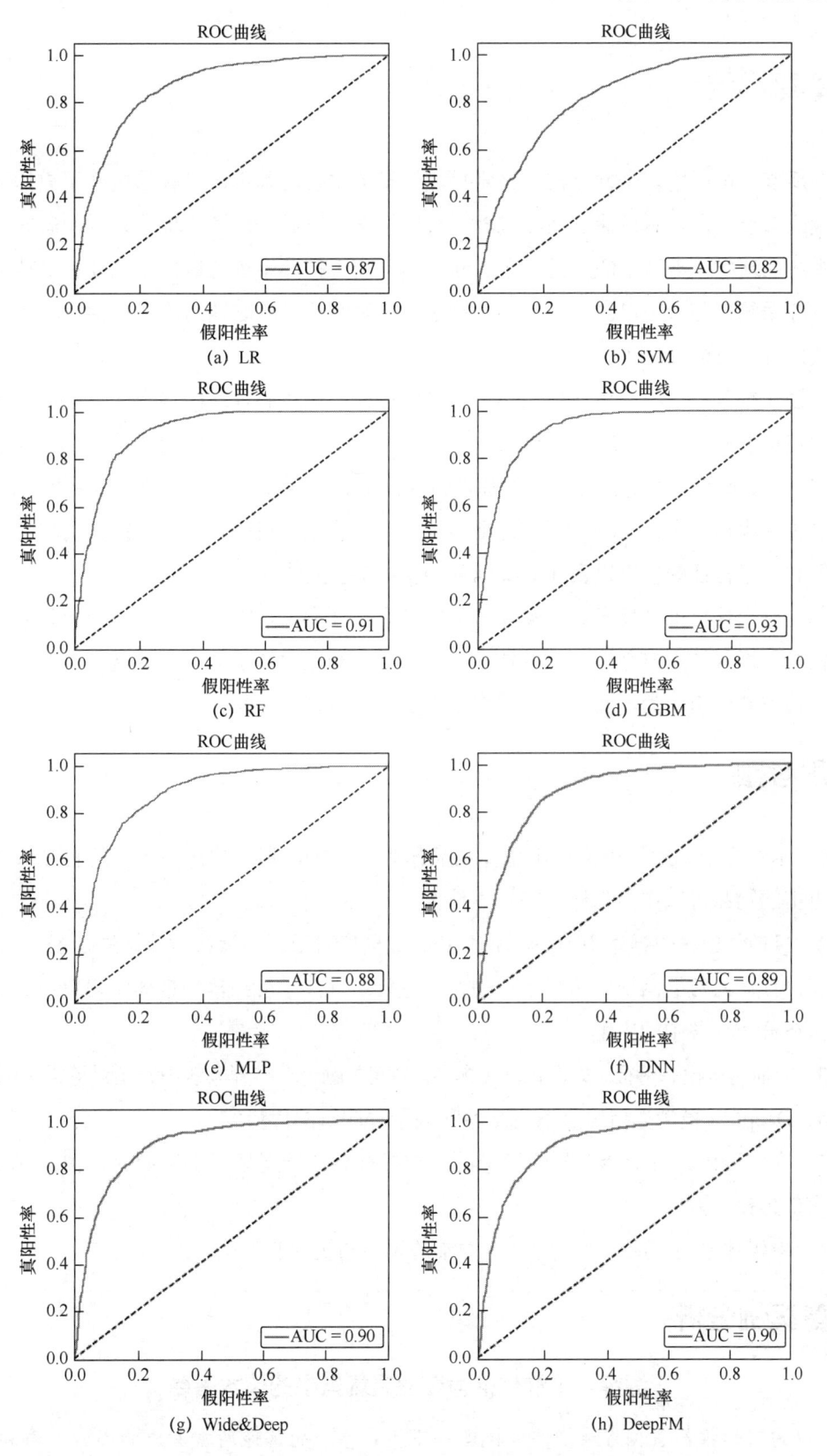

图 8-20 机器学习模型与深度学习模型的 ROC 曲线

本章小结

在新媒体电商中，个性化推荐技术扮演了至关重要的角色，已成为提升用户体验和促进销量的重要手段。本章通过回顾推荐系统的概念与发展、个性化推荐系统的研究现状与推荐系统在新媒体电商中的应用，了解新媒体电商中推荐系统的运作方式及关键技术，强调了推荐系统在分析用户的历史行为、兴趣偏好等数据，精准地为用户提供符合其需求的商品或内容等方面的优势。

个性化推荐算法的更新迭代虽然形式多种多样，但核心理念始终未变。推荐系统的一般流程包括召回、粗排、精排和重排4个环节，每个环节采用不同的算法，以平衡速度和精度的需求。此外，本章特别介绍了几种新媒体电商中推荐系统的运用，包括淘宝、抖音、小红书等新媒体平台；同时介绍了特征工程的基本流程，包括对商品特征、用户特征、交叉特征和场景特征的提取以及在真实业务场景中的重要作用。

总之，个性化推荐技术在新媒体电商中具有重要意义，它不仅提升了用户体验，还促进了销量、增强了用户黏性。随着技术的不断发展和应用场景的不断扩展，推荐系统将继续发挥其重要作用，为电商平台和用户带来更多的价值。

思考题

1. 本章介绍的双塔模型使用全体物品作为负样本，那么被排序淘汰的物品或者曝光却没点击的物品可以作为负样本吗？为什么？

2. 目前，UCI 数据库中 Bank Marketing 数据集对银行存款认购数据进行了补充更新，读者可自行访问数据网址并按照本章的逻辑进行实操，了解经典的机器学习算法、深度学习算法在分类任务中的应用。

3. 如何将多模态特征（如图像、文本、音频等）融合在推荐系统中？请讨论常见的方法。

4. DeepFM 模型如何结合深度学习和因子分解机的优势？

5. 在实践中，可能会遇到新模型的离线指标相比于老模型上涨明显，但上线后为什么没有效果提升？

6. 新媒体电商中应用个性化推荐面临的挑战与机遇有哪些？

本章案例分析

淘宝：个性化推荐在业务场景中的技术落地

以淘宝的推荐系统为例，整体梳理一下推荐系统的落地所需考虑的因素。手淘的基础数据主要涵盖以下几类：描述型数据（如用户画像）、行为序列数据（记录用户的浏览、购买、点击等行为序列）、图数据（用户对不同对象的操作构成异构图）。对于数据样本，其主要由特征和标签组成，特征可以有用户特征、上下文特征、商品特征等，标签可以有曝光、点击、成交以及加购等，根据行为日志将特征和标签连接就形成样本表，这些表按照稀疏矩阵方式进行存储，并按天或者时间片段形成一张张表。需要注意的是，样本生成会占用很大一部分离线计算资源。手淘的召回技术采用动态实时多兴趣表达（Multi-Interest Network with Dynamic Routing，MIND）模型。如图8-21所示为MIND模型架构图，MIND模型引入了动态路由机制，能够为每个用户生成多个兴趣表示向量。这样不仅能够捕捉到用户的多种兴趣偏好，还能适应用户兴趣随时间变化的情况，提高了推荐的个性化程度。

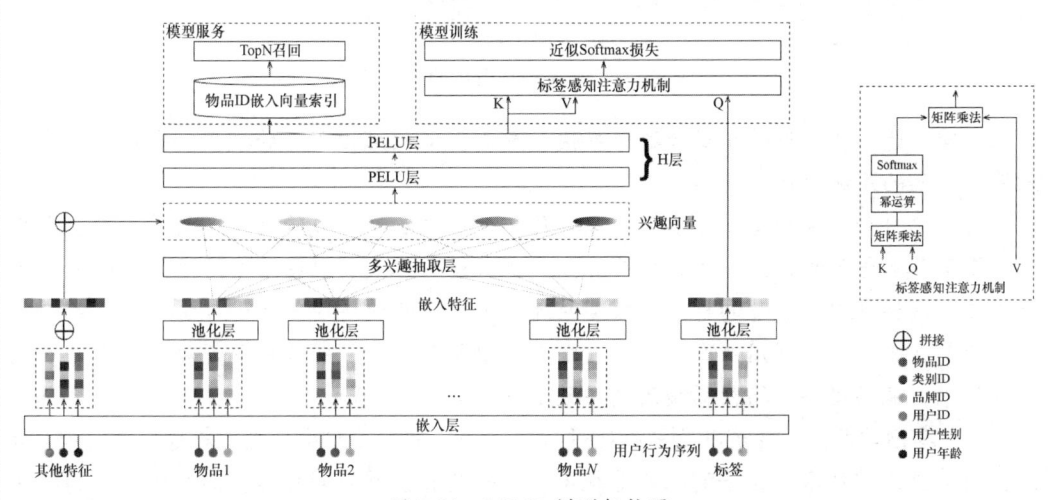

图 8-21　MIND 模型架构图

在实际应用中，为了实现高效的大规模推荐，阿里巴巴采用了在线多向量化召回策略，即根据用户的不同兴趣向量并行地从商品库中召回最匹配的项目。这种方法显著提高了推荐系统的实时性和效率，同时保证了推荐结果的多样性。在排序阶段，对于多目标优化问题，手淘采用了基于帕累托的多目标优化排序模型。在多目标优化问题中，通常存在多个目标函数，这些目标函数可能相互冲突，即提高一个目标函数的值可能会降低另一个目标函数的值。帕累托解指的是一种折中解决方案集合，其中的每个解在没有损害其他目标的情况下，无法再改进任何一个目标。在多目标优化中，帕累托前沿（Pareto Frontier）或帕累托边界（Pareto Boundary）是所有帕累托最优解的集合。多目标优化问题通常采用标量化方法，即将所有目标合并为一个目标，求损失的加权和，其中标量权重由人工确定，而手淘使用的模型使用两步帕累托高效优化算法自动计算目标权重，同时优化GMV（商品交易总额）和CTR（点击率）并达到帕累托最优。

除了算法模型，在实际生产中的推荐系统还需要考虑如何进行高效离线计算。如图8-22所示，目前手淘已经实现了从最原始日志的收集，到特征抽取以及训练模型的验证、模型的发布，再到线上部署以及实时日志的收集的闭环，提升了整体模型的迭代效率。

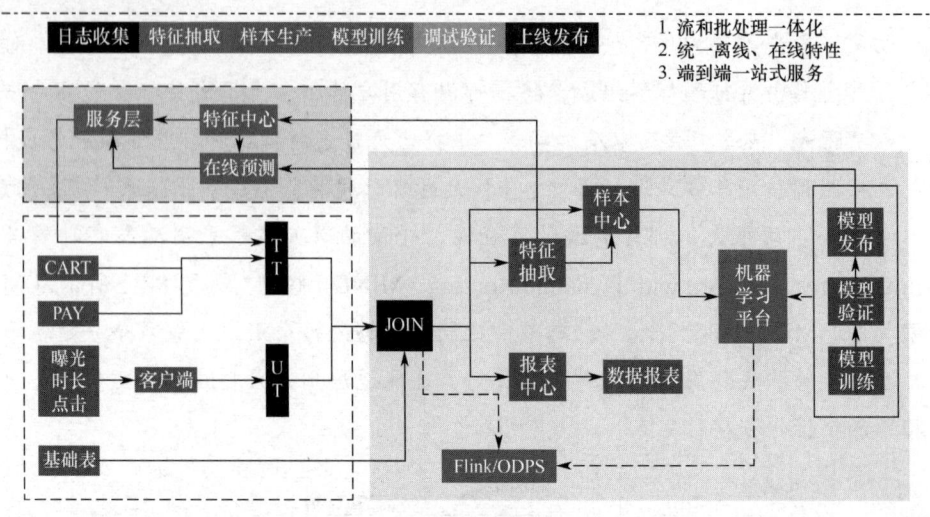

图 8-22 端到端闭环的离线计算

此外，为了在有限的机器资源下更快、更高效地训练出更好的模型，手淘推荐系统采用了下面的几种优化策略。

（1）热启动。在模型需要不断升级和优化（如新加特征或修改网络结构）时，利用已有模型参数进行训练，而不是从头开始。通过这种方式，只需要对修改的部分进行重新训练，这样可以用少量的样本使模型快速收敛，节省训练时间和计算资源。

（2）迁移学习。利用样本较多的大场景中训练的模型，将其知识迁移到样本较少的小场景中，从而提高小场景模型的训练效果和效率。

（3）蒸馏学习。蒸馏学习是一种通过训练一个小模型（学生模型）来逼近大模型（教师模型）性能的技术。在手淘推荐系统中，让粗排模型学习精排模型的行为，使粗排模型在保持较高效率的同时，能够获得更高的预测准确性。

（4）低精度、量化和剪枝。通过降低模型参数的精度（低精度）、将模型参数表示为更紧凑的格式（量化），以及移除冗余参数和神经元（剪枝）来优化模型。

最后，手淘还应用了云和端的协同计算。比如，端上用户行为模式感知利用手机等终端设备的传感器数据和用户交互记录，构建模型来实时感知用户的行为模式，如滑屏速度、曝光时长等，这些细粒度的数据能够提供更深层次的用户理解，为个性化推荐提供更丰富的输入信息。

此外，基于端侧的行为感知模型可以即时预测用户行为，从而调整推荐策略，如预测用户即将离开 App 的时间点，进而展示更具吸引力的内容或提供个性化优惠以延长用户停留时间。另外，手淘还实现了端上小型推荐系统。在传统云端推荐系统中，在浏览完推荐系统提供的推荐结果之前，无论用户在客户端做出什么样的操作，都不会向云端发起新的请求，这样就使个性化推荐的时效性比较差。而手淘的做法是在用户请求更多的推荐结果后，手机端基于该结果集持续进行本地推理并更新推荐结果，实现了接近实时的个性化推荐。

资料来源：阿里云，《解密淘宝推荐实战，打造"比你还懂你"的个性化 App》，2020 年 3 月。

第 9 章

搜索引擎优化技术

本章学习目标：
- 了解搜索引擎基本工作原理；
- 理解搜索引擎优化技术原理与方法；
- 理解搜索引擎优化技术在新媒体电商中的应用方法；
- 了解搜索引擎优化技术在新媒体电商中的应用趋势。

开篇案例

希音：起步于搜索引擎优化来获客的快时尚独角兽公司

希音（SHEIN）是一家以女性快时尚为业务主体的跨境 B2C 互联网企业。它主要销售服装、配饰和鞋子，以及家居、美容、健康和宠物用品。SHEIN 成立于 2008 年 10 月，致力于"人人尽享时尚之美"。其以快时尚女装为业务主体，目前进入的主要市场有北美、欧洲、中东、东南亚、南美等，直接服务全球超过 150 个国家的消费者。App 全球覆盖 50 多种语种，拥有 11 个自有品牌。近几年，SHEIN 已成长为中国出海独角兽之一。2021 年，该公司超越亚马逊成为美国下载量最高的购物 App 之一。2022 年，其商品交易总额（GMV）达 290 亿美元，收入达 227 亿美元，同比增长 45%。截至 2023 年 5 月，SHEIN 已完成 G+轮融资，估值达 660 亿美元。

SHEIN 创始人许仰天 2007 年从大学毕业之后，加入了一家外贸公司从事搜索引擎优化（Search Engine Optimization，SEO）工作，也就是通过搜索引擎优化技术让自己的公司网站在外国的搜索平台（主要是谷歌）的排名更加靠前，从而有更多机会获得潜在海外客户的关注。工作一年之后，许仰天从原来的公司辞职创业，他依靠做 SEO 的优势，以高利润的跨境婚纱销售起家，利用当时境外搜索平台流量红利，通过搜索引擎优化技术低成本、快速、有效地获取了大量用户，迅速完成了原始资本积累。之后，他从销售婚纱单品转向销售时尚女装品类。搜索引擎优化技术的应用在 SHEIN 成长为一家世界知名的快时尚电商企业中发挥了重要作用。

资料来源：本书编辑整理。

9.1 搜索引擎优化概述

9.1.1 搜索引擎的工作原理

自从互联网诞生以来，搜索引擎已成为应用最广泛的网络服务，几乎每个人上网都会使用搜索引擎。每天有成千上万的网民通过搜索引擎寻找各种信息，网民不仅经常通过谷歌、百度、搜狗、360 等搜索引擎平台来搜索查询相关网络信息，也会通过淘宝、京东、拼多多等大型电商平台，以及抖音、快手、小红书、B 站等新媒体电商平台搜索查找相关商品信息。因此，搜索引擎目前仍然是最主要的网站及各类平台内容推广手段之一。图 9-1 是百度平台的搜索引擎搜索框页面。

图 9-1 百度平台的搜索引擎搜索框页面

那么，搜索引擎基本的工作原理是什么呢？简单来说，搜索引擎是一种通过自动化程序来帮助用户在互联网上查找相关信息的工具。它能够从海量的网页中快速检索出用户所需的信息，并按照相关性进行排序，以便用户能够更快地找到自己所需的内容。

搜索引擎的工作原理可以分为三个主要的步骤：抓取、索引和排序。具体而言，从互联网上抓取网页，建立索引数据库，在索引数据库中搜索排序。搜索引擎为了以最快的速度返回搜索结果，它搜索的内容通常是预先整理好的网页索引数据库。用户通过搜索引擎查询信息的基本工作原理如图 9-2 所示。

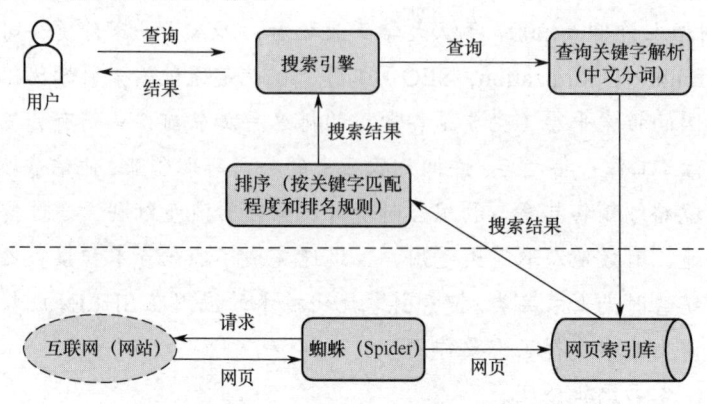

图 9-2 搜索引擎查询信息的基本工作原理图

（1）抓取。搜索引擎通过一个可以浏览网页的程序，被形容为"网络爬虫"（也称为蜘蛛或机器人）来抓取互联网上的网页。网络爬虫会从一个起始网址开始，然后按照一定的规则跟踪和抓取其他网页上的链接，形成一个网页的网络图。爬虫会下载这些网页的内容，并提取其中的文本、链接和其他元数据。

（2）索引。在抓取的过程中，搜索引擎会将抓取到的网页内容进行分析和处理，然后将其存储在索引数据库中。索引是搜索引擎的核心部分，它类似于一本巨大的目录，记录了互联网上的网页和相关关键词。索引可以帮助搜索引擎快速找到与用户查询相关的网页。

为了构建索引，搜索引擎会对抓取到的网页进行文本分析，将网页内容中的关键词抽取出来，并建立关键词与网页的映射关系。同时，搜索引擎还会考虑其他因素，如网页的重要性、链接的质量等，来确定网页的排名。

（3）排序。当用户输入查询词后，搜索引擎会根据索引数据库中的信息进行匹配，并找到相关的网页。搜索引擎会根据一系列算法和规则来对搜索结果进行排序，以便将最相关的网页展示给用户。

主流的如谷歌、百度、搜狗等搜索引擎平台排序算法通常会考虑多个因素，如关键词的匹配度、网页的权威性、用户的搜索历史等。搜索引擎还会根据用户的查询行为和反馈来不断优化排序结果，以提供更加准确和个性化的搜索体验。

由此可见，普通搜索引擎不能真正理解网页上的内容，它只能机械地匹配网页上的文字。真正意义上的搜索引擎，通常指的是收集了互联网上几千万到几十亿个网页，并对网页中的每个文字（关键词）进行索引，建立索引数据库的全文搜索引擎。当用户查找某个关键词的时候，所有在页面内容中包含了该关键词的网页都将作为搜索结果被搜索出来。在经过复杂的算法进行排序后，这些结果将按照与搜索关键词的相关度高低依次排列。

9.1.2 搜索引擎优化的概念

搜索引擎优化（Search Engine Optimization，SEO）简单地说，是指从自然搜索结果中为网站或各类网络平台上发布的内容获得流量的技术与过程。搜索引擎优化更为严谨的定义是：SEO是指在了解搜索引擎自然排名机制的基础上，对网站或网络平台发布的内容进行多个维度的调整优化，改进网站或内容在搜索引擎中的关键词自然排名，获得更多流量，从而达成销售及品牌建设的目标。也就是说，在搜索某个关键词的时候，我们可以利用搜索引擎的规则提高指定网站在这个关键词搜索结果中的排名，让指定的网站出现在搜索结果比较靠前的位置。结合以上概念，我们可以得出，社交媒体SEO就是在社交媒体中搜索某个关键词，让指定内容能够出现在这个关键词搜索结果比较靠前的位置。因此，搜索引擎优化的目标是提高网站对搜索引擎的友好度，使网站在搜索引擎结果页面中获得更高的排名，增加潜在客户的访问量和转化率。

搜索引擎优化（SEO）是搜索引擎营销（Search Engine Marketing，SEM）的一种模式。

搜索引擎营销就是基于搜索引擎平台的网络营销，利用人们对搜索引擎的依赖和使用习惯，在人们检索信息的时候将信息传递给目标用户。搜索引擎营销的基本思想是让用户发现信息，并通过点击进入网页或平台内容，进一步了解所需要的信息。企业可以通过搜索引擎进行推广，让用户可以直接与公司客服进行交流，了解需求并实现交易。搜索引擎营销主要包括搜索引擎竞价和搜索引擎优化两种营销方法。

搜索引擎竞价方法是搜索引擎关键词广告的一种形式，按照付费最高者排名靠前的原则，对购买了同一关键词的网站或内容进行排名的一种方式。竞价排名也是搜索引擎营销的方式之一，被美国著名搜索引擎 Overture 于 2000 年首次采用，目前已是谷歌、百度、搜狗等多个著名搜索引擎平台采用的竞价排名的方式。网民在搜索平台进行关键词搜索时，通过付费参与竞价排名方式的企业网站或平台内容一般出现在搜索结果页面的最前面。如图 9-3 所示，百度搜索关键词"挖掘机品牌"，在首页结果中排名前两位的网站标识有"广告"字样，就表明这两家挖掘机企业的网站参与了竞价排名。

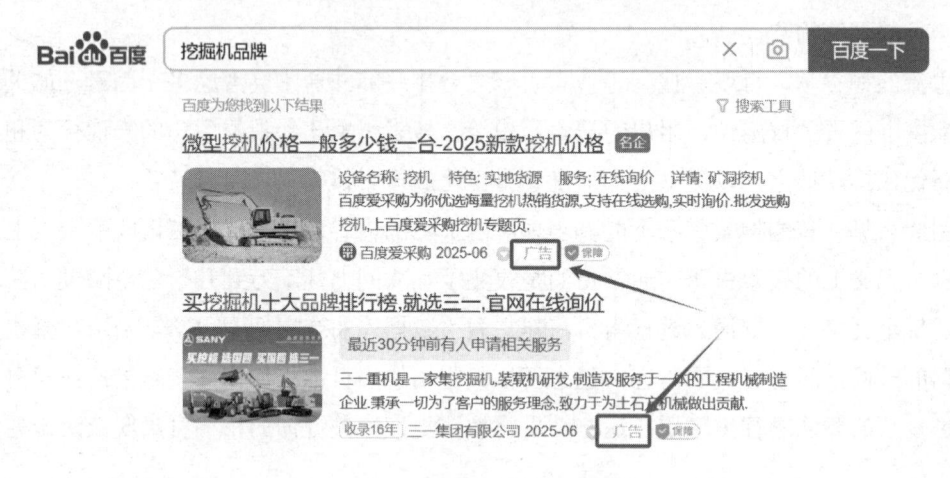

图 9-3　搜索引擎竞价排名案例

竞价排名的基本特点是按点击付费，广告出现在搜索结果中（一般是靠前的位置）。如果没有被用户点击，则不收取广告费。在同一关键词的广告中，每次点击价格最高的广告会排列在第一位，其他位置同样按照广告主自己设定的点击价格来决定广告的位置排名。

搜索引擎优化营销则是一种通过分析搜索引擎的排名规律，了解各种搜索引擎如何进行搜索、如何抓取互联网页面、如何确定特定关键词的搜索结果排名的技术。搜索引擎采用易于被搜索引用的手段，对网站或发布的平台内容进行有针对性地优化，提高网站或平台内容在搜索引擎中的自然排名，吸引更多的用户访问网站，提高网站或平台内容的访问量，提高网站或平台内容的销售能力和宣传能力，从而提升企业的品牌效应。如图 9-4 所示的百度搜索关键词"挖掘机品牌"，在首页结果中排名第六位、第七位、第八位的网站显示的是"百度快照"的结果，就表明这 3 家挖掘机企业的网站通过搜索引擎优化方法实现自然排名，出现在这个位置。

第 9 章 搜索引擎优化技术

图 9-4 搜索引擎优化排名案例

　　网站搜索引擎优化任务，主要是了解与掌握其他搜索引擎怎样抓取网页、怎样索引、怎样确定搜索关键词等相关技术后，以此优化本网页内容，确保其能够与用户浏览习惯相符合，并且在不影响网民体验的前提下，使其搜索引擎排名得以提升，进而增加该网站访问量，最终提高网站宣传能力和销售能力的一种现代技术手段。基于搜索引擎优化处理，其实就是为让搜索引擎更易接受本网站，搜索引擎往往会比对不同网站的内容，再通过浏览器把内容以最完整、最直接及最快的速度提供给网络用户。因此，通过搜索引擎优化的方法，企业可以将自己的网站免费展示在搜索结果中排名靠前的位置，从而获得更多的潜在客户关注。

　　随着抖音、小红书、B 站等新媒体平台的崛起，搜索引擎优化也受到越来越多创作者的重视。在这些新媒体平台上用户创作发布的内容通常被称为用户生成内容（User-Generated Content，UGC）。用户通过互联网平台展示或分享自己的文字、图片、视频等原创内容，是互联网时代催生的新兴趋势。它打破了传统内容创作的界限，让每个用户都有机会成为内容的创造者和分享者。创作者可以通过搜索引擎优化对发布的内容进行优化和调整，提高其在各类新媒体平台上搜索引擎中的排名，从而吸引更多的用户和流量。比如，小红书作为一个高质量的内容种草社区，越来越多的用户把小红书当成一种搜索工具。在做决策之前，大多数人都会选择通过小红书搜索相关信息。图 9-5 所示的是小红书平台中的一个搜索结果示例。

图 9-5 小红书平台搜索结果示例

9.1.3 企业为什么要做搜索引擎优化

随着搜索引擎技术的不断进步，以及互联网用户对搜索引擎依赖程度的不断加深，搜索引擎优化作为一种新型的互联网营销方式，近年来得到了快速发展，越来越多的企业将其作为主要的网络营销手段。搜索引擎优化所做的就是全面而有效地利用搜索引擎来进行网络营销和推广，追求最高的性价比，以最小的投入获得最大的搜索引擎流量，并实现商业价值。简单地说，搜索引擎优化就是为了使用户在搜索引擎中搜索产品最相关的关键词时，企业的网站是否在结果页中排在众多的竞争者前列，是搜索引擎推广成功与否的直接标准。正因如此，搜索引擎的排名之争也就成了公司网络推广的焦点，排在前面即可抢占更多商机。用户对搜索引擎的依赖和信赖度也在日益提升，有了数量庞大的用户和信息量，搜索引擎能够有效扩大企业知名度和产品销售渠道。然而，数以万计的企业都在网络上扩展业务，要做好搜索引擎推广并不是一件容易的事。

那企业为什么要认真去做好搜索引擎优化呢？主要是以下几个方面原因。

1. 品牌需求

如果企业希望在茫茫的互联网中被更多人看到，搜索引擎优化是一种非常有效的方式。企业可以借助互联网信息传播速度快并且不受空间限制的优势，把企业良好形象和新闻消息及时传送到网络的各个角落，让潜在客户能够及时看到企业的相关信息。搜索引擎推广的效果就是快速提升企业品牌形象。这类企业网站主要不是以推广某种产品为主，而是希望利用站点本身的内容，完善整个品牌体系和服务体系，并借这个平台推广自己最新的产品线或者型号。像王老吉、可口可乐、格力电器这样的品牌网站，其本身就是一个品牌的形象展示，也需通过站点来获得服务体系的补充。它不会依赖某一个关键字词或者某一个栏目优化，搜索引擎优化的重点是如何塑造更好的企业形象和获得更多用户的青睐，其方式包括投放广告、用户评价的展示、产品类别的展示以及搜索引擎结果中返回良好的展示效率等。其特点包括：整体感强、影响力持久、手法多元化、结构稳定、耗资巨大、人员需求量大、作用人群广泛。

2. 形象需求

搜索引擎优化是一种成本较低，但宣传效果显著的方法。做好搜索引擎优化的关键就是使自己的网站在大型搜索引擎上排名靠前。这类企业网站其主要是以形象广告为主，主要是根据产品某种性能或者其特点，量身制作，具有不可复制性。其目的比较简单，就是快速有效地打造一个新的或者同类产品中具有相同属性和不同特点的，具有独特形象的产品，然后根据其形象定义拓展产品线。例如，移动动感地带，作为一个新兴品牌，需要短时间获得大量目标人群。这种目标针对性强，因此搜索引擎优化方式比较复杂，包括投放广告、投放软文、产品特点展示等，在整个营销策略中，注重效果营销。其特点为：快速、定位精准、炒作性强、阶段性和节奏感强、耗资大。

3. 用户需求

网络已经成为人们生活中必不可少的主流媒体，越来越多的用户喜欢在网上搜索自己需要或感兴趣的信息，这也促使了网络信息消费需求的形成。人们普遍认识到，网络信息的获取不需要很高的成本，但获取的信息量却很多，信息传播范围也很广。通过网络，企业可以实现产品的销售，不但减轻了库存压力，而且可以开拓国际市场。这类企业网站通常与互联网上的门户网站和概念站等挂钩。例如，现在流行的 WEB3.0 站点，如小红书、知乎、B 站等，这一系列站点都需要积累用户。这些站点搜索引擎优化策略比较简单，方式主要包括：搜索引擎优化、投放关键字词广告等。其特点为：覆盖面广泛、效果持久、节奏感强、投资小、见效迅速、要求人员素质高、团体协作。

4. 销售需求

在网络时代，人们获取新知识最快和效果最好的方式就是通过网络。很多人在遇到不懂或者需要了解的事情时，都会及时地百度一下。网络推广就是把企业的产品信息放到网上，让有需求的客户通过百度搜索关键词找到企业产品，搜索引擎推广让潜在客户自己找到企业。这一类群体集中在中小企业，主要目的是增加销售、减少成本的支出、扩大企业影响力、拓展企业生存空间。目的性较强、时间要求急迫、注重成本控制与投资回报比。搜索引擎优化方法多样，包括：投放关键字词广告、搜索引擎优化、软文投放、卫星站点的建立、配套服务站点建立、文案的组织等。其特点为：效果精准、投资与回报率可计算、人员需求较少、具有阶段性和长久性。

通过搜索引擎优化，用户可以更便捷地对企业形象进行了解，企业品牌因此也能获得更多的曝光量和关注度。甚至一些非实体类经营项目的企业，也可以通过搜索引擎优化来精准定位目标用户，并可能因此而获得收益转化。因此，现阶段企业进行搜索引擎优化是非常必要的。

9.2 搜索引擎应用的特点和优势

随着网络通信技术和互联网的快速发展，互联网已经渗透到人们生活的各个领域。互联网上信息的不断膨胀，使得用户想要在信息海洋里寻找到想要的信息，就像是大海捞针一样。而搜索引擎恰好解决了这一难题。搜索引擎在帮助用户发现有用信息的同时，逐渐被企业重视，成为企业营销的重要组成部分。搜索引擎营销以其独特的精确营销优势，被越来越多的企业所采用。

9.2.1 搜索引擎营销受众广泛

搜索引擎营销的发展与搜索引擎的发展息息相关。1994 年，以 Yahoo 为代表的分类目录型搜索引擎相继诞生，并逐渐体现出网络营销价值，于是搜索引擎营销思想开始逐步形成。新的检索技术不断改进，使搜索引擎营销策略不断向着针对性更强、更精准的方向发展。随着中国互联网的迅速发展，搜索引擎正逐渐成为人们网络生活中的重要组成部分，成为被各大企业广泛认可的推广手段之一，也成为网络营销服务商最主要的服务项目。

搜索引擎营销是在全球最大的搜索和网络平台上进行推广，覆盖面广泛。搜索引擎营销的客户群遍布全世界，市场具有全球性，针对的目标客户的范围极其广泛。营销的最终目的是占有市场份额，由于互联网能够突破时间约束和空间限制，进行信息交换，使营销不再受时空限制，能够进行全球性的信息传播，企业有了更多时间和更大的空间进行营销，可全天候、随时随地提供全球性营销服务。

中国互联网络信息中心（CNNIC）2024年3月在京发布第53次《中国互联网络发展状况统计报告》。数据显示，截至2023年12月，我国网民规模为10.92亿，其中搜索引擎用户规模达8.27亿，较2022年12月增长2504万人，占网民整体的75.7%。另外，手机搜索引擎用户规模也已经突破8亿，占手机网民的80%左右。可见搜索引擎用户群体是非常广泛的，搜索引擎营销是任何一家企业都不能忽视的营销手段。

智能手机、智能终端和移动互联网的发展推动了互联网进一步普及，也让中国广大用户享受到网络的便利。作为一种能够快速帮助用户获取信息的工具，搜索引擎已渗透到互联网各个角落。国内搜索引擎市场的商业化程度不断提高，搜索引擎已渗透到用户衣、食、住、行等各个领域，衍生出符合用户服务需求的各种商业模式。

9.2.2 用户主动搜索

搜索引擎营销是一种由用户主导的网络营销方式。其最大的特点是受众自主选择和可信度高。使用搜索引擎检索信息的行为是由用户主动发生的，搜索引擎广告的接受没有强制性，消费者有更多的自主选择权利，由于是客户自主选择的，所以会获得更高的信任度。网络营销"拉"的价值高于"推"的价值。在传统的电视和平面广告时代，广告主要靠"推"的方式传达信息给消费者，有一定的强迫性。但在网络经济时代，网络广告要单纯依靠"推"就很难奏效了。对于一个网民而言，如果他不点击广告，这个广告就无法传达有效的信息。而搜索行为则是由消费者自主发起的，是主动性的，其"拉"的作用更为明显。

正是由于消费者接受信息习惯的改变和网民使用搜索引擎的规模不断扩大，给了搜索引擎营销新的发展空间，更多的应用形式也正在被一一开发。网民获取信息的途径正在改变，作为网民使用最多的网络服务——搜索引擎的增长率非常高。而消费者行为同样在发生改变，越来越多的消费者习惯在做出购买决定前先进行搜索。网络搜索已成为网民获得各种各样信息的首选方式，搜索引擎的营销价值也逐步从IT、汽车、房产等领域逐步向日用消费品等领域扩张。数据显示，33%的搜索者在搜索时会进行购物，并且44%的网民利用搜索引擎进行购物调研。

9.2.3 定位精准

搜索引擎具有先天的营销优势，与传统媒体被动推送信息不同，在搜索引擎上，消费者是主动寻找感兴趣的产品和信息。他的搜索行为本身就表明了他对产品的兴趣，因此营销效果就更加精准。而精准无疑是所有广告主最关注的目标。"我知道，有一半的广告费浪费了，但是我不知道浪费在哪儿"，这句话在广告界流传甚广。越来越多的广告主已经不只是希望能找到精准的目标受众和目标消费者，而是希望能让潜在客户自己主动找上门。企业营销管理也已经进入了"精准营销"时代，企业比任何时候都需要与目标消费群体进行精准沟通。搜索引擎营销就是让目标客户主动找上门，给他们所需要的信息，牢牢锁住了目标客户群体。潜在消费者的行为是："我需要信息，所以我点击你"，而不是被动接收信息了。所以目标客户群体定位非常精准。搜索引擎营销可以对用户行为进行准确分析，并实现高准确度定位，尤其是在关键词定位方面，完全可以实现与用户所搜索的关键词高度相关，从而提高信息被关注的概率，最终实现理想的网络营销效果。

9.2.4 操作简单方便

搜索引擎操作简单、方便，主要表现在以下几个方面。

一是登录简单。如果搜索引擎是分类目录，企业想在此搜索引擎登录，那么只需工作人员按照相应说明填写即可，无须专业技术人员或营销策划人员，而对于纯技术的全文检索的搜索引擎则不存在登录的问题。

二是计费简单。以关键字广告为例，它采用的计费方式是 CPC（Cost Per Click）。区别于传统广告形式，它根据点击的次数来收费，价格便宜，并可以设定最高消费（防止恶意点击）。

三是分析统计简单。一旦企业和搜索引擎建立了业务联系，搜索引擎便向企业提供一个系统账户，企业通过这个账户可以很方便地查看广告每天的点击量、点击率，这样有利于企业分析营销效果，优化营销方式。搜索引擎营销仅当用户点击广告时，广告主才需要支付费用。只用几分钟，就可以让广告主的广告展示在搜索结果页面上。

9.3 搜索引擎优化技术的关键要点和实施策略

9.3.1 搜索引擎优化技术的关键要点

网站搜索引擎优化的任务，主要是认识与了解搜索引擎怎样抓取网页、怎样索引、怎样确定搜索关键词等相关技术。通过这些技术优化网页内容，确保其能够与用户浏览习惯相符合，并且在不影响网民体验的前提下使其搜索引擎排名得以提升，进而使该网站访问量得以提升，最终提高本网站的宣传能力或销售能力。基于搜索引擎优化处理，其实就是为让搜索引擎更易接受本网站，搜索引擎往往会比对不同网站的内容，再通过浏览器把内容以最完整、最直接及最快的速度提供给网络用户。搜索引擎优化方法关键要点主要有以下几个方面：

1. 关键字的选择

首先确定核心关键字，再围绕核心关键字进行排列组合，生成关键词组或短句。对企业和商家而言，核心关键字就是他们的经营范围的体现，如产品/服务名称、行业定位，以及企业名称或品牌名称等。总结起来，选择关键字有以下技巧。

（1）站在客户的角度考虑。想一想潜在客户在搜索你的产品时将使用哪些关键词。这些信息可以从众多资源中获得反馈，包括客户、供应商、品牌经理和销售人员的建议。

（2）将关键词扩展成词组或短语。不要仅依赖单一词汇，而是要在单一词汇的基础上进行扩展。例如："营销"→"网络营销"→"网络营销管理"。英文关键词可以采用搜索引擎提供的工具（如 Overture 的 Keyword Suggestion Tool）对这些关键词组进行检测，可查看你的关键词在过去 24 小时内被搜索的频率，最理想的关键词是那些没有被广泛滥用而又被很多人搜索的词。中文工具可以通过百度的"相关搜索"和谷歌提供的 Keyword Sandbox 工具进行关键词匹配和扩展。

（3）进行多重排列组合。通过改变短语中的词序以创建不同的词语组合。尝试使用不常用的组合，甚至组合成一个问句，包含同义词、替换词、比喻词和常见错拼词。还可以包含所卖产品的商标名和品名，使用限定词来创建更多的两字、三字或四字组合。

（4）避免使用意义太泛的关键词。如果你的企业从事包装机械制造，但选择"机械"作为你的核心关键词可能并不能吸引到目标客户。实际上，为了准确找到需要的信息，搜索用户倾向使用具体词汇及组合搜索信息（尤其是二词组合），而不是使用那些大而泛的词汇。此外，使用意义广泛的关键词，也意味着你的网站要跟更多的网站竞争排名，难以胜出。

（5）用品牌名称做关键词。如果企业是知名企业，则别忘了在关键词中使用你的公司名或产品品牌名称。

（6）控制关键词数量。每页中的关键词最多不要超过 3 个，然后所有内容都针对这几个核心关键词展开，才能保证关键词密度合理。搜索引擎也会认为该页主题明确。如果确实有大量关键词需要呈现，可以分散写在其他页面，并针对性优化，让这些页面也具有"门页（Entry Page）"的效果。这也是为什么首页和内页的关键词往往要有所区分的原因。最典型的情况是在拥有不同的产品和服务的情况下，对每个产品进行单网页优化，而不是都罗列在一个首页上。

2. 关键字密度

在确定了关键字之后，接下来需要在网页文本中适当出现这些关键词。关键词在网页中出现的频次，即关键词密度（Keyword Density）。就是在一个页面中，关键字占所有该页面中总的文字的比例，该指标对搜索引擎的优化起到重要作用。通常关键词密度一般控制在1%到7%之间较为合适，超过这一范围就有过高或过低之嫌。切记避免进行关键词堆砌，即一页中关键字的出现不是根据内容的需要而安排，而是为了讨好搜索引擎人为堆积关键词。这已经被搜索引擎视为恶意行为，有遭受惩罚的风险。

3. 关键词分布

关键词的分布应遵循"无所不在，有所侧重"的原则。具体分布原则如下：

（1）网页代码中的 TITLE 和 META 标签（关键词 Keywords 和描述 Description）。如：上海启沪人才咨询公司官网的代码示例：

```
<title>上海留学生落户咨询-留学生落户上海-上海留学生落户中介-启沪咨询</title>
<meta name="description" content="深耕上海留学生落户服务10余年，提供上海留学生落户最专业、最高效、最可靠的留学生落户咨询服务；资深老师提供规范的上海留学生落户咨询服务，是一家值得信赖的上海留学生落户中介公司。"/>
<meta name="keywords" content="上海留学生落户，留学生落户咨询，留学生落户上海，上海留学生落户中介，上海留学生落户代办"/>
```

（2）网页正文中最吸引注意力的地方。正文内容中应适当出现关键词，并且要有所侧重。根据用户阅读习惯形成的阅读优先位置——从上到下，从左至右——成为关键词重点分布位置。主要包括：页面顶部、左侧、标题、正文前200字以内。在这些区域出现关键词对排名更有帮助。

（3）超链接文本（锚文本）。除了在导航、网站地图及锚文本中尽可能使用关键词，还可以增加超链接文本。例如，上面的留学生落户咨询的网站可以通过加上以下行业资源：

上海市人才服务中心、教育部留学生学历学位认证……含有"留学生落户咨询""留学生落户中介""落户咨询"文字的链接来达到增加超链接文本的目的。这也值得网站在添加友情链接时做参考，即链接对象中最好包含有关键词或相关语义的网站。

（4）HEADER 标签。即正文标题<H1><H1/>中的文字。搜索引擎比较重视标题行中的文字。用<b></b>标签加粗的文字往往也是关键词出现的地方。

（5）图片 Alt 属性。由于搜索引擎不能抓取图片内容，因此网页制作时在图片 Alt 属性中加入关键词是对搜索引擎友好的好办法，它会认为该图片内容与你的关键词一致，从而有利于排名。

4．高质量的原创文章

搜索引擎的基本原理是力求准确地向用户反馈最有价值的信息，因此根据用户输入的关键词，搜索引擎会将网页内容更专业、网站知名度更高的记录排到前面。因此，网站里面的原创内容对搜索引擎优化尤为重要。同时原创文章内容不仅需要一定质量，一定数量的积累也是非常重要的。

5．高质量导入反向链接

搜索引擎在决定一个网站的排名时，不仅要对网页内容和结构进行分析，还需围绕网站的外部链接展开分析。对网站排名至关重要的影响因素是获得尽可能多的高质量外部链接，也称导入反向链接。即使网站没有向目录提交，但由于其他重要网站上有你的网站链接，一样可以获得搜索引擎的快速抓取，并为取得好排名加分。

之所以将导入链接纳入排名重要指标的依据，是因为搜索引擎认为，如果一个网站具有价值，其他网站会主动链接到它；提及次数越多，说明价值越大。由此引申出链接广度（Link Popularity）在搜索引擎优化中的重要地位。然而，人们想方设法地为网站"制造"外部链接，导致涌出大量垃圾（SPAM）链接和网站，于是搜索引擎在算法调整中，仅对高质量的外部链接给予重视，对类似 SPAM 的做法往往给予适得其反的结果。

因此，今天对链接广度要有这样的认识：即使获得上百个质量低劣的或内容毫不相干的站点的链接，也远不如获得一个高质量且内容高度相关或互补的站点的链接。

不管是搜索引擎竞价还是优化营销，企业都需要切实重视网站内容的建设，搜索引擎的作用只是引导潜在客户，企业能不能与客户达成交易，关键还是要看网站的内容。网站建设要秉承"内容为王"这一原则。营销者的网站上提供的内容都是独特且有价值的，能切实满足潜在购买者某方面的需求，能将产品价值中肯地表达出来，那么这样的内容往往就能获得潜在用户的支持和信任，最终为促进销售加分。

经过上面的搜索引擎关键词优化方法，我们针对"上海启沪人才咨询有限公司网站"进行了优化。通过百度搜索查询"上海留学生落户咨询""上海留学生落户中介""上海留学生落户咨询中介""留学生落户上海咨询"等相关关键词，都能够在百度首页展现，为公司业务带来了很多潜在客户流量。图 9-6 显示了经过搜索引擎优化后的相关搜索结果。

综上所述，搜索引擎营销是一种基于搜索平台的网络营销。目前正成为中小企业网络营销的最佳选择。因为搜索引擎营销很容易吸引到潜在客户，发展势头很好，而且成本很低廉。企业做好搜索引擎营销的策略通常是先做好自己的网站，然后优化网站，提高点击率，将点击率转化为实际收益后，再进一步分析投资回报体系。

图 9-6　百度搜索关键词"上海留学生落户中介"搜索结果

9.3.2　搜索引擎优化技术的实施策略

搜索引擎优化既是一项技术性较强的工作，也是一项同企业特点息息相关，需要不断分析并寻求外部合作的工作。实践证明，搜索引擎优化工作不仅能让网站或新媒体平台在搜索引擎上有良好的表现，而且能让整个网站和平台页面看上去轻松明快，页面高效简洁，目标客户能够直奔主题，网站和平台内容发挥出了企业与客户之间的最佳沟通效果。针对搜索引擎优化，实施策略有以下几个方面。

（1）分析企业是否适合竞价排名。竞价排名本身并不能直接促成交易的实现，它只是为用户发现企业信息提供一个渠道或者机会。由此可见，网站建设是网络营销的基础，没有扎实的基本功，什么先进的网络营销手段都不会产生明显的效果。另外，某些行业由于受国家直接管控，基本上属于垄断性的行业（如石油和煤炭行业），像这些行业的开发生产型企业就没有必要做竞价排名。而对于一些网络服务企业、IT 产品生产和销售企业等最好做竞价排名。

（2）选择适合企业自身的搜索引擎。在同样预算条件下，企业应尽量选择用户数量比较多的搜索引擎，这样被检索和浏览的效率会高一些，但如果同一关键词竞价的网站数量较多，而且排名靠后，反而会降低营销效果。因此，还要综合考虑多种因素，选择性价比最高的搜索引擎。在可能的情况下，也可以同时在若干个搜索引擎同时展开竞价排名，这样更容易比较各个搜索引擎的效果。

另外，不同的搜索引擎其用户群体也不同。在选择搜索引擎时，要根据企业的发展水平、发展阶段、经济能力等条件来选择恰当的搜索引擎。比如百度是当前我国最大的中文搜索引擎，涵盖了音乐、地图、百科、翻译、网页等，这种搜索对目标客户群来说比较广泛但是也不够集中。再如搜狗搜索，其搜索引擎栏下方的微信、知乎相关内容的搜索独具个性，企业在选择搜索引擎时应进行仔细比较和分析。

（3）根据企业实际情况购买适量的关键词。即使在同一行业，由于用户使用关键词也存在一定分散性，因此仅选择一个关键词所能产生的效果是有限的。比较理想的方式是，比如营销预算许可下，选择 3~5 个用户使用频率最高的关键词同时开展竞价排名活动，这样可能覆盖 60%以上的潜在用户，从而取得收益的机会将大为增加。此外，在关键词的选择方面也应进行认真的分析和设计，热点的关键词价格较高，如果选择一些相关但价格较低的关键词代替，也不失为一种有效的方式。

（4）提高点击率和业务达成率的转换率。应注意以下几点。

一是将搜索引擎营销思想贯穿于整个网站策划建设过程中。最好是在网站策划和建设计划阶段就将网络营销思想结合进来。这样不仅要比网站发布之后效果不佳再回头来考虑这个问题节省时间和金钱，同时也在很大程度上增加了网络营销人员的信心。

二是网页内容与搜索关键词具有相关性极为重要。如果在百度或谷歌上就某些关键词进行宣传，在用户输入关键词并登录网站后，应该能正确地进入到与关键词相关的网页位置。例如，如果用户在百度中输入"鲜花"相关的网页就会显示出来，继续点击就可以进入到下一个涉及并有出售"鲜花"的网页上，而不应是在网站的主页或者与鲜花无关的网页上，然后通过一个链接将用户带至其他相关产品网页。

选择合适的关键词对于中小企业而言尤为重要，在进行选择关键词的时候，要从各个角度来进行选择。比如根据企业产品的目标客户群选择合适的关键词，然后根据市场反应不断调整，这样消费者通过关键词搜索就能够直达企业的核心价值和核心业务，从而提高企业的市场地位。企业还应经常根据市场需求和企业内外部情况的变化，对关键词做出及时调整，不能有一劳永逸的思想。另外，要避免走入堆砌关键词的误区，应控制好关键词的密度与分布，通常在标题和正文中自然地分布，遵循文章的主旨，表达应合理通顺。通过合理的关键词策略，来提升企业的搜索引擎营销水平。

三是测量和实验是提高转换率的关键。针对企业投放市场的搜索引擎营销效果进行客观评价，这样就能够有效进行实施，从而不断改进中小企业的搜索引擎营销策略，同时中小企业可以通过第三方调查公司来对搜索引擎进行客观评价，从而发现企业的不足之处，然后不断地优化、改进，这样就能够不断地提高点击率以及提高交易达成率。

通过网络营销软件、搜索引擎优化与竞价排名自动检测软件，以及网站流量分析系统，监控网站报告并找出那些转换率较高的搜索词，并删除那些转换率低的搜索词，至关重要。在没有测量的情况下，企业无法提高转换率。因此，需要建立一套好的测量系统，了解其实际情况，并测试网站的更新效果。

四是提高网络品牌形象，获得客户信任。可以通过积极地展示企业的优惠政策、采购程序，对站点上的表格采用 SSL 加密保护，以及企业所提供的易于使用的联系方式，比如名称、网址和电子邮件等，帮助用户建立对企业的信任。通过企业网络上的文章和常见问题部分或新闻组慢慢培养对企业的信任。

搜索引擎营销的商业价值已经得到企业广泛认同。随着搜索引擎技术的不断发展，搜索引擎逐渐成为覆盖面广、精准度高的媒体之一，搜索引擎已成为被企业认可的网站推广手段之一，也是网络营销服务商主要的服务内容。因此，我国企业在密切关注搜索引擎营销的发展，积极地与技术先进的第三方公司合作，完善企业的搜索引擎营销服务体系，增强企业搜索引擎营销服务的应用深度，成为搜索引擎营销最活跃的群体。企业搜索引擎营销的专业性越来越强，主要表现在企业在关键词的选择、广告工具的使用、营销效果的评估、渠道建设等方面上专业性越来越强。

9.4　搜索引擎优化技术在新媒体电商中的应用

随着移动互联网的飞速发展，产生了各种广受人民喜欢的新媒体平台，这些基于移动互联网上的 App 新媒体平台又被称为社交媒体（Social Media）。社交媒体主要指互联网上基于用户关系的内容生产与交换平台。社交媒体是人们彼此之间用来分享意见、见解、经验和观点的工具，国内现阶段主要是指微博、微信、小红书、抖音、B 站、知乎、今日头条等平台。简单来说，百度是一个综合搜索引擎平台；而抖音，可以理解为是一个垂直的视频搜索引擎平台。

9.4.1　新媒体电商搜索引擎优化技术分析

新媒体电商平台的 SEO 与百度 SEO 优化的本质目的是相同的，都是优化潜在目标排名，获取用户精准搜索流量，进而可能带来转化。通过理解和应用这些社交媒体 SEO 策略，企业不仅可以提高在搜索引擎中的可见性，还可以增强在社交媒体平台上的互动和参与度。这种双管齐下的方法将帮助商家更有效地接触目标受众，增加网站流量，并最终提高转化率。比如，抖音 SEO 就是通过优化目标视频的质量和相关性，使目标视频更符合抖音搜索排名规则，从而提升目标视频在抖音关键词搜索结果中的排名，获取流量的技术手段。

然而，新媒体电商平台搜索关键词排名比百度搜索排名更难，其原因是新媒体平台搜索加入了用户行为因素，而百度网页搜索用户行为数据跟抖音等新媒体平台无法相比，因为用户是一开始就要注册，才能使用这些平台。

在各个新媒体电商平台中，虽然影响搜索引擎优化技术应用的因素有些差异，但重要的优化技术权重因素是一致的，主要包括两大类影响因素：账号权重因素和内容权重因素。

1. 账号权重因素

账号权重是指账号在平台内的权威性和影响力，它直接影响内容的推荐和搜索排名。提高账号权重是一个长期而持续的过程，需要耐心和细心地经营。影响账号权重的因素主要有以下几个方面。

（1）账号设置完善度。这里是指所运营的各类平台账号从昵称、简介再到背景图，甚至包括关注回复，都要设置完整，并且尽量提供真实、详细的个人或品牌介绍，包括头像、名字、简介，以及设置清晰的头像和封面图片，能够体现品牌或个人特色。同时，如果你的账号经过平台官方认证，权威度会更高。

（2）账号原创度。账号原创度就是指整个账号发布的内容以原创为主，还是大多数是搬运的内容，甚至全部是采集的。任何一个平台都鼓励原创，这也是各类新媒体平台最看重的。原创内容不仅包括文字，还有图片、视频也要原创。

（3）账号定位垂直专业度。垂直专业度是指账号定位与分享的内容一定要垂直细分，并且专业。专业就是围绕定位来写有一定深度的相关内容，即选择一个明确的主题或领域，将该主题或领域的内容进行深度挖掘和展示。这样，不仅能够让观众更加清晰地了解到账号的定位，还能够建立起专业形象。例如，如果账号定位是美食分享，那么可以在短视频中分享各种美食的制作过程、食材选购、口味评价等内容，让观众对账号产生浓厚的兴趣。如果是护肤类的，就不要今天发美食，明天发旅行，这个垂直专业可信度就会打折扣，官方系统也不好给你定位属于哪一类。在同等条件下，内容垂直度高的账号排名都是高于垂直度不集中的账号。

（4）账号活跃度。在社交媒体时代，账号的活跃度对于个人和企业来说都非常重要。一个活跃的账号能够吸引更多的关注和参与，有助于个人品牌的建立和企业的推广。任何一个平台都是希望账号越活跃越好。定期更新是保持账号活跃度的必要条件。无论是个人账号还是企业账号，都需要定期更新内容，以保持用户的兴趣和参与度。定期更新可以是每天、每周或每月的发布计划，以确保账号的稳定性和连续性。同时，定期更新也可以让用户对账号产生期待和兴趣，从而增加他们的参与度。

（5）账号级别。社交媒体平台的账号级别或等级是根据用户的活跃度、互动行为、内容质量等因素，对用户进行分类，从而提供不同的功能和权益。这种系统不仅有助于平台更好地管理用户，还能激励用户更加积极地参与平台活动，提高用户黏性和活跃度。比如，抖音的账号等级共分为15个级别，从"初出茅庐"到"巨无霸"，而小红书的账号等级从低到高分为几个等级，包括小V、中V、大V等。每个级别都代表了用户在社交平台上的不同影响力和活跃程度。等级越高，代表用户在平台上的影响力和活跃度也越高。

2. 内容权重因素

内容权重因素主要是指在平台上发布内容的质量度，内容质量度高的账号相关内容在搜索结果排名中就会展示在前面。影响内容质量的因素主要有以下几个方面。

（1）图文与视频原创度。新媒体平台最关注的就是内容原创度，如果复制粘贴的内容也能收获大量曝光，那么原创内容者则遭受极大的不公平，整个平台社区将会变得劣币驱逐良币，整个社区就此倒塌。因此，搜索或推荐排名中，文字原创度，以及图片和视频的原创度占很大因素。

（2）完播率。完播率是指视频播放的完成率，即观众完整观看视频的比例。具体来说，完播率是视频播放完成的人数与总播放人数的比例。这个指标直接反映了视频内容的吸引力和观众的观看体验。不同平台对完播率的标准和要求可能有所不同。例如，抖音等短视频平台通常要求较高的完播率来提高视频的曝光和推荐，而 B 站等视频分享平台则更注重内容的多样性和深度。

（3）互动率。互动率可以帮助企业评估其社交媒体内容在受众中的吸引力和互动程度。互动率包括一系列互动行为，如点赞、评论、分享和点击链接等，这些都代表了受众对内容的参与度。一个高互动率通常表明受众对企业的内容感兴趣，并愿意与之互动，这对于建立品牌与受众之间的互动和联系至关重要。

（4）关键词布局。在新媒体平台搜索引擎优化中，关键词布局是提高所发布内容在搜索引擎结果中排名的重要策略之一。通过合理布局关键词，可以使搜索引擎更好地理解账号中的内容，从而提高内容的可见性和流量。主要方法就是你写的标题和内容中要包含这个关键词，并且内容一定要与关键词相关。比如，在小红书平台做内容的关键词布局，可以按照整个笔记的长度去定义头部、中部和尾部，并对应至少各出现一次关键词，但是不要过度反复地或者刻意地堆砌关键词，就是那种一眼就能让人看出来是为了优化而优化，因为每一个平台都非常不喜欢这种行为，一旦遇到这种情况，可能会被判定为恶意优化。同时，不要因为布局关键词而影响到了整个内容的阅读和浏览，甚至有些人在做优化的时候，会导致内容偏离主题，一旦出现这种情况，也很容易被判定为恶意优化。

（5）热门或垂直标签。标签权重分为两方面，一是标签内容的质量，二是标签的使用与否。新媒体平台建立内容标签是非常重要的。通过建立内容标签，可以让用户更容易地找到你的作品，从而提高用户留存率和推荐量。要建立内容标签，首先要明确自己的作品定位和内容方向。然后，要根据自己的作品特点和受众群体来选择合适的标签。最后，要及时更新账号标签，以便更好地展示自己的作品。

根据你的核心主题和个人品牌，制定一套标签策略。标签应该与你的发布内容相关，还应能够准确地描述你的内容，并帮助用户找到你的内容。同时，还可以选择一些热门的和与你的内容相关的标签，也可以尝试一些独特的标签来吸引更多的关注。

（6）负面因素。还有一些负面因素会影响内容或账号的权重，如果触发这些负面因素，平台会对账号降低权重。负面因素主要包括发布的内容包含违禁词，或者用户评论和回复中包含违禁词，如果被平台系统检测到，就会对内容和账号进行降权，甚至直接限流。

9.4.2　新媒体电商搜索引擎优化技术应用

进入移动互联网时代，各类新媒体平台已经成为了人们获取信息、娱乐以及进行商业交易的重要途径。传统数字化平台中，用户寻找信息主要依赖于搜索，而新媒体平台则主要以个性化推送机制为用户提供信息，搜索行为似乎有所减少。然而，随着信息量的爆炸式增长，新媒体平台用户也越来越多使用搜索工具，搜索成为了一个连接用户与优质内容的桥梁。比如，根据 2024 年小红书最新数据显示，70%的月活跃用户在小红书上进行搜索，42%的新用户在首次使用小红书时就会使用搜索功能，而 88%的搜索行为是用户主动发起的。更有 90%的用户表示小红书的搜索内容会影响他们的消费决策。因此，在这些竞争激烈的新媒体平台上，通过搜索引擎优化（SEO）技术让创作者或企业发布的内容在核心搜索词中有高的排名变得尤为重要。

虽然不同类型的新媒体电商平台上搜索排名机制有些差异，影响搜索引擎关键词搜索自然排序的因素有所不同，但搜索引擎优化技术在新媒体电商中应用步骤和策略是大体一致的。新媒体电商搜索引擎优化技术应用步骤包括。

1. 关键词研究和优化

关键词研究是新媒体电商 SEO 的基础。通过深入分析关键词，可以找出与品牌和内容相关的热门关键词，这些关键词将成为优化内容的核心。在选择关键词时，重要的是确保关键词与品牌和产品的相关性，同时考虑目标受众的搜索习惯和偏好。通过不断测试和优化，可以找到最有效的关键词组合，提高品牌在新媒体平台上的可见性和吸引力。

首先需要了解潜在客户受众会使用哪些关键词来搜索与内容相关的信息。可以使用专业的关键词研究工具，如百度关键词规划工具（见图 9-7），来找到与业务领域相关的高搜索量的关键词。然后，将这些关键词有机地融入内容标题、描述、标签和正文中，以提高内容在搜索结果中的排名。

图 9-7　关键词挖掘工具

2. 优化内容质量

搜索引擎优化（SEO）不仅仅是关注关键词的选择，发布的内容质量同样至关重要。在新媒体平台上发布的内容需要有吸引力和价值，并且能够满足受众的需求，这将有助于提高用户留存率和分享率，从而增加流量。内容质量优化策略包括：一是确保发布的内容清晰、易读，并包含有吸引人的多媒体元素，如高质量图片和视频，使用高分辨率的图片和视频，确保视觉上的吸引力。二是图文合理搭配，让内容更加生动和易于理解。三是定期更新内容，制定内容日历，保持定期更新内容，增加用户的期待感；同时紧跟社会热点和流行趋势，及时发布相关内容，提高内容的时效性。四是平台社区规则和内容政策，保持内容健康和积极，避免发布敏感或不当内容，避免违规行为。

3．社交分享和互动

社交媒体平台是新媒体的核心。确保您的内容易于分享，并积极参与受众互动、回应评论、分享其他人的内容，并建立社交媒体策略来吸引更多的关注者和粉丝。社交分享可以增加内容的可见性，还能提高私域流量。

一方面是定期发布内容，保持账号的活跃状态。参与平台的活动和挑战，增加账号的可见度。另一方面是建立和维护自己的粉丝群体，通过与粉丝互动，提高粉丝的忠诚度和活跃度，增加账号的社交影响力，比如鼓励互动，通过提问、发起话题等方式鼓励用户留言和分享；通过对用户的评论及时做出回应，增加用户的黏性。

4．链接建设

内部链接和外部链接都是新媒体 SEO 的关键组成部分。内部链接帮助用户浏览您的网站，并增加页面视图，而外部链接可以提高您的内容在搜索引擎中的权威性。与其他领域相关的网站进行合作，并争取他们将您的内容链接到他们的页面上，这有助于提高您的内容在搜索引擎中的排名。

5．移动友好性

越来越多的用户在移动设备上访问新媒体内容，因此确保网站和内容对移动设备友好至关重要。移动友好性是搜索引擎排名的一个重要因素，如果内容在移动设备上加载慢或难以阅读，将影响用户体验，进而降低排名。

新媒体平台搜索引擎优化是一个持续优化的过程。一是可以跟踪关键词排名，通过所优化的新媒体平台搜索功能，检查内容是否出现在相关关键词的搜索结果中，监控关键词在搜索结果中的排名变化。二是可以通过查看浏览量、点赞量、评论量、转发量等，利用这些工具定期检查内容表现，了解哪些类型的内容更受欢迎。三是可以分析竞争对手的关键词策略和内容类型，对比不同内容的表现，分析这些内容的特点，找出哪些内容获得了更多的曝光和互动，总结成功因素；并对于不同的标题、封面图片、内容布局等进行 A/B 测试，找出最有效的组合，通过测试结果，不断优化内容策略。

通过做好新媒体电商平台的 SEO 优化，企业可以提高媒体账号的专业度，加强企业或产品的在线形象，更深层次地和目标客户建立联系和互动，提高社交媒体上的品牌知名度，提高社交媒体上的影响力，以及潜在客户的质量。搜索引擎优化应用对提升新媒体电商运营能力会产生积极的效果。

本章小结

搜索引擎是互联网应用最广泛的网络服务，几乎每个人上网都会使用搜索引擎。每天有成千上万的网民在各类数字化平台上通过搜索引擎等方式寻找各种信息。网民不仅经常通过谷歌、百度、搜狗、360 等搜索引擎平台来搜索查询相关网络信息，也会通过淘宝、京东、拼多多等大型电商平台以及抖音、快手、小红书、B 站等新媒体电商平台搜索查找相关商品信息。因此，搜索引擎目前仍然是最主要的内容推广手段之一。

搜索引擎优化（SEO）是搜索引擎营销（SEM）的一种模式。搜索引擎具有独特的营销优势，与传统媒体被动推送信息不同，在搜索引擎上，消费者在主动寻找感兴趣的产品和信息。他们的搜索行为本身就表明了对产品的兴趣，因此营销效果就更加精准。本章介绍了搜索引擎工作原理，以及搜索引擎优化技术的基本原理与实施策略。最后介绍了搜索引擎优化在新媒体电商中的应用方法与实施策略。

思考题

1. 搜索引擎竞价优化的原理是什么？
2. 请简述搜索引擎竞价与搜索引擎优化方法的异同。
3. 搜索引擎优化有哪些特点与优势？
4. 搜索引擎营销有哪些策略？
5. 搜索引擎优化方法有哪些关键要点？
6. 搜索引擎优化在新媒体电子商务中的应用策略有哪些？

本章案例分析

小小搜索，大有商机

日前，第三方研究机构 QuestMobile 发布了 2024 年中国移动互联网半年报告。数据显示，我国移动互联网线上娱乐需求旺盛，多数场景均保持增长态势，用户时长主要集中在短视频、手机游戏、在线视频等数字娱乐领域。其中，短视频月活跃用户数已经达到 9.89 亿。随着人们的时间越来越多转移到短视频上，用户的搜索行为也朝着视频化发生迁移，这一趋势不可逆转。搜索演化的方向，从文字搜索，到图片、音频搜索，再到如今兴起的视频搜索，其轨迹是根据内容演化的方向变化的。换句话说，就是内容在哪里，搜索的行为就会发生在哪儿。

极光数据研究对此也做过调查：用户的所有搜索行为中，有 77.4%的搜索会发生在内容型平台。而在过去几年，短视频已成为新兴且创作力惊人的内容载体，年增速都在

60%以上，整个社会的表达、创作都在视频化，作为信息获取最直接的途径，搜索也在视频化。在这些新媒体平台上，用户通过搜索短视频来获取生活、工作、学习所需的相关信息。当内容创作者更倾向于视频化表达时，在背后指向的是，用户心智也在随之发生变化，大众在遇到问题或者寻求信息时，条件反射地去搜索视频寻求答案。

而在用户增长接近天花板的当下，互联网公司普遍都面临流量上升的难题。而搜索作为用户需求的主动行为，跑出来的数据不仅精准，也能激活长尾内容和优质内容。无论是资讯型平台知乎、豆瓣，还是社交平台微博，电商类淘宝等等，搜索入口毫无例外都是企业竞争的关键点。从最近的战略层面上来看，抖音已经把搜索这个小小的按钮，作为广告曝光和转化的重要增量，提升到与电商、直播并驾齐驱的位置上了。

大企业商业世界的星辰大海，对于大多数企业来说，或许遥不可及，但对于品牌方，在商业探索初期，享用短视频的搜索流量红利，确是可操作执行的。如果说，当品牌和企业级玩家逐渐入场的背景下，抖音在广告营收方面的潜力，仍有进一步扩展的可能性。从而基于搜索延展出来的服务内容和商业空间，被一些入场者认为，视频搜索将会撑起下一个千亿级别的商机。

对于搜索，短视频平台已初露锋芒。或许，在5G时代全面到来之后，搜索引擎市场势必会带来全新的天地，而我们每个人都将是见证者和建设者。

资料来源：本书编辑整理。

第 10 章

用户行为分析技术

本章学习目标：
- 理解用户行为数据的概念与组成要素；
- 掌握用户行为数据分析的方法与工具；
- 探索用户行为分析在新媒体电商中的实际应用；
- 识别用户行为分析面临的挑战及应对策略；
- 了解用户行为数据隐私与权限保护的重要性。

开篇案例

数字化浪潮下的传统出租车业的挑战与新媒体电商的崛起

2015 年夏天，最时髦的出租车司机会在方向盘左右架起三个手机支架，分别接入滴滴、快的和易到。从早到晚，三个平台的订单此起彼伏，司机乐此不疲地在三个平台上挑选补贴最"肥"的订单接单。一些精明的司机通过悉心钻研，从而掌握了平台的补贴规律，并在最铁的"的哥"圈里分享，成为新晋的关键意见领袖。他们在紧盯屏幕的同时，可能没有意识到，随着 App 上点击的行为越来越多，路边打车人招手的行为却越来越少。用户行为正在发生迁移，并在互联网上汇集成新的"流量"。他们想到了要多买两条充电线，因为手机不能没电，同样电话卡上也不能没钱，因为没流量就接不到订单了。但没想到，"流量"真的说没就没了。从 2006 年至 2015 年，移动端出行行业的发展如图 10-1 所示。

图 10-1　2006 年至 2015 年移动端出行行业的发展

后面的故事大家都知道了，打车平台启动了"顺风车""快车"和"专车"等新项目。他们将通过分析用户过往打车行为的数据，按照购买力、出行目的等特性分层，用不同的优惠券和权益将分层后的用户分流到这些低、中、高档的新项目中，因此留给"出租车"项目的用户大幅减少。当出租车司机从屏幕上抬起头，打算重新寻找路边"招手"的打车人时，才发现原来"扫街"就可以获得的乘客，已经找不到了。而随着新项目服务的推出，过去出租车司机那些被乘客"隐忍"的小毛病，比如车内偶有的异味、长时间的尬聊、油滑的拒载等，都凸显了自己和新项目服务者的巨大差异。打车人的消费需求升级了，出租车的业务模式也面临更替的挑战。

　　对打车人的用户行为数据分析确实推动了整个出行市场升级，可惜受益的并不是拥有最多出租车资源的出租车公司，因为出租车公司几乎没有掌握用户行为数据。类似出行平台这样的行业案例越来越多，比如，通过"外卖小哥"服务从餐饮商家获得用户餐饮消费行为数据的外卖平台，通过比价服务从航空公司和酒店获得用户出行旅游数据的在线旅行社（Online Travel Agency，OTA）等。这些新兴互联网企业的不断涌现，加速了用户行为的数字化迁移。这也逐渐惊醒了处于各行各业的传统企业，他们纷纷表示，不想像出租车公司那样成为"俎上鱼肉"。于是他们纷纷开始打造自己的数字化平台，希望能够直接面向终端消费者。

　　随着社交媒体的进一步发展，直播电商、社交电商、内容电商和社区电商等新媒体电商概念逐渐进入人们的视野。对于平台来说，利用社交媒体独有的用户兴趣信息来开展电商业务是目前已经验证的有效商业模式之一，但随之而来的还有海量的用户行为数据与交易数据，平台如何分析和利用这些数据走出有别于传统电商的新媒体电商道路，是每个平台想要在日渐白热化的电商平台竞争中杀出重围的重要命题。

　　资料来源：艾瑞咨询，《2016年中国移动端出行服务市场研究报告》，2016年3月22日。

10.1　用户行为数据概述

10.1.1　用户行为数据的概念与元素

1. 用户行为数据的概念

　　在商业经营中，企业与用户相关的三种核心数据包括用户属性数据、用户行为数据和用户交易数据。用户属性数据是指描绘用户特征的数据，根据人口统计学特征，可以从静态、动态及未来发展趋势三个方面观察用户，包含性别、年龄、职业、民族等统计变量。用户行为数据是指用户在商业互动过程中产生的动作数据，即用户做了什么事情。用户交易数据是指用户完成支付动作后产生的相关数据。从狭义上讲，用户行为数据只包括了用户在进行商业互动时所产生和被记录的日志文件,如果从广义上探讨用户行为数据,其实以上三种数据都可以囊括在用户行为数据的概念之中。

用户行为数据按照其聚合维度还可以分为单用户的多方面数据和多用户的单方面数据。当我们想要聚焦于用户个人的信息,基于用户行为数据来对其将来的内容偏好与商品购买可能进行预测的时候,我们就像一个对用户过往信息了如指掌的高级购物助理,通过对其过往信息的分析,推导出用户最可能喜欢的内容和最可能购买的产品,并在合适的时机展现在用户面前。而当我们想要整体地查看品牌在一段时间内的内容数据和商品销售表现时,我们就会将所有用户的数据聚合在一起分析和研究,以期挖掘到潜在的趋势和规律,指导营销策略和品牌定位的优化迭代。

在实际的数据分析场景中,我们可以将用户行为数据按照其结构化程度可以分为结构化数据和非结构化数据。结构化数据是指按照一定的规则和格式进行组织和存储的数据。它具有明确的数据类型和关系,可以通过预定义的模式或模型进行描述和解释。常见的结构化数据包括数据库中的表格数据、电子表格中的数据等。与结构化数据相对的是非结构化数据,它们没有明确的结构和格式,处理和分析起来更加困难,如文本、图像、音频和视频等。传统的关系型数据库和查询语言无法直接处理非结构化数据,需要使用特定的技术和工具进行处理,如自然语言处理、文本挖掘、图像识别、语音识别等。非结构化数据在现实生活中广泛存在,例如社交媒体上的用户评论、新闻文章、音频和视频文件中的内容、传感器数据等。针对结构化数据,我们更多的是介绍用户行为数据分析的相关思路和主要方法,而针对非结构化数据,我们将主要介绍处理和分析此类用户行为数据的工具与方法。

在新媒体电商语境下,用户行为数据可以分为电商用户的行为数据和普通用户的行为数据。从广义上看,商家和普通用户都是新媒体平台上的用户,因而我们可以分别从平台角度分析电商用户行为数据和从商家角度分析普通用户行为数据。电商用户行为数据是指电商商家在平台上进行商业活动过程中产生的动作数据,即商家在平台上做了什么事情,包括但不限于开店、店铺上新产品、购买推流产品等。普通用户行为数据是指普通用户在平台上产生的动作数据,即用户做了什么事情,包括浏览、收藏和购买等。

2. 用户行为数据的元素

用户行为数据由最基础的五个元素构成:谁(Who)、何时(When)、在哪里(Where)、做什么(What)、怎么做(How)。具体展开如下。

Who:既指用户的 ID(唯一标识用户的标识符,用于区分不同用户),也指用户的基本属性,如年龄、性别、地域、职业等基本信息。

When:用户行为的操作时间,如点击、购买、评论等操作的时间。

Where:既指用户进行操作的页面和组件位置,也指用户实际所在的 IP 地址和地理坐标，可以精确到城市、区县乃至街道。

What：用户操作的具体内容。例如用户对商品或内容进行评论、分享、点赞等具体行为，用户的操作行为数据包含了文字评论、评分、分享方式、分享渠道和分享对象等具体元素。在交易场景下则包含了用户的购买、支付、下单等行为，用户行为数据中包含了购买数量、购买金额、支付方式、支付金额、订单号、下单时间、订单状态等具体元素。

How：用户使用什么设备，在什么页面进行操作。用户行为数据包含了用户所使用的设备类型、操作系统、浏览器等具体元素。

这些元素共同构成了一条完整的用户行为数据记录，为后续的数据分析提供了规范的格式和标准。

10.1.2 用户行为数据分析的价值和难点

1. 用户行为数据分析的价值

用户行为数据分析主要服务的目标有两个：一是分析运营状态，理解用户需求，即事后分析；二是预测用户行为，引导服务和产品创新，即事前预测。

1）分析运营状态，理解用户需求

针对用户的需求提供更好的产品与服务是电商商家运营的核心理念。这是电商商家顺利运转和最终盈利的重要前提。如何用数据理解用户需求，特别是利用用户行为数据理解用户需求，是新时代的新挑战。

对于电商商家来说，通过分析用户行为数据，首先能够熟悉店铺在当前阶段的运营状态：店铺客户数量变化和营销活动的效果等。可以分析店铺在过去的3个月内的销售额、访客数、成交转换率和新老客户占比等多维度数据来分析店铺运营状况和整体客源情况。

其次，可以通过深入分析用户行为数据来理解用户的真实需求。可以通过对销售额、浏览量、浏览时长、搜索量以及产品评价与评分等多维度数据进行深度拆解与分析，以逐层追溯和归因，最终侧写出用户的真实需求，指导产品的更新迭代和改变营销活动的重心。根据用户的偏好和行为习惯，可以优化产品的功能和设计，提升用户体验。通过挖掘用户的兴趣和需求，能够调整营销策略和推广渠道，提高营销效果和 ROI（投资回报率）。基于用户的行为数据，能够做到个性化推荐产品、内容和服务，提升用户满意度和忠诚度。再根据用户行为数据分析的结果，发现新的商机和市场需求，指导业务的扩展和发展方向。

同时，针对数据中的异常状况和可疑波动，商家可以追溯异常原因，快速制定出解决方案，并且实时监控运营状况，从而避免店铺的严重亏损。

2）预测用户行为，引导服务和产品创新

利用在业务场景中搜集到的海量用户行为数据，商家可以利用机器学习方法探索数据中的潜藏规律，从而帮助商家预测用户行为，引导业务创新，利用用户行为数据反哺服务和产品创新。

例如，商家通过优化商品标题关键词，为店铺带来大量的流量，在短期内提升了商品的成交转化率。为了保证店铺的良好运营，数据分析人员就需要对关键词优化带来的成交转化进行实时监控，找出哪些关键词是主力引流词，哪些关键词转化能力强。在充分积累了运营数据后，商家就可以对关键词优化带来的成交转化进行预测。举个例子，主力关键词在未来一周内能带来多少流量？以此为主要优化目标，商家可以基于历史运营数据，利用机器学习方法不断优化和迭代预测的精度和准度，为商家提供更为科学的运营建议，帮助商家掌握店铺运营的发展趋势，提前布局，抢占市场先机。

案例分析：

精准营销，是指通过分析挖掘用户行为数据，构建精准用户画像和细分人群分类，通过定向传播和触达的方式对目标人群进行"精准"的营销活动，精准营销是用户行为数据分析的重要应用之一，相较于普通的市场营销活动，精准营销活动强调的是精准的潜在目标受众群与定向传播方式手段的统一。

2015年9月，拼多多横空出世，凭借其极低的价格和各种各样的福利活动等优势在网上快速传播。仅仅不到一年的时间，其注册用户量便突破了1亿。2018年7月6日成功在美国上市，市值达到了240亿美元。

拼多多通过对早期运营的用户行为数据进行分析，发现自家产品的主力购买群体是四五线城市居民和消费水平有限的中学生，这些都是价格高度敏感性的相对空闲人群，愿意多花一点时间来省下一点点钱，拼多多抓住这个特点，利用低价营销锚定目标人群，通过微信分享营销、拼团营销和优惠券等对潜在群体进行精准传播，取得了产品使用人数的高速增长。同时，拼多多通过持续分析用户行为数据，不断优化主推商品。例如，当家庭主妇增多时推广服饰和农产品，年轻人增多时就主推电子产品和数码产品，针对不同人群就推荐相应合适的产品组合，再凭借比同行低得多的价格，提高了拼多多的用户黏性和留存率，而且，拼多多在广告营销方面倾注了大量心血，在社交媒体上大规模地推广优惠活动和利用达人的影响力为产品背书，同时也砸重金冠名热门电视节目（如《极限挑战》等），并邀请知名明星代言以树立品牌形象和改善品牌好感度。

总的来看，精准的目标群体定位、精准的营销形式、精准的产品推广与组合以及精准的广告投放，这四条精准营销方式帮助拼多多在互联网电商竞争白热化竞争中脱颖而出并最终站稳脚跟。

资料来源：本书编辑整理。

2. 用户行为数据分析的难点

在开展用户行为数据分析的过程中，我们同样也会遇到许多的困难，主要包括三点。

1）不知道该分析什么数据

新媒体电商环境下，商家和平台可以利用的数据基本上都是提前确定的，但是在实际数据分析场景中，我们所碰见的需求和问题则是五花八门，很多或是宽泛或是抽象的经营问题无法直接确定需要分析数据的范围。例如，当我们需要分析店铺在某一个月的销售额变化原因时，就不仅需要销售额数据，还可能需要当月的产品细分销售额数据、营销活动数据、关键词曝光数据和客户转化率数据等等，综合各方面因素和数据来判断当月销售额变化的潜在原因。面对抽象而宽泛的具体经营问题，往往需要一定的经验和逻辑推断能力，才能确定需要分析的用户行为数据范围。

2）不知道该怎么分析数据

在确定要分析的用户行为数据范围后，选择合适的数据分析思路和工具至关重要。数据分析的核心在于将无价值的散乱数据转化为有价值的信息，其目的是解决或回答某个特定需求。因此，数据分析人员需要具备以下几种思维方式。

一是对比思维。对比思维是数据分析中最基本也是最重要的思维方式，广泛应用于电商工作中。通过将相关数据进行比较，分析其变化趋势和差异，可以揭示出潜在的问题和机会。

二是拆分思维。拆分思维是在确定一个分析因素后，对其组成的各个子因素进行详细分析。例如，销售额可以拆分为成交客户数和客单价，进一步拆解为访客数和转化率。通过这种方式，可以更精准地找到影响整体指标的具体因素。

三是降维思维。降维思维也是一种重要的分析方法。在面对多维度数据表格时，不必苛求面面俱到，可以选择具有代表意义的数据进行分析。通过舍弃部分不太重要的数据行或列，可以简化分析过程，突出关键信息。与之相对的是增维思维。

四是增维思维。增维思维是将简单的数据多元化，借助多维度的数据来进行深入分析。例如，通过增加辅助列来补充和丰富数据，提升分析的全面性和准确性。

五是假设思维。在遇到棘手问题时，可以先假设一个结果，然后利用逆向思维推导过程，逐步验证和推理。通过这种方式，可以有效处理不确定性和复杂性较高的数据分析问题。

以上思维方式在实际数据分析过程中并不是孤立存在的，而是相互补充、综合运用的。通过对比、拆分、降维、增维和假设等多种思维方式的灵活运用，数据分析人员能够更好地理解数据，发现潜在规律，提出有价值的洞察和策略。

3）不知道该如何得出洞察与策略

每一个成规模的电商企业都有自己的数据分析模式。在经营分析会上，电商企业管理者都会看到大量的数据报表，这些数据大多是对经营结果的总结和分解。这是因为经营数据大多来自销售和运营，其相对简单的维度和有限的数据量，不能支撑数据洞察的发掘方法。但因为延续了这种数据处理经验，当企业获得了更多、更丰富的用户行为数据后，团队能够提供的仍是 BI 报表式的分析报告，用数据来陈述经营管理的事实。根据这些报告，企业管理者自然会认为，用户行为数据的报告也不过是一些后验的用户画像和转化漏斗。

但实际上，数据分析的价值在于从丰富而散乱的数据之中提炼出有价值的洞察与预测。在新媒体电商的背景之下，就是从纷繁复杂的运营和流量数据中抽丝剥茧，最终获得可以帮助店铺销量和流量增长的洞察，这才是用户行为数据分析的最大价值。因此，在数据分析的实际过程中，应将销量和流量增长作为所有分析的前提条件，以增长为视角，重新审视所有可用的数据。从宏观到微观，能够帮助我们从细微处提炼出有价值的洞察与策略。

以章首案例中提到的打车用户行为数据分析为例，通过数据分析发现，在某地早晚高峰和深夜的打车需求量和打车排队时间都存在显著高于其他时段的情况（数据）。我们分析出这里有着显著的分时段的打车需求波峰（洞察），因而我们在这些高峰时段的大约一小时前就引导附近的出租车向此处靠拢，以应对突然增加的打车需求（策略）。最终，这一策略实现了增加新用户和减少老用户的打车排队时间，保证了老用户的激活要求和新用户的拉新要求。

10.1.3 用户行为数据的隐私与权限

在新媒体电商的浪潮中，用户行为数据的隐私与权限问题不容忽视。这些行为数据对平台和商家具有极高的商业价值，同时也是用户隐私的重要组成部分。2020年8月31日，工业和信息化部提出："任何组织或个人未经用户同意或者请求，或者用户明确表示拒绝的，不得向其发送商业性短信息或拨打商业性电话。"这一规定强调了保护用户数据隐私的重要性，但同时也限制了企业的电话外呼或短信外发等用于扩张新市场的行为。平台和商家在收集和使用用户行为数据时，必须遵循透明、合法和必要的原则，确保用户充分了解并同意其数据的使用方式。同时，他们有责任采取严格的安全措施来保护用户数据，防止未经授权的访问和数据泄露。

用户作为数据的来源，应当享有对自身信息的控制权，包括访问、更正、删除和撤回同意等的权利。新媒体电商平台应提供便捷的途径，让用户能够轻松行使这些权利。用户的隐私保护意识同样至关重要，他们应当学会掌控自身行为数据的权限等。用户行为数据的权限包括了数据收集权限，数据访问权限，数据使用权限和数据分享权限等。数据收集权限是指企业在收集用户行为数据时，应当获得用户的明确授权，告知用户数据收集的目的和范围，并在必要时取得用户的同意。用户应当有权选择是否提供自己的行为数据，以及决定提供数据的范围和权限。而数据访问权限是指企业在处理用户行为数据时，应当根据用户的权限设置进行访问控制，确保只有经过授权的人员可以访问和处理用户的行为数据，避免数据被滥用或泄露。数据使用权限是指企业在使用用户行为数据时，应当严格遵守用户授权的范围和目的，不得超出用户的授权范围进行数据使用，确保用户的数据权益得到有效保护。数据分享权限是指企业在与第三方分享用户行为数据时，应当获得用户的明确同意，并告知用户数据的接收方、用途和保护措施，确保用户的数据不被滥用或泄露。

在国内外，法律法规对于用户行为数据的隐私与权限保护提出了明确的要求。中国的《中华人民共和国个人信息保护法》强调了个人信息处理的合法性、正当性和必要性原则，要求企业在处理个人信息时必须得到用户的明确同意，并且对违反规定的企业施以严厉的处罚。在国际上，欧盟的《通用数据保护条例》为数据主体提供了广泛的权益，包括知情权、访问权、更正权和删除权等，对企业的数据处理活动设定了严格的标准，并对违规行为处以重罚。美国加利福尼亚州的《加利福尼亚州消费者隐私法案》也为用户提供了更多的控制权，允许他们了解并拒绝企业出售其个人信息。同时，一些行业组织和企业联盟制定了相关的数据隐私保护标准和自律机制，如《互联网个人信息安全保护指南》，以及被广泛提及的数据伦理准则等，企业可以参照这些标准和机制，加强对用户行为数据的隐私保护和权限控制。此外，用户还可以通过投诉、举报、起诉等方式维护自己的数据权益，监督和制约企业对用户行为数据的收集、使用和分享行为，保护个人隐私权和数据权益。最后，相关的监管机构负责监督和执法个人信息保护法律法规的执行，对违反法律法规的企业进行处罚和制裁。

总体而言，用户行为数据的隐私与权限保护是一个涉及多方面利益的复杂问题。平台与商家、用户和监管部门则需共同努力，确保数据的合理利用与隐私的充分保护，以维护一个健康、公正的电商环境。通过法律法规的制定和执行，以及公众隐私保护意识的提高，我们可以期待一个更加透明和安全的数据使用时代的到来。

案例分析

2018 年，腾讯起诉"聚客通群控软件"的开发主体构成不正当竞争，"聚客通"除了可以实现微信操作的自动化、批量化（包括朋友圈自动点赞、群发微信消息等）功能外，还可以抓取微信用户账号、好友关系链以及用户操作信息等，开发主体通过售卖软件用于社群营销。2020 年，杭州互联网法院判决腾讯胜诉，并且针对用户个人数据的归属权和用户个人隐私的保护发表了相关意见，法院认为：

第一，对数据资源整体而言，腾讯为所开发的通信产品数据资源投入了大量人力、财力、物力，并经过了长期经营积累而成，该数据资源能够给原告带来商业利益与竞争优势，原告对于该通信产品数据资源应当享有竞争性权益。

第二，对单一数据个体而言，腾讯仅享有有限的使用权。该案中腾讯主张享有数据权益的数据均为用户的个人身份数据或个人行为数据，该部分数据只是将用户信息作了数字化记录后形成的原始数据，并非该通信产品所产生的衍生数据。对于原始数据，腾讯只能依附于用户信息权益，依其与用户的约定享有原始数据的有限使用权。网络资源具有"共享"的特质，单一用户数据权益的归属并非谁控制谁享有。只要使用他人控制的用户数据不违反"合法、正当、必要、不过度、征得用户同意"原则，一般不应被认定为侵权行为。

资料来源：本书编辑整理。

10.2 用户行为数据分析方法

10.2.1 结构化数据分析

1. 事件分析

事件分析法最早应用于金融领域，作为一种实证研究方法，是指通过数据分析金融市场某一特定事件对公司价值的影响。在用户行为数据分析中，事件是指用户操作产品的某个行为，即用户在产品内做了什么事情，转为描述性语言就是"操作+对象"。事件类型包括浏览页面、点击元素、浏览元素、修改文本框等。

根据前文提出的用户行为数据五要素，一个完整的事件应该包括以下几方面：谁（Who）在什么时候（When）在哪里（Where）怎么样（How）做了怎样一件事（What）。

事件分析是所有数据分析模型中最基础的一种，指对用户行为事件的指标进行统计、维度细分、筛选等分析操作。例如，对于"点击加入购物车按钮"这个事件，我们可以用"点击次数"或者"点击人数"来度量，对应的指标分别是"点击加入购物车按钮的次数"和"点击加入购物车按钮的人数"。度量结果可以通过线图、纵向柱状图、横向柱状图（条形图）、表格、数值、气泡图等方式呈现。

2. 对比分析

对比分析法是指通过将两个或两个以上相关联的数据进行比较，以期能够了解数据内部规律的分析方法。在电商数据分析过程中，对比分析法能够直观地反映出数据的变化趋势，精准、量化地展示出对比数据之间的差异。图10-2是国家统计局对相对数对比分析法的介绍。

对比分析法是电商数据分析中运用非常广泛的一种分析方法，往往是以时间轴为依据，对量化的数据进行对比。通过对比规模大小、增长速度以及同行差距等多方面的数据，结果都能够清晰地呈现出来。这种数据分析方法操作简单，易懂，数据分析也比较准确。不过在采取对比分析法时，一定要选择合适的参考标准，否则可能会影响数据分析的结果，甚至会产生错误的结论和预测。

3. 漏斗分析

漏斗分析是一套流程式的数据分析模型，通过将用户行为起始的各个行为节点作为分析模型节点，来衡量每个节点的转化效果，一般通过横向柱状图呈现。漏斗分析能帮助我们清晰地了解在一个多步骤的过程中每一步的转化与流失情况，从多角度剖析对比，找出流失原因，提升转化表现。漏斗分析与事件分析不同的地方在于，漏斗分析是基于用户（也就是基于个体）来统计某一批用户所发生的行为，不会受到历史浏览页面用户的事件影响，可以更加准确地显示出某一时间段产品存在的问题。

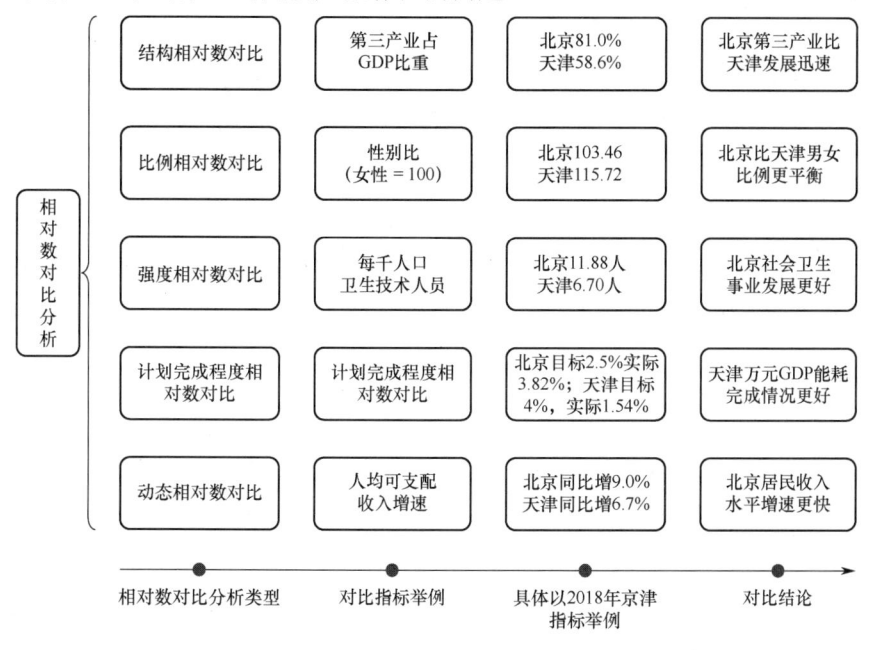

图 10-2　国家统计局相对数对比分析法介绍

漏斗分析法适用于流程比较多且规范的环节，如消费者的购买环节，包括加入购物车、下单和最后评价等环节。

4．留存分析

留存，就是让用户持续使用产品的过程。留存做得不好的产品就像一个底部有裂缝的篮子，如果不去修补裂缝，而只顾着用它盛水，将很难获得持续增长。留存分析是衡量产品是否对用户有持续吸引力及用户黏性的重要数据分析模型，可以通过表格和线图呈现。留存表格展示了目标用户的留存详情，而通过留存线图，可以观察到随着时间推移，用户留存率的衰减情况。

5．用户聚类分析

用户聚类分析是指将抽象的数据按照类似的对象来进行分析。聚类分析法是电商领域数据分析常采用的方法之一，采用这种分析方法能够发现数据之间更为深层次的关联与含义。而电商领域聚类分析最为广泛的应用就是对用户的聚类分析，通过对海量用户数据的追踪和深入挖掘，能够精准地发现用户的相似或相近属性，进而通过这些聚类的属性来制定营销策略。

用户聚类分析主要通过行为和属性来划分，拥有共同属性的用户会被视为同一用户群体。例如，可以按照年龄对店铺当中购买过商品的用户进行属性分类。用户聚类分析的目标是对于主力用户群体的属性进行细分，旨在精准地定位用户群体，在后期运维和推广阶段，能够精准地开展营销活动，引发用户的归属感，形成群体营销的局面，最大限度地降

6. RFM 客户价值模型

RFM 模型是指基于客户的活跃度、成交次数和成交金额的分析工具，用来对客户价值进行划分，充分挖掘客户的价值。其中 R 代表客户最近一次成交时间的间隔。R 值越大，表示客户成交日期越久远，反之则表示客户成交日期越近。F 代表客户最近一段时间的交易频率。F 值越大，表示客户交易越频繁，反之则表示客户交易不够活跃；M 代表客户最近成交的金额。M 值越大，表示客户价值越高；反之则表示客户价值越低。图 10-3 展示了 RFM 模型的三维象限。

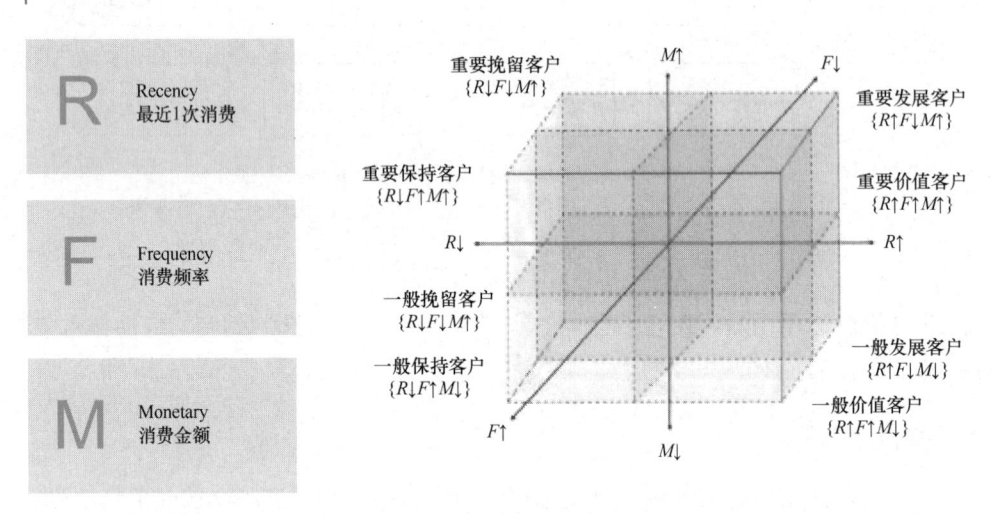

图 10-3 RFM 模型三维象限

在此基础上，我们分别以 1～5 分来对客户的三项指标进行评分，分数越高则代表客户的价值越高。同时，RFM 模型的权重赋予是按照一定的分配比例来制定的，一般而言，目前大多数都采取 $R:F:M=100:10:1$ 的权重。通过三项指标的评分和权重，我们可以计算出每一个客户的加权得分，用以衡量客户的价值，RFM 得分越高则代表客户价值越高。

利用 RFM 模型，商家可以对海量的客户进行细分，从而进行有效的分层次管理，显著提升客户管理效率。对于新媒体电商背景下的店铺商家，接下来介绍如何使用 RFM 进行客户管理。

首先，店铺商家需要从平台的后台获取客户的三项重要数据：订单付款时间、购买次数和实际支付金额。将获取到的原始数据通过简单数据透视处理即可获得以用户 ID 为主键的数据表。我们可以利用这一数据表查看不同用户在 R、F、M 三个指标上的表现情况。

为了更直观地分析 RFM，我们可以通过设置阈值来对三项指标进行评分。例如，当 $R \leqslant 10$ 时，给该客户 5 分权重；当 $10 < R \leqslant 45$ 时，给该客户 4 分权重，以此类推，计算出客户的权重分。

在计算出每项指标权重分后，相加得到一个 RFM 总分。在之后的客户管理中，可以给予得分较高的重要客户特殊服务，如 VIP 会员、专属客户、专属折扣优惠等。而对于得分较低的客户，商家可以具体分析可能存在的问题。

7. 分场景分析

在新媒体电商环境中，用户行为数据分析不仅限于上述方法，还需要根据不同场景进行具体分析。以下是几个关键场景及其分析方法。

（1）流量分析。分析网站或应用的访问量、来源渠道、用户路径等，了解整体流量趋势和来源构成，为流量优化和推广策略提供数据支持。

（2）店铺访客分析。分析店铺访客的行为特征，如访问时长、页面浏览量、跳出率等，了解用户在店铺内的浏览习惯，优化店铺布局和用户体验。

（3）店铺产品分析。分析产品的客单价、上下架时间、销售量等，评估产品表现和用户偏好，调整产品策略和库存管理。

（4）店铺转化率分析。分析从访问到购买的转化路径，找出转化率较低的环节，优化购买流程，提高转化率。

（5）客服数据分析。分析客服的咨询量、响应时间、用户满意度等，评估客服质量，提升客服效率和服务水平。

（6）页面数据分析。分析各页面的访问量、停留时间、点击热图等，了解页面表现和用户交互情况，优化页面设计和内容布局。

（7）评论数据分析。分析用户评论的数量、情感倾向、关键词等，了解用户反馈和意见，改进产品和服务质量。

通过分场景分析，能够更全面地了解用户行为，针对不同场景优化电商运营策略，提高整体运营效率和用户满意度。

10.2.2 非结构化数据分析

在新媒体电商环境中，除了传统通过埋点日志收集所获得的结构化数据，我们同样会遇到大量的非结构化数据，例如用户发表的评论、图像和视频、商家上线的产品描述、产品图册和演示视频等。传统的关系型数据库和查询语言无法直接处理非结构化数据，需要使用特定的技术和工具进行处理，如自然语言处理、文本挖掘、图像识别、语音识别等。接下来介绍一些处理和分析非结构化数据的方法和技术。

1. 文本——自然语言处理（NLP）

在新媒体电商环境下，用户评论是一种重要的信息载体，反映了用户对于特定内容或产品的观点、态度和情感。我们可以利用这些技术来了解用户的需求和反馈，改进产品和服务，提升用户满意度和品牌声誉。对新媒体平台上用户评论的文本分析技术的综述将包括文本数据的情感分析、主题提取、文本挖掘和可视化等方面。

首先，采集这些数据通常需要借助网络爬虫技术，平台官方往往不会提供现成的数据和官方 API 接口。通过爬虫获取的评论数据本身非常地"脏"，因此在进行文本分析之前，需要对原始文本数据进行预处理，包括去除 HTML 标签、特殊符号、停用词等，接着再进行分词、词形归一化（如词干化、词形还原）、去除低频词等操作，以便于后续的特征提取和情感分析。

然后，可以对处理过后的数据进行情感分析，以提取文本中的好、坏、喜、恶等情绪。情感分析是对文本中所包含的情感色彩进行识别和分类的过程，常用于了解用户对特定主题或产品的态度和情感倾向。情感分析可以分为两类：基于词典的情感分析和基于机器学习的情感分析。基于词典的方法利用情感词典进行情感词的匹配和打分，而基于机器学习的方法则通过训练模型来自动识别文本中的情感。根据这些文本中的情感来辅助我们对产品以及用户本身的认识。

此外，我们还可以通过"主题提取"来提取文本主干的话题。主题提取是对文本数据中隐含的主题或话题进行识别和归纳的过程，有助于发现用户讨论的热点话题和关注的重点。常见的主题提取方法包括基于规则的方法、基于概率模型的方法（如 LDA 主题模型）和基于深度学习的方法等。主题提取将有助于我们发现潜在的产品流行趋势和热点话题。

不仅如此，通过分析用户评论中的关键词、热点话题、情感倾向等信息，我们可以从文本数据中挖掘出用户的行为模式和偏好，为企业的产品改进和营销策略等提供参考。通过挖掘用户评论中的有价值信息，企业可以更好地理解用户需求，改善产品和服务质量，提升用户体验。

最后，可以通过文本可视化将文本数据转化为可视化图表或图形，以直观形式展示文本数据的结构、特征和模式。常见的文本可视化方法包括词云图、情感曲线图、主题分布图等，可以帮助用户更直观地理解文本数据的内涵和特点，通过图 10-4 可以对 NLP 技术有一个初步的、大致的了解。

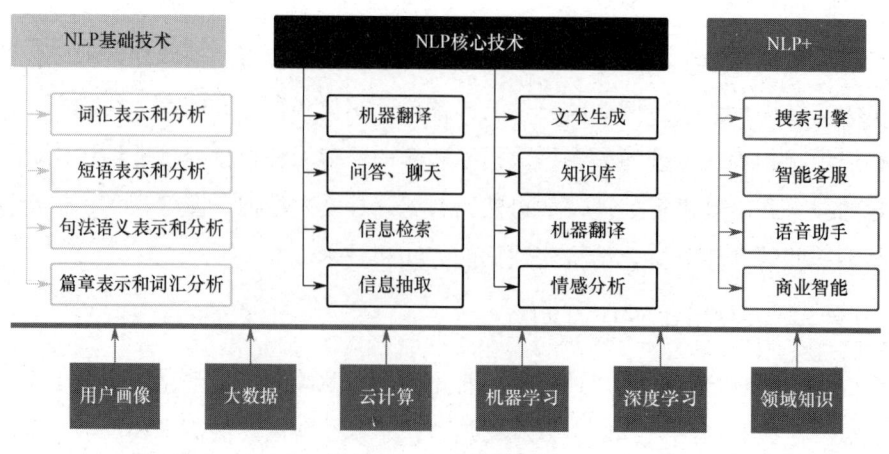

图 10-4 NLP 技术概览

2. 图片——图像识别技术

新媒体电商环境下，平台中存在着大量的图像与视频，不仅有商家设置的产品图和详情图，同时还涵盖了 UGC 内容中的图像和视频。那么能否利用这些图像和视频数据让机器理解和预测目前的流行趋势和热门产品，以此助力电商商家进一步提升销量和增长流量？我们在此对可能使用到的相关技术进行简要介绍。

图像识别技术是指利用计算机视觉和模式识别等方法，对图像进行分析和理解的技术。其核心是通过机器学习算法训练模型，使计算机能够识别图像中的对象、场景和特征等信息。常见的图像识别技术包括目标检测、图像分类和语义分割等。

首先，社交媒体平台利用图像识别技术可以识别用户发布的图像内容，包括人物、动物、风景等，从而实现自动标注和分类。这不仅有助于提高用户体验，还能够增加现有的用户行为数据的维度，帮助算法更为准确地描绘用户画像，分析用户的社交关系、潜在兴趣爱好与偏好产品，为平台推荐内容、商家精准营销提供更精准的支持。

其次，图像识别技术可以识别图像中的品牌、产品等信息，一方面我们可以在图像显示范围内显示相关广告（例如微博平台会在讨论蔚来汽车的微博下方 Banner 广告位显示蔚来汽车的相关广告），为广告主提供更精准的广告投放服务。另一方面，通过分析用户发布的图像内容，可以更好地理解用户的兴趣和需求，帮助商家洞察潜在的热门议题和产品流行趋势，为商家调整自身营销策略和产品策略提供数据支持。

最后，平台可以利用图像识别技术进行社交分析，包括识别用户关系、情感分析等。通过分析用户在互动关系中的图像和表情等信息，可以更好地理解用户之间的关系网络和互动状态，从而为用户提供更智能的推荐。

10.3 用户行为分析技术的应用

10.3.1 A/B 测试

A/B 测试是一种通过若干客观指标对比不同方案，来衡量哪种效果更佳的评估方法。它的主要优势是在真实环境（即复杂的现实世界中），通过部分用户产生的用户行为数据和业务数据，验证不同的设计方案，最后分析、评估出最优方案并正式应用。A/B 测试能够将用户行为结果与实验改动关联起来，是准确掌握实验对用户行为造成了哪些影响的最佳方式。

具体而言，A/B 测试法即为同一个目标制定 A 和 B 两个方案，流程示意图如图 10-5 所示。其中 A 为目前方案，B 为新方案，通过测试比较这两个方案所关注的重要指标，从而选择效果最好的那个方案。在使用 A/B 测试法收集测试数据时，一定要注意收益留存率以及对店铺收入和利润的影响。

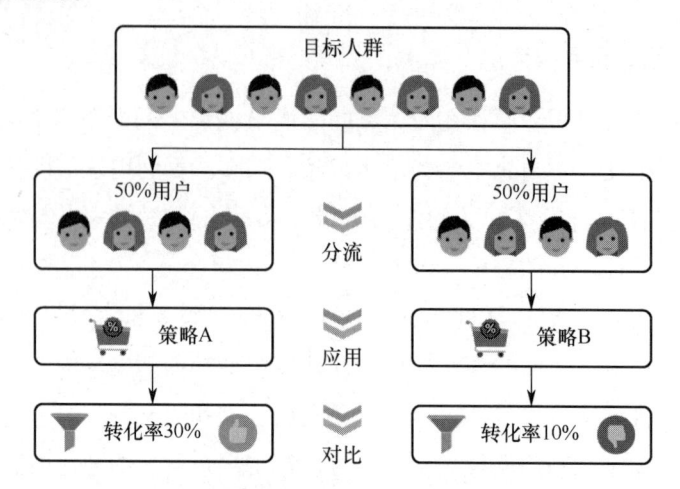

图 10-5　A/B 测试流程示意图

此外在电商数据分析中，A/B 测试法应用最多的就是直通车（站内广告）创意图的优化。店铺首先设计多个创意图方案并进行广告投放，分别测试各个方案的效果。然后对测试的效果进行不断优化，优化过程中要先对创意图和文案要素进行分析，最后不断地对方案进行优化。

10.3.2　精细化运营

运营是一项围绕产品和服务设计、运行和评价改进的管理工作，而精细化是服务于管理工作的一个阶段性描述，或者是到了某个阶段它所呈现的一个状态。在整个发展阶段，运营遵循着"规范化—精细化—个性化"的递进逻辑。

在这一过程中，规范化就是把原来非标准化的产品做成标准化，使产品能服务更大规模的用户。虽然标准化产品难以为用户提供更高的价值，但它帮助企业解决了量产问题，打开了更广阔的市场。精细化是规范化的下一个阶段，精细化意味着为不同的用户群体提供更细致的标准化产品，即对上一阶段做的标准化产品进行更细化的 SKU 拆解，面向不同人群进行差异化运营。简而言之，精细化就是根据不同人群对产品的标准和要求的不同，提供不同的产品或者服务，以获得较高的用户满意度。精细化进一步发展就进入了个性化阶段。个性化是在细分用户群体的基础上，洞察个体间的差异，并提供有针对性的标准产品。在这个阶段，由于产品和服务都是为用户量身定做的，因此用户满意度会到达一个更高的水平。

10.3.3　新媒体电商数据分析的主要目标

在新媒体电商的背景下，用户行为数据分析的主要目标是多方面的，不仅涉及平台本身的运营优化，还包括品牌和商家的发展策略。通过对用户行为数据的深入分析，平台和商家可以更好地理解用户需求，优化产品和服务，提高竞争力。

1. 平台的主要目标

首先，对于电商平台而言，增加软件的日活跃用户数（DAU）和用户的平均使用时长是首要目标。这不仅意味着更多的用户在使用平台，还意味着用户在平台上花费更多的时间，进而增加他们进行购物的可能性。通过分析用户行为数据，平台可以识别出哪些功能和内容最受用户欢迎，从而进一步优化用户体验，吸引用户频繁访问和长时间停留。

其次，吸引更多商家入驻也是平台的核心目标之一。一个多样化的商品池不仅能满足用户的各种需求，还能增加平台的吸引力和竞争力。平台可以通过用户行为数据分析，了解用户对不同类型商品的偏好和需求，指导商家进行精准的商品上架和开展促销活动。此外，平台可以利用这些数据帮助商家优化他们的广告策略，提高广告投放的精准度和效果，从而提升商家的广告支出和平台的广告收入。

建立完善的数据与服务体系是平台增强自身差异性的重要手段。通过数据分析，平台可以提供个性化的推荐服务，帮助用户快速找到他们可能感兴趣的商品，提升用户的购物体验。同时，平台还可以通过数据分析，及时发现并解决用户在使用过程中的问题，提高用户满意度和忠诚度。

保持和打造爆款商品的能力也是平台的重要目标之一。通过用户行为数据分析，平台可以迅速识别出哪些商品在特定时间段内受到用户的热捧，及时调整商品推荐和库存策略，最大化销售额。此外，平台还需要控制购买消费的反馈，确保正向反馈占多数，提升平台的信誉和用户信任。

2. 品牌和商家的主要目标

对于品牌和商家而言，利用平台实现销量增长是最直接的目标。新媒体电商平台，尤其是如抖音电商这样的短视频和直播平台，具备强大的内容传播和商品推广能力。商家可以通过平台的数据分析，识别目标用户群体，制定精准的营销策略，并通过创作优质内容和与达人合作，快速提升品牌的影响力和知名度。同时，商家还可以借助新媒体电商平台建立低成本且高效的销售渠道。平台提供的实时数据反馈可以帮助商家不断优化经营策略，及时调整商品、价格和促销活动，以适应市场需求的变化。通过数据分析，商家可以了解用户的购买行为和偏好，推出更符合用户需求的商品和服务。

培养和沉淀忠实用户是商家长期发展的关键。通过追踪用户行为数据，商家可以识别出高价值用户和潜力用户，并针对这些用户推出会员体系、专属优惠和个性化服务，增强用户的归属感和忠诚度。随着用户数据的积累，商家可以逐步建立起完善的用户画像，为用户提供更加个性化和精细化的服务。

此外，通过数据分析，商家可以更好地理解用户在购物过程中的痛点和需求，及时改进产品和服务。比如，通过分析用户的评论和反馈，商家可以发现产品存在的问题，及时进行改进，提高产品质量和用户满意度。同时，商家还可以利用数据分析，预测市场趋势和用户需求变化，提前规划新品发布和营销活动，抢占市场先机。

综上所述，新媒体电商平台和商家通过用户行为数据分析，可以实现多方面的优化和提升。从增加平台日活和使用时长，到吸引商家入驻和打造爆款商品；从实现销量增长到培养忠实用户，数据分析在每一个环节都发挥着至关重要的作用。通过科学的数据分析方法和技术，平台和商家能够更好地理解用户需求，优化产品和服务，提升竞争力，实现可持续发展。在这个数据驱动的时代，掌握和利用好用户行为数据，已经成为新媒体电商成功的关键。

10.3.4　新媒体电商数据分析的主要手段

在新媒体电商环境中，用户行为数据分析的手段与传统电商有所区别。新媒体电商融合了社交互动、内容创作等多重元素，使数据分析不仅需要处理多样化的数据类型，还需应对高度动态和实时的用户行为模式。以下是新媒体电商中几种主要的数据分析手段：

1. 情感分析

情感分析利用自然语言处理（NLP）技术，对用户生成的文本内容（如评论、帖子、消息等）进行情感倾向性分析，识别用户的情绪状态（如积极、消极、中性）。在新媒体电商中，情感分析可以帮助平台和商家了解用户对产品和服务的真实反馈，及时发现和解决用户的问题。例如，通过分析直播间用户的评论，商家可以了解用户对某款产品的满意度，并根据反馈调整产品特性或营销策略。

2. 图像与视频分析

图像识别技术通过计算机视觉和模式识别方法，对用户上传的图片和视频内容进行识别和分类，包括对象检测、图像分类和场景理解等。在新媒体电商中，图像与视频分析可以用于自动标注产品信息、识别用户上传的产品使用场景，甚至通过视频内容分析用户对产品的使用感受。例如，抖音平台通过图像识别技术，自动识别用户在短视频中展示的产品，并关联相应的商品链接，提升用户的购物体验和转化率。

3. 网络分析

网络分析通过社交网络分析方法，研究用户之间的关系和互动模式，识别关键影响者和社群结构。在新媒体电商中，网络分析可以帮助平台识别出具有高影响力的用户和社群，从而制定针对性的营销策略，提高品牌传播效果。例如，通过分析微博上的转发和评论，平台可以找到具有高影响力的用户，邀请他们参与品牌推广活动，快速扩大品牌影响力。

4. 话题跟踪

话题跟踪利用文本挖掘技术，实时监控和识别社交媒体上的热门话题和趋势，分析话题的演变和用户关注点。在新媒体电商中，话题跟踪可以帮助平台和商家捕捉市场动态和用户兴趣热点，及时调整产品和营销策略。例如，在双十一购物节期间，实时跟踪用户对不同商品类别的讨论热度，优化促销活动的重点，提高销售效率。

5．点击与停留时间分析

点击与停留时间分析通过分析用户在平台上的点击行为和页面停留时间，评估内容和商品的吸引力和用户参与度。在新媒体电商中，这种分析可以用于优化内容布局和推荐算法，提升用户的浏览体验和转化率。例如，分析用户在抖音短视频中的观看时长，调整视频内容的长度和节奏，以提高用户的观看完成率和购买转化率。

6．个性化推荐系统

个性化推荐系统基于用户的历史行为数据和兴趣偏好，利用协同过滤、内容推荐和混合推荐等算法，向用户推荐个性化的商品和内容。这在新媒体电商中尤为重要，因为平台需要在海量内容中精准地推荐符合用户兴趣的商品，提高用户的购物体验和转化率。例如，抖音通过算法分析用户的观看历史和互动行为，推荐用户可能感兴趣的商品视频，提升商品的曝光率和销售量。

7．实时数据分析

实时数据分析运用流处理技术和实时分析工具，实时收集和处理用户行为数据，快速响应市场变化和用户需求。在新媒体电商中，实时数据分析能够优化直播带货和实时促销活动，提升用户的参与感和购买转化率。例如，在直播带货过程中，实时监控用户的互动和购买行为，动态调整商品展示和促销策略，提升销售效果。

8．用户细分与标签化

用户细分与标签化通过聚类分析和标签化技术，将用户按照行为特征、兴趣偏好和购买习惯进行细分，构建详细的用户画像。在新媒体电商中，这种细分有助于商家制定针对性的营销策略和服务方案，提升用户的满意度和忠诚度。例如，针对高频购买的用户推出VIP专属优惠，针对新用户提供首次购买折扣，增强用户的归属感和忠诚度。

这些分析手段通过结合多种技术和方法，能够深入挖掘用户行为数据中的潜在价值，帮助平台和商家制定科学的运营策略，提升用户体验和商业效益。

10.4 新媒体电商中的用户行为分析

10.4.1 用户行为分析环境

在新媒体电商的环境中，用户行为分析已经成为提升用户体验和推动商业成功的关键手段。新媒体电商结合了社交媒体、直播和内容创作等元素，创造了一个高度互动且动态的购物环境。用户在这些平台上的行为不仅包括传统的浏览和购买，还涵盖了评论、点赞、分享、直播互动等多种形式。这些丰富的数据为用户行为分析提供了大量的原始素材，同时也带来了新的挑战。如图10-6所示，展示了2023年9月典型新媒体平台用户的性别与年龄的分布情况。

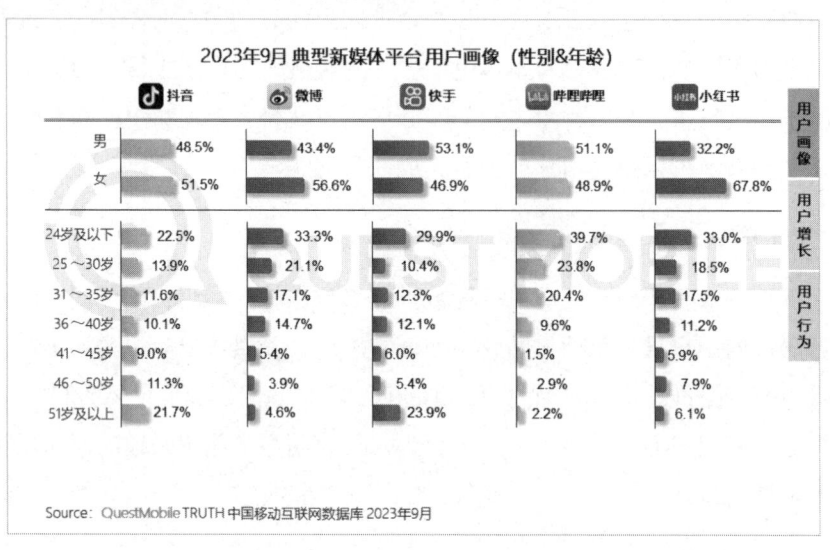

图10-6　2023年9月典型新媒体平台用户的性别与年龄的分布情况

新媒体电商平台通常拥有庞大的用户基础和海量的数据流量。平台通过先进的技术手段，如大数据分析、人工智能和机器学习，对用户行为数据进行实时收集和处理。这种实时性和大规模的数据处理能力，使平台能够迅速响应市场变化和用户需求，为用户提供个性化的推荐和服务。例如，抖音、快手等短视频平台通过用户的观看历史和互动行为，精准推荐符合用户兴趣的商品和内容，提高用户的购物体验和满意度。然而，这种高度互动和复杂的环境也给用户行为分析带来新的难题。

首先，数据的多样性和复杂性增加了分析的难度。用户在平台上的行为不仅多样，而且数据格式各异，既包括结构化数据如浏览记录、购买记录等，也包括非结构化数据如评论、图片、视频等。如何有效地整合和分析这些异构数据，是平台面临的主要挑战之一。

其次，用户行为的动态性和变化性要求平台具有高度的灵活性和敏捷性。用户的兴趣和需求可能会随着时间和环境的变化而迅速转变，平台需要不断调整和优化推荐算法和营销策略，以保持对用户需求的敏锐洞察和快速响应。例如，在直播带货活动中，主播的实时表现和互动会直接影响用户的购买决策，平台需要在短时间内分析和反馈用户的行为数据，以帮助主播调整营销策略，提升销售转化率。

此外，用户隐私和数据安全也是用户行为分析中不可忽视的问题。在数据隐私保护法规日益严格的背景下，平台需要在保证用户数据安全和隐私的前提下，合理合法地收集和使用用户行为数据。这不仅涉及技术上的挑战，还需要平台在数据使用政策和用户透明度方面进行优化和改进，以建立用户信任。

10.4.2 新媒体电商中用户行为分析的挑战

1. 数据的多样性和复杂性

新媒体电商平台上的用户行为数据种类繁多，包括浏览记录、购买记录、评论、点赞、分享、直播互动等。这些数据不仅格式各异，还涉及不同的数据源和数据类型。结构化数据如数据库中的表格数据、电子表格中的记录，易于存储和处理；而非结构化数据如文本、图片、视频等，则需要借助自然语言处理、图像识别等技术进行处理和分析。这种多样性和复杂性使数据整合和分析变得更加困难，需要平台具备强大的数据处理能力和先进的分析工具。

2. 用户行为的动态性和变化性

用户的兴趣和需求是动态变化的，特别是在新媒体电商环境中，用户的行为模式可能会随时因新内容、新活动或市场趋势的变化而改变。例如，某款产品在短视频中的爆红可能会迅速改变用户的购买行为和偏好。平台需要具备高度的灵活性和实时性，能够快速调整推荐算法和营销策略，以适应用户行为的变化。这不仅要求平台拥有先进的实时数据处理和分析能力，还需要具备快速响应和调整策略的运营团队。

3. 用户隐私和数据安全

随着用户对数据隐私保护意识的提高，平台在收集和使用用户行为数据时，必须严格遵守相关的法律法规，如中国的《中华人民共和国个人信息保护法》、欧盟的《通用数据保护条例》等。这些法规要求平台在数据收集、存储、使用和分享的各环节都必须获得用户的明确同意，并采取有效的安全措施保护用户数据，防止数据泄露和滥用。此外，平台还需要建立透明的数据使用政策，向用户清晰说明数据的收集和使用方式，增强用户的信任感。

4. 数据分析的技术和人才短缺

高质量的用户行为分析需要先进的技术和专业的人才支持。然而，许多新媒体电商平台面临技术和人才的双重短缺问题。数据分析师、数据科学家和 AI 工程师等专业人才供不应求，而平台内部的技术基础设施和数据处理能力往往难以满足复杂的数据分析需求。这要求平台不仅要加大技术投入，还需要注重人才培养和团队建设，吸引并留住高素质的数据分析人才。

5. 数据整合与跨平台分析的难度

新媒体电商平台上的用户行为数据通常来自多个渠道和平台，如社交媒体、直播平台、内容创作平台等。如何将这些分散的数据进行有效整合，形成统一的用户画像和行为分析，是一个重大挑战。不同平台的数据格式和数据质量可能存在差异，数据的清洗和转换工作复杂且耗时。此外，跨平台的数据分析需要解决数据隐私和数据共享的问题，确保在合法合规的前提下实现数据的有效利用。

10.4.3 新媒体电商中用户行为的特点

1. 高度互动性

新媒体电商平台上的用户行为具有高度的互动性。用户不仅是被动的浏览者和购买者，更是积极的参与者和内容创造者。他们通过评论、点赞、分享、直播互动等多种方式参与到购物过程中。这种互动性使用户行为数据更加丰富和多样，同时也为平台和商家提供了更多了解用户需求和偏好的机会。例如，用户在直播间实时提问和互动，主播可以根据用户的反馈即时调整产品展示和促销策略，提升用户的参与感和购买意愿。

2. 即时性和实时性

新媒体电商平台上的用户行为具有高度的即时性和实时性。特别是在直播购物和短视频带货等场景中，用户的购物决策往往是即时发生的，用户在观看直播的同时可以立即下单购买。这要求平台具备强大的实时数据处理和分析能力，能够在短时间内捕捉和分析用户的行为数据，并快速响应市场变化和用户需求。例如，在直播带货过程中，平台需要实时监控用户的互动和购买行为，动态调整商品展示和促销策略，以提升销售转化率。

3. 社交性和群体效应

新媒体电商中的用户行为具有明显的社交性和群体效应。用户的购物行为往往受到社交网络和群体的影响，他们会参考他人的评论和推荐，甚至参与到群体购买和拼单活动中。这种社交性和群体效应使用户行为具有一定的复杂性和不可预测性。平台可以通过社交网络分析和群体行为分析，深入理解用户的社交关系和影响力，从而制定更有效的营销策略。例如，通过分析微博上的转发和评论，平台可以识别出具有高影响力的用户，并邀请他们参与品牌推广活动，快速扩大品牌影响力。

4. 强烈的个性化和多样化

新媒体电商中的用户行为表现出强烈的个性化和多样化。不同用户在购物偏好、消费习惯、品牌忠诚度等方面存在显著差异，平台需要通过精细化的用户画像和个性化推荐技术，满足用户的个性化需求。个性化推荐不仅能够提升用户的购物体验，还能显著提高转化率和销售额。例如，抖音通过分析用户的观看历史和互动行为，精准推荐符合用户兴趣的商品视频，提升商品的曝光率和销售量。

5. 迁移性和流动性

新媒体电商中的用户行为具有较高的迁移性和流动性。用户在不同平台之间的迁移和流动频繁，可能在同一时间使用多个电商平台进行购物。这种行为特征要求平台在数据采集和分析时，能够整合来自不同渠道和平台的数据，形成全面的用户画像和行为分析。例如，用户可能在抖音观看商品视频，同时在淘宝上进行购买，平台需要通过跨平台用户识别技术，将这些行为数据进行关联，形成完整的用户画像，提高数据分析的精度和效果。

6. 互动性与内容驱动

新媒体电商强调内容的吸引力和互动性，用户不仅通过浏览和购买商品，还通过内容的消费和互动参与到购物过程中。内容的质量和创意直接影响用户的购买决策和行为。平台需要通过内容分析和用户互动分析，优化内容策略，提升用户的参与感和购物意愿。例如，优质的短视频内容和直播互动可以显著提高用户的购买转化率，增强品牌的吸引力和用户黏性。如图10-7所示，展示了各大新媒体平台的用户在流行话题方面的特点。

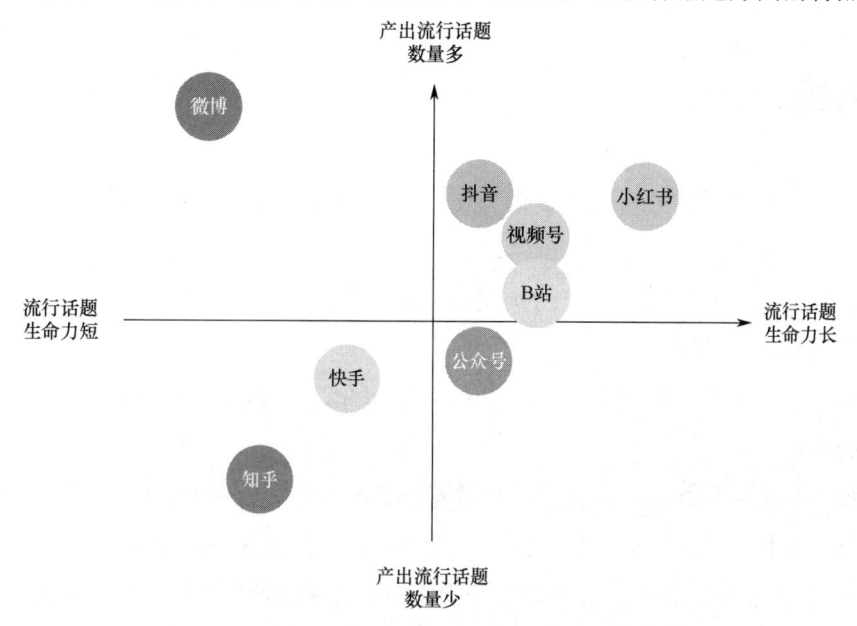

图 10-7　各大新媒体平台的用户在流行话题方面的特点

这些特点使新媒体电商中的用户行为分析更加复杂和具有挑战性，但同时也为平台和商家提供了更多的机会和资源，通过科学的分析方法和技术，深入理解用户需求，优化运营策略，提升用户体验和商业效益。

本章小结

本章深入探讨了用户行为分析在新媒体电商中的重要性和应用价值。首先，我们明确了用户行为数据的概念、组成要素以及其在新媒体电商中的价值和面临的挑战。随后，介绍了结构化数据和非结构化数据的分析方法，涵盖了事件分析、对比分析、漏斗分析、留存分析、聚类分析及 RFM 模型等多种分析手段。同时，探讨了 A/B 测试、精细化运营、AI 与机器学习的前瞻性应用，以及 Nespresso 的成功案例，展示了用户行为分析在实际运营中的应用效果。

接着，本章详细阐述了新媒体电商中用户行为分析的环境、挑战及特点，并补充了用户行为分析的最佳实践，强调了明确目标、数据质量管理、跨部门协作、持续监控与优化、数据隐私与合规、多维度分析、可视化与报告以及用户反馈与迭代的重要性。这些内容有助于平台和商家更好地理解和利用用户行为数据，优化运营策略，提升用户体验和商业效益。

通过本章的学习，读者将掌握用户行为数据分析的基本概念、方法和应用技巧，能够在新媒体电商环境中有效地进行数据驱动的运营决策，推动企业的持续发展和竞争力提升。

思考题

1. 如何选择合适的分析维度以最大化用户行为数据的价值？请举例说明多维度分析的案例。

2. 如何通过用户行为数据分析实现商业决策？结合具体电商平台，说明从数据收集到决策制定的流程及挑战。

3. 实时数据分析在新媒体电商中的作用是什么？讨论其技术实现及对用户体验和平台运营的影响。

4. 如何构建用户画像，并在个性化推荐和精准营销中应用？探讨其可能的隐私问题。

5. 情感分析在用户评论分析中的应用及其对产品改进和用户满意度的贡献有哪些？

6. AI 与机器学习在用户行为数据分析中的最新应用前景如何？结合案例说明其提升用户体验和商业竞争力的方法。

7. 精准营销如何通过用户行为数据分析实现？讨论其过程、对用户体验的影响以及避免过度营销的方法。

本章案例分析

Nespresso 的用户行为分析：电商平台体验与市场竞争力

在 2021 年，面对日益增长的电子商务竞争和消费者期望，Nespresso 决定通过收集和分析用户行为数据来提升其电商平台的用户体验。为此，Nespresso 与专业用户行为分析公司 Screeb 合作，利用其提供的解决方案在电子商务平台上实时收集和分析用户反馈，从而识别并解决消费者在购物过程中遇到的问题。

Screeb 的解决方案使 Nespresso 能够在应用程序内直接收集用户反馈，而不是通过传统的电子邮件方式。这种方式更加及时和用户友好，并提供了更多上下文信息。通过这种即时反馈机制，Nespresso 可以快速且个性化地响应用户需求，从而提高了反馈的质量和相关性。

例如，通过分析用户在选择咖啡口味和数量时的行为数据，Nespresso 发现用户在选择过程中常常感到困惑和不确定。为了解决这一问题，Nespresso 优化了其网站界面，简化了选择和购买流程，使其更直观易懂。此外，Nespresso 还利用用户行为数据调整其产品推荐算法，确保推荐更贴近用户的个人口味和购买历史，从而提高了销售转化率和顾客满意度。图 10-8 为 Nespresso 浓遇咖啡会员互动小程序界面。

图 10-8　Nespresso 浓遇咖啡会员互动小程序

通过持续监控和分析用户行为，Nespresso 能够预测市场趋势和顾客需求变化，从而更好地调整其市场策略和产品供应。这一系列改进显著提升了用户的购物体验，增加了顾客满意度和忠诚度，最终推动了 Nespresso 业务的增长和市场竞争力的提升。Nespresso 的案例展示了用户行为分析在提升电商用户体验和驱动商业成功中的关键作用。

在这个过程中，Screeb 扮演了至关重要的角色。通过其先进的用户行为分析工具，Screeb 帮助 Nespresso 深入了解和优化客户的在线体验。Screeb 的分析工具主要依赖实时数据收集和机器学习技术，以捕捉和分析用户在 Nespresso 电商平台上的行为模式。Screeb 的解决方案包括以下几个步骤：

1. 数据收集。Screeb 在 Nespresso 的电子商务平台上部署了数据收集模块，跟踪和记录用户的点击、滚动、浏览时间和页面浏览路径。这种数据收集是非侵入式的，不干扰用户的正常浏览和购买流程。

2. 行为模式识别。收集到的数据被输送到 Screeb 的分析引擎，使用机器学习算法识别行为模式和异常行为。这些模式帮助 Nespresso 理解用户的兴趣点以及在网站上的潜在障碍。

3. 反馈机制。Screeb 提供了一种机制，允许用户在应用内直接反馈其体验。这种反馈通常比传统的电子邮件方式更及时，因为它允许用户在遇到问题时即刻表达，确保了反馈的及时性和相关性。

4. 数据分析与洞察生成。Screeb 的系统不仅收集数据，还对数据进行深入分析，提供关于用户行为和体验的详细洞察。这些洞察帮助 Nespresso 了解哪些方面的用户体验表现良好，哪些方面需要改进。

5. 优化建议。基于分析结果，Screeb 向 Nespresso 提供具体的优化建议，如界面设计改进、用户交互流程优化等。这些建议旨在减少用户体验中的摩擦点，并提升整体的顾客满意度。

通过 Screeb 的分析工具，Nespresso 能够实现对用户行为的实时监控和分析，从而更有效地识别并解决用户体验问题。这不仅增强了客户的购物体验，也促进了 Nespresso 在电商平台上的业务增长和市场竞争力。基于数据的方法为 Nespresso 提供了一种科学且系统的方式来持续改进其服务和产品，最终提高用户满意度和忠诚度。

资料来源：本书编辑整理。

运营监管篇

第 11 章

新媒体电商中的信息安全

本章学习目标：
- 了解数字时代信息安全的本质；
- 了解造成信息安全隐患的原因；
- 理解数字时代个人隐私面临的主要挑战；
- 了解个人隐私保护强化的方法；
- 了解世界现行主要信息安全监管模式。

开篇案例

新媒体电商领域，信息安全问题层出不穷

在数字经济时代，庞大的消费者信息作为品牌和商家了解市场、优化服务的重要资源，拥有巨大的商业价值。作为电商巨头的淘宝拥有海量消费者数据，其面临的信息安全挑战十分严峻，其消费者信息被窃取的风险也在不断攀升，保障消费者信息安全已成为淘宝乃至整个电商行业面临的重大挑战。

长期以来，淘宝的消费者信息一直受到恶意窃取的严重威胁，淘宝联盟曾点名批评过诸多涉及恶意爬取淘宝数据的违规 App，诸如粉象生活、省钱快报、羊毛省钱、返钱宝宝、喵喵折等软件，这些 App 通过未经授权的方式爬取淘宝购物车、收藏夹等用户数据，进行恶性推广，严重违反了《淘宝客应用开发者规范》和《阿里妈妈推广者规范》等规章制度。在众多恶意窃取淘宝用户信息的案件中，其中 2021 年发生在河南商丘的近 12 亿条淘宝用户信息泄露的案件引起了大众的广泛关注。

逯某自 2019 年 11 月起利用自行开发的爬虫软件"淘评评"，通过淘宝商品详细信息接口和淘宝信息分享接口，爬取了大量淘宝客户的淘宝数字 ID 和淘宝昵称，并通过淘宝分享接口获取了淘宝客户手机号信息。随后，逯某将这些信息提供给黎某，后者利用这些信息建立了 1100 个微信群，每天用机器人在群里发放淘宝优惠券，赚取返利，短短 8 个月内获利 34 万余元。直到 2020 年 8 月 14 日，淘宝（中国）软件有限公司报警后，这一大规模的数据窃取行为才被揭露。

逯某采用的爬虫技术是一种自动化的网页抓取工具，其工作原理是模拟人工访问互联网的方式，通过向网站发送请求并解析响应内容来获取数据。具体来说，爬虫会首先发送一个HTTP请求到目标网站，获取网站的HTML页面代码，然后解析这些代码，提取出有用的数据和信息。在提取过程中，爬虫技术还会寻找页面中的其他链接或按钮，以便继续爬取其他相关页面。通过不断重复上述过程，爬虫可以逐步抓取与整个网站相关的内容，爬虫技术的主要流程如图11-1所示：

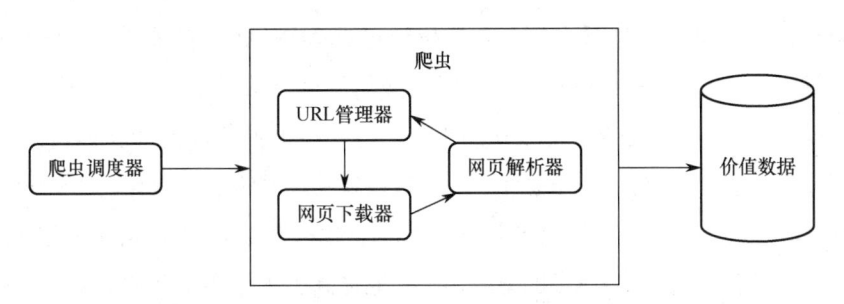

图 11-1　爬虫技术主要流程图

不法分子在获取消费者个人信息后，往往会通过兜售个人信息以及实施精准化营销两类非法活动获取收益。兜售个人信息作为获取收益的直接方式，不法分子将姓名、地址、电话号码、电子邮箱、购物习惯等消费者信息出售给有需求的第三方，如其他商业公司、诈骗团伙等获取收益。实施精准化营销作为获取收益的间接方式，不法分子利用消费者个人信息进行深入分析，了解消费者的需求、兴趣和偏好后制定精准的营销策略，向消费者推送相关的广告、促销信息或恶意链接，获取大量的点击率、转化率和销售收益。

在新媒体电商领域，信息安全问题一直备受关注，为此，国家出台了一系列相关法律法规，旨在加强信息安全保护。作为电子商务领域基本法的《中华人民共和国电子商务法》明确要求电子商务经营者应当建立健全信息安全管理制度，采取技术措施和其他必要措施，保障电子商务交易信息安全，保护电子商务用户信息的保密性、完整性和可用性。随后国家又在此基础上颁布了《中华人民共和国个人信息保护法》《"十四五"电子商务发展规划》《网络信息内容生态治理规定》等法律法规，对电子商务领域的信息安全进行保护。然而，电商用户个人信息泄露事件仍层出不穷，如何保障用户个人信息安全依然是该领域亟待解决的问题。

资料来源：本书编辑整理。

11.1　数字时代的信息安全

2013年，持续六年的"棱镜门"计划被媒体揭露于世。据新闻报道，该计划能对即时通信和既存资料进行深度监听，美国国家安全局和联邦调查局可以通过进入微软、谷歌、苹果、雅虎等九大网络巨头的服务器，监控电子邮件、即时消息、视频、照片、存储数据、语音聊天、文件传输、视频会议、登录时间以及社交网络资料细节等十大类信息，同时该计划的监控对象范围广泛，覆盖了所有在美国以外地区使用棱镜门计划内公司服务的客户，以及所有与美国境外人士通信的美国公民。此计划的曝光为公众敲响了警钟：我们的信息安全是否真正得到了保障？

11.1.1 信息安全的定义

1946年2月14日，世界上第一台通用计算机"ENIAC"在美国宾夕法尼亚大学诞生，随着全球科技的发展与社会变革，计算机的应用领域已从最初的军事科研逐步扩展到社会的各个领域，成为信息社会不可或缺的工具。分布在世界各地的计算机及其外部设备通过通信线路连接起来，在网络操作系统、网络管理软件及网络通信协议的管理和协调下，形成一个以实现资源共享和信息传递为目的的计算机网络。作为计算机网络主要功能之一的资源共享改变了人们获取和交换信息的方式，极大地提高了工作和生活的效率，但同时也不可避免地带来信息泄露的隐患，而且这种隐患会随着计算机网络资源共享的加强而更加突出。

随着互联网规模不断扩大与信息科技的迅速发展，计算机网络延伸到政府、军事、文教、金融、商业等诸多领域，可以说网络资源共享已经无处不在，随之而来的是信息泄露隐患也无处不在。黑客攻击行为的组织性更强，攻击目的从单纯地追求"荣耀感"向获取多方面实际利益的方向转移，同时其网络攻击技术的进步使网络防御更加困难。手机、掌上电脑等无线终端的处理能力和功能通用性提高，使其日趋接近个人计算机，针对这些无线终端的网络攻击已经开始出现并呈上升趋势。在当今社会，信息安全问题变得更加错综复杂，影响也在不断扩大。

那么什么是信息安全呢？信息安全是一个抽象的概念，不同的组织对信息安全的见解不尽相同。国际标准化组织（ISO）认为信息安全是通过技术和管理对数据处理系统进行安全保护，以确保计算机软硬件与数据不因偶然或恶意原因遭受破坏和更改；《美国法典》第3542条给出信息安全定义为"信息安全是防止未经授权的访问、使用、披露、中断、修改、检查、记录或破坏信息的做法。它是一个可以用于任何形式数据（例如电子、物理）的通用术语"；欧盟对信息安全的定义为"网络与信息安全可被理解为在既定的密级条件下，网络与信息系统抵御意外事件或恶意行为的能力。这些事件和行为将危及所存储或传输的数据，以及经由这些网络和系统所提供的服务的可用性、真实性、完整性和机密性。"从本质上讲，信息安全是指信息系统中的软件、硬件和系统中的数据受到保护，不受偶然或者恶意攻击而遭到破坏、更改或泄露，系统可以连续可靠正常地运行，信息服务不中断。

信息安全的五要素包括：保密性、完整性、可用性、可控性和不可否认性。其中，保密性是指信息不被未授权的实体获取；完整性是指信息在存储和传输过程中不被非法篡改；可用性是指信息可以被授权实体正常使用；可控性是指信息传输的范围是可控的；不可否认性是指接收方收到的信息中包含可以让发送信息方无法否认发送过该信息的凭证。

第 11 章　新媒体电商中的信息安全

在数字经济时代下，数据要素化及要素数据化构成这一时代的基础。数字信息深度融入社会再生产过程，虽然显著提升了生产效率，但也导致信息安全面临更大的挑战，确保信息安全的重要性不容忽视。数字时代信息安全的重要性主要体现在以下两个方面。

1. 信息安全与经济发展

计算机技术迅猛发展带来的信息化，给世界经济带来机遇，同时也带来挑战。互联网时代下的信息安全以前所未有的重要性影响着经济发展。在 2023 年，全球范围内发生了多起互联网安全事件，这些事件不仅引起了广泛关注，而且对多个行业和组织都产生了深远的影响，对相应国家造成的经济损失也不容小觑，如表 11-1 所示：

表 11-1　2023 年全球范围内部分影响经济发展的重大互联网安全事件

时　间	事　　件
1 月	全球最大海事组织之一 DNV 遭勒索软件攻击，导致约 1000 艘船舶受到影响，同时 DNV 的 ShipManager 软件系统相关的 IT 服务器被迫关闭
5 月	Meta 公司因非法将欧洲公民的个人数据传输到美国，被欧盟数据保护监管机构罚款 12 亿欧元
6 月	知名芯片制造商台积电遭受了 LockBit 勒索软件攻击，并被要求支付高达 7000 万美元的赎金
9 月	中国国家互联网信息办公室责令知网（CNKI）停止违法处理个人信息，并处以人民币 5000 万元罚款
9 月	山东烟台网安部门抓捕了一个涉案金额超过 30 余亿元的黑客犯罪团伙
12 月	日产大洋洲公司遭受网络攻击，导致生产线暂停，大量未完成车辆无法下线

2. 信息安全与日常生活

随着计算机的普及和社会数字化加速，人们在日常生活中对于互联网和移动设备的依赖性越来越强，据 2024 年 3 月 22 日中国互联网络信息中心（CNNIC）在北京发布的第 53 次《中国互联网络发展状况统计报告》显示，截至 2023 年 12 月，中国网民数量达到 10.92 亿人，比 2022 年 12 月增加了 2480 万人，手机网民规模达到 10.91 亿人，占比达到 99.9%，互联网普及率达到 77.5%。在互联网应用的使用率方面，即时通信、搜索引擎、网络新闻三大基础互联网应用用户规模趋于稳定，线下消费时手机网络支付使用率越来越高，网络购物用户规模达到 8.84 亿人，网上外卖用户规模达到 4.91 亿人，网络视频用户规模达到 10.67 亿人，在线政务服务达到 9.73 亿人。当今的互联网时代已经不仅仅是网上冲浪、网上办公、电子商务这种基本的互联网形态，而是一个线上线下资源整合、跨行业互联，为人们生活的方方面面提供最大化便利的新网络时代。在全民互联网时代，互联网安全事件必然会给民生带来极大的影响，仅在 2023 年全球就发生了多起严重影响大众日常生活的互联网安全事件，如表 11-2 所示：

表 11-2　2023 年全球范围内部分影响日常生活的重大互联网安全事件

时　间	事　　件
1 月	芝加哥某儿童医院遭到网络攻击，导致电话、电邮和医疗记录系统被迫下线
5 月	印度航空公司由于旅客服务系统提供商 SITA 遭受黑客攻击，导致数十万乘客的姓名、信用卡信息、出生日期、联系信息和护照信息等详细信息在暗网上被出售

(续表)

时间	事件
5月	希腊在29日和30日遭遇迄今针对本国公共或政府组织的最严重网络袭击，正值希腊国内中学期末考试，多校考试延迟
6月	加拿大能源巨头森科能源（Suncor Energy）公开表示公司遭到了大规模的网络攻击，影响其加油服务的正常运营
7月	武汉市地震监测中心的地震速报数据前端台站采集点网络设备遭受境外组织的网络攻击
12月	勒索软件对路易斯安那州某医院发动网络攻击，窃取了27万名患者包含患者姓氏、名字、地址、电话号码、服务日期和服务描述等敏感信息在内的文件

11.1.2　新媒体电商中的信息安全隐患

信息安全的重要性不言而喻，但要构建绝对安全的信息系统几乎是不可能的。无论是在客观层面还是主观层面，都存在着导致信息安全隐患的因素。

1. 客观原因

计算机网络的正常运行依赖于网络中软硬件设备的协调合作，因此网络信息系统的安全必然与这个系统中的操作系统、软件和通信协议有着密切的联系，这三者与信息安全隐患关系的具体分析如下。

（1）操作系统。首先，操作系统在设计和实现过程中会不可避免地产生逻辑和技术缺陷，也被称为"系统Bug"。由操作系统漏洞引发的安全事件往往影响面较广，造成的后果也比较严重。例如，著名的冲击波病毒就是利用2003年7月21日公布的RPC漏洞进行传播攻击，并于当年8月暴发。只要计算机系统上有RPC服务并且没有打安全补丁，就会存在RPC漏洞，进而成为冲击波病毒攻击的目标。此外，操作系统也可能由于用户配置不恰当而导致信息安全隐患，例如开启不必要的服务和端口、权限设置不当、配置不当的备份和恢复策略等。这些操作均可能会造成信息安全隐患，而大部分用户对操作系统的操作与配置并不熟悉，因此依赖用户自行配置的安全防护显然是不可靠的。

（2）软件。在操作系统之上的应用软件在开发过程中，可能会由于人为疏忽或者编程语言的局限性而留下Bug。WinRAR是世界上最流行的Windows文件压缩、解压应用程序之一，而据CheckPoint安全研究团队检测发现，WinRAR负责ACE格式压缩文件的UNACEV2.dll代码库中存有严重安全漏洞。2019年2月21日，国家信息安全漏洞共享平台（CNVD）收录WinRAR系列任意代码执行漏洞，预计全球超过5亿用户受此WinRAR漏洞影响。该漏洞影响了过去19年以来发布的所有WinRAR版本，通过该漏洞，攻击者可以在用户指定的解压缩路径之外创建文件并执行攻击。

（3）协议缺陷。网络协议是计算机网络系统中各个实体完成通信和服务时要遵守的规则和约定。这些规则和约定的制定受限于协议产生的时代背景和制定者的知识水平，因而或多或少都存在着不足。例如 2014 年 4 月 7 日，国外黑客曝光了 Heartbleed 漏洞，国内称之为 OpenSSL "心脏出血"漏洞，OpenSSL 是为网络通信提供安全及数据完整性的一种安全协议，广泛应用于网银、在线支付、电商网站、门户网站、电子邮件等重要网站，因此，该漏洞的影响范围极为广泛。2017 年 9 月 13 日，物联网安全研究公司 Armis 在蓝牙协议中发现了 8 个 0Day 漏洞。蓝牙协议广泛应用于 Android、iOS、Windows 系统、Linux 系统和物联网设备系统中，该漏洞一旦被利用，后果不堪设想。

2. 主观原因

一方面，基于自由开放原则而构建的互联网作为一个开放平台，形成了一个无门槛的虚拟世界。当前，这个虚拟空间已跨越国界，但尚缺乏一套完整的法律法规进行有效约束，这无疑为怀有不良动机的个体提供了可乘之机。另一方面，来自内部合法用户对信息安全构成的威胁常常被轻视，但是其所造成的负面效果更为严重。根据 Ponemon Institute 发布的《2018 年全球组织内部威胁成本报告》显示，在 3269 起安全事件中，高达 2081 起（约 64%）是由员工或承包商的疏忽所引发；相比之下，由犯罪分子和"内鬼"造成的信息泄露案件仅 748 起（约占 23%）。

由于上述主客观原因，新媒体电商中的信息安全隐患主要有以下几种类型。

1）信息非法收集与储存

电商平台在收集和存储用户信息方面存在三大问题。首先，它们往往违反数据最小化原则，收集超出正常经营所需的用户信息。其次，通过复杂的格式条款诱导消费者在不知情的情况下同意个人信息的收集和使用，这种做法损害了消费者的知情权和选择权。最后，电商平台在实名认证过程中非法保留用户的认证信息，超出了原本的认证目的，侵犯了消费者的个人信息权。

案例分析

拼多多推出的"拼小圈"功能多次受到消费者指控，具体问题包括：非必要信息的收集、用户同意过程中信息告知不充分以及数据可能与第三方共享等，这些都直接威胁到消费者的隐私安全。

拼多多用户投诉称，拼小圈的社交分享功能忽视了消费者的真实意愿。在使用拼多多过程中，经常会出现以下几种情况：一是默认读取通讯录、位置等，包括分享给附近的人、自动添加好友、虚假发送好友申请，只要是微信好友便会默认成为拼小圈好友等。二是自动分享购物记录、浏览记录等，拼小圈未经同意分享购买记录，涉嫌侵犯个人隐私。三是在用户没有开通拼小圈功能的情况下，未经允许在客户不知情状态下，推送客户购物信息，邀请其手机及微信好友开通拼小圈功能，并强制推送他人邀请信息给自己。

虽然拼多多在拼小圈隐私说明中明确告知如何取消将订单同步至拼小圈的功能，但其设置仍然为自动同步近期 15 条订单以及商品评价。若用户不想将其进行公开，则需要对每条动态进行关闭设置。在拼小圈设置中，"可以通过好友推荐找到我""可以通过通讯录找到我""可以向我推荐好友"等功能均是默认开启，并没有任何的意见询问信息。如图 11-2 和图 11-3 所示：

图 11-2 拼小圈动态说明

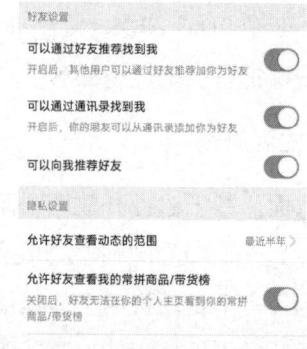

图 11-3 拼小圈默认设置

资料来源：本书编辑整理。

2）信息泄露与篡改

近年来，淘宝、京东等电商平台频繁发生数据泄露事件，涉及上亿用户的敏感数据，如姓名、手机号码和地址等，严重威胁消费者的个人信息安全。同时，部分平台或其合作方出于获取更多关注和点击量的目的，篡改消费者的购物记录和浏览记录等个人信息，利用误导性信息诱导消费，进一步侵犯了消费者权益。

案例分析

2014 年，京东遭遇了一起由内部员工导致的信息泄露案件，涉及 9313 条用户个人信息的非法获取和贩卖，此事件不仅对用户隐私构成了严重威胁，也对京东的声誉和业务造成了重大影响。

事件源于京东内部的安全漏洞。三名处于试用期的员工利用其对 ERP 办公系统的访问权限，非法登录并导出了用户包含网络账号、密码、身份证号、电话号码及物流地址等敏感数据在内的个人信息。这些信息随后被出售，包括柳东(化名)等数百名京东用户遭遇信息泄露。更不幸的是，精准的订单信息骗局也随之而来，受骗用户损失少则数百上千元，多则数万元。

京东在内部审核中发现员工的异常行为后，迅速向公安机关报案，并启动了内部自查程序。涉案的三名员工最终以非法获取公民个人信息罪被法院判处有期徒刑，并处罚金。京东方面也对受害用户的损失进行了"垫付"，并立即通知受影响的用户更改密码和监控账户活动，以减少损失。

尽管京东采取了多项措施加强系统安全防护，包括提升数据保护机制和强化员工培训，但此事件仍对公众信任造成了影响，用户对京东的信息安全保护能力产生了质疑，京东的信任度受到了挑战。

资料来源：本书编辑整理。

第11章　新媒体电商中的信息安全

3）信息过度使用与滥用

电商平台利用海量个人信息绘制消费者大数据画像，以实现精准营销。这种做法不仅侵犯了消费者的隐私，还可能增加消费者遭受商业骚扰的风险。同时，平台汇总消费者的年龄、地域和产品需求等信息制定市场策略，也存在滥用个人数据的隐患。

案例分析

随着消费者越来越注重个人隐私保护，电商平台对用户信息进行收集分析，随后进行精准推送引起了很多消费者的反感。2021年，在工信部提出39家互联网企业应建立个人信息保护"双清单"后，江苏省消保委于11月9日发布《电商平台侵犯消费者权益相关问题报告》，在对淘宝、京东、拼多多、苏宁易购、考拉海购、网易严选、唯品会等七家电商平台相关条款及个性化功能进行调查后，发现存在很多问题。

调查中，这七家平台均将基于个性化展示的商品和服务的展示浏览功能与用户协议捆绑，要求消费者默认同意接受平台收集处理消费者的设备信息、服务日志信息、浏览搜索记录等信息，以便平台通过消费记录和习惯向消费者进行有针对性的个性化商品展示。个性化展示功能看似便利，实则却限制了消费者浏览及购物自由。例如消费者购买某种商品成功后，基于大数据的推荐，依然会频繁收到已购产品的推送。如果消费者近期购买商品较少，则会根据其历史搜索进行智能化猜测，提供"猜你想搜"提示，并且在主页也会有相应商品的推荐，如图11-4和图11-5所示：

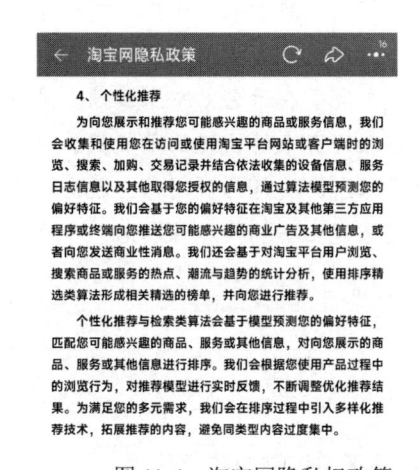

图11-4　淘宝网隐私权政策　　　　图11-5　淘宝推荐系统

对此，虽然七家平台在用户隐私协议中均明确表示，如果消费者不愿意使用相关推荐可以关闭个性化展示，但实际调查中发现，个性化展示关闭功能隐蔽且不易寻找。此外，平台即便提供了个性化展示关闭功能，但未提供终止信息收集功能。也就是说，消费者即使选择关闭定点推送，其消费习惯、搜索记录等信息依然在被强制收集，个人信息安全无法得到保障。

资料来源：本书编辑整理。

4）技术欺诈与钓鱼攻击

网络钓鱼和恶意软件攻击是电商平台上常见的安全问题。黑客通过伪造网站或发送含有恶意链接和附件的邮件，诱使消费者泄露账号密码和支付信息，从而遭受财产损失。此外，黑客还可能在电商平台植入恶意软件，以窃取用户的个人信息和支付数据。

案例分析

云仓作为一种新兴的物流业态，为电商客户提供仓储、发货、售后等服务。李先生在义乌经营一家云仓公司，与不少中小电商都有合作，每天有大量的商品从这里寄出。2022年5月起，李先生陆续接到客户投诉电话，客户称他们经常接到一些诈骗电话，甚至能连着接到几十个，向李先生反映可能是云仓这边发生了信息泄露。被骗的消费者表示，他们购买的商品是从李先生的云仓发货，接到自称是售后客服的电话，客服准确说出快递信息，并称快递丢失可以进行赔偿。随后按照客服要求添加了联系方式，并填写了银行卡号、密码、验证码等信息，结果不仅没有收到赔偿款，银行卡里的钱还被转走了。经过查询李先生得知，他们的快递都在正常寄递中，那个所谓的售后客服也不是自己公司的，这其实是典型的假冒快递客服进行诈骗，那么，这些诈骗分子是如何掌握到准确的快递信息的呢？

李先生报警后，义乌警方迅速介入进行调查。在调查中，李先生提到某段时间电脑异常卡顿引起了民警的注意，李先生提到有些卡顿的电脑，承担着云仓内最重要的一个环节，每天有超过几十万条的快递信息传输到这台电脑上，然后被打印成快递面单。对这些电脑进行检查发现这些电脑被安装了木马软件，木马软件一边让电脑在打印，一边就把数据上传到第三方服务器。最终通过调取监控，发现了在云仓电脑上安装木马软件的犯罪团伙。据团伙成员黎某交代，他会定期分类整理好盗来的快递面单数据，并打包传给境外买家，以获取高额的佣金。掌握了这些快递信息的境外诈骗团伙，就会把网购消费者作为实施精准电信诈骗的目标，当他们打来电话说出准确快递信息后，很多人会选择相信，从而导致上当受骗。

资料来源：本书编辑整理。

11.1.3 信息安全防范

在数字经济时代，信息安全受到各国高度重视。各国通过颁布政策法规、加强监管执法以及提升安全治理技术能力等举措，全面强化信息安全防护。以下对国内外针对信息安全防护所作措施进行简要介绍。

1. 国外

1）美国

美国是世界上第一个提出网络战概念的国家，也是第一个将其应用于实战的国家。近年来美国针对信息安全防护的部分举措如表11-3所示：

第 11 章　新媒体电商中的信息安全

表 11-3　美国针对信息安全防护的部分举措

时　间	举　措
2016 年 2 月	奥巴马政府发布《网络安全国家行动计划》
2016 年 3 月	海军陆战队成立了开展网络空间防御行动的部门和网络威胁情报整合中心
2016 年 12 月	国家网络安全促进委员会发布《加强国家网络安全——促进数字经济的安全与发展》报告
2017 年 12 月	特朗普公布《美国国家安全战略报告》
2018 年 5 月	美国国土安全部发布《网络安全战略》
2022 年 3 月	拜登签署《加强美国网络安全法案》
2022 年 5 月	拜登签署《国家网络安全防范联盟法案》
2022 年 6 月	拜登签署《州与地方政府网络安全法》
2022 年 12 月	拜登签署《量子计算网络安全准备法》

2）欧洲

面对纷繁复杂的网络空间，欧洲各主要国家纷纷开启网络治理升级模式，不断优化顶层设计，突出核心职能，力图在网络空间治理问题上赢得先机和主动权。近年来欧洲针对信息安全防护的部分举措如表 11-4 所示：

表 11.4　欧洲针对信息安全防护的部分举措

时　间	举　措
2016 年 7 月	欧洲议会通过《欧盟网络与信息系统安全指令》
2016 年 11 月	英国发布《国家网络安全战略 2016—2021》
2016 年 12 月	俄罗斯总统普京签署新《俄罗斯信息安全条款》
2017 年 3 月	英国正式出台《英国数字化战略》
2017 年 10 月	法国国家信息系统安全局颁布《全法网络安全事故处理办法》
2018 年 1 月	《俄罗斯联邦关键信息基础设施安全法》正式生效
2018 年 5 月	欧盟颁布《通用数据保护条例》
2019 年 6 月	欧盟《网络安全法案》正式施行
2020 年 12 月	欧盟委员会发布《欧盟网络安全战略》
2024 年 1 月	欧盟新版《网络安全条例》生效

3）日本

日本政府也十分关注网络安全问题，近年来日本针对信息安全防护的部分举措如表 11-5 所示：

表 11-5　日本针对信息安全防护的部分举措

时　间	举　措
2014 年 11 月	通过《网络安全基本法》
2018 年 7 月	2018 年版《网络安全战略》生效
2021 年 9 月	内阁网络安全中心（NISC）发布新版《网络安全战略》
2022 年 7 月	信息处理推进机构（IPA）发布年度《信息安全白皮书 2022》
2022 年 12 月	日本政府正式通过新版《国家安全保障战略》

2. 国内

党的十八大以来,国家高度重视网络安全和信息化工作,统筹协调涉及政治、经济、文化、社会、军事等领域信息化和网络安全重大问题,作出了一系列重大决策,提出了一系列重大举措。我国在网络信息安全方面的努力是全面而有效的,从战略规划到政策法规的完善,从工作机制到人才培养,再到社会宣传和国际合作,每一环节都为我国的网络信息安全筑牢了坚固的防线。未来,随着数字化进程的不断深入,我国将继续加强网络安全保障体系和能力建设,为维护国家网络空间主权、安全和发展利益提供坚强保障。国内近年来针对信息安全防护的部分举措如表 11-6 所示:

表 11-6 国内近年来针对信息安全防护的部分举措

时间	举措
2016 年 11 月	全国人民代表大会常务委员会颁布了《中华人民共和国网络安全法》
2018 年 5 月	《信息安全技术个人信息安全规范》正式实施
2018 年 6 月	公安部发布《网络安全等级保护条例(征求意见稿)》
2018 年 11 月	公安部发布《互联网个人信息安全保护指引(征求意见稿)》
2021 年 6 月	全国人民代表大会常务委员会通过《中华人民共和国数据安全法》
2021 年 7 月	国务院发布《关键信息基础设施安全保护条例》
2021 年 8 月	全国人民代表大会常务委员会通过《中华人民共和国个人信息保护法》
2021 年 12 月	国家互联网信息办公室等十三部门联合修订发布《网络安全审查办法》
2024 年 5 月	工业和信息化部印发《工业和信息化领域数据安全风险评估实施细则(试行)》
2025 年 2 月	国家互联网信息办公室发布《个人信息保护合规审计管理办法》

11.2 数字平台与个人隐私

11.2.1 个人隐私面临的挑战

随着互联网和数字技术的广泛应用,个人信息的收集、存储、处理和传输变得更加便捷,但也增加了泄露和滥用的风险。个人隐私所面临的挑战主要来自以下两个方面。

1. 个人信息的大规模收集

当前,数字技术在个人信息收集领域的能力已远超以往,其所能触及的个人信息范围也在持续扩大。在众多收集个人信息的技术中,大数据技术无疑扮演了至关重要的角色。大数据能够快速收集与储存各种来源的个人信息,其范围并不局限于互联网资料,还包括传统的数据集,部署在基础设施(例如通信网络、电网、全球定位卫星、道路和桥梁等)中的传感器收集的信息。可见,大数据对个人信息的大规模收集已经远超传统软件工具对个人信息的收集和储存,导致"所有的个人事务和行动都转化为数据,由网络数据完整描述个人人格"。

同时，大数据的算法技术作为一种自动分析工具，能够在大数据的基础上进行快速、高效和精准的自动化决策，可以更加深入地挖掘个人偏好、隐私、行为习惯等。这也不可避免地造成大数据对个人信息的过度收集或非法收集。例如，商家进行广告推送、精准营销、偏好记录以及再次营销。不法分子利用个人信息牟取利益，甚至实施重大犯罪活动。个人信息展现出巨大的价值，收集数据能够获得非常强大的经济激励，以至于个人信息的收集变成了机会主义行为，而非有目的地收集。换言之，只要有可能和机会，数据就会被收集，即使没有具体的使用目的，也要进行收集。同样，个人信息的保留也具有经济动机，导致个人信息会被尽可能地保存较长时间，甚至远远超过最初的使用时间，从而被反复使用。

2．个人信息的重复循环再利用

不同于对所收集的个人信息作出甄别并进行选择性剔除的传统个人信息处理方式，大数据时代的个人信息处理方式发生了颠覆性转变，信息的存储已经不再是需要考量的事项，个人信息能够被全面完整地存储，信息处理技术也取得了重大进展，不需再考虑个人信息是否超过负荷或是否应当保留。与过去基于特定目的进行收集并且一次性使用不同，大数据时代的数据价值在收集时往往是不明确的，只有当数据基于相同或者不同的目的被重复利用时，以及与其他数据源相结合时，潜在价值才可能完全呈现。全面完整的数据不仅可以用来回答或者分析当前具体问题，还能激发新问题的提出，脱离结构化的数据库。在个人信息之间会建立关联性，从而挖掘出隐匿的个人信息，甚至是个人隐私。同时，数据收集者能够实现个人信息的预期利用和非预期利用，甚至会将个人信息流转至第三方手中，脱离最初收集的目的进行再利用。而作为接收个人信息的第三方，也可能根据自己的需求继续交叉比对、重复使用和加工个人信息，实现个人信息的重复循环再利用。在这一过程中，不可避免地存在"不知道何种个人信息经过技术处理后会导致个体的人格受到侵害"的情形，而这也正是个人信息在大数据时代所面临的本质风险和保护难点。

11.2.2 大数据与个人隐私

在数字时代，大数据与个人隐私之间呈现出一种复杂而微妙的关系，大数据技术为人们的日常生活提供了极大便利，但同时也极大程度的造成了个人隐私泄露的安全隐患。大数据技术主要通过以下两个方面影响个人隐私。

1．大数据的再识别化攫取个人隐私

为了规范个人信息处理者的行为以实现保护个人信息的目的，《中华人民共和国个人信息保护法》第五十一条规定了个人信息处理者应建立完整的个人信息管理制度和作业流程，并进行分级分类管理，及时采取加密、"去标识性"等安全技术措施。该条款中所提及的"去标识性"技术措施的主要目的是在处理个人信息过程中，确保不借助关联信息则无法识别到特定个人。然而，大数据具有再识别个人信息的能力，能够通过对数据库中个人信息的汇整和整合，运用统计学与其他数据挖掘技术，将本来不具有识别性或"去标识性"的信息与其他额外信息进行关联、筛选、比对以及匹配，从而识别出特定个人信息，进而持续挖掘与之相关的个人隐私数据。大数据技术的应用使信息主体即使应用匿名化技术，也难以完全实现隐匿的目的。

2. 大数据的自动化决策使个人信息自决权被虚置

《中华人民共和国个人信息保护法》第四十四条确立了个人信息自决权，即"信息主体对自身信息的控制与选择权，即自我决定的权利"，这也意味着个人享有自由决定其信息被收集、利用的权利。然而，大数据具有个人信息自动化决策功能，其计算范式为"从数据到知识，从知识到决策"，即利用各种算法模型将海量数据汇集融合，发挥大数据技术快速感知、认知能力及强大的分析与推理能力，最终从数据中提取知识，通过识别、判断，进而输出科学的决策。在大数据作为战略资源的当今社会，自动化决策凭借其稳定性、精确性以及高效性成为主要的决策方式。反过来，决策的实用性也显现了大数据的价值。大数据凭借自动化分析数据，萃取、关联与剖析、描绘，直至暴露个人信息，甚至是暴露个人隐私，这就导致信息主体对自身信息失控，个人信息自我决定的权利被侵害。自动化决策也能据此进行数字画像，即将每一个个人绘成数据的集合，并且将与画像相吻合的各种服务和信息推送给个人，个人被置于大数据所创造的不同片区中，并没有作为活生生的个体获得尊重，个人信息自我决定的权利被虚置。

11.2.3 个人隐私保护机制

个人隐私保护在当今社会中的重要性不容忽视，其不仅关乎个人的权益保护，也关系到社会的整体健康、法律的遵守以及经济和技术的可持续发展。在现行社会状况下，可以通过以下三个方面强化个人隐私保护。

1. 制定个人信息开放规范以平衡个人信息利用与保护

《中华人民共和国个人信息保护法》旨在保障个人对信息的控制，基于最小化收集和目的限制原则，以保护权益与合理利用为目标。然而，由于个人信息对产业创新和社会经济具有巨大潜力，因此减少信息收集并非可行方案。我们需在个人隐私保护与公共利益间寻求平衡，适当开放规范以兼顾二者的共同发展。此举主要有两方面的好处：一方面，它改变了巨量的个人信息被少数处理者所掌握的局面，降低了垄断造成的危害；另一方面，开放数据有助于提升个人信息透明化并创造出新的价值。鉴于大量个人信息被政府部门掌握，政府开放数据对经济增长、包容性发展和改善公众参与的价值意义重大。为赋能数据，应降低政府向公众开放数据的难度。目前，中国现行政府数据开放主要由地方规范性文件管理，存在科学性和统一性不足的问题，应制定全国性法律，遵循"公开为原则，不公开为例外"的原则，确保数据供给最大化。当然，"开放为原则，不开放为例外"的适用前提是，政府的数据开放行为不损害公共利益和私人利益。在制定开放规范时，所开放的个人信息应当相应地满足信息主体的隐私保护要求，并使个人信息受到尊重。此外，应具体化隐私保护政策，设立专门机构和人员负责隐私问题，进行隐私影响评估，建立隐私风险管理体系，以平衡个人信息的利用与保护，确保合法化与合理化。

2. 采取牢固的匿名化技术以实现个人信息的"去连结性"

为防止大数据侵害个人隐私权，需将个人信息进行匿名化，实现"去识别性"和"去连结性"。然而《中华人民共和国个人信息保护法》对"去识别性"的规定过于简单，也未具体规定匿名化方法和技术。为了更好地保护个人信息，有必要采取"去识别性"的匿名化技术，构建并规范具体的匿名化制度，包括匿名化的程度、程序和监督机制等。个人信息的匿名化是平衡数据价值与主体权益的重要手段。在技术层面，可以采用去中心化的匿名化方法和个性化匿名化方法。去中心化的匿名化方法是基于区块链系统，通过智能合约进行信息交互。相较于中心化的集中式结构，去中心化使数据并不集中在任何一个中心节点或实体手中，而是构建了更扁平、更平等、更分散的结构，从而解决了单点故障和传统匿名化技术中数据共享双方的信任问题，有效保护了信息主体的隐私。个性化匿名化方法是针对现实中不同的隐私需求，允许信息主体自主控制和定义隐私数据的用途。实际上，每个主体的隐私保护需求和个人信息利用敏感程度是不同的。更注重隐私的主体一般认为默认的匿名化等级难以满足隐私保护需求，而另一些人则可能会觉得默认的匿名化等级过高。因此，统一的匿名化等级无法满足不同主体的隐私保护需求。而个性化匿名化方法根据不同信息主体提供了不同的隐私级别，由信息主体自己控制数据发布的匿名化级别，以此满足个人隐私需求和差异化保护。在制度完善方面，可以借鉴日本《个人信息保护法》中的匿名加工制度，该法的第二条、第三十六条至第三十八条和第五十三条规定了匿名加工信息的制作、利用时应遵守的义务。

3. 将个人信息保护影响评估作为保护个人信息的有效工具

在大数据时代，个人信息保护影响评估作为预防机制的重要性日益增加。事前的综合风险评估可以预测信息处理活动的结果，并提供预防性安全措施以降低风险。2020年，中国发布了《信息安全技术——个人信息安全影响评估指南》（以下简称《指南》），搭建了个人信息安全影响评估框架，并为其提供了相应原理和步骤，明确了个人信息安全影响评估的国家标准，更加具体地帮助评估组织识别和减轻个人信息处理的相关风险，为个人信息保护提供实质性的工具。《指南》中规定了个人信息安全影响评估实施的九个步骤，如图 11-6 所示。

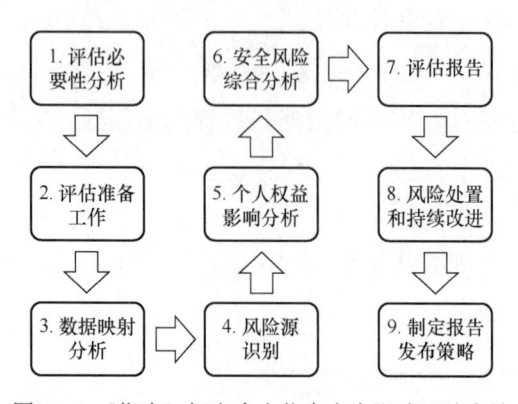

图 11-6 《指南》规定个人信息安全影响评估实施的九个步骤

步骤 3~8 是评估的主体内容，通过数据映射分析确定评估对象。可以采用问卷、调研、走访等方式，多维度地梳理个人信息处理活动，形成数据清单及数据映射图表，从而确定评估内容和范围。随后对所涉风险进行识别和分析，主要从安全事件、个人权益影响以及风险来源三个维度进行分析，侧重于识别可能面临的危险源、是否采取安全措施以及识别对个人权益造成的不利影响等。

接下来是综合评估，在前述步骤基础上，综合衡量并得出个人信息处理活动的风险等级，根据风险等级进一步采取相应措施，进行风险管控和处置，确保风险始终在可控范围之内。与此同时，整个评估程序应当特别重视"参与程序、复审程序、事先咨询程序和公开程序"。2021 年，《中华人民共和国个人信息保护法》第五十五条和第五十六条分别确立了个人信息保护影响评估的适用情形和具体内容，将此制度从推荐性要求提升为法定义务。这一制度旨在预防或最小化不利影响，通过事前预测制定应对方案，防止风险发生。

4. 以"实质性参与"作为告知同意原则的完善路径

无论是在未提供告知的情况下收集个人信息，还是告知同意原则因晦涩难懂的技术性语言而形同虚设，以及个人信息脱离最初收集目的而无法回溯获得授权，这些都将导致告知同意原则被架空。因此在除《中华人民共和国个人信息保护法》构建的告知同意原则的基本规范体系外，还应当遵循精细化、实质性参与的告知同意原则，充分实现信息主体的知情权与同意权。具体而言，在告知层面，对告知协议的形式和内容作出限定，尽可能以简短、精炼的语言进行告知。网络平台在提供告知时，可以通过代码或装置本身提供隐私通知。欧盟《通用数据保护条例》规定："资讯须简洁，易于取得及理解，用语清楚简明，且可适时视觉化"。对于没有提供告知的情形或较难提供告知时，应提供创新性的隐私通知方式，通过多样化的方式充分保障信息主体的知情权。告知方式的创新，有利于信息主体实质性地参与个人信息收集与处理的过程，有助于大数据时代下个人隐私保护意识的提高。如果大数据对个人信息的非预期利用使得个人信息偏离最初的收集目的，信息处理者有义务更新隐私通知，持续、动态地征求信息主体同意，确保信息主体知晓并且作出是否同意个人信息被新目的利用的决定。

11.3 新媒体电商中的信息安全监管

11.3.1 信息安全保护

电商平台不仅在法律层面上负有保障消费者信息安全的义务,同时在消费者信息安全受到侵害时,电商平台相较消费者也拥有更强的维权能力,具体分析如下。

第一,电商平台在法律层面上负有保障消费者信息安全的义务。电商平台在交易过程中扮演了两个角色。其一是作为电子商品交易中的经营者,根据民法中的平等原则,以及其与消费者双方达成的平等民事法律关系,通过用户对"服务条款"或"隐私政策"的认可,收集、使用其个人信息,因此电商平台需要按照与消费者双方所签订协议的相关条款全面履行义务;其二是作为网络服务的提供者,确定了其在电子商务交易过程中发挥其主体监督职能,即明确审查、处理与救济的原则,并履行自己主体监管义务。电商平台的双重角色,不仅规定了其在法律监督管理层面上是个人信息无间隙的收集者、管理者,还要求其与消费者有交易往来时,必须基于买卖合同的法律关系,承担其信息保护的义务。

第二,在消费者信息安全受到侵害时,电商平台相较于消费者具有更强的维权能力。随着互联网技术的发展,隐私权的范围也不断地扩大,从原来的纸质上的隐私扩展到网络空间上,尤其当用户在使用电商平台从事网购时,用户的个人信息被收集。如果在电商平台管理不善以及黑客入侵的情况下,用户个人信息便会遭遇泄露的风险,用户隐私权遭遇侵犯。电商平台中的隐私权遭受侵犯表现出以下独特的特点:侵犯隐私权的成本很低、侵犯隐私权的隐蔽性很强且侵害隐私权后的调查取证难度也相当大。根据"谁主张,谁举证"的原则,电商平台用户在维权时面临困难。同时,由于用户难以证明侵犯隐私权所造成的精神伤害,而我国目前的损害赔偿偏向支持有形的物质损害赔偿,对精神或情感等无形的损害认定比较复杂,所提出的赔偿数额很难得到法院的支持。所以,作为弱势群体的用户,单纯通过隐私权的救济,维权难度比较大。而电商平台作为网络服务的提供者,无论是在技术层面还是信息掌握层面,其相较电商用户都有更强的维权能力。

11.3.2 信息安全监管模式

如今,各国政府都针对信息安全制定了相应的监管模式,其中美国、欧盟、日本的信息安全监管模式较为成熟,现针对这三种模式进行简单介绍。

1. 美国分散式立法模式

美国为了更好地管理和控制数字资产,采取了针对不同领域对个人信息进行专项立法,并采用了"大隐私"的概念,并对隐私权做了扩大化的解释,并将个人信息放在了隐私权的保护范围之内。在美国传统价值理念的影响下,美国网络消费者个人信息保护主要依靠的是市场的力量。就立法模式而言,美国立法主要发挥补充和辅助作用,主要依靠行业自律模式来保护消费者个人信息。这样的保护机制不仅可以防止出现过度行使立法权的问题,还可以避免立法的局限性。美国的行业自律模式主要有三种,以下是对这三种模式的简要描述。

(1) 推行行业指导模式。行业领军企业带头推行网络隐私保护准则,行业内其他企业将会在领军企业的带领下自觉遵循该准则。

(2) 网络隐私认证计划模式。向制定相关保护措施的企业颁发认证标志,进而对企业的自律行为加以激励。如果获取认证的企业作出了相关侵害行为,则取消其认证作为处罚。

(3) 技术性保护模式。研发个人信息保护软件,以避免个人信息遭到违规采集和使用。

2. 欧盟统一立法模式

欧盟将个人信息保护视为一项重要的权利,同时为避免因个别国家和地区由于行业基础不同而造成的标准不一致的情形,欧盟通过严格的立法和专家论证制定了统一的立法标准。相较于美国的行业自律,欧盟的模式更具精细性和规范性。欧盟在个人信息保护方面采取了一系列措施,包括:第一,建立严格的个人数据保护机制,以确保个人信息的安全和隐私的完整。同时,对个人信息主体和职责范围进行了明确规定,使司法机关对个人信息保护有法可依。第二,欧盟各成员国必须遵守《个人数据保护指令》,以确保其内部和外部的数字安全,同时也必须遵循各自的国家标准,以确保数字安全。这项举措旨在促进欧盟各成员国的数字安全,提升数字化水平,促进数字化文明的发展。第三,欧盟通过出台专门的个人数据保护法,使得各成员国能够更加安全、高效地交换和共享数字资产。

3. 日本折中式立法

日本采取的个人信息保护立法模式并非简单地复制美国的分散立法,也不仅仅局限于欧盟的统一,它更加关注实际情况,采取了一种灵活的调整,即以建立健全的个人信息保护机构为核心,结合重要领域的专门立法、行业规范以及第三方的监督,以期达到最佳的个人信息安全状态、行业自律和第三方监管等方式,共同促进个人信息保护水平的提升。通过结合两种模式的优点从而建立了较为完善的网络消费者个人信息保护法律机制,并于2003年颁布出台了《个人信息保护法》,这部法律是日本政府和社会组织统一实施、遵守的个人信息准则。日本结合自身情况对本行业的行业自律规范进行制定,使大数据资源在商业领域得到充分利用,同时明确划分出公权力与私权力的界限。此外,日本还实施多种法律法规,以保护其中的权利。

11.3.3 信息安全监管法规

电商平台在消费者信息的收集、存储、使用以及救济等阶段均负有保护义务。鉴于电商平台可能由于激励不足或注重短期经济利益而未完全履行其保护义务，我国针对各个阶段制定了相应的监管法规。现对各阶段电商平台义务以及国家相应监管法规的介绍如下。

1．个人信息收集阶段

1）协议制定义务

用户在注册使用电商平台 App 时，首先需要勾选并同意服务协议和隐私政策，只有接受其管理后，才能看到电商平台服务页面。协议制定是电商平台接触到用户个人信息的首要环节，因此协议内容的制定需要遵循相关法规，同时行政主体也需要对此加以规范和监管，以防止隐私政策被电商平台所滥用，成为单方告知的合同"霸王条款"。目前，针对电商平台协议的监管法规主要包括《网络交易监督管理办法》和《中华人民共和国电子商务法》，这些法规均要求电商在制定协议时必须遵循公平、公正、公开的原则，不得设置不合理的条款，以保障消费者信息安全。

2）告知同意义务

随着网络普及率的提高以及个人信息泄露事件的频发，公众对个人信息保护意识逐渐增强，但大部分人并不清楚是谁、因为什么原因收集自己的个人信息，对收集信息如何处理等一系列问题。究其原因，是因为用户与电商平台存在信息不对称，进而增加了用户个人信息受到侵害的风险。想解决两方信息不对称的问题，便需要强化信息强者的义务，即明确电商平台的告知义务，使用户对个人信息的收集和使用情况有充分的了解。《中华人民共和国消费者权益保护法》第二十八条、《中华人民共和国数据安全法》第二十九条，都提及了告知义务，并要得到广大用户的明确认可，《中华人民共和国网络安全法》第二十二条、《中华人民共和国消费者权益保护法》第十九条、《中华人民共和国个人信息保护法》第十四条，都指出了电商平台在使用用户信息时需要主动获取用户同意。

3）合法、正当、必要原则

《中华人民共和国网络安全法》第四十一条以及《中华人民共和国个人信息保护法》第五条一致规定：个人信息处理者在获取、使用个人信息时需要遵循合法、正当、必要的原则。三大原则的简要介绍如下。

合法原则：电商平台收集个人信息的行为应当符合法律法规的规定，这要求电商平台在收集信息前，需要明确告知用户其个人信息的使用目的、范围和方式，并取得用户的明确同意。

正当原则：电商平台处理个人信息的目的应当是正当的，并且应当采取对个人权益影响最小的方式处理个人信息，这意味着电商平台不应通过误导、欺诈或胁迫等方式获取用户的个人信息。

必要原则：电商平台收集个人信息应当控制在实现既定处理目的的最小范围内。

2. 个人信息存储阶段

电商平台在收集完用户个人信息后，便需要采取相关存储措施以保护相关信息。在我国现行法律框架下，电商平台对消费者个人信息的存储义务具有多层次的法律基础，需兼顾技术安全与管理合规双重维度。首先，基于《中华人民共和国个人信息保护法》第二十八条，平台存储敏感个人信息（如生物识别、金融账户等）必须取得用户单独同意，并履行告知义务，明确必要性及对权益的影响；其次，《中华人民共和国电子商务法》第三十一条与《网络交易监督管理办法》第三十一条联动规定，平台需采取技术措施确保交易信息、用户身份信息及物流记录的完整性、保密性与可用性，且保存期限自交易完成或用户退出平台之日起不少于三年；再次，根据《中华人民共和国网络安全法》第二十一条与《中华人民共和国数据安全法》第二十七条，平台应建立分级分类保护制度，实施数据加密、访问控制及备份机制，同时建立全流程数据安全管理体系，定期开展风险评估与员工培训；此外，司法实践中适用《中华人民共和国个人信息保护法》第六十九条过错推定原则，要求平台在发生信息泄露事件时承担举证责任，证明已采取必要保护措施，否则将面临民事赔偿及行政处罚（如《中华人民共和国个人信息保护法》第六十六条规定的最高上年营业额 5%的罚款）。最后，跨境存储需遵循《中华人民共和国个人信息保护法》第四十条安全评估要求，避免因数据出境违规引发法律风险。综上，电商平台的存储责任贯穿信息收集、存储、销毁全生命周期，需以合规性为底线，以技术与管理协同实现用户权益与商业利益的平衡。

3. 个人信息使用阶段

《中华人民共和国电子商务法》第二十三条规定，电商平台在使用用户个人信息时，要守法、守规。在商业实务中，大多数电商平台会在其展示的"隐私政策"中指出其收集和使用个人信息是为了提供服务、日常维护运营、大数据分析等目的，并在原协议中约定使用、共享、公开用户个人信息的范围，如果超过原协议的范围，要遵循一事一授权原则，要重新获得用户同意等。但现实生活中电商平台违反正当使用义务的情况也屡见不鲜，主要有以下几种情形。

情形一：电商平台在收集完个人信息后，在使用个人信息过程时，为了实现精准营销宣传，抢占用户的"视野需求"，源源不断地向消费者发送垃圾邮件。

情形二：超出协议约定的范围使用用户个人信息。

情形三：在未经用户许可授权的情况下，私自将获取到的信息进行对外转让，以获取额外经济收益。

《中华人民共和国网络安全法》第四十一条第二款、《中华人民共和国个人信息保护法》第六条以及第十四条第二款都一致指出：电商平台不能违反法律、行政法规的有关规定以及与用户之间的约定去利用个人信息，对个人信息处理目的、方式、种类发生变更的，要重新取得用户授权。

4. 个人信息救济阶段

根据《中华人民共和国数据安全法》第二十九条和《中华人民共和国网络安全法》第四十二条第二款的规定，电商平台遇重大数据安全事件时，须立即采取措施，通知用户并向主管部门报告。具体来说，电商平台在面对信息泄露时的义务包括：启动应急措施；按规定告知用户事件原因、危害、自保措施及电商平台的防范和变更措施，方式包括电话或邮件；向管理部门报告事件处理情况，如泄露范围、受影响人群、知晓程度及为降低损失所采取的软硬件措施等。

综上所述，电商平台在获取用户个人信息时，必须遵循合法、正当、必要的原则，不得超出既定使用目的，且须获得用户同意。同时，电商平台应对用户信息严格保密，禁止外泄或售卖。此外，电商平台需要及时更新防火墙与系统，确保信息安全。一旦发生信息泄露，电商平台应迅速采取补救措施。若未履行上述义务导致用户信息泄露，侵害用户人身权或财产权，电商平台应依法承担相应法律责任。

本章小结

在数字时代，信息安全从本质上讲是指信息系统中的软件、硬件和系统中的数据受到保护，不受偶然的或者恶意的攻击而遭到破坏、更改、泄露，确保系统可以连续可靠正常地运行。其重要性主要体现在其对于经济发展以及日常生活两方面的保障作用。

新媒体电商信息安全隐患的原因既有主观因素，也有客观因素，信息安全隐患主要有信息非法收集与储存、信息泄露与篡改、信息过度使用与滥用以及技术欺诈与钓鱼攻击四种类型。

个人隐私面临的挑战主要是个人信息的大规模收集与个人信息的重复利用。大数据技术在其中发挥了重要作用，通过再识别化获取个人隐私以及自动化决策使个人信息自决权被侵害，使个人隐私面临严重的泄露风险。

个人隐私保护可以通过以下四个方面进行强化：一是制定个人信息开放规范，以平衡个人信息利用与保护；二是采取牢固的匿名化技术实现个人信息的"去连结性"；三是将个人信息保护影响评估作为保护个人信息的有效工具；四是以"实质性参与"作为告知同意原则的完善路径。

目前，信息安全监管模式主要有美国分散式立法模式、欧盟统一立法模式以及日本折中式立法三种模式，我国针对新媒体电商信息安全也出台了较多法律法规，并取得了一定成效。

思考题

1．请对爬虫技术进行简单介绍。

2. 简述信息安全的定义。

3. 信息安全的五要素是什么？对各要素进行简单的解释。

4. 导致新媒体电商中存在信息安全隐患的原因有哪些？

5. 简述大数据如何通过再识别技术攫取个人隐私？

6.《信息安全技术——个人信息安全影响评估指南》所规定的个人信息安全影响评估实施的九个步骤是什么？

本章案例分析

京东：在快速发展过程中面临的安全挑战

京东自 1998 年创立以来，经历了从初创期代理商到线上电子商务的转型。特别是 2004 年，受"非典"疫情影响，京东创始人刘强东决定关停所有线下柜台，正式转向线上电商。京东集团凭借其独特的经营方式日益壮大。截至 2023 年年底，京东的员工总数约为 18 万人；在用户量上，2023 年京东的年度活跃购买用户已达到 5.897 亿人。

京东集团的核心竞争力在于其自营物流和采购能力。通过自建物流系统京东，京东在物流仓储方面运营着超过 900 个仓库，并且实现了快速配送，在国内 90%区县具备当日或次日达能力。这种"快"和"稳"的物流能力，使京东在极端情况下依然能保持稳定的履约能力。此外，京东的自营采购壁垒主要源于长期上下游关系和科学的采购管理体系，这使得京东能够在行业竞争激烈和经济下行压力下保持稳健的收入增速，京东集团以其深厚的供应链壁垒和稳健的增速在行业内占据领先地位。

京东庞大的用户群体以及其通过长期的上下游关系、科学的采购管理体系以及与规模效应所构筑的供应链壁垒，使得京东集团每年产生的数据量是庞大且多样化的，涵盖从用户交易、物流管理到商品信息等多个领域。

在大数据时代，数据泄露事件的频发已经成为一个全球性问题。京东庞大的数据库自然不可避免地成为数据泄露的主要受害者，京东曾遭遇多起数据泄露事件，如 2015 年"3·15"事件、2017 年数据包泄露事件、2016 年 Struts2 漏洞利用事件、2023 年 API 接口泄露事件等，这些事件的原因众多，诸如技术安全漏洞、内部管理问题、外部网络攻击以及 API 安全缺陷等。这些事件不仅影响了用户的隐私安全，也对京东的企业形象和信任度造成了一定的负面影响。在京东众多数据泄露事件中，2016 年 12 月 10 日发生的京东 Struts2 漏洞利用事件因其影响范围较大，引起了大众的广泛关注，对京东的声誉和业务产生了重大影响。

"京东 Struts2 漏洞利用"事件致使一个包含京东用户数据的 12G 数据包开始在黑市流通，地下渠道对数据进行明码标价交易，价格从"10 万～70 万"不等。据业内人士称，"数据包已被销售多次，至少有上百个黑产者手里掌握了该数据"。该数据包涉及数千万用户的敏感信息，总计约数千万条记录，包括用户名、密码、邮箱、电话号码、QQ号以及身份证号等。据了解，该犯罪团伙中，主要犯罪嫌疑人郑某鹏为京东网络安全部的员工，利用职务之便盗窃京东用户的大量数据，长期监守自盗，与黑客相互勾结，为黑客攻入网站提供重要信息——包括在京东、QQ 上的物流信息、交易信息、个人身份等数据信息，为犯罪团伙实施违法犯罪活动提供了有力的技术支持。

随后，公安部在安徽、北京、辽宁、河南等 14 个省、直辖市的公安机关配合下，抓获了主要犯罪嫌疑人 96 名，包括韩某某、翁某和郑某鹏等。为此，京东联合腾讯及其他企业成立了"阳光诚信联盟"，旨在提升内控部门的履职能力和职业道德建设，共同打击信息安全犯罪。

京东在针对该事件的声明中表示，初步判断泄露数据源于 2013 年 Struts2 的安全漏洞问题，但是在 Struts2 的安全问题发生后，京东平台就完成了系统修复，同时针对可能存在信息安全风险的用户进行了安全升级提示。当时，绝大部分受此影响的用户都对自己的账号进行了安全升级，但确实仍有极少部分用户并未及时升级账号安全，依然存在一定风险。

值得注意的是，京东声明中所提及的 Struts2 安全漏洞，Struts 为 Apache 基金会赞助的一个开源项目，Struts 框架广泛应用于政府、公安、交通、金融行业和运营商的网站建设，作为网站开发的底层模板使用。2013 年 7 月 17 日，Apache Struts2 发布漏洞公告，称其 Struts2 Web 应用框架存在一个可以远程执行任意命令的高危漏洞。负责人在其公告中直接公布了一段利用这个漏洞的示例代码，这就导致这个漏洞可以被黑客利用，获取网站用户的用户名、密码等各种敏感信息。互联网观察人士、河豚品牌创始人对该事件表示，2013 年的 Struts2 漏洞本身是一个很常规的安全漏洞，但由于当时 Struts 团队处理不当，直接对外公布了此漏洞，导致黑客很容易对采用 Struts2 技术的平台进行攻击，京东是事件中的受害者。据悉，Struts2 事件影响力巨大，国内很多知名网站都受到此漏洞不同程度的影响，甚至商业银行和国家级的政府网站也未能幸免。

在互联网时代，信息数据的价值越来越凸显，个人信息数据泄露渠道越来越多。虽然目前有相关法律法规保障信息，但由于信息流通次数过大、立案调查成本过高，导致个人信息窃取案件的破案率较低。大部分数据外泄后，黑客会先进行"洗库"，登录账户后将有价值的内容清洗一遍，比如登录游戏账户、将虚拟币转走。一般这个清洗过程，需要几个月甚至更长时间。第二次"洗库"，才会将数据出售，"数据价值榨取殆尽了，再给市面上的人来分渣"。值得注意的是，这些数据的用户密码都进行过 MD5 加密，要通过专业破解软件，才能得到原密码。一般 MD5 破解需要一定时间，但有些密码在数据库中已被其他人解密过，因此能瞬间破解，比如"123456"；如果是一个新密码，破解时间就较长。可瞬间破解的账号，一般只占 3%～5%。黑客拿到这些数据后，还可进行"撞库"操作。所谓"撞库"，是一个黑产的专业术语，就是指黑客会通过已泄露的用户名和密码，尝试批量登录其他网站，获取数据。这就是人类设计密码的缺陷，大部分人为了记得住，都会使用同一个用户名和密码，导致"撞库"成功率极高。伤害最严重最直接的，就是撞进一些金融账户，直接将资金转走。

总的来说，京东面临的数据泄露问题并非个例，而是整个电商行业以及更广泛社会中的一个普遍现象。通过了解这些泄露事件的具体情况、影响、原因及应对措施，人们可以更好地认识到数据安全的重要性，并采取相应的保护措施。

资料来源：本书编辑整理。

第 12 章

数字平台的监管与治理

本章学习目标：
- 了解数字平台的概念、类型、发展历程及特征；
- 理解数字平台在经济社会中的作用、面临的挑战以及平台治理的重要性；
- 了解数字平台治理的概念、模式、典型问题及人工智能带来的新挑战；
- 了解全球主要国家/地区数字平台监管措施及数字守门人制度。

开篇案例

"熟人难逃高价"——被大数据盯上的你

当你和朋友在网上订同一间房，或是同一个人用不同手机叫车回家，有可能会支付不同的价格。你或许没意识到，这是遇上了大数据"杀熟"。

2017 年 12 月 29 日，网友"廖师傅廖师傅"在微博发布消息称（见图 12-1），自己经常通过某旅行网站订某个特定酒店，长年价格在 380 元到 400 元之间，但通过酒店前台的回应以及用朋友账号查询得到的定价却均为 300 元。该网友认为自己被该服务应用利用大数据"杀熟"。同时，该网友还称，在使用某打车平台进行网约车预约服务时会被自动升级车型，并且暗地收取更高费用。

上述微博内容一经发布后，引发广泛共鸣，转发众多，引起网友纷纷晒出自己被大数据"杀熟"的经历。但是，在当时并没有引起媒体的广泛关注，直到 3 个月后，也就是 2018 年 2 月 28 日，《科技日报》以网友"廖师傅廖师傅"的遭遇，刊发了题为《大数据杀熟：300 元的酒店房价，老客户却要 380 元！》的报道，事态进一步发酵。此后，被曝光涉嫌大数据"杀熟"的公司越来越多，业界、法律界以及用户层面关于大数据"杀熟"的讨论渐成鼎沸之势。

然而，大数据"杀熟"乱象在中国引发社会关注的时间，实际上在整个国际市场中是比较晚的。要说这些套路的开山鼻祖，当属美国电商平台巨头亚马逊，最早的案例可以追溯到 24 年前亚马逊的一次"差别价格实验"。

图 12-1　网友控诉"大数据杀熟"

2000 年 9 月，亚马逊平台选择了 68 种畅销 DVD 进行差别定价试验，根据潜在用户的人口统计资料、购物历史、上网行为等数据，对这些 DVD 光盘进行差别定价。但是好景不长，实验进行还不到一个月的时间，就被一名亚马逊老用户在 DVD Talk 社区与网友讨论时发现，他买到的《Titus》DVD 竟然比其他新用户的价格高了近 4 美元，亚马逊平台对新用户的报价为 22.74 美元，而对那些老用户的报价则为 26.24 美元。图 12-2 是当时的媒体相关报道。

图 12-2　BBC 报道亚马逊"大数据杀熟"

在广大用户的声讨下，亚马逊 CEO 贝佐斯不得已亲自出面道歉，并对受影响的用户做出补偿。尽管亚马逊的差别定价实验失败了，但却为其他电商平台的定价策略开辟了先河。自此，几乎所有电商平台在度过上升期并完成用户留存任务后，都会尝试更改定价策略。我们从黑猫投诉平台上可以查询到，关于"大数据杀熟"的投诉有 7198 条，覆盖国内所有主流的电商平台。尽管没有一家平台承认在经营过程中存在所谓的"大数据杀熟"。

平台利用技术侵犯消费者的知情权和隐私权，而消费者想要"反杀熟"则要面对"发现难""取证难""维权难"这三大难题。难道就要任由其野蛮生长吗？技术中立不代表对技术的使用是无害的，失去道德与法律的约束，就会有碰触底线的危险。无论技术如何进步，一个诚信、透明、公平的市场交易环境所对应的市场伦理，都应该是一个成熟的商业社会所共同追求和呵护的目标。

资料来源：本书编辑整理。

12.1 新媒体电商与数字平台

在数字化浪潮的推动下，我们已步入一个全新的时代——数字平台时代。互联网技术的迅猛发展，尤其是"互联网+"战略的全面推进和深入实施，为经济社会的融合提供了新的动力，同时也在持续重塑着经济活动和社会交往的形态。作为这一时代的显著标志，数字平台通过在线业务的拓展和数据挖掘的深度应用，实现了供需双方的精准对接，缩短了交易链条，大幅提升了资源配置的效率。它不仅颠覆了传统的商业模式，还催生了电子商务、互联网金融、共享经济等新业态，引领了国家创新驱动发展的新趋势。随着平台经济的蓬勃发展，市值领先的企业纷纷采用数字平台模式，成为推动经济发展和社会进步的中坚力量。表 12-1 显示的是当前全球市值前十的数字平台企业。

表 12-1 2024 年全球市值前十的数字平台企业

排名	企　　业	行　　业	市值（亿美元）	平台模式
1	Apple（苹果）	信息技术	25 691	√
2	Microsoft（微软）	信息技术	24 506	√
3	NVIDIA（英伟达）	信息技术	23 111	√
4	Alphabet（谷歌）	通信服务	16 615	√
5	Amazon（亚马逊）	零售	14 709	√
6	Saudi Aramco（沙特阿美）	能源	13 197	
7	Meta Platforms（Facebook）	通信服务	9182	√
8	TSMC（台积电）	信息技术	7061	
9	Berkshire Hathaway（伯克希尔·哈撒韦）	金融	6677	
10	Eli Lilly（礼来）	医疗保健	6550	

新媒体电商平台，作为数字平台经济的创新产物，融合了社交媒体平台的互动性和电子商务平台的交易功能，为用户提供了更加个性化和社交化的购物体验。这些平台通过对

内容创作、社交互动与在线购物有机结合，实现了商品展示、推广和销售的一体化，引领了电商新潮流。随着消费者日益青睐抖音、快手、微信、小红书等社交媒体平台，新媒体电商平台正逐步崛起为品牌传播和商品交易的关键阵地，展现出其无可比拟的市场活力和巨大的发展潜力。

然而，新媒体电商平台商业模式在迅速发展的同时，也存在着既往电商平台的诸多问题，如市场准入门槛低、知识产权保护不足、数据监管法律法规滞后等。这些问题不仅侵犯了消费者权益和隐私，还扰乱了市场的正常秩序，对行业持续健康发展构成了威胁。同时，新媒体电商平台还面临着一系列新的挑战，如算法透明度、内容审核标准、用户数据安全等。这些问题不断引发社会各界的广泛关注，平台治理逐渐成为数字经济治理的焦点议题。

数字平台，尤其是新媒体电商平台，它们在提升经济效率、便利广大消费者、激发社会创新等方面发挥着重要作用。然而，这些平台的迅猛发展也伴随着一系列治理挑战的涌现。但是，在深入探讨平台治理问题之前，我们首先需要对数字平台的基本概念进行深入了解。

12.1.1 数字平台的概念

数字平台是什么？根据国务院反垄断委员会的定义，平台是指通过网络信息技术，使相互依赖的双边或者多边主体在特定载体提供的规则下交互，从而共同创造价值的商业组织形态。这里的平台就是数字平台的简称。

我们可以从中提炼出几个核心关键词："网络信息技术"构成了平台建设的技术基础；"双边多边"定义了平台服务的目标用户群体属性；提供符合交互的"特定载体和相应规则"是数字平台的主要功能；"促进交互"是数字平台的主要任务。平台的核心价值在于链接不同类别的主体，并在它们之间实现匹配和撮合交互。平台组织所做的事情就是提供一个特定的载体，以及与之相对应的规则。这也就是我们通常所说的，某公司为某项活动提供了一个"平台"。

另外，从数字平台的要素构成来看，数字平台可以分为技术、规则、应用三个层面。其中，技术层包括网络、数据与算法等底层要素，为平台上的用户活动提供基础支持；规则层包括准入、交互、评价、退出规则等，为平台用户的行为提供规范；应用层主要指平台上的双边或多边用户群体基于平台开展交互活动。

从数字平台的不同功能方面来看，数字平台可以分为多种类型。按功能类型分类，可以分为信息内容平台、网络交易平台、系统平台。信息内容类平台提供信息的交互、检索和传播，包括门户网站平台、社交平台、搜索引擎平台、即时通信平台、网络视频平台、直播平台、游戏平台等。交易类平台为供需双方提供匹配与交易的载体，包括电子商务平台、生活服务平台、出行平台等。系统平台提供特定的技术集合，有操作系统平台、开发平台、云服务平台、区块链平台等。随着技术的发展和用户需求的变化，新的分类和子类别也会不断出现。这些分类并不是互斥的，一个平台可能同时属于多个类别。

但无论哪种平台类型，如何更加有效地促进双边或多边市场的交互与匹配都始终是其不变的根本与核心。

那如何衡量一个平台是否完成了匹配和撮合交互的任务？如何衡量一个平台是否实现了自身的核心价值？着眼点在于该组织是否发展出网络效应。网络效应是指一个网络产品或服务对用户的价值取决于网络中其他用户的数量。比如，邮箱、微信等就是典型代表。而平台经济进一步拓展，出现了跨边网络效应，即一个平台产品或服务对用户的价值取决于平台另一边用户的规模。比如，网约车平台上司机越多，平台对乘客的价值就越大。再比如，微信用户越多，微信公众号或朋友圈广告对商家的吸引力就越大。这种跨边网络效应是平台模式较之传统非平台商业模式的核心优势。为了充分激发这种效应，平台企业往往采取补贴一边用户，进而吸引另一边用户的非对称策略。

网络效应是区别平台企业和传统企业的关键点之一。平台经济的早期神话之一是"轻资产"，说世界上最大的媒体公司不制作内容，世界上最大的零售商不持有库存，这代表产品和服务的分配过程与生产过程逐渐脱钩。价值的流向从传统的单向流动变成了网状结构，并且，由于网络效应的存在，价值链的两端是相互依存的。

虽说如此，但是企业为了持续实现交互，并且不断优化交互，还是需要投资资产以消除交互过程中存在的瓶颈，降低交互过程中的摩擦（如交易成本），以此来确保交互是可重复进行的。随着平台规模的扩大，平台可能会失去其价值。事实上，如果管理不当，规模可能成为对平台的最大威胁。随着越来越多的用户使用它，网络效应使平台变得有用。但是超过一定程度，新增用户可能会使平台对每个用户的价值降低。在这一点上，反向网络效应开始显现，原本是积极的网络效应可能逆转并变成消极的。

未能规范访问的平台最终可能会产生反向网络效应。因为规范不力，导致部分生产者的交互成本提高，交互过程中的摩擦增大，这部分生产者不得已选择停止交互或者退出平台。这进一步降低了平台对消费者的吸引力，使部分消费者选择停止交互或者退出平台。于是，一个逆向的反馈循环建立了起来：更高的交互成本阻碍了高质量生产者的进入和重复交互，高质量生产者在生产者群体中的比例下降，产品或者服务环境恶化，致使消费者在平台上的体验变差，进一步阻碍消费者的进入和重复交互。反向网络效应的形成导致平台参与者的解散产生飞轮效应，放大糟糕设计和失败决策带来的负面影响，最终可能破坏平台。因此，一个平台不单单需要为用户提供一个适合展开交互的特定载体，还需要有与之相配套的规则来规范交互及衍生行为。

12.1.2 数字平台的发展脉络

从发展历程来看，平台模式并不是一种崭新的商业模式，传统的集市、线下中介等均具备一定的平台属性。但是，这种传统平台模式的发展，受到地域空间等诸多因素限制，影响力有限，未能形成广泛的网络效应。

随着信息技术的创新和应用，平台模式进入了新时代。首先，由于移动技术的普及，实现了全球互联互通，推动了全球生产消费互联网络的建立，这使企业能够创造新的价值交换市场。其次，采用云计算技术作为全球计算基础设施，可以实现整个价值链的流程互操作性（例如通过基于 API 的连接），并允许第三方对公司资源进行创新。最后，在创新社交模式和传感器技术的推动下，数据生产呈现爆炸式增长，加上处理和解释数据能力的提高，使企业能够兼顾规模和效率的同时，更好地服务市场交互。如今，这三股力量共同推动了平台经济，帮助企业能够利用开放式创新和市场聚合实现更大的发展。

纵观过去二十年，2009 年以前，全球市值 TOP10 企业中仅有微软一家平台企业，而到 2017 年，这一数字就已升至 7 家，实现了对传统企业数量的反超。其中，苹果于 2009 年、谷歌于 2013 年、亚马逊和 Facebook 于 2015 年、阿里巴巴与腾讯于 2017 年先后进入全球市值 TOP10 榜单。统计显示，2018 年全球 TOP10 上市企业中平台企业的市值比重已由 2008 年的 8.2% 上升至 77%，规模达到 4.08 万亿美元，较 2008 年增长了 22.5 倍，成为全球经济增长的新引擎。

从进入榜单的先后顺序来看，数字平台的模式也在不断迭代创新。第一代是 PC 端操作系统类平台，如微软的 Windows 平台和苹果的 macOS 平台。第二代是移动端操作系统平台，这主要得益于移动互联网的发展，如谷歌凭借 Android 和 Google Play，苹果则凭借 iOS 和 App Store，苹果更是凭借在移动端的成功，将市值扩大至约等于两个微软，成为全球市值最高的公司。第三代是交易类平台和信息内容类平台，如电子商务平台企业亚马逊和阿里巴巴，以及网络社交平台企业 Facebook 和腾讯。

总体来看，我国平台经济的发展经历了三大阶段。

第一阶段，2000 年前后，门户网站（以搜狐为典型代表）和电商网站（以淘宝网为典型代表）等互联网应用的诞生标志着我国平台经济的起步。在此阶段，平台的核心作用主要体现在连接双边市场、促进信息沟通、降低交易成本等方面。如电商网站连接了买家与卖家双边用户，提高了双方匹配效率。此时的平台盈利模式较为单一，主要依赖广告，其市场影响尚未明显体现。

第二阶段，2008 年前后，大型平台企业在搜索引擎、电子商务、社交网络、网络游戏等领域的领先格局基本形成，各企业纷纷开始通过开放平台资源，形成商业生态的模式以加强其核心优势。此时，平台的基础设施和规范规则已相对完善，战略重心逐渐转向商业生态建设，孵化高价值商业生态业务成为平台发展目标之一，商业分成等盈利模式不断丰富。阿里巴巴集团率先启动"大淘宝战略"，开放 API（应用程序编程接口），将第三方开发者纳入淘宝生态系统之中。腾讯构建了以"Q+开放平台"、腾讯社区开放平台为核心的社交开放平台体系。百度则构建了基于网页搜索应用的开放平台，使开发者可以在百度搜索结果中直接展示或销售自己的产品或服务。互联网平台企业通过收购、战略投资等多种方式，逐步形成了以自身核心业务平台为主的多业务平台大生态体系。

第三阶段，2015 年以来，随着我国"互联网+"行动计划的出台，数字平台与传统产业的融合加速，涉及领域和范围更广，包括协同制造、高效物流、智慧能源、现代农业等众多工业、农业、生产性服务业领域。这一阶段在金融、医疗、交通、住宿等垂直领域逐渐涌现出一批共享经济平台的独角兽企业。BAT（百度 Baidu、阿里巴巴 Alibaba、腾讯 Tencent）等传统互联网平台企业已发展成为超级互联网生态企业，通过资本运作、战略合作、流量开放等手段，将触角深入各个领域。同时，一些传统产业企业也逐渐采用互联网平台的协同共享模式，创新其生产和经营模式，数字经济日益兴起，互联网平台成为数字经济的重要载体。

究其原因主要有几点：一是新的人口红利，尤其是后发地区人群普及互联网使用；二是线下高频交易领域的交易成本大幅下降，如打车、外卖等；三是以 BAT 为主导的产业资本的快速跟进；四是激烈市场竞争下的强强联合。

12.1.3　数字平台的属性

在 20 世纪的大部分时间里，企业通过垂直整合扩大规模，整合了供应、生产和分销等多种活动。这提供了更大的控制力和更高的利润，并且是交易成本问题的自然解决方案。交易成本决定了一个行业的结构——公司组织形式及其与其他参与者的交互方式。为了最大限度地降低交易成本，大多数公司都进行了垂直整合。因此，大多数行业都采用了垂直架构，少数大型垂直整合公司相互竞争。

今天，平台经济的全面崛起，主要得益于互联技术、云技术和数据技术的创新和普及，它们共同使企业间通信成本更低、互操作性更强、标准化程度更高。这些因素共同降低了交易成本，使企业能够更有效地进行协调，逐渐减少对纵向一体化或双边合同的依赖。平台企业如今可以利用其组织边界之外的资源来创造和交付解决方案，同时，平台也能突破地理位置的限制以覆盖更多的群体，极大地实现网络效应。因此，网络效应是平台企业的一个特征。

网络效应在平台上的体现就是其开放性。这种开放性体现在平台鼓励用户和第三方服务商的参与上。首先，平台最基本也是最核心的目标是连接双边或多边市场上的各类主体，这就决定了平台会尽可能降低用户进入平台的准入门槛，最大限度地吸纳合规的参与者进入市场进行交互，以此构建参与者飞轮扩大网络效应。另外，平台还会允许第三方服务商参与平台创新，通过开放 API 接口来让第三方为平台创建组件，以此扩大跨边网络效应。这种开放式创新的最好例子就是像 Linux 这样的开源社区和像众包平台 Inno Centive 这样的开放式创新的典型例子。

由于开放性，企业不再仅仅通过垂直整合来创造价值。随着互联网领域竞争逐渐加剧，越来越多的企业利用开放式创新和市场聚合的力量，转型为平台模式，通过开放式的商业模式创造价值。但是，这不意味着平台企业一定不会采用垂直整合的扩张战略，实际上平台企业的重要扩张手段就是通过平台包络战略打破传统产业边界，以构建生态系统的方式创新商业组织模式，重构价值链生态圈，而平台包络战略中包含垂直整合。

平台包络是指在一个平台生态系统中增加一个新模块，该模块能够复制邻近平台的解决方案或产品功能，该模块的用户基础与原平台生态系统重叠，即这些用户都是同一平台生态系统下的天棚用户。这是一种平台运营商将其业务扩展到邻近市场的主要战略。2007年，BAT就成为我国最早一批超大型平台，并依托企业核心业务优势（如搜索、电商、社交）不断向其他领域渗透，最终形成了无所不包的综合性超大型平台。

然而，随着新技术的涌现和"互联网+"不断向传统领域渗透，BAT也受到挑战。比如，依托新的算法技术，今日头条迅速成长为新的超大型平台，并对腾讯构成了挑战；再比如，凭借移动社交优势，拼多多也迅速成长为新的超大型平台，并对淘宝构成了威胁。当一个新功能出现在相邻平台上时，它可能对现有平台构成一种竞争威胁，因为现有平台的用户可能会发现新功能足够吸引人，从而出现用户"多宿主性"，同时成为相邻平台的用户，有时甚至完全放弃现有平台。

从平台扩展的移动线路看，有两种平台包络方式：水平包络和垂直包络。水平包络也称为横向包络，其主要目的是为现有同一平台生态系统下的天棚用户提供新产品或服务。水平包络是最广泛的平台扩展方式，平台可以通过横向复制、吞并邻近产品或服务的功能和市场解决方案，甚至扩展到相邻市场的平台上。这些不同但互补的业务线可以共享用户数据、品牌、供应商关系或技术专长，帮助平台降低平均成本。平台可以在相邻市场上同时运营，也表明平台还存在范围经济的特征。

平台包络的第二种类型是垂直包络，垂直包络也称为纵向包络。所谓的垂直包络是指平台所有者通过扩大平台范围以占据平台价值链中的各个环节。这通常涉及平台在价值链上游或下游部分吞噬原本由其他平台参与者提供的功能。平台向价值链上游包络时，可能涉及上游软件组件或应用程序的提供商，这些上游厂商往往都是要素级互补性资产的提供者，平台既可能是它们的超级用户，也可能是它们的销售渠道。这些平台的外部服务提供商，通过平台的知识产权授权，成为平台要素级互补性资产的提供商。从实质上看，这种纵向包络行为通常会威胁到上游合作伙伴的生存。平台所进行的上游包络往往风险高、成本高，机会相对较少，只有当垂直整合价值链上游成分可以增加平台的价值和黏性时，才应考虑这样做。下游包络往往是一个具有挑战性的两难选择，因为它使平台所有者与应用程序开发者的利益直接冲突。这样的包络行为可以迅速破坏现有的应用程序开发者的商业模式。只有当平台所有者认为应用程序市场不可能提供该平台需要的功能时，平台所有者才会考虑提供自己的应用程序来填补这个空缺。所以，垂直包络在一般情况下较少发生。它表明平台所有者将改变游戏规则，进而阻碍平台协同效应的增加，甚至引发反垄断调查。

因此，垂直整合的价值链中的环节开始瓦解，新的专业化竞争者出现。这些竞争者在执行特定任务时更加敏捷和创新。垂直的行业架构正越来越多地让位于更横向的"分层"

架构，在这种架构中，每一层的公司都专注于特定的价值创造活动，并且跨层级的公司都朝着共同的价值创造目标组织起来。

平台还具有极强的规模经济效应。数字化运作方式使企业经营的边际成本趋近于零，前期的商业投资和其他固定成本可以在更多的单位中分摊，而网络效应的存在促使边际收益不断增加，边际成本曲线和边际效益曲线永远不交叉，从而使得平台规模具有无限扩大的可能。因此，平台会不断尝试扩大其覆盖范围，汇聚不同地区、众多领域的海量产品和服务资源，从而在更大范围内实现产品交换与资源配置。因此，市场头部的平台往往会呈现出"赢家通吃"的垄断地位，这种情况经常被称作平台的马太效应。在发展较为成熟的互联网业务领域中，前两家大型平台企业几乎占据了 90% 的市场份额。例如，即时通信领域的微信和 QQ；视频领域的优酷和爱奇艺；点评领域的豆瓣和大众点评等。凭借先发优势和技术优势，这些企业能够保持"强者恒强"的发展势头，细分领域市场格局发生变动的可能性较小。受此影响，新进入的企业通常会选择从一个还未被开发或者开发程度不高的细分市场切入，从而避免与已有大型平台进行正面竞争。

对于占据市场主导地位的平台来说，由于选择范围有限，用户可能会被有效地锁定在这些平台上。这种锁定效应也可能源于用户对平台的专门投资。例如，社交媒体平台的用户可以设置并个性化他们的账户配置文件，上传内容（包括照片、视频或帖子），建立一个朋友和追随者的社区。这些专业化的投资使得用户转向其他平台的成本变得高昂。因此，用户往往被嵌入到他们当前的平台中。

12.1.4 数字平台的身份特征

平台企业首先是一个企业，然后才是一个平台。并且，几乎所有知名的平台企业，如亚马逊、苹果、Facebook 和谷歌，都是受严格的公司治理规则监管的上市公司。

平台具有市场参与者与组织者的双重身份。平台作为市场的参与者，与其他市场主体一样，首先是一家企业。根据经济学的定义，企业是以盈利为目的，运用各种生产要素，向市场提供商品或服务，实行自主经营、自负盈亏、独立核算的法人。但是，与其他市场主体不同，平台企业向市场所提供的商品或服务就是组织市场本身，即通过组织双边或多边群体进行交互与匹配，因此平台还扮演着市场组织者的角色。正是由于平台具备了市场参与者与组织者的双重身份，使得很多经济学家认为，这对科斯的经典企业理论提出了挑战，企业与市场作为配置资源的两种方式的边界变得模糊，平台既是企业又是市场。

各平台在市场机制中扮演的角色或参与的程度不同，因此，平台对市场资源配置的影响力也就不同。平台作为一个企业主体，对市场资源配置的影响力，正是我们讨论和认识平台治理问题的根本所在。市场这只"无形的手"，在平台经济条件下，变成了自身有盈利性诉求的"有形之手"。当然，这种转变，即平台经济的兴起，在总体上确实带来了经济效率的极大提升，但市场参与者与组织者双重角色之间的内在矛盾决定了其也必然会带来局部的效率损失。平台治理的基本内涵就是，要应对平台这种商业模式可能带来的局部效率损失及可能由此引发的公平等问题。

超大型平台逐渐成为具有准公共产品属性的新型基础设施。超大型平台的崛起是平台经济发展的重要现象和必然规律。平台在启动市场之后，用户不断积累，当用户达到一定的临界值时，网络效应开始发挥重要作用，平台的双边市场相互增强，进而在某一垂直领域形成"一家独大"的优势。当平台在细分领域占据稳定地位之后，往往会依托其在垂直领域形成的规模优势，进行横向扩张，比如通过自主开发、投资并购等方式，开展跨界竞争与生态布局。随着超大型平台崛起并占据一定的经济社会影响力，并在一定程度上成为具有准公共产品属性的新型经济社会基础设施。

非竞争性和非排他性是衡量一个产品或服务是否具有公共品属性的两个重要特征。从竞争性来看，对于平台服务，一个用户的注册使用，并不影响另一个用户的注册使用，用户与用户之间在使用平台服务上并没有竞争性。平台服务的竞争性仅在少数极端情况下会出现，比如双十一期间的支付拥堵、春节期间的抢红包拥堵、高峰时段打车出行或叫外卖等。因此，总体来看，平台服务主要表现出非竞争性特征。从排他性来看，平台服务商所追求的就是要服务更多的用户，一般情况下不会主动将用户排除在平台服务之外，而且还常常通过免费甚至补贴等方式吸引用户使用平台服务。但平台至少也会表现出如下两个方面的排他性：一是那些不符合国家准入要求或有违法违规行为的用户，平台会通过技术手段排他；二是排他很多时候是平台的一种策略性选择，比如京东第三方平台的商家准入门槛高于淘宝等。因此，总体来看平台服务表现出有限的排他性特征。结合以上两个方面的分析，平台作为一种服务，较大程度上表现出了非竞争性和有限排他性特征。因此，可以说平台是一种由私人提供的准公共服务。对外部性的管理是公共产品治理的主要出发点，而平台的公共产品属性越强，可能产生的外部性就越大。那些公共产品属性越显著的平台，应受到更多的治理关注。

数字平台在极大降低交易成本、提高资源配置效率的同时，也带来了资源重组与权力的重构，模糊了政府与市场的边界。这对传统的政府与企业的关系、政府与市场的关系产生巨大冲击，使平台治理具有极大的复杂性。

12.2 平台治理

在技术驱动的数字时代，许多大规模的、成功的企业如今都是以平台的模式运作的。这些平台企业已经颠覆了多个行业，在包括零售、酒店、出租车等领域拥有相当大的影响力，并积极进军金融服务等新领域。依靠新兴的数字技术，企业应用平台模式极大地促进了经济交流、信息传递以及人与人之间的互联。然而，频繁爆出的负面新闻又提醒我们，平台模式也是存在弊端的。可以说，当前对平台企业的监管和治理方式与平台业务运作之间存在着一种不健康的矛盾关系。

12.2.1 平台治理的概念

在"前平台时代",企业是相对封闭且集中的,具有清晰的等级结构,其特点包括:

①拥有高度集中的权力来源;②企业与"外部世界"之间界限清晰;③具有固定而正式的层级结构;④由中央权威机构规定标准化操作程序。

由于市场相对稳定,产品与服务相对静态,这种高度官僚化的组织设计模型在当时是有意义的。然而,在"平台时代",企业失去了相对稳定的市场,无法再依靠着高度官僚化的组织结构实现发展。目前,世界上最成功的企业都在以平台的形式进行运营,如苹果,谷歌,亚马逊,Facebook 等。传统企业的治理需要确保:权力流"向下"——控制权和责任从股东/投资者通过董事会到管理层,最后到员工;问责流"向上"——企业设立的首要目标是保护股东/投资者的利益。从企业的首要目标可以看出,企业治理是建立在"股东至上"(集中的权力和明确的层次结构)的理念上的。在实践中,这种模式要求企业采取措施,以确保企业的所有其他参与者的行为都与投资者相似。比如,以股价衡量企业绩效,或者员工持股等形式,都会将企业的所有利益相关者连结起来,从而形成"业主"意识。"良好的"企业治理应该减少管理不当的风险,以此实现股东价值的最大化。实现这两项目标的过程和机制为过去十年来企业的监管改革提供了动力。然而所有的规则设计仍是为了保护处于等级制度顶端的人的利益。也就是说,企业治理的理论和实践是集权、等级分明的组织模型。

平台企业自治与平台模式之间存在着矛盾,但自治仍是目前平台治理的主流方式,这种治理模式在部分问题上仍具有较强的适应性。几乎所有知名的平台企业,如亚马逊、苹果、Facebook 和谷歌,都是受严格的企业治理规则监管的上市公司。自治规则是适用于平台内部活动和行为的非规范性文件。这种规则不是通过强制性的国家权力来保障的,而是反映了"网络平台的治理权"。它们是由网络平台运营商在遵守法律法规、公共秩序和道德的前提下制定的。具体来说,自我治理是"网络平台治理权"的外化表现。例如,著名的社交网站 Reddit 采用了自我治理,其中每个子版块都有自主权。因此,不同的子版块有不同的治理规则,这些规则由子版块自己规定。自治模式有许多优点。由于主体多元,规则制定灵活,平台的自治规则大大降低了规则制定和试错的成本,可以根据平台治理的需要对内容进行及时调整和改进,从而弥补了算法不可避免的滞后性和局限性。一个平台的自治规则也可以促进平台的社会责任和监管义务,从而扩大互联网上民主价值观的传播。自治模式保护了价值观的多样性,允许具有不同价值观的用户聚集在不同的社区。然而,自治模式也有局限性。首先,自治规则的合法性是值得怀疑的。其次,自治规则的制定过程缺乏公开性和公平性。

然而,随着对平台企业角色身份多元化的认识,以及对平台参与者异质性(除了用户之外，还包括如广告商、开发者等）的认识，平台企业自治以及政府直接治理所有市场主体的传统模式不再适用。构建政府、平台和其他参与者协同的多元治理体系应当是未来平台治理模式设计的主要方向。

在协同治理中，治理主体不再局限于企业和政府的二元结构，还应注重发挥其他治理主体的积极作用。平台经济在发展过程中，必然会出现一些新业态，如网约车、互联网医疗等，这些业态突破了原有政策法规体系的框架，需要政府不断出台新的政策法规加以监管。而这又涉及众多领域的众多问题，如果仅靠政府力量来进行治理，将会存在治理效率低、治理成本高、治理效果不佳等问题。其他治理主体在细分领域的运行机理、问题出现的深层次原因以及治理问题的具体对策等方面有着更为精准的理解，对于参与治理有着更加积极的贡献。

在协同治理下，平台治理不应仅由法律单方面主导，而是需要政府、网络平台和个人之间的合作。自治模式因给予企业过多的权力而受到严厉批评，企业往往主要关注经济底线，而较少关注社会和环境影响。共同治理包括"公共政策决策和管理的过程和结构"，以建设性的方式参与"公共机构、各级政府以及公共、私人和公民领域的人"。公共、私人和公民领域的人们建设性地参与，以实现其他方式无法实现的共同目标。平台治理既需要政府、平台组织和第三方组织的积极参与，也需要将广泛的平台利益相关者纳入治理过程。为了形成协同的平台治理机制，需要就平台治理的价值建立共识，梳理不同平台治理主体的价值划分，结合平台治理主体的治理能力，选择适合平台的治理方法和工具。从长远来看，共同治理可以为用户提供一个公平公正的数字经济环境，在规则和价值方面实现最佳平衡。

协同治理是一种软性的、调和式的治理模式。因此，在某些问题上仍然需要外部治理力量来处理和干预。许多国家已经通过立法来加强平台控制，例如德国的《网络执行法》和欧盟的《通用数据保护条例》。许多法律研究者也认为，为了改善平台治理，应实施强有力的外部监督，平台公司应被拆分，或阻止未来的收购。通过法律的介入，外部治理模式提升了平台规则的公平性和合理性，形成了积极的价值观，尽管它可能损害了规则的灵活性和多样性。

12.2.2　平台治理的典型问题

平台经济的快速崛起，在对经济社会产生颠覆性影响的同时，也带来了一系列治理难题。平台将传统市场中的供给端和需求端通过网络连接在一起，汇聚了不同地区、众多领域的海量产品和服务资源，在更大范围内实现了产品交换与资源配置。但同时，也使网络售假和不良信息等在传统经济活动中尚未被解决好的问题，在平台时代被进一步放大。新技术、新模式、新业态的出现与普及，催生了大量新型平台企业，特别是一批新兴超大型平台企业的快速崛起，这让许多新情况和新的治理难题集中出现。

1. 大数据杀熟

数据是互联网平台经济的核心生产要素，也是平台经济区别于传统经济的重要特征，代表着平台的核心竞争力。近年来，随着数据量的指数级增长以及以数据为核心的互联网平台商业模式创新，数据管理能力和安全利用问题不断引发人们思考。通过监控获得最广泛、最深入的行为数据，企业将在创建消费者人工智能产品方面占据优势。"大数据杀熟"问题频频曝出。同样的商品或服务，老客户的价格反而比新客户要高。淘宝、滴滴、携程、飞猪旅行等都出现过类似问题，花样多、套路深，让消费者防不胜防。这些争议不仅直接关系到部分平台核心商业模式的合法性与合理性，更是反映出平台模式下数据流动与数据保护的矛盾与冲突，成为平台治理亟待解决的重要议题。

2. 算法歧视

利用数据优势展开的问题还有对平台供给方的算法歧视，这严重影响了正常的劳资关系。作为平台经济的典型业态，共享经济的快速崛起正在深刻改变传统的就业模式，其进入门槛低、工作时间灵活等特点吸引了大量个体参与，正在形成庞大的新型劳动者群体。

为确保劳动者切实且合规地与用户进行交互活动，许多平台在工作中部署监控技术以及算法管理。尽管企业声称它们遏制了歧视，为中层管理人员提供了有用的指标来证明合规性，并提高了某些劳动密集型流程的效率。但是通过监控技术获取数据以及后续的算法管理，企业侵害了工人和用户的隐私，并且利用信息不平衡带来的权力不平衡，不平等地分配了收益和风险，以牺牲工人的权利、自主权和尊严为代价来获得利益。正确的方向是对工作场所环境中的监视和算法控制进行有意义的限制，通过维护工人的自主权和参与集体行动的权利来重新平衡工人和雇主之间的权力差距。

另外，与大多数出租车司机受雇于出租车公司、大多数快递员受雇于快递公司不同，在共享经济模式下，个体与平台之间并不是传统的劳动雇佣关系，而是处于自由职业状态。在传统的劳动雇佣关系中，劳动者的权益受到《中华人民共和国劳动合同法》的有效保护，雇佣公司需要给劳动者提供医疗保险、带薪假期等社会保障义务，并且提供再就业培训、住房、医疗、教育、养老等诸多公共福利，这些都与雇佣关系挂钩。而在共享经济平台上的自由职业者很难享受到这些福利。尽管我国出台了一些针对灵活就业人员的相关规定，但随着平台模式普及和共享经济发展，在未来的就业人口中灵活就业的比重可能会大幅增加，因此平台治理仍需完善，解决这个问题。

3. 平台滥用支配地位

平台经济本身具备产生垄断的天然土壤。数字产品和服务具有非排他性，复制成本低甚至边际成本为零，带来了规模经济与范围经济，既可降低成本、提高效率，但也容易形成壁垒阻碍竞争。平台经济一旦形成规模，就会有较高的进入壁垒，加大市场后进入者的难度，出现"强者恒强、赢者通吃"的局面，从而为垄断提供天然的土壤。随着平台在经营市场中获得主导地位，可能会引发限定交易、差别待遇等现象，致使商家和消费者的自由选择权、知情权等合法权益受到侵犯。比如，平台通过掠夺性合同来控制合作伙伴，利用其优势地位要求合作伙伴提供"优先客户"条款，这意味着合作伙伴必须向平台提供它为任何其他客户提供的最佳条款和价格。

当一个平台开始主导市场时，它便可以提高向卖家收取的费用。占主导地位的平台可以做到这一点，而不必担心破坏网络效应。一个崭露头角的平台不太可能这样做。假设一个新平台进入市场，并尝试复刻主导平台的崛起之路。在它的网络效应较低时，会以较低的费用和更强的激励来吸引参与者。随着以平台为中心的生态系统被构建起来，网络效应增加后，平台开始朝着"赢家通吃"的方向发展。但是，在这种策略下，新进入者平台面临着几乎是不可逾越的障碍。因为"优先客户"条款的存在，平台合作伙伴想要实施多宿主战略（多宿主战略指的是平台用户或商家参与多个平台的交互活动）势必会损害自身利益，进而放弃参与新平台的交互活动。通过掠夺性合同控制合作伙伴、阻拦新进入者，占据主导地位的平台的影响力和地位得到进一步加强，在市场份额上表现出"赢家通吃"的局面。此外，占据主导地位的平台为了保持其影响力和垄断地位，可能会无视利益而去加强平台生态系统的服务质量。将自己打造成为"基础设施"，让其他参与者的转换成本提高、黏性提高，将参与者锁定在平台上。这也提醒了监管机构，判定平台是否垄断不能只依据原有审查传统企业的经验，如判定市场份额，还需要考虑其他平台的指标。这使得实际判定过程变得非常复杂且专业性极强。

平台滥用支配地位的另一种方式是强制商家"选边站队"。"二选一"就是其中一种，它指的是具有优势地位的电商平台为维持或扩大竞争优势，以各种明示或暗示手段要求合作商家只能与其独家交易，不能入驻其竞争对手的平台。这种情况客观上损害了中小企业商家和消费者的利益。比如，京东曾诉阿里巴巴"二选一"垄断案，美团和饿了么强制商家进行二选一，以及知网垄断案。2022 年 5 月 13 日，国家市场监管总局依法对知网涉嫌实施垄断行为立案调查，并于 12 月 26 日作出行政处罚，要求知网围绕解除独家合作、减轻用户负担、加强内部合规管理等方面进行全面整改。此案为 2022 年平台经济领域唯一一起滥用市场支配地位的案件。

4. 垂直整合造成的垄断

针对中小企业的滥用行为已经成为监管的焦点和难点。当平台所有者不仅承担组织市场的职能，而又在自己的平台上充当生产者参与市场竞争时，平台生态系统中就出现了利益冲突。在此情况下，平台企业往往会倾斜资源分配。平台企业在扩张时一般会选择横向平台包络战略，而较少选择垂直平台包络战略，也是因为破坏竞争容易受到反垄断调查。例如，美国在 2019 年 6 月启动的反垄断调查案中，有多起案件聚焦于平台可以在何种程度上实施资源倾斜。如亚马逊对自营和第三方中小商家实施差别待遇。

当平台进行垂直整合并获得对价值网络某些部分的控制权时，就会出现问题。例如，苹果 App Store 对不同应用差异化收取佣金。在音乐行业，苹果与 Spotify 竞争。但作为 App Store 的所有者，Apple 充当了 Spotify 的"平台"。在与 Spotify 的关系中，苹果显然不是一个中立的平台，因为音乐是苹果业务的一个重要类别。苹果通过其平台的征税权和控制权来限制 Spotify，从而发展自己的音乐业务 Apple Music。苹果对通过 App Store 注册的每个 Spotify 订阅按首年 30%、次年 15%的比例收取佣金。支付这笔税将迫使 Spotify 不得不人为地抬高高级会员价格，远高于 Apple Music 的价格。相反，不缴纳税款会导致 Spotify 受到一系列技术和经验限制的限制，例如限制与 Spotify 客户的沟通。苹果不公平地针对音乐订阅征税，但是，对于如 Uber 或 Deliveroo 等应用程序却没有如此。另外，苹果还阻止 Spotify 与 Siri、HomePod 和 Apple Watch 相关的"体验增强升级"，以此为 Apple Music 在音乐行业建立优势。

2019 年 4 月，欧洲议会通过了《关于提高在线平台服务的公平性和透明度规则》法案，要求在线平台和搜索引擎必须告知企业，与第三方企业相比，如何对待自身及其控制下的企业提供的商品和服务。该法案将有助于进一步缓解平台与中小企业之间不对称的紧张竞争关系。

5．注意力垄断

尽管主流观点都认为，平台天然具有垄断性。然而以下几种情况却难以解释这一现象：①平台间用户争夺激烈，获客成本越来越高；②平台的撮合交互型业务的收入较低，而广告业务收入占比较高；③不同类型的平台之间存在跨界竞争，超大型平台开展多种不同的业务；④传统电商平台的交易额逐年下滑。以上四种情况表明，平台无论是在用户留存、业务经营、市场范围还是持久市场占据等方面，都很少表现出垄断性质。除了法律政策的影响，平台本身的网络效应并没有助力其降低所在领域的可竞争性。因此，业界普遍认为，平台争夺的并不是参与者本身，而是参与者投入的稀缺性资源，即用户的注意力。

用户在各类平台上进行活动时，首先需要将自己的注意力分配到相应平台上，然后才在此基础上做出社交互动、购物消费或观看广告等行为。对于平台企业来说，不管其开展何种业务类型，首先需要考虑的是如何吸引用户的注意力。商业模式是围绕稀缺和可交易的资源建立的，可交易性为价值转移提供基础，稀缺性在这种转移中提供了谈判筹码。注意力是稀缺的，随着丰富互动的增加，用户的信息处理能力和决策能力逐渐耗尽，最终用户只能将有限的注意力分配到有限数量的事务上。如果把推送机制变相看作是一种复杂的拍卖机制，那么注意力本身也是可交易的，平台上的生产者生产内容，而内容的消费者"生产"注意力，它被转移到出价最高的参与者身上。此种情况最明显的代表就是抖音平台上的"DOU+"系统，如图 12-3 所示。

从注意力资源的视角来看，不同领域的平台之间存在着间接竞争关系，它们的产品或服务在吸引用户上存在着替代关系。很明显，淘宝商品和抖音视频之间完全没有替代关系，但是两者之间在获得用户关注上存在竞争。因此，平台为了吸引用户注意力，利用数据优势、算法优势来扩大平台吸引注意力的强度。通过获取访问、停留时间、点击位置等数据，来微调专属于用户的个性化算法，以此操控和收割用户的注意力。这种做法虽然在用户和平台间形成双赢：用户获得更适合自己的产品和服务，平台更高效地促进交互，但是在社会层面上却引发了许多负面事件，如信息茧房、极端言论和低俗内容等。

12.2.3　平台治理的当前问题

1. 人工智能带来的挑战

智能化已成为平台经济和数字经济发展的核心趋势。算法作为实现智能化的关键要素，其应用日益广泛。然而，随着算法的普及，平台治理面临诸多挑战，例如内容低俗化、信息茧房效应、大数据杀熟和算法歧视等问题。尽管这些问题在一定程度上已得到解决，但人工智能技术的不断创新和迭代，仍为平台治理带来新的难题。此外，人工智能算法作为新型生产力代表，极有可能涉及平台商业机密，如何对其进行有效监管，面临许多困难，这也是平台治理需要关注的重要问题。

图 12-3　"DOU+"系统示例

人工智能算法的发展使市场主体可以通过算法实现协同行为，从而形成垄断协议，排除或限制市场竞争。这种现象被称为"算法共谋"。算法共谋可以通过监控式算法、平行式算法、信号式算法和自我学习式算法等方式实现，进而形成信使类共谋、轴辐类共谋、代理类共谋和自主类共谋。数字技术革新周期短、技术迭代快，人工智能与深度学习技术的广泛应用，在不久的将来很可能将算法合谋形式的隐秘性和复杂性提升到前所未有的高度。若忽视算法合谋的潜在危害，忽视相应的理论研究与政策对应，有可能在未来导致算法合谋泛滥，危害市场的公平与效率，并对经济发展带来巨大的效率损失。

目前，以深度学习算法为核心的人工智能模型被普遍应用，但由于其算法结构中存在多个"隐层"，导致输入数据和输出结果之间的因果逻辑关系难以清楚解释。用户只能被动接受由算法带来的结果而无法洞悉其运行过程，从而形成一种技术"黑箱"。提高透明度被视为解决人工智能系统黑箱问题的关键。美国斯坦福大学发布的 2023 基础模型透明度指数报告指出，当前众多模型在数据、算力、能力、风险、缓解措施等透明度指标整体水平不高，其中，排名最高的 Meta 旗下 Llama 2 仅满足 54%指标要求。各国监管部门正在制定一系列透明度制度，通过备案、模型评估、信息通报等各类监管手段提升模型的透明度。

另外，人工智能算法模型还具有自适应和自学习等特性。然而，考虑到训练数据上存在的数据集质量的完整性、人类社会所固有的偏见、不同地区文化差异等各方面问题，因此它在任务处理上并非绝对客观。这导致其极易偏离人类预设的目标，且复杂程度不断超出人类的理解范畴。例如，美国一些法院使用的风险评估算法 COMPAS 被发现对黑人造成了系统性歧视，人脸识别软件 Amazon Rekognition 曾将美国国会议员中的 28 人误判为罪犯。

人工智能技术在平台治理中带来的挑战不仅涉及算法层面，同样也包括数据层面，这两者是密不可分的。人工智能技术的应用需要处理大量数据，这引发了平台滥用用户数据的问题。2005 年至 2015 年期间，大多数平台暗地里收集和利用用户数据，在监管空白中运作。但随着各国隐私法规的推出，那些严重依赖数据的平台面临越来越大的合规要求，它们不得不创新隐私技术和人工智能技术，以确保平台运营符合不断变化的法规。现在，许多平台已使用过不同的解决方案以保证在遵守法规的同时，又可以利用用户数据获得竞争优势。

其中，一些平台使用联邦学习（Federated Learning）。通过联邦学习，个人数据不会离开存储系统。取而代之的是，AI 模型使用本地数据在每个单独的系统上进行本地训练。然后，将经过训练的模型与不同系统上的主 AI 模型合并。这确实带来一定的局限性，因为与使用整个数据集来训练主模型相比，通过本地训练的 AI 模型改进主模型的能力有限。

一些平台还使用迁移学习（Transfer Learning），它通过重新训练和调整现有的模型以适应新的任务或领域。借助成熟的模型库，平台可以在扩展到新的任务或领域时减少对新数据的依赖。虽然迁移学习减少了对新数据的需求，但在适应不同的任务或领域时可能会遇到困难，这可能会影响模型性能。

一些平台为了进一步减少对捕获和使用数据的依赖，还利用生成对抗网络（Generative Adversarial Networks，GANs）。GANs 是一种深度学习模型，由生成器（Generator）和鉴别器（Discriminator）两部分组成。它们通过相互竞争的方式进行训练，生成器致力于产生逼真的数据，而鉴别器则努力区分真实数据和生成器生成的假数据。这种对抗性训练过程使生成器不断改进，最终能够生成高质量的且难以区分的假数据。

除了联邦学习、迁移学习和生成对抗网络等人工智能技术之外，平台在隐私技术领域还在探索解决方案，以在最大化用户数据价值的同时合法规避监管。这些策略可能包括实施差分隐私（Differential Privacy）等技术来匿名化数据，增强加密方法以保护敏感信息，以及构建更全面的数据治理框架以确保合规。通过巧妙融合这些先进的解决方案，平台能够在遵守监管合规性的同时，保持其利用数据进行创新的能力，并在数字生态系统中巩固其竞争优势。

2. 数据并购

在数字经济时代，数据已成为重要的新型生产要素，数据的获取和分析可以提升资源配置效率，促进创新发展。平台的核心资产是数据，衡量平台竞争力水平的重要因素就是平台是否掌握充分的数据资源和分析技术。因此，平台增强市场竞争力的一个主要手段是整合他们能够收集的数据，而当决策需要它们没有的非公开数据时，就会选择购买，甚至直接并购其他公司。谷歌在 2007 年收购 DoubleClick 是一个风向标，导致了现在行业中普遍存在的做法，并购公司以获得信息优势。表 12-2 汇总了近年来一些著名的数据并购典型案例。

表 12-2　近年来著名的数据并购典型案例

时间	企业	交易额	是否成功
2007	Google-DoubleClick	$3.1B	√
2013	Facebook-Onavo	$120M	√
2014	Facebook-WhatsApp	$19B	√
2016	Microsoft-LinkedIn	$26.2B	√
2018	Apple-Shazam	$400M	√
2019	Google-Fitbit	$2.1B	√
2020	Facebook-Giphy	$315M	×*
2022	Alphabet-BrightBytes	未知	√
2022	Amazon-OneMedical	$3.9B	√
2022	Amazon-iRobot	$1.7B	×**

*最终英国反垄断监管机构"竞争与市场管理局"（CMA）又否决了这笔交易，要求 Meta 卖掉 Giphy。
**未通过英国、欧盟、美国的反垄断调查。

　　Facebook 并购了虚拟专用网络（VPN）企业 Onavo，使其能够通过监控用户的网络流量来获得竞争情报。英国监管机构发布的内部文件显示，Facebook 正在通过利用 Onavo 流量数据来密切跟踪 Facebook 竞争对手的市场动态。然后，Facebook 向 13 至 35 岁的青年用户支付每月高达 20 美元的费用，让他们注册并使用名为"Facebook Research"的更名版本 Onavo，来收集有关这部分用户更详细的使用习惯数据。尽管苹果最终以违反平台政策为由阻止了该应用，但 Facebook 仍利用已收集到的数据在并购 WhatsApp 的决策中发挥了重要作用，从而进一步扩大了自身影响力和数据收集范围。该案成为大型平台企业打压其快速增长竞争对手的最著名的案例之一。

　　欧盟高度关注数据驱动型并购及围绕数据收集和处理行为对竞争产生的影响，尤其是数据驱动型并购导致了大量数据的积累，令并购后的实体获取他人无法逾越的竞争优势。在多起并购案中，反垄断机构都表达了对于数据集中的竞争关切。如欧盟在审查微软并购 LinkedIn 案时，详细评估了相关数据市场界定、数据资源封锁、用户多归属、数据稀缺性与数据隐私问题等，对数据集中与平台竞争力之间的关系进行深入分析。

　　同时，HiQ 与 LinkedIn 之间的竞争纠纷也引发了对数据能否构成"必要设施"的讨论，这一案件因一方所获取数据为另一方进入相关市场的基本前提的特殊情景而获得高度关注。但是包括荷兰经济事务部发布的《大数据与竞争》报告等研究普遍认为，必要设施理论的适用标准非常高，必须审慎使用。

应采用多种监管手段来促进数据竞争，反垄断并非解决数据集中问题的唯一方案。在2019年欧委会组织的"聚焦数字化时代竞争政策发展会议"中，数据创新中心表示，可以通过制定特定的行业规则，以促进数据共享、数据透明等方式，进一步提升数据所有者间的竞争程度，从而避免过度依赖反垄断监管。

12.3 平台监管与治理的措施

12.3.1 各国政府的平台监管与治理

全球范围内，平台经济治理经历了放松监管、反垄断和事前监管三阶段交融演进。其中，美国引领放松监管阶段，欧盟则在反垄断和事前监管领域发挥了重要作用，是平台经济治理政策导向变革的引领者和典型代表。

1. 欧盟

在美国和其他很多国家仍处于平台经济放松监管阶段时，欧盟率先在平台经济的反垄断领域取得突破。从2017年开始，欧盟对谷歌陆续开出三张"天价罚单"，罚款总额共计超过80亿欧元，后续苹果、Facebook、亚马逊等多个平台企业被欧盟立案调查。

欧盟在取得平台经济反垄断领先地位的基础上，又率先探索平台经济事前监管。为了确保数字经济"适合欧洲"，欧盟在数据隐私、消费者健康与安全、环境保护、反垄断和网络仇恨言论等领域采取了全面积极的平台监管政策，政策的制定方式基于广泛的社会共识。

《通用数据保护条例》（General Data Protection Regulation，GDPR）于2018年5月起强制执行。GDPR是有关个人数据的收集、处理、使用和存储的新法规。

2022年3月24日，欧洲议会、欧洲理事会和欧盟委员会就《数字市场法》（Digital Markets Act，DMA）达成一致，但仍需欧洲议会和欧盟理事会的正式确认，该法案在2022年10月生效。作为欧洲数据战略中的竞争法部分，《数字市场法》侧重维护经济秩序，创新提出"守门人"概念，目的在于遏制亚马逊、Alphabet、Meta等六家具有"市场看门人"地位（用户数量超过4500万）的科技平台的恶性竞争行为，从而确保重要数字服务市场的公平性和开放性。

2022年4月23日，欧盟成员国与欧洲议会经谈判一致通过《数字服务法》（Digital Services Act，DSA）。该法案对2000年的《电子商务指令》进行了更新和澄清，同时针对在线平台的透明度要求和问责机制给出了规范，在打击非法内容方面，还强调各大在线平台需要承担一定的社会义务。DSA主要涉及线上中介机构和平台（例如在线市场、社交网络、内容共享平台、应用商店以及在线旅游和住宿平台等），目的在于阻止非法或有害内容的传播，构建安全、可预测和可信任的网络环境，并保护用户隐私和表达自由等基本权利。其中，DSA 要求科技巨头企业采取更多措施来处理非法内容，否则将面临高达其全球营业额 6% 的罚款。此外补充了特定行业立法，包括《视听媒体服务指令》《数字化单一市场版权指令》《消费者保护合作案例》等。

其他监管举措还包括 2018 年出台了自愿性遵守的《反虚假信息行为准则》和提出了《防止恐怖主义在线内容传播监管条例》等。在上述政策组合下，欧盟成员国通过国家数字服务协调员对一般规模的平台执行相关监管规则，而规模最大的平台则由欧盟委员会直接监管。

欧盟的积极监管产生了"布鲁塞尔效应"，已给全球科技平台带来压力。许多公司在全球范围内调整自身产品以使其符合欧盟标准的要求。分析认为，欧洲市场的规模及其强大的软实力增强了欧盟数字监管立法的国际影响力和全球适用性。但是，欧盟也面临执法力度不足以及如何将政策法律转化为技术标准等挑战。

2. 美国

美国对平台采取更为自由放任的监管态度，优先考虑如何加速科技创新和促进商业议程，为科技公司的蓬勃发展提供空间，并为各州确定各自的优先事项提供灵活性。作为新自由主义、反垄断和平台经济的发源地，美国自大型互联网平台崛起后，很长时间内对其基本处于监管缺失状态。

近年来，随着超大型平台影响愈发突出，美国也开始跟进，以反垄断来应对挑战。美国的反垄断理论经历了从布兰迪斯主义、哈佛学派、芝加哥学派、后芝加哥学派、新布兰迪斯主义的演进和"轮回"。

2021 年，美国针对大型平台各方面的事前规制推出了六项法案（以下简称"美国六项法案"）：《美国选择与创新在线法案》《终止平台垄断法案》《通过启用服务交换法案》《平台竞争和机会法案》《合并申报费现代化法案》《州反垄断执法场所法案》，这些法案在竞争法框架内开启了平台经济事前监管创新。

2023 年，美国司法部对谷歌发起三起反垄断诉讼，美国联邦贸易委员会（FTC）对 Meta、亚马逊、苹果等公司发起反垄断调查。同时，美国两党也开始认识到平台缺乏作为网络中介的责任，提出《消除对互动技术的滥用和猖獗忽视法案》（EARN IT 法案）、《儿童网络安全法案》和《平台问责制和透明度法案》等提案。

分析认为，美国拥有主导平台治理的能力、网络和资源，但到目前为止，美国立法一直试图捍卫平台自主权，这使得美国与其他推动更强司法干预的地区产生冲突。例如，美国与欧盟等合作伙伴之间对数字产品和服务的联合路线图、原则和监管协调过程存在激烈争议。

美国政治两极分化也限制了两党就平台监管达成协议的进程。此外，美国各州以不同的方式监管平台，比如加利福尼亚州（以下简称加州）和佛罗里达州在平台监管的目的、范围和部署方面采取了截然不同的立场。2023 年 9 月，加州通过内容审核法 AB 587，该法案要求社交媒体公司在 2024 年 1 月之前向该州政府提交有关内容审核和政策决策的报告，支持者声称这项立法旨在解决"仇恨和虚假信息"；与此同时，佛罗里达州的官员正在寻求限制平台对内容审核的程度。诸多因素共同限制了美国引领全球数字平台监管的能力。

3．中国

互联网平台经济已经成为我国经济发展中最具活力的部分，取得了全球瞩目的成就，对促进新旧动能转换、活跃创新创业氛围、扩大就业空间等方面发挥着越来越显著的作用。长期以来，我国政府对互联网平台经济的治理一直秉持鼓励创新、包容审慎的原则，为平台经济的活跃发展提供了宽松的环境。同时，平台经济的发展，特别是一大批具有全球影响力的互联网平台企业的崛起，也推动着平台治理实践不断适应和完善，逐渐形成了集政府统筹、平台自治、第三方参与与公众监督为一体的多方共治格局。

在竞争规则方面，2021 年 2 月 7 日印发的《国务院反垄断委员会关于平台经济领域的反垄断指南》对我国数字经济领域中的反垄断问题作出了有针对性的规范；2021 年 8 月 17 日，国家市场监督管理总局发布的《禁止网络不正当竞争行为规定（公开征求意见稿）》进一步对网络不正当竞争行为予以规制；修正后的《中华人民共和国反垄断法（2022 修正）》专门增加了数字领域反垄断的相关规则，明确规定经营者不得利用数据和算法、技术、资本优势以及平台规则等从事法律禁止的垄断行为。

在网络数据安全与个人信息保护方面，我国主要通过 2017 年开始实施的《中华人民共和国网络安全法》、2021 年开始实施的《中华人民共和国数据安全法》和《中华人民共和国个人信息保护法》以及 2022 年开始实施的《互联网信息服务算法推荐管理规定》，要求提高用户能力、增强平台透明度、数据保护和改变商业惯例，对网络及数据安全、个人信息处理行为予以规制。在此基础上，国家互联网信息办公室等相关部门相继在算法、互联网信息内容、电子商务平台、互联网广告等方面出台了一系列法律、法规、规章及规范性文件。

未来，我国将进入平台经济常态化监管新阶段。2022 年 4 月 29 日，中共中央政治局会议上明确提出，要完成对平台的专项整治，对平台实施常态化监管，即在政策上明确提出了常态化监管。在实施常态化监管的情况下，平台原则转变为两个方面：一是平台的主体责任，二是对平台规模的划分。平台的主要责任是通过两个尚未正式公布的准则文件来落实的：《互联网平台分类分级指南（征求意见稿）》和《互联网平台落实主体责任指南（征求意见稿）》。《互联网平台分类分级指南（征求意见稿）》把平台分为六大类和三个等级，这六大类是按照平台属性和主要功能来进行划分的，平台等级则按照平台规模划分为三个级别，分别为超级平台、大型平台和中小平台。落实平台主体责任的对象是超大型平台，也就是这里的前两类，其重要指标为市值不低于 1000 亿元人民币，这是我们落实平台主体责任很重要的口径，也就是说市值超过 1000 亿元就属于落实平台主体责任的监管范围。

12.3.2 数字守门人制度

数字守门人（Digital Gatekeepers）制度是指一种针对互联网平台监管的事前监管模式，其监管思路就是将一部分市场规模较大、对数字经济生态系统有显著影响的大型数字企业认定为"守门人"，并要求它们承担更多的责任和义务。顾名思义，"门"指供通过的出入口，而"守门人"指能够控制出入口的主体。因此，数字守门人概念以控制用户和信息在平台上的进出为重点。根据定义不难看出，数字守门人关注平台限制"进入"能力，是平台势力的一部分，也成为平台经济事前监管的重要理论依据之一。

2020 年，欧盟委员会在其出台的《数字市场法》草案中界定了"守门人"的概念和义务，强调要加强对"守门人"的规制和监管，以防止科技巨头差异化对待企业和消费者，造成不公平的竞争环境。守门人享有对访问的实质性控制，成为商家与用户之间的门户。如果滥用守门人权力，将影响商家接触到消费者，导致平台内可竞争性缺乏、数字领域效率低下，造成更高的价格、更低的质量、更少的选择和创新，损害消费者利益。

在认定标准方面，欧盟委员会的《数字市场法》草案确定性标准为：①对内部市场产生重大冲击；②运营某种核心平台服务，商户必须通过该平台才能获取和接触最终用户；③其运营目前正在享受或将来预计会享受某种稳固而持久的市场地位。

定量标准为：①过去三个财年其在欧洲的年营业额不少于 65 亿欧元，或其市值在过去一个财年中不低于 650 亿欧元，且至少在三个成员国境内开展业务；②在过去的一个财年其核心平台服务在欧盟境内的活跃终端用户数每个月不低于 4500 万（月用户数可取过去一年的月平均值），且活跃商户数每年不少于 1 万个；③过去三个财年，每年都满足上述第 2 条所提条件。

在责任义务方面，欧盟委员会的《数字市场法》草案认为"数字守门人"应：禁止借力销售、包围式销售、捆绑销售；禁止实施最惠客户条款；与商户共享数据；禁止反垄断诉讼中进行庭外和解；禁止"数据互操作"；禁止"辅助服务互操作"；公开广告报价和广告发布商收费标准；禁止自我偏好；禁止强制访问第三方应用商店和侧载应用程序等。

"数字守门人"制度代表了平台监管方式由事后监管向事前监管的转变，标志着预防式反垄断原则的兴起。

在数字经济时代，平台掌握的用户数据越多，在决策、效率、风控和提高用户满意度等方面就越有竞争优势，从而获取巨大的经济利益，由此形成市场竞争"马太效应"加剧和"赢者通吃"的局面，导致传统反垄断法在数字经济下存在诸多局限性：相关市场边界模糊；市场支配地位无法确定；竞争行为的竞争效果无法认定；事后监管有效性低；事后规制操作难度大。而"数字守门人"事前监管存在相对优势：可以拓展相关机构的监督执法权力，降低平台垄断和分散执法的合规成本；减轻监督中的信息不对称，维护数字市场公平竞争，实现建立欧洲数字单一市场的目标；保障欧洲数字服务市场开放性，保护欧洲中小企业和初创企业，并帮助其发展扩张；打击谷歌、亚马逊、苹果、Facebook 等科技巨头，限制其频繁并购活动。

12.3.3 协同共治

协同治理是继自我治理和外部治理之后的第三种治理方法。在协同治理下，平台治理不是由法律单方面主导，而是需要政府、网络平台和个人之间的合作。公共、私人和公民领域的人们共同参与，以实现其他方式无法实现的共同目标。

企业联盟在行业协同共治中发挥了重要作用。行业协会、企业联盟等组织在互联网平台治理过程中发挥了积极作用。一方面，通过行业自律公约规范企业行为。例如，中国贸促会商业行业分会和百度外卖共同起草发布了《外卖配送服务规范》，对外卖配送的服务机构、服务人员、服务流程等方面内容提出要求。滴滴出行、e袋洗、小猪等 41 家分享经济企业签署《中国互联网分享经济服务自律公约》，条款宣示了对恶意诽谤、损害商业信誉、恶意排斥、恶意竞争等不良经营行为的反对和抵制，维护行业企业的公平发展。另一方面，建立行业内信用信息共享机制。例如，中国互联网金融协会召集 17 家会员单位建设并启用互联网金融信用信息共享平台，通过收集各个平台的信用信息，对借款人的信用状况进行交叉比对，降低资金风险。宝驾租车牵头筹建汽车租赁诚信信息平台"车立信"，通过对汽车租赁行业的经验数据以及公检法等公共信息进行分析，帮助汽车租赁企业有效防范骗租事件的发生。

另外，政府可以要求大型平台公司成立平台治理董事会委员会（利益相关者委员会），如此，通过公司治理的平台治理就变成了一种"规范的自我规制"。2018 年 11 月，扎克伯格宣布，法国政府将在该国的内容政策过程中嵌入监管机构，Facebook 将设立一个"最高法院"，外部对内容政策决定提出上诉。类似的微博也处于合作治理模式下，法律对平台的内容和用户进行管理。不过，平台的具体规则还是由微博来制定。

平台治理既需要政府、平台组织和第三方组织的积极参与，也需要将广泛的平台利益相关者纳入治理过程中。为了形成有效的协同平台治理机制，需要就平台治理的价值建立共识，梳理不同平台治理主体的价值划分，结合平台治理主体的治理能力，选择适合平台的治理方法和工具。从长远来看，共同治理可以为用户提供一个公平公正的数字经济环境。共同治理在规则和价值方面实现了最佳平衡。协同治理也可以被认为是不同平台之间的普遍现象。然而，在协同治理框架中，规则不一定能带来平台的公平和公正。在协同治理的发展过程中，规则的生成往往侧重于追求自发的秩序。这样一个以自发秩序为特征的治理网络往往不代表平台的公平和正义。

本章小结

本章主要讨论了数字平台的监管和治理问题。首先,介绍了数字平台的概念、发展脉络、属性以及身份特征。数字平台通过网络信息技术连接双边或多边主体,实现资源配置和价值创造。随着平台经济的快速发展,平台治理逐渐成为数字经济治理的焦点议题。

接着,分析了数字平台治理的典型问题,包括大数据杀熟、算法歧视、平台滥用支配地位、垂直整合导致的垄断、注意力垄断等。这些问题不仅侵犯了消费者权益和隐私,还扰乱了市场的正常秩序,对行业持续健康发展构成了威胁。

然后,探讨了平台监管与治理的措施,包括各国政府的平台监管与治理、数字守门人制度以及协同共治。欧盟、美国和中国的政府都在积极采取措施,加强对数字平台的监管。数字守门人制度作为一种针对互联网平台监管的事前监管模式,要求大型数字企业承担更多的责任和义务。而协同共治则强调政府、网络平台和个人之间的合作,共同推动平台治理的目标。

最后,文章指出,平台治理需要政府、平台组织和第三方组织的积极参与,形成协同的平台治理机制,以实现公平公正的数字经济。

思考题

1. 数字平台的定义是什么?具有哪些属性?具有哪些身份特征?
2. 平台治理的典型问题有哪些?
3. 人工智能对数字平台治理带来哪些挑战?
4. 如何平衡数字平台创新与治理之间的关系?
5. 欧盟、美国和中国政府在平台治理上有哪些异同?

本章案例分析

三十年潮起潮落:阿里巴巴的成长轨迹与中国平台经济的治理嬗变

自1994年全面接入互联网以来,我国互联网企业经历了三十年的快速发展、稳定发展和常态化发展,成为经济社会的重要组成部分。在其发展过程中,政府高度重视互联网平台的监管和治理,以规范其发展路线,保证其发展的健康性和可持续性。作为中国电商平台模式鼻祖——阿里巴巴跨越了多个社会和经济的周期,成为大浪淘沙后的幸存者。因而,其在成长过程中遇到的治理问题,在一定程度上能够反映中国自互联网元年以来的治理模式的变化。

在最初的近二十年里，我国政府在平台治理方面是以发展优先的相对宽松且包容的政策为主，这样的宽松管理环境为平台企业在组织初期的规模化积累阶段提供了充足的发展空间。在这种相对宽松的政策环境下，我国实现了互联网基础设施的快速布局和优化建设，为之后的创新爆发提供了技术和资源的基础。此时的淘宝正与 eBay 展开激烈竞争，快速扩张带来假冒伪劣产品、侵权盗版问题的泛滥，以及纵容商家违法销售、疏忽消费者维权的监管问题。这些治理难题还处在传统监管体系下的模糊地带，能够继续依靠原有监管体系进行指导治理。

中国平台经济治理始于对新兴业态的认识和适应。随着平台经济的壮大，诸如市场垄断、数据安全、个人隐私泄露等平台治理问题逐渐浮现，引起了政府和社会的广泛关注。为应对这些挑战以及解决发展中的诸多乱象，我国于 2011 年 5 月成立了国家互联网信息办公室，开始对平台企业实施专门化的监管措施。党的十八大以后，国家的互联网政策由包容审慎态度转向强化监管态度，并且采取监管重于发展的策略。在这一阶段，为了适应平台经济发展的需要，国家相继制定出台了《中华人民共和国网络安全法》《中华人民共和国电子商务法》《中华人民共和国数据安全法》《中华人民共和国个人信息保护法》等多部互联网领域的基础性法律，共同构建起我国互联网治理的基础框架体系，从多维度为互联网平台的安全稳定及可持续发展提供了制度化保障。同时，结合平台经济发展实际情况，我国加快开展"小切口"立法，从网络直播、网络支付、在线旅游、网络招聘等具体场景，对平台经济活动加以规范。

乘上移动互联网的东风，阿里巴巴或直接或间接地参与了"烧钱圈地运动"，如 2011 年的团购大战、2014 年的网约车大战、2015 年的外卖大战等。针对部分互联网企业的"圈地运动"，国家采取了立法与执法并举的策略进行反垄断治理。基于《中华人民共和国反垄断法》，2021 年 2 月 7 日，国务院反垄断委员会发布《国务院反垄断委员会关于平台经济领域的反垄断指南》，明确了对平台经济领域垄断行为的判断标准和监管原则。在执法层面，标志性事件是国家市场监管总局对阿里巴巴因涉嫌强迫商家"二选一"行为作出的重大行政处罚，这一处罚有力地震慑了行业内的垄断行为，并以此为契机，对整个互联网行业进行了强有力的规范和重塑。

目前，平台治理已进入常态化监管阶段，这意味着要告别原先集中性、政策性、临时性的专项整改，转而实行长效化、规范化、精准化的监管模式，制度措施的供给更加及时、有效且丰富，监管主体的职责得以落实到位，提高了监管工作的正当性、透明性和可持续性。自 2022 年以来，国家层面实施了多项举措，推动平台经济健康发展。一是国家发展改革委等九部门联合印发《关于推动平台经济规范健康持续发展的若干意见》，明确提出要坚持发展与规范并重，推动平台经济规范健康持续发展。二是国务院金融稳定发展委员会（2023 年划入中央金融委员会办公室）召开专题会议，提出"红灯、绿灯都要设置好，促进平台经济平稳健康发展，提高国际竞争力"。三是中共中央政治局召开会议，强调"要促进平台经济健康发展，完成平台经济专项整改，实施常态化监管，出台支持平台经济规范健康发展的具体措施"。从"规范健康持续发展"到"平稳健康发展"再到"健康发展"，这一系列表述传递出促进平台经济发展的积极信号，标志着平台企业的监管政策边界逐渐清晰，常态化监管将成为未来的主要基调。

  三十年来，互联网平台发展经历了从野蛮生长到严格管治的两个阶段，伴随着政策文件与法律法规的陆续出台，平台治理体系正在健全完善。而技术创新持续推进，特别是 2022 年以来生成式人工智能为平台发展带来新的创新动力。阿里巴巴作为国内人工智能的领跑者，以大模型"通义千问"为底座，构建"AI 科技树"，将 AI 大模型融入电商、企业服务、搜索等业务场景，推出"淘宝问问"AI 助手、写实数字人"厘里"、钉钉现场实景全面接入大模型等一系列应用创新。当前，全球现正处于人工智能技术创新应用的早期阶段，而中国在 2023 年 7 月出台了全球范围内针对生成式人工智能的首部专门立法《生成式人工智能服务管理暂行办法》，并于 2023 年 8 月正式实施。这不仅标志着中国在生成式人工智能监管领域的探索，也为全球人工智能治理开辟了新的道路。

  资料来源：本书编辑整理。

参考文献

[1] 艾媒咨询. 2023—2024 中国短视频电商行业现状及发展前景分析报告[R]. 广州：艾媒咨询，2023.

[2] 艾瑞咨询. 2023 年直播电商行业研究报告[R]. 上海：艾瑞咨询，2024.

[3] 蔡勤，李圆圆. 直播营销[M]. 北京：人民邮电出版社，2024.

[4] 陈丹，罗烨，吴智勤. 基于大数据挖掘和用户画像的高校图书馆个性化服务研究[J]. 图书馆研究与工作，2019(4):5.

[5] 陈道志，哈默. 内容电商[M]. 北京：人民邮电出版社，2018.

[6] 戴明禹. 价值链转移视角下内容电商发展策略探讨[J]. 商业经济研究，2017(22): 81-84.

[7] 方美琪. 电子商务概论[M]. 北京：清华大学出版社，2002.

[8] 付晓蓉，陈佳，田晓丽，等. 大数据营销[M]. 北京：人民邮电出版社，2023.

[9] 高斐，陈德礼，严涛. 利用内容推荐和协同过滤算法实现个性化评估[J]. 安徽大学学报（自然科学版），2022, 46(2): 22-29.

[10] 胡龙玉. 直播电商基础与实务[M]. 北京：北京大学出版社，2024.

[11] 蒋石梅，曹辉，覃欣然，等. 社交电商平台颠覆性创新的触发机制研究——基于拼多多的案例研究[J]. 技术经济，2023, 42(6): 73-87.

[12] 金晶. 欧盟的规则，全球的标准？数据跨境流动监管的"逐顶竞争"[J]. 中外法学，2023, 35(1): 46-65.

[13] 井然哲. 数字经济学[M]. 北京：机械工业出版社，2024.

[14] Kenneth C. Laudon, Jane P. Laudon. 管理信息系统：管理数字化公司[M]. 黄丽华，俞东慧，译. 16 版. 北京：清华大学出版社，2023.

[15] 李光斗. 唯快不破背后：希音的爆红密码[N]. 经济观察报，2024-01-10.

[16] 李君. 基于电商数据的推荐算法研究[D]. 南京：南京邮电大学，2023.

[17] 李三希，刘小鲁，杨继东，等. 数字经济概论[M]. 北京：中国人民大学出版社，2023.

[18] 李晓华. 数字经济新特征与数字经济新动能的形成机制[J]. 改革，2019(11): 40-51.

[19] 李勇，李勇坚. 直播的逻辑[M]. 北京：中国人民大学出版社，2023.

[20] 林嘉燕，李宏达. 信息安全基础[M]. 北京：机械工业出版社，2019.

[21] 林新伟. 短视频运营：从 0 到 1 玩转抖音和快手[M]. 北京：电子工业出版社，2019.

[22] 刘大智. 中视频+短视频拍摄及运营从新手到高手[M]. 北京：清华大学出版社，2023.

[23] 刘佳. 人工智能算法共谋的反垄断法规制[J]. 河南大学学报（社会科学版），2020, 60(4): 80-87.

[24] 刘兰娟. 管理信息系统[M]. 上海：上海财经大学出版社，2012.

[25] 罗珉，李亮宇. 互联网时代的商业模式创新：价值创造视角[J]. 中国工业经济，2015(1): 95-107.

[26] 吕成戎，王维国，丁永健. 基于 KNN-SVM 的混合协同过滤推荐算法[J]. 计算机应用研究，2012, 29(5): 1707-1709.

[27] 马澈. 从内容商业化到新内容经济——内容商业化的问题演进、发展热点与深层变革[J]. 新闻与写作，2020(11): 52-60.

[28] 帕姆·狄勒. 首席内容官：解密英特尔全球内容营销[M]. 孙庆磊，译. 北京：中国人民大学出版社，2016.

[29] 潘正军，赵莲芬，王红勤. 逻辑回归算法在电商大数据推荐系统中的应用研究[J]. 电脑知识与技术，2019, 15(15): 291-294.

[30] Joe Pulizzi. 自营销互联网方法：内容营销之父手册[M]. 张晓青，王冬梅，译. 北京：机械工业出版社，2015.

[31] 秦珂. 日本个人信息保护法律制度研究[D]. 上海：上海外国语大学，2020.

[32] 屈莉莉. 电子商务数据分析与应用[M]. 北京：电子工业出版社，2021.

[33] 邵兵家. 电子商务概论[M]. 北京：高等教育出版社，2003.

[34] 沈晶磊，虞慧群，范贵生，等. 基于随机森林算法的推荐系统的设计与实现[J]. 计算机科学，2017，44(11): 164-167.

[35] 司品印，齐亚莉，王晶. 基于协同过滤算法的个性化电影推荐系统的实现[J]. 北京印刷学院学报，2023，31(6): 45-52.

[36] 宋美琦，陈烨，张瑞. 用户画像研究述评[J]. 情报科学，2019, 37(4): 7.

[37] 宋夕东，邱新泉. 直播电商运营实务[M]. 北京：人民邮电出版社，2022.

[38] 唐凌遥. 数字化的极简逻辑与方法[M]. 北京：电子工业出版社，2023.

[39] 滕传志，赵月旭. 基于随机森林–马尔可夫用户冷启动推荐系统[J]. 计算机工程与设计，2020, 41(11): 3094-3098.

[40] 王慧，刘竟男，李秀秀. 搜索引擎的工作原理及检索技巧之我见[J]. 现代交际，2012(10): 39.

[41] 王利明. 和而不同：隐私权与个人信息的规则界分和适用[J]. 法学评论，2021, 39(2): 15-24.

[42] 王晓佳. 机器学习的个性化推荐算法[J]. 电子技术与软件工程，2019(15): 113-114.

[43] 王岩岩，李雪. 新媒体时代内容营销的现状及发展趋势分析[J]. 商场现代化，2017(19): 30-31.

[44] 许德松，邹俊. 企业数字化转型：新时代创新赋能[M]. 北京：清华大学出版社，2023.

[45] 许荻迪，杨恒. 平台经济事前治理的国际经验和中国路径[J]. 电子政务，2023(3): 43-58.

[46] 许小年. 商业的本质和互联网[M]. 2版. 北京：机械工业出版社，2023.

[47] 薛悟娟. 大数据时代个人信息的运作模式、理论困境及保护路径[J]. 中国海商法研究，2024, 35(2): 103-112.

[48] 姚毓春，李冰. 数字经济时代的社会再生产：数字信息主导与信息安全保障[J]. 情报科学，2023, 41(4): 93-98.

[49] 余以胜，林喜德，邓顺国. 直播电商理论、案例与实训[M]. 北京：人民邮电出版社，2021.

[50] 喻国明，李彪，杨雅. 电商行业内容生态的现状、问题与治理对策[J]. 新闻与写作，2023(3): 73-81.

[51] 张凯盛，金辉，李曼. 基于消费者视角的电商平台个性化推荐策略探析[J]. 中国市场，2021(28): 190-192.

[52] 张美娟，刘芳明. 数媒时代的内容营销研究[J]. 出版科学，2017, 25(2): 8-13.

[53] 张型龙. 用户画像：平台构建与业务实践[M]. 北京：机械工业出版社，2023.

[54] 张雨燕，应中迪，黄宏. 直播电商与案例分析[M]. 北京：人民邮电出版社，2022.

[55] 张哲. 短视频社区：产品、运营与商业化[M]. 北京：机械工业出版社，2022.

[56] 赵卫东，黄丽华. 电子商务模式[M]. 上海：复旦大学出版社，2006.

[57] 郑大庆，曾庆丰. 信息系统与商业创新[M]. 2版. 北京：清华大学出版社，2022.

[58] 中国互联网络信息中心（CNNIC）. 第55次中国互联网络发展状况统计报告[R]. 2025.

[59] 中商产业研究院. 2024—2029年中国短视频产业深度分析及发展趋势预测研究报告[R]. 2024-01.

[60] 钟晓龙，李慧慧. 企业数字化转型：概念界定、主要数字技术与衡量方法[J]. 金融经济，2024(2): 60-69.

[61] 周涛. 社会化商务环境下用户行为模式与机理研究[M]. 杭州：浙江大学出版社，2020.

[62] AGRAWAL A, GANS J, GOLDFARB A. Prediction Machines: The Simple Economics of Artificial Intelligence [M]. Boston: Harvard Business Press, 2018.

[63] Bhattacharyya P, Garg A, Wu SF. Analysis of User Keyword Similarity In Online Social Networks[J]. Social Network Analysis and Mining, 2011, 1: 143-158.

[64] Chen Y, Lu Y, Wang B. How Do Product Recommendations Affect Impulse Buying? An Empirical Study On WeChat Social Commerce[J]. Information & Management, 2019, 56(2): 236-248.

[65] Cooper A, Reimann R, Cronin D. About face 3: The Essentials of Interaction Design[M]. Hoboken, NJ: John Wiley & Sons, 2007.

[66] Fenwick M, Mccahery J A, Vermeulen EPM. The End of "corporate" Governance: Hello "platform"

governance [J]. European Business Organization Law Review, 2019, 20: 171-199.

[67] Jiang Z, Wang B, Cheng D, et al. The Effects of Source Credibility and Content Objectivity on Pro-Environmental Post Engagement on Social Media: A Case Study of Chinese TikTok (Douyin)[J]. Asian Journal of Social Psychology, 2025, 28(1): e70002

[68] Kim, S, Park H. Effects of Various Characteristics of Social Commerce (s-commerce) on Consumers' trust and Trust Performance[J]. International Journal of Information Management, 2013, 33(2): 318-332.

[69] Liang T P, Turban E. Introduction to The Special Issue Social Commerce: A Research Framework for Social Commerce[J]. International Journal of Electronic Commerce, 2011, 16(2): 5-14.

[70] LIN Q, LIAO X, LI J, et al. Exploring Bimodal Multi-level Networks: Network Structure and Dynamics Driving Herding Effects and Growth in livestreaming[J]. Information Systems Journal, 2024, 34(1): 228-260.

[71] Linden G, Smith B, York J. Industry Report: Amazon. com Recommendations: Item-to-Item Collaborative Filtering[J]. IEEE Internet Computing, 2003, 4(1): 76-80.

[72] Massanari AL. Designing For Imaginary Friends: Information Architecture, Personas and The Politics of User-Centered Design[J]. New Media & Society, 2010, 12(3): 401-416.

[73] Verbeek PP, Adriaan Slob. User Behavior and Technology Development [M]. Dordrecht: Springer, 2010.

[74] Shan Y, Hoens TR, J Jiao, et al. Deep Crossing: Web-Scale Modeling Without Manually Crafted Combinatorial Features[C]. the 22nd ACM SIGKDD International Conference. ACM, 2016: 255-262.

[75] Travis D. E-commerce Usability: Tools and Techniques to Perfect The On-Line Experience[M]. CRC Press, 2017.